Mathematik

Analysis,
lineare Algebra und
analytische Geometrie

SOFTFRUTTI
verlag

FOS/BOS Nichttechnik
13
Bayern

W. Olmscheid / A. Prim:
Analysis, lineare Algebra und
analytische Geometrie,
FOS/BOS Nichttechnik 13, Bayern
ISBN 978-3-937060-26-2

Bezeichnungen

Symbole für Zahlenmengen

$\mathbb{N}$ = Menge der natürlichen Zahlen $= \{0, 1, 2, 3, \ldots\}$ — $\mathbb{N}^* = \{1, 2, 3, \ldots\}$

$\mathbb{Z}$ = Menge der ganzen Zahlen $= \{0, 1, -1, 2, -2, \ldots\}$ — $\mathbb{Z}^* = \mathbb{Z} \setminus \{0\}$

$\mathbb{Q}$ = Menge der rationalen Zahlen — $\mathbb{Q}^* = \mathbb{Q} \setminus \{0\}$

$\mathbb{R}$ = Menge der reellen Zahlen — $\mathbb{R}^* = \mathbb{R} \setminus \{0\}$

Mengensymbole

$\in$: ist Element von

$\notin$: ist kein Element von

$\subset$: ist Teilmenge von

$\not\subset$: ist keine Teilmenge von

$\cup$: Vereinigung von Mengen

$\cap$: Durchschnitt von Mengen

Logische Symbole

$\wedge$: und

$\vee$: oder

$\neq$: ungleich

$\approx$: ungefähr gleich

$\Rightarrow$: Folgepfeil

$\Leftrightarrow$: Äquivalenzpfeil

Weitere Symbole

$\parallel$: parallel

$\perp$: senkrecht

Inhalte und Aufgaben mit vertiefendem Charakter, die über den Lehrplan hinausgehen, sind im Text mit dem Symbol (*) gekennzeichnet.

Inhaltsverzeichnis

Gebrochenrationale Funktionen

1.1 Potenzfunktionen der Form $x \mapsto x^{-n}$

Wir betrachten Potenzfunktionen der Form

$$f:\ \mathbb{R}^* \to \mathbb{R}\ ,\quad x \mapsto \frac{1}{x^n} = x^{-n}$$

mit Exponenten $n \in \mathbb{N}^*$ und unterscheiden folgende Fälle:

negative gerade Exponenten

Beispiele: $f:\ y = x^{-2}$ und $g:\ y = x^{-4}$

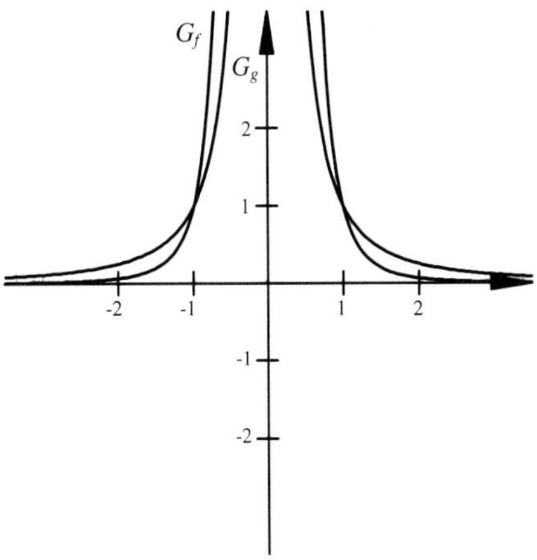

negative ungerade Exponenten

Beispiele: $f:\ y = x^{-3}$ und $g:\ y = x^{-5}$

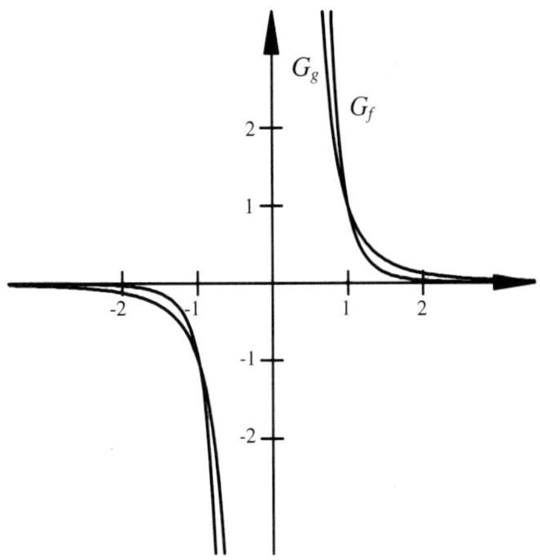

Die Graphen werden als **Hyperbeln** der Ordnung n bezeichnet.

1. Stellen Sie die Eigenschaften von Potenzfunktionen mit negativen geraden Exponenten zusammen. Nehmen Sie dabei auf folgende Punkte Bezug:
   - Symmetrieverhalten,
   - Annäherung an die Definitionslücke 0,
   - Verhalten für $x \to -\infty$ und $x \to +\infty$.

2. Stellen Sie die Eigenschaften von Potenzfunktionen mit negativen ungeraden Exponenten zusammen. Nehmen Sie auch hierbei auf folgende Punkte Bezug:
   - Symmetrieverhalten,
   - Annäherung an die Definitionslücke 0,
   - Verhalten für $x \to -\infty$ und $x \to +\infty$.

1.2 Bruchgleichungen und -ungleichungen

1.2.1 Bruchgleichungen

Beim Lösen von Bruchgleichungen muss die Definitionsmenge der Bruchterme beachtet werden. Die einzelnen Schritte beim Lösen von Bruchgleichungen sind:

1. Bestimmen Sie die Definitionsmenge und den Hauptnenner.
2. Multiplizieren Sie mit dem Hauptnenner.
3. Kürzen Sie die Bruchterme, falls dies möglich ist.
4. Berechnen Sie die Variable.
5. Geben Sie die Lösungsmenge an. Beachten Sie die Definitionsmenge.

Beispiel 1:

$$\frac{2+3x}{1-x} = -\frac{1}{2} \quad | \cdot 2(1-x) \qquad D = \mathbb{R} \setminus \{1\}$$

$$2(2+3x) = -(1-x) \qquad \text{Hauptnenner: } 2 \cdot (1-x)$$

$$4 + 6x = -1 + x \quad | -4 - x$$

$$5x = -5 \quad | :5$$

$$x = -1$$

Wegen $-1 \in D$ gilt $L = \{-1\}$.

3. Bestimmen Sie die Definitions- und die Lösungsmenge.

a) $5 = \frac{10}{7-x}$ b) $\frac{8}{5-x} = \frac{2}{3}$ c) $\frac{12}{2x+1} = 1$

Beispiel 2:

$$\frac{x-1}{x-4} = \frac{x+4}{x} \quad | \cdot x(x-4) \qquad D = \mathbb{R} \setminus \{0\,;4\}$$

$$(x-1) \cdot x = (x+4) \cdot (x-4) \qquad \text{Hauptnenner: } x \cdot (x-4)$$

$$x^2 - x = x^2 - 16 \quad | -x^2$$

$$-x = -16 \quad | \cdot (-1)$$

$$x = 16 \in D \qquad L = \{16\}$$

4. Lösen Sie die Bruchgleichungen.

a) $\frac{x}{x-3} = \frac{x+2}{x}$ b) $\frac{x-2}{x+3} = \frac{x}{x+4}$ c) $\frac{2x+4}{x-3} = \frac{2x}{x-1}$

d) $\frac{x-4}{x+1} = \frac{x+2}{x-1}$ e) $\frac{x+1}{x-5} = \frac{x-4}{x+2}$ f) $\frac{x-1}{x-2} = \frac{x+5}{x+2}$

1.2.2 Bruchungleichungen

Über das Vorzeichen eines Bruchs lässt eine ähnliche Aussage machen, wie sie als Nullproduktregel für Produkte gilt.

Ein Bruch ist positiv, wenn Zähler und Nenner das gleiche Vorzeichen besitzen, sonst negativ.

Diese Aussage lässt sich zum Lösen von Bruchungleichungen ausnutzen. Dabei kann ein Vorzeichendiagramm verwendet werden.

Beispiel: $\frac{2x+1}{x-2} > 0$.

Die charakteristischen Stellen sind:

- die Nullstelle des Zählers: $-\frac{1}{2}$ (der Bruch nimmt den Wert 0 an),
- die Nullstelle des Nenners: 2 (Definitionslücke).

Die Definitionsmenge ist somit $D = \mathbb{R} \setminus \{2\}$.

Man kennzeichnet in einem Diagramm die negativen Bereiche aller Terme in Zähler und Nenner durch einen waagerechten Strich. Aus dem Diagramm kann dann der Vorzeichenverlauf direkt abgelesen werden.
Bei der Angabe der Lösungsmenge ist die Definitionslücke zu beachten.

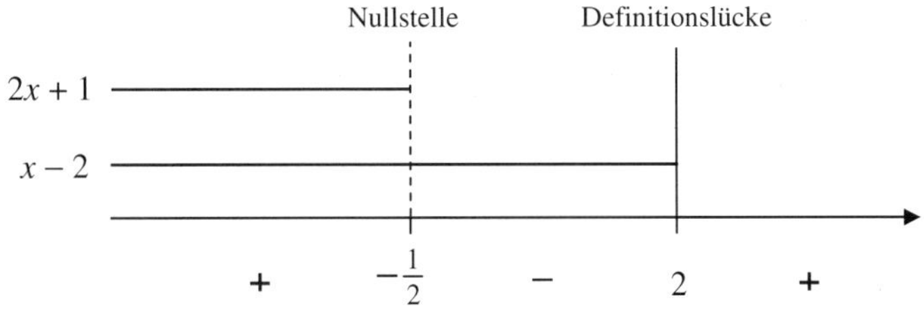

Gesucht sind die Bereiche, in denen der Bruchterm positive Werte annimmt:

$$L = \left]-\infty, -\frac{1}{2}\right[\cup \left]2, \infty\right[.$$

5. Lösen Sie die Bruchungleichungen. Geben Sie die Lösungsmenge in der Intervallschreibweise an.

a) $\frac{x-2}{2x+3} > 0$ b) $\frac{x+5}{x-2} < 0$ c) $\frac{2x+1}{x+2} \geq 0$

d) $\frac{3x}{2x+3} \leq 0$ e) $\frac{-x+2}{3x-15} < 0$ f) $\frac{2+3x}{2x-3} \geq 0$

Bruchungleichungen vom Typ $\frac{ax+b}{cx+d} \gtrless e$ lassen sich so umformen, dass auf der rechten Seite Null steht und dann mithilfe eines Vorzeichendiagramms lösen.

Beispiel: $\frac{2x+1}{x+1} \le 3 \;;\; D = \mathbb{R} \setminus \{-1\}$.

Umformung: $\frac{2x+1}{x+1} - 3 \le 0 \;\Leftrightarrow\; \frac{2x+1}{x+1} - \frac{3(x+1)}{x+1} \le 0$

$$\Leftrightarrow \frac{2x+1-3x-3}{x+1} \le 0$$

$$\Leftrightarrow \frac{-x-2}{x+1} \le 0$$

$$\Leftrightarrow \frac{-(x+2)}{x+1} \le 0$$

Vorzeichendiagramm:

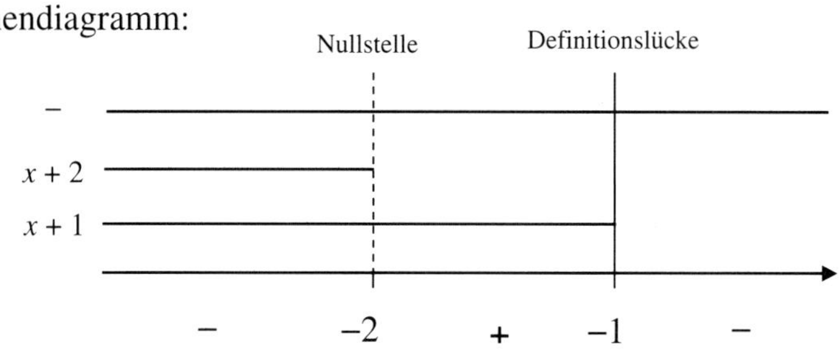

Lösungsmenge: $L = \,]-\infty, -2] \cup \,]-1, \infty[$.

6. Lösen Sie die Bruchungleichungen.

a) $\frac{2x+3}{x+4} > 1$ b) $\frac{3x+7}{x+5} < 2$ c) $\frac{2(x-5)}{x-1} \ge 0$

d) $\frac{3x+1}{2x-3} \le 1$ e) $\frac{7x+2}{3x-1} < 3$ f) $3 \le \frac{2x+5}{x+5}$

1.3 Klassifizierung gebrochenrationaler Funktionen

Wir betrachten Funktionen, die sich als Quotient zweier ganzrationaler Funktionen schreiben lassen. Die Variable x soll dabei auch im Nenner auftreten, im Nenner darf also keine konstante Funktion stehen.

Gebrochenrationale Funktionen

Seien $p_n(x) = a_n x^n + \ldots + a_1 x + a_0$ und $q_m(x) = b_m x^m + \ldots + b_1 x + b_0$ mit a_i , $b_i \in \mathbb{R}$ und a_n , $b_m \neq 0$ ganzrationale Funktionen (Polynomfunktionen) vom Grad n, $m \in \mathbb{N}$ mit $m \neq 0$. Dann heißt die Funktion

$$f\colon D_{\max} \to \mathbb{R}\,,\ x \mapsto \frac{p_n(x)}{q_m(x)}$$

gebrochenrationale Funktion mit dem **Zählergrad** $\boldsymbol{n}$ und dem **Nennergrad** $\boldsymbol{m}$.

Bei der Bildung des Quotienten zweier Funktionen ist darauf zu achten, dass im Nenner eines Bruchs immer ein von Null verschiedener Wert stehen muss. Für die maximale Definitionsmenge einer gebrochenrationalen Funktion gilt somit:

$$D_{\max} = \{\, x \in \mathbb{R} \mid q_m(x) \neq 0 \,\} = \mathbb{R}\backslash\{\, x_1 , \ldots , x_k \,\}\,.$$

Dabei sind x_1 , . . . , x_k die Nullstellen der Polynomfunktion q_m im Nenner. Sie werden als **Definitionslücken** der gebrochenrationalen Funktion f bezeichnet.

Wir unterteilen gebrochenrationale Funktionen in zwei Klassen:

1. Gilt Zählergrad $n <$ Nennergrad m, so heißt f **echt gebrochen**,
2. gilt Zählergrad $n \geq$ Nennergrad m, so heißt f **unecht gebrochen**.

7. Entscheiden Sie, ob die Funktionen gebrochenrational sind.

a) $f(x) = \dfrac{1}{x+1}$ b) $f(x) = \dfrac{x+1}{\sqrt{2}}$ c)* $f(x) = \dfrac{x-1}{\sqrt{x}}$

d) $f(x) = \dfrac{\sqrt{2}\cdot x}{x^2+1}$ e) $f(x) = \dfrac{x-1}{x^2-4}$ f) $f(x) = \dfrac{1}{x}+1$

g) $f(x) = \dfrac{x^2-2x+1}{4x}$ h) $f(x) = \dfrac{x^2-2}{4}$ i)* $f(x) = \dfrac{\sin(x)}{x}$

Zur Bestimmung der Definitionsmenge einer gebrochenrationalen Funktion sind die Definitionslücken zu bestimmen. Dabei handelt es sich um die Nullstellen des Nennerpolynoms.

Beispiel: Betrachtet wird $f\colon D_{\max} \to \mathbb{R}\,,\ \dfrac{x^2+2x}{x^2-x-2}$.

Das Zähler- und das Nennerpolynom besitzen beide den Grad 2. Die Funktion f ist daher eine unecht gebrochenrationale Funktion.

Zur Bestimmung der Definitionsmenge empfiehlt es sich, den Funktionsterm zu faktorisieren:

$$f(x) = \frac{x^2+2x}{x^2-x-2} = \frac{x\cdot(x+2)}{(x+1)\cdot(x-2)} \quad .$$

Aus dem faktorisierten Funktionsterm lassen sich die Definitionslücken -1 und 2 direkt ablesen.
Es folgt somit also: $D_{\max} = \mathbb{R} \setminus \{-1, 2\}$.

Hiervon zu unterscheiden sind die Nullstellen des Zählerpolynoms.
Aus dem faktorisierten Term lassen sich -2 und 0 als Nullstellen Zählerpolynoms ablesen. Diese Stellen gehören zur Definitionsmenge und sind die Nullstellen der gebrochenrationalen Funktion.

8. Bestimmen Sie für die gebrochenrationalen Funktionen die maximale Definitionsmenge und geben Sie an, um welche Art von gebrochenrationaler Funktion es sich jeweils handelt.

a) $f(x) = \dfrac{1}{x-5}$ b) $f(x) = \dfrac{x^2}{x+2}$ c) $f(x) = \dfrac{x^2+1}{(x-1)(x+1)}$

d) $f(x) = \dfrac{x-1}{x^3-2x^2}$ e) $f(x) = \dfrac{x^2}{x^2-4x+4}$ f) $f(x) = \dfrac{x^3-1}{x^2-x-6}$

g) $f(x) = \dfrac{x^3+1}{x^3+6x^2+9x}$ h) $f(x) = \dfrac{x}{x^2+7}$ i) $f(x) = \dfrac{1}{x^2-x-6}$

9. Bestimmen Sie $D_{\max}$ und die Nullstellen. Welche Art von gebrochenrationaler Funktion liegt vor.

a) $f(x) = \dfrac{x^2}{x-1}$ b) $f(x) = \dfrac{1}{1-x^2}$ c) $f(x) = \dfrac{x^2-1}{x^2+1}$

d) $f(x) = \dfrac{x^2-2x+1}{x^3-9x}$ e) $f(x) = \dfrac{x^2-2x}{x^2-2}$ f) $f(x) = \dfrac{x^2+2x+2}{x^2+x-2}$

1.4 Verhalten an den Definitionslücken

Wir betrachten eine gebrochenrationale Funktion $f(x) = \dfrac{p_n(x)}{q_m(x)}$ in der Umgebung einer Definitionslücke x_0, d. h. einer Nullstelle des Nennerpolynoms.

Bezüglich des Verhaltens in der Nähe von x_0 unterscheiden wir folgende Fälle.

1.4.1 Polstellen

In der Jahrgangsstufe 12 hatten wir bereits Fälle betrachtet, bei denen die einseitigen Grenzwerte an einer Definitionslücke uneigentlich sind. Man spricht dann von einer **Unendlichkeitsstelle** oder auch einer **Polstelle**.

Polstelle

Es sei $f\colon D \to \mathbb{R}$ eine Funktion und $x_0 \notin D$ eine Definitionslücke. Gilt für die einseitigen Grenzwerte

$$\lim_{x \to x_0^-} f(x) \to \pm\infty \quad \text{und} \quad \lim_{x \to x_0^+} f(x) \to \pm\infty,$$

so heißt die Definitionslücke x_0 **Polstelle** oder **Unendlichkeitsstelle**.

Bezüglich des Verhaltens einer Funktion in der Nähe von Polstellen unterscheidet man folgende Fälle.

1. **Polstelle mit Vorzeichenwechsel**

   Wir betrachten die Funktion $f\colon x \mapsto \dfrac{1}{x-2}$ mit $D_{\max} = \mathbb{R} \setminus \{2\}$.

   Berechnet man einige Funktionswerte in unmittelbarer Nähe der Definitionslücke 2, so stellt man fest:

   - Annäherung von rechts: $f(x) \to +\infty$ für $x \to 2^+$,
   - Annäherung von links: $f(x) \to -\infty$ für $x \to 2^-$.

   Man bezeichnet die Stelle 2 als eine **Polstelle** mit Vorzeichenwechsel.

   Die Gerade mit der Gleichung $x = 2$ heißt **senkrechte Asymptote**.

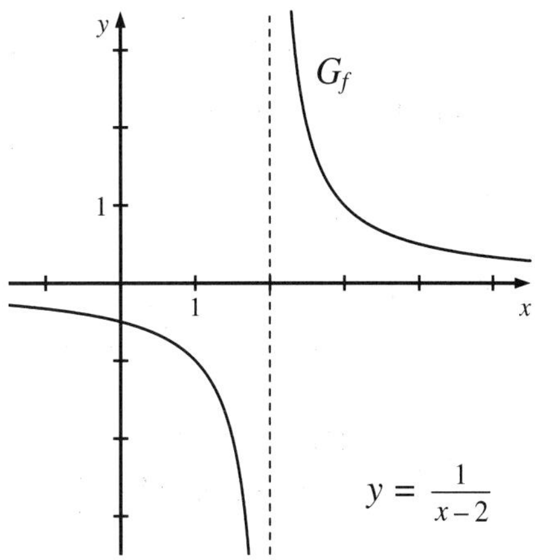

Das Verhalten der Funktion an der Stelle 2 in dem Beispiel entspricht dem Verhalten der Kehrwertfunktion $x \mapsto \frac{1}{x}$ und auch der Potenzfunktion $x \mapsto \frac{1}{x^3}$ an der Stelle 0.

Allgemein lässt sich feststellen:

> Wenn
> - x_0 eine ungeradzahlige Nullstelle (einfach, dreifach, …) der Polynomfunktion q_m im Nenner und
> - x_0 keine Nullstelle der Polynomfunktion p_n im Zähler ist,
>
> dann ist x_0 eine **Polstelle mit Vorzeichenwechsel**.

2. **Polstelle ohne Vorzeichenwechsel**

Wir betrachten die Funktion $f: x \mapsto \frac{1}{(x-2)^2}$ mit $D_{\max} = \mathbb{R} \setminus \{2\}$.

Berechnet man auch in diesem Fall Funktionswerte in der Nähe der Definitionslücke 2, so erhält man:

- Annäherung von rechts:
  $f(x) \to +\infty$ für $x \to 2^+$,
- Annäherung von links:
  $f(x) \to +\infty$ für $x \to 2^-$.

Man bezeichnet die Stelle 2 als eine **Polstelle** ohne Vorzeichenwechsel.

Die Gerade mit der Gleichung $x = 2$ ist eine **senkrechte Asymptote**.

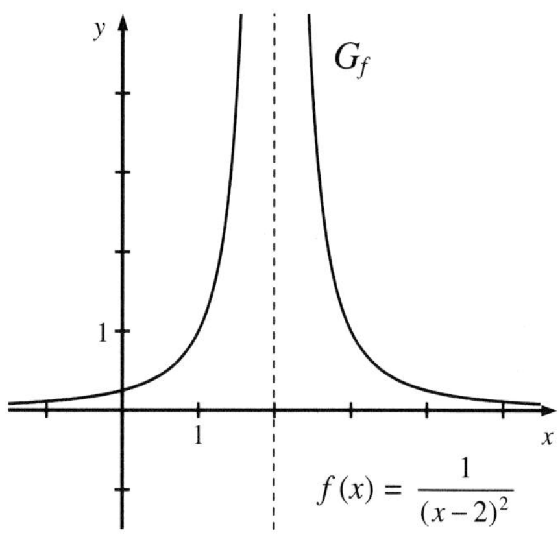

Das Verhalten der Funktion an der Stelle 2 in dem Beispiel entspricht dem Verhalten der Potenzfunktion $x \mapsto \frac{1}{x^2}$ an der Stelle 0.

Allgemein lässt sich feststellen:

> Wenn
> - x_0 eine geradzahlige Nullstelle (zweifach, vierfach, …) der Polynomfunktion q_m im Nenner und
> - x_0 keine Nullstelle der Polynomfunktion p_n im Zähler ist,
>
> dann ist x_0 eine **Polstelle ohne Vorzeichenwechsel**.

10. Bestimmen Sie die Definitionsmenge und begründen Sie, dass es sich dabei um eine Polstelle handelt. Zeichnen Sie die senkrechte Asymptote in ein Koordinatensystem und skizzieren Sie den Verlauf des Graphen in der Umgebung der Polstelle.

a) $f\colon x \mapsto -\frac{5}{x}$ b) $f\colon x \mapsto \frac{2}{2-x}$ c) $f\colon x \mapsto -\frac{1}{x^2}$

d) $f\colon x \mapsto \frac{1}{x-1}$ e) $f\colon x \mapsto \frac{2}{(x+2)^2}$ f) $f\colon x \mapsto \frac{4}{2-x}$

g) $f\colon x \mapsto \frac{-1}{(x-2)^2}$ h) $f\colon x \mapsto \frac{1}{x-a}$ i) $f\colon x \mapsto x^{-n}$ $(n \in \mathbb{N}^*)$

11. Skizzieren Sie G_f. Beschreiben Sie das Verhalten an der Polstelle.

a) $f\colon x \mapsto \frac{1}{x^2}$ b) $f\colon x \mapsto \frac{1}{x^3}$ c) $f\colon x \mapsto \frac{99}{(1-x)^2}$

12. Ordnen Sie den Funktionsgleichungen das richtige Schaubild zu und begründen Sie Ihre Entscheidung.

a) $y = \frac{x}{x-1}$ b) $y = \frac{x}{(x-1)^2}$ c) $y = \frac{x}{x^2-1}$

❶

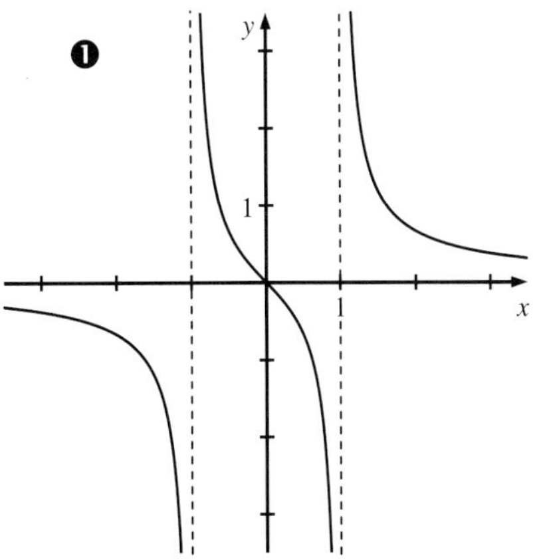

❷

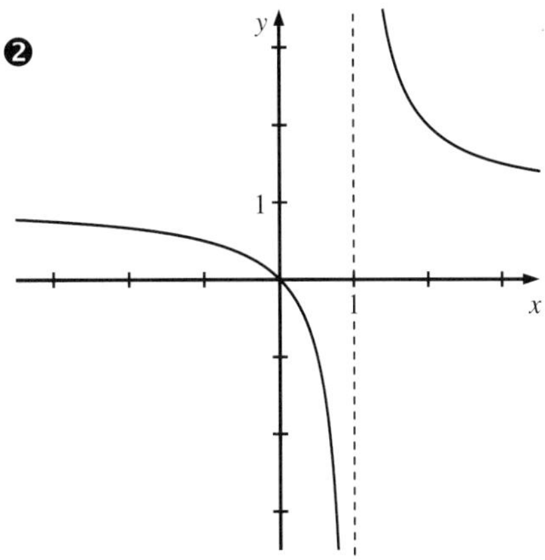

❸

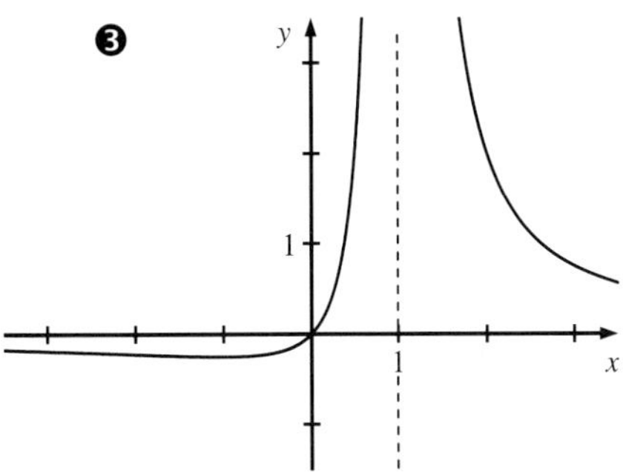

13. Bestimmen Sie für die Funktion f die Nullstellen und die Polstellen. Geben Sie die Art der Polstelle an.

a) $f(x) = \dfrac{x-1}{x+4}$

b) $f(x) = \dfrac{x}{x^2-1}$

c) $f(x) = \dfrac{x^2+2x}{x^2+x-6}$

d) $f(x) = \dfrac{-4}{(a-x)^2}$

e) $f(x) = \dfrac{x^2+x-6}{x^2+3x+2}$

14. Lesen Sie aus den Schaubildern eine mögliche Gleichung der dargestellten gebrochenrationalen Funktion ab.

a)

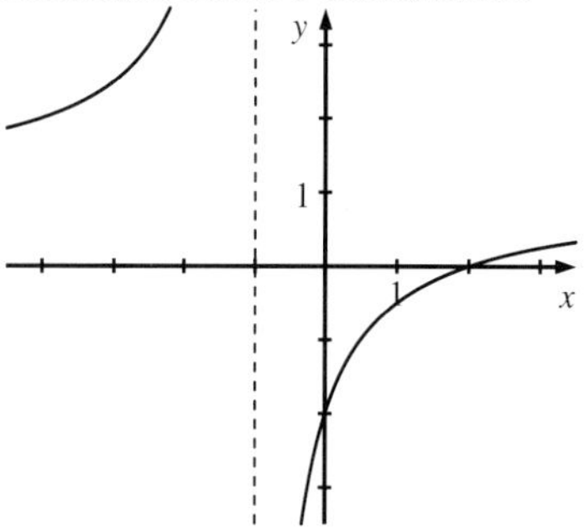

b)

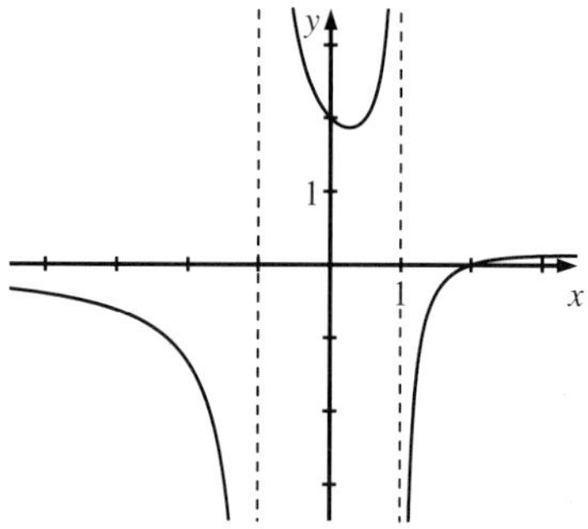

c)

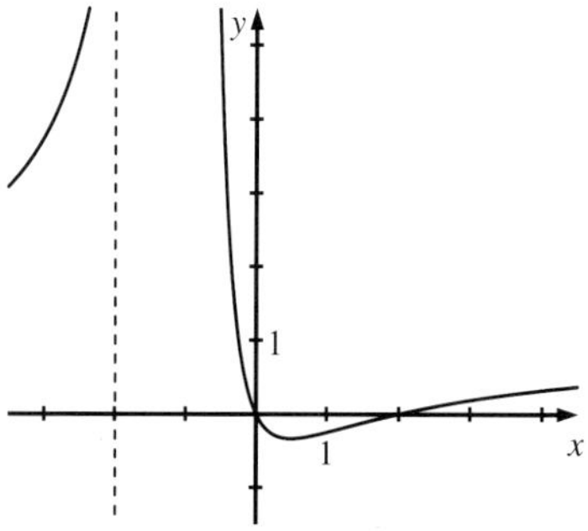

d)

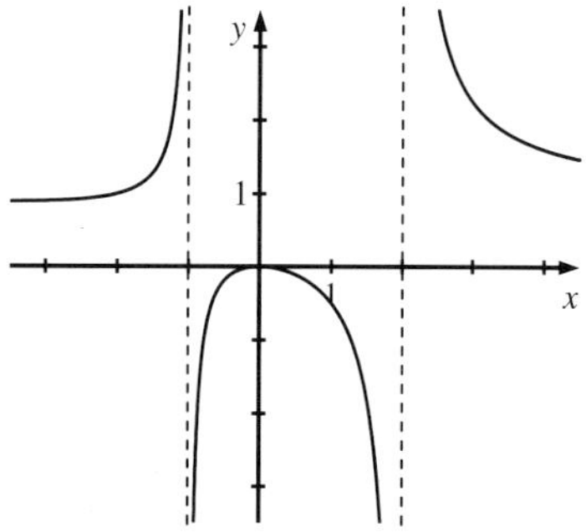

15. Bestimmen Sie $D_{\max}$, die Nullstellen und Polstellen der Funktion f an. Begründen Sie, dass es sich bei den Definitionslücken um Polstellen handelt, und geben Sie deren Art an.

a) $f(x) = \dfrac{11}{x^2+2x}$

b) $f(x) = \dfrac{x^2-2x-3}{(2-x)^2}$

c) $f(x) = \dfrac{x^2+2x+1}{x^3+x}$

d) $f(x) = \dfrac{x^2+x-6}{1+2x+x^2}$

e) $f(x) = \dfrac{4x^2}{x^3-3x^2+3x-1}$

f) $f(x) = \dfrac{x^2-7x+10}{x^4-1}$

1.4.2 Behebbare Definitionslücken

In der Jahrgangsstufe 12 traten auch Fälle auf, bei denen die einseitigen Grenzwerte an einer Definitionslücke eigentlich sind und übereinstimmen. Man spricht dann von einer **behebbaren** Definitionslücke.

Behebbare Definitionslücke

Es sei $f: D \rightarrow \mathbb{R}$ eine Funktion und $x_0 \notin D$ eine Definitionslücke. Existiert der Grenzwert $\lim\limits_{x \to x_0} f(x)$, so heißt x_0 **behebbar,** sonst **nicht behebbar**.

Die Definitionslücke kann **stetig behoben** werden durch die Festlegung:

$$f(x_0) = \lim_{x \to x_0} f(x) \;.$$

Wir betrachten als Beispiel die Funktion $f: x \mapsto \frac{x-2}{x^2-x-2}$.

Es gilt $f(x) = \frac{x-2}{(x+1)(x-2)} = \frac{1}{x+1}$ und damit $D_{\max} = \mathbb{R} \setminus \{-1, 2\}$.

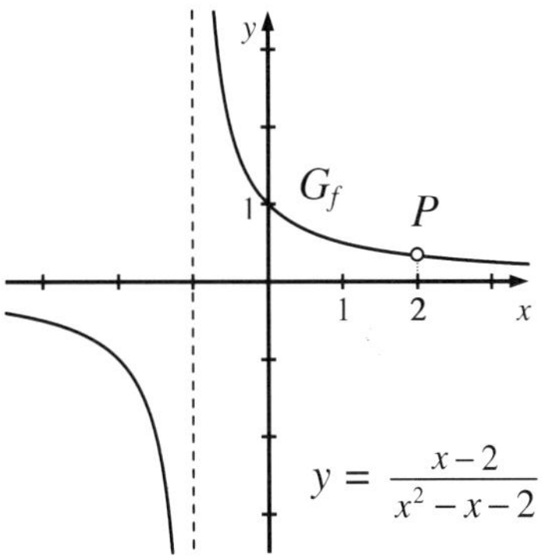

Die Nullstellen der Nennerfunktion führen zu den Definitionslücken $x_1 = -1$ und $x_2 = 2$ der Funktion f.

Die Definitionslücke $x_1 = -1$ ist Polstelle:

- Annäherung von rechts:
- $f(x) \rightarrow +\infty$ für $x \rightarrow -1^+$.

  $f(x) \rightarrow -\infty$ für $x \rightarrow -1^-$.

Betrachtet man den gekürzten Funktionsterm $\frac{1}{x+1}$, so tritt die Stelle $x_2 = 2$ nicht mehr als Nullstelle der Polynomfunktion im Nenner auf.

Da $\lim\limits_{x \to 2} f(x) = \frac{1}{2+1} = \frac{1}{3}$ ist, ergibt sich als stetige Fortsetzung:

$$\overline{f}(x) = \begin{cases} f(x) & \text{für } x \in \mathbb{R} \setminus \{-1;2\} \\ \frac{1}{3} & \text{für } \quad x = 2 \end{cases}.$$

Die Lücke im Schaubild von f kann durch Einfügen des Punktes $P(2 \mid \frac{1}{3})$ geschlossen werden.

Allgemein lässt sich feststellen:

> Wenn
> - x_0 Nullstelle der Polynomfunktionen p_n im Zähler sowie auch q_m im Nenner und
> - x_0 keine Nullstelle der Polynomfunktion im Nenner des gekürzten Funktionsterms $\overline{f}(x)$ ist,
>
> dann liegt an der Stelle x_0 eine **behebbare Definitionslücke** vor.

16. Untersuchen Sie, ob die Funktion f eine behebbare Lücke besitzt. Geben Sie gegebenenfalls die stetige Fortsetzung an.

a) $f(x) = \dfrac{x^2}{x^3 - x}$ b) $f(x) = \dfrac{x^2 + x}{x^3 + x}$

c) $f(x) = \dfrac{4x+3}{16x^2 + 24x + 9}$ d) $f(x) = \dfrac{2x^2 + 5x - 3}{2x - 1}$

Es bleibt noch der Fall zu betrachten, dass die betrachtete Definitionslücke x_0 weiterhin eine Nullstelle des Nennerpolynoms des gekürzten Funktionsterms ist.

$f(x) = \dfrac{x^2 - 1}{x^2 - 2x + 1}$

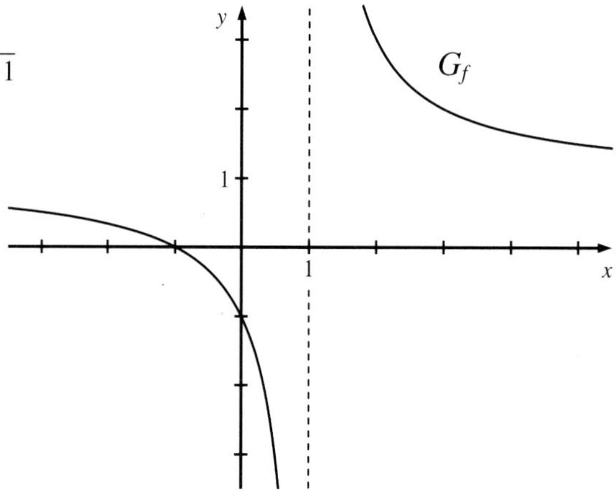

Es gilt: $f(x) = \dfrac{x^2 - 1}{x^2 - 2x + 1} = \dfrac{(x+1)(x-1)}{(x-1)^2} = \dfrac{x+1}{x-1}$ mit $D_{\max} = \mathbb{R}\setminus\{1\}$.

Betrachtet man den gekürzten Funktionsterm, so tritt die Stelle $x_0 = 1$ weiterhin als Nullstelle im Nennerpolynom auf.

Die Definitionslücke $x_0 = 1$ ist eine Polstelle, in dem vorliegenden Fall eine mit Vorzeichenwechsel:

$$\lim_{x \to 1^-} f(x) \to -\infty \quad \text{und} \quad \lim_{x \to 1^+} f(x) \to +\infty .$$

Allgemein lässt sich feststellen:

Wenn

- x_0 Nullstelle der Polynomfunktionen p_n im Zähler sowie auch q_m im Nenner und
- x_0 weiterhin Nullstelle des Nennerpolynoms des gekürzten Funktionsterms $\overline{f}(x)$ ist,

dann liegt an der Stelle x_0 eine **Polstelle** vor.

17. Bestimmen Sie die Definitionslücken von f und geben Sie an, von welcher Art diese sind. Bestimmen Sie im Fall einer behebbaren Definitionslücke die stetige Fortsetzung.

a) $f(x) = \dfrac{x^2 - x}{x^3 - x^2}$ b) $f(x) = \dfrac{x^3 + x}{x^2 + x}$

c) $f(x) = \dfrac{x^3 + 2x^2 + x}{x^3 + x^2}$ d) $f(x) = \dfrac{x^2 + x - 6}{x^2 - 3x + 2}$

e) $f(x) = \dfrac{x^2 - 7x + 6}{x^3 - 6x^2 + 11x - 6}$ f) $f(x) = \dfrac{x^3 - 3x^2 + 4}{x^3 - 3x - 2}$

18. Bestimmen Sie den Parameter a so, dass f eine behebbare Definitionslücke hat. Berechnen Sie die Fortsetzung an dieser Lücke.

a) $f(x) = \dfrac{x^2 - ax + 6}{x - 3}$ b) $f(x) = \dfrac{x^2 - 5x + 6}{x^2 - 6x + a}$

c) $f(x) = \dfrac{ax - 3}{x + a - 4}$

1.5 Verhalten im Unendlichen

1.5.1 Polynomdivision mit Rest

In der Jahrgangsstufe 12 wurde zur Lösung von Gleichungen dritten Grades und höher das Verfahren der Polynomdivision angewandt, das der schriftlichen Division sehr ähnlich ist. In den dort betrachteten Beispielen „gingen die Divisionen auf".

Wie bei der schriftlichen Division kann aber auch bei der Polynomdivision ein Rest bleiben. Unecht gebrochene Bruchterme lassen sich in diesen Fällen in einen ganzrationalen Anteil und einen echt gebrochenen Restterm zerlegen.

Beispiel: $\dfrac{x^2-3x-3}{x-1} = (x^2-3x-3):(x-1)$

Polynomdivision:

$$
\begin{array}{l}
(x^2 - 3x - 3) : (x - 1) = x - 2 \\
\underline{-(x^2 - x)} \\
\quad -2x - 3 \\
\quad \underline{-(-2x + 2)} \\
\qquad -5
\end{array}
$$

Damit ergibt sich die Zerlegung: $\dfrac{x^2-3x-3}{x-1} = \underbrace{x-2}_{\text{ganzrationaler Anteil}} + \underbrace{\dfrac{-5}{x-1}}_{\text{gebrochener Restterm}}$

19. Zerlegen Sie die Bruchterme in einen ganzrationalen Anteil und in einen echt gebrochenen Restterm.

a) $\dfrac{3x-2}{x+1}$

b) $\dfrac{4x^2+4x-1}{2x-1}$

c) $\dfrac{x^2-x-2}{x+1}$

d) $\dfrac{x^2}{x-2}$

e) $\dfrac{3x^3-2x^2-2}{x^2+2}$

f) $\dfrac{x^3}{x-3}$

1.5.2 Asymptoten bei gebrochenrationalen Funktionen

Das Verhalten einer gebrochenrationalen Funktion

$$f(x) = \frac{p_n(x)}{q_m(x)} = \frac{a_n x^n + \ldots + a_1 x + a_0}{b_m x^m + \ldots + b_1 x + b_0} \quad \text{mit } a_n,\, b_m \neq 0$$

soll für $x \to -\infty$ und $x \to +\infty$ genauer untersucht werden. Zum leichteren Zeichnen des Funktionsgraphen versucht man die Gleichung einer Geraden anzugeben, an die sich der Graph der Funktion für sehr große (bzw. sehr kleine) x-Werte immer mehr „anschmiegt“. Eine solche Gerade wird als **Asymptote** des Graphen der Funktion bezeichnet.

Bei der Bestimmung der Asymptote kommt es auf den Grad n des Zähler- und den Grad m des Nennerpolynoms an. Wir unterscheiden folgende Fälle.

x-Achse als Asymptote

Wir betrachten echt gebrochene Funktionen (Zählergrad $n <$ Nennergrad m).

Der Graph einer echt gebrochenrationalen Funktion nähert sich für sehr große (sehr kleine) x-Werte stets asymptotisch der x-Achse, da das Nennerpolynom infolge der höheren Potenz über das Zählerpolynom dominiert.

Die x-Achse mit der Gleichung $y = 0$ ist in diesem Fall Asymptote.

Das einfachste Beispiel einer gebrochenrationalen Funktion mit der x-Achse als Asymptote ist die Kehrwertfunktion

$$x \mapsto \frac{1}{x}.$$

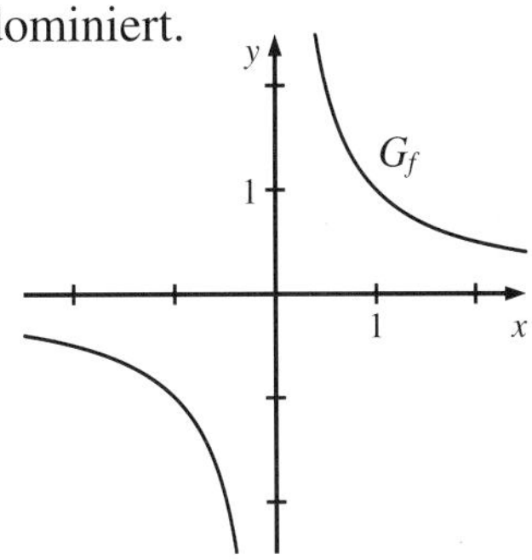

Nachfolgend ist ein weiteres Beispiel angegeben.

Beispiel: $f(x) = \dfrac{x}{x^2 - 4}$

Das Nennerpolynom dominiert.

Daher gilt: $\lim\limits_{x \to \pm\infty} f(x) = 0$.

Die x-Achse ist Asymptote.

-2 und 2 sind Polstellen mit Vorzeichenwechsel.

0 ist Nullstelle von f.

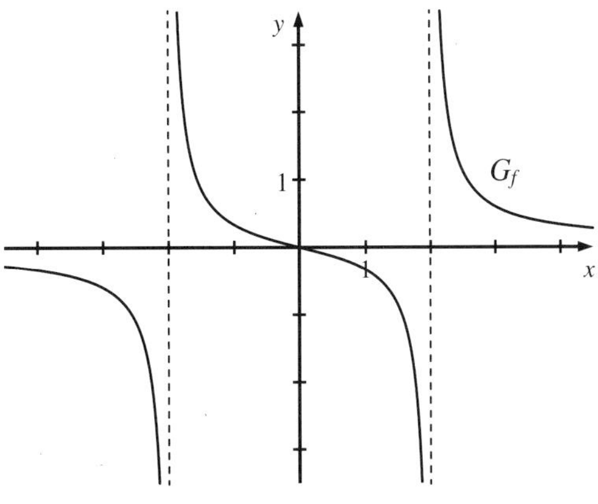

Wir betrachten im Folgenden unecht gebrochene Funktionen.

Durch **Polynomdivision** wird eine unecht gebrochenrationale Funktion f in eine ganzrationale Funktion (Polynomfunktion) $f_A(x)$ und eine echt gebrochene Restfunktion $r(x)$ zerlegt:

$$f(x) = f_A(x) + r(x)\,.$$

Für $x \to \pm\infty$ verschwindet der echt gebrochene Anteil: $\lim\limits_{x\to\pm\infty} r(x) = 0$.

- Die Funktion f zeigt somit für $x \to \pm\infty$ das gleiche Verhalten wie die verbleibende Polynomfunktion f_A (**Asymptotenfunktion**).
- Der Betrag $|\,r(x)\,|$ der Restfunktion beschreibt den vertikalen Abstand des Graphen der Funktion f von seiner Asymptote an der Stelle x.

Wir unterscheiden hierbei zwei Fälle.

Waagerechte Asymptote

Im Fall, dass der Zählergrad n und der Nennergrad m gleich sind, ist f_A eine konstante Funktion. Man erhält eine **waagerechte Asymptote**.

Beispiel: $f(x) = \dfrac{2x+3}{x-1}$

Für die Funktion f ergibt sich durch Polynomdivision

$$f(x) = \underbrace{2}_{f_A(x)} + \underbrace{\frac{5}{x-1}}_{r(x)}\,.$$

Eine Gleichung der waagerechten Asymptote lautet $f_A(x) = 2$.

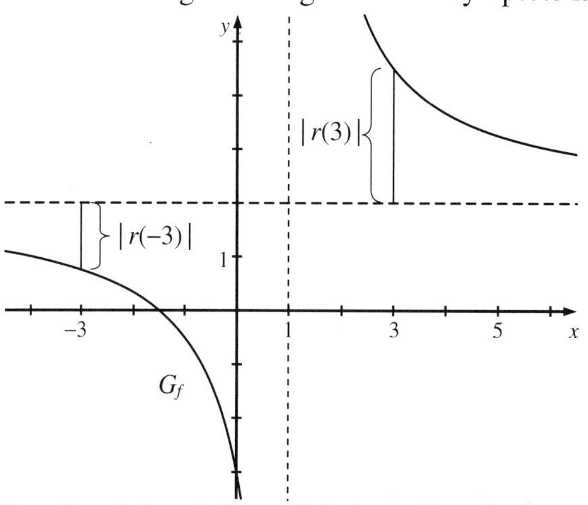

Es gilt:

- $r(x) \neq 0$ für alle $x \in D_{max}$
- $r(3) = \dfrac{5}{3-1} = \dfrac{5}{2} > 0$

  vertikaler Abstand: $\dfrac{5}{2}$
- $r(-3) = \dfrac{5}{-3-1} = -\dfrac{5}{4} < 0$

  vertikaler Abstand: $\dfrac{5}{4}$

Der Graph hat keinen Schnittpunkt mit der waagerechten Asymptote. Er nähert sich der Asymptote für $x \to -\infty$ von unten, für $x \to +\infty$ dagegen von oben.

Schiefe Asymptote

Ist der Zählergrad n um 1 größer als der Nennergrad m, so ist f_A eine lineare Funktion. Man erhält eine **schiefe Asymptote**.

Beispiel: $f(x) = \dfrac{x^2 + 2x - 3}{x+1}$

Für die Funktion f ergibt sich durch Polynomdivision

$$f(x) = \underbrace{x+1}_{f_A(x)} + \underbrace{\frac{-4}{x+1}}_{r(x)}.$$

Eine Gleichung der schiefen Asymptote lautet $f_A(x) = x + 1$.

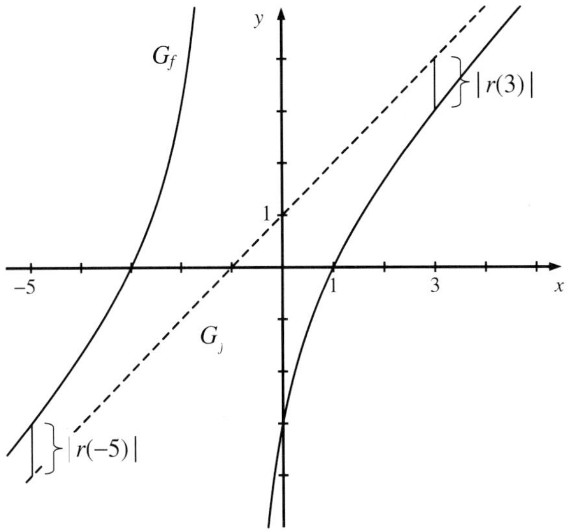

Es gilt:

- $r(x) \neq 0$ für alle $x \in D_{max}$
- $r(3) = \dfrac{-4}{3+1} = -1 < 0$
  vertikaler Abstand 1
- $r(-5) = \dfrac{-4}{-5+1} = 1 > 0$
  vertikaler Abstand 1

Der Graph hat keinen Schnittpunkt mit der schiefen Asymptote. Er nähert sich der Asymptote für $x \to -\infty$ von oben, für $x \to +\infty$ von unten.

Wir haben in den Beispielen die Gleichungen der Asymptotenfunktionen mithilfe einer Polynomdivision bestimmt.

Eine exakte mathematische Definition des Begriffs „Asymptote“ geht von der Eigenschaft aus, dass sich der Funktionsgraph und die Asymptote für $x \to -\infty$ oder $x \to +\infty$ immer mehr annähern.

Asymptote (Asymptotenkurve)

Der Graph einer Funktion f_A heißt **Asymptote** (bzw. **Asymptotenkurve**) des Graphen der Funktion f, wenn gilt:

$$\lim_{x\to-\infty}(f(x) - f_A(x)) = 0 \text{ oder } \lim_{x\to+\infty}(f(x) - f_A(x)) = 0.$$

Im Fall $n \geq m + 2$ (Zählergrad um mindestens 2 größer als der Nennergrad) ist f_A eine ganzrationale Funktion, deren Grad mindestens zwei ist. Man erhält keine Gerade mehr als Asymptote. Fälle dieser Art werden wir fortan allerdings nicht betrachten.

Schnittpunkte mit der Asymptote

Die Asymptote f_A schneidet den Graphen einer gebrochenrationalen Funktion f an den Stellen, wo die Restfunktion r den Wert null annimmt.

Die Schnittpunkte werden aus der Gleichung $r(x) = 0$ bestimmt. Dabei kann nur der Zähler der Restfunktion r null werden.

In den vorangehenden Beispielen gab es keine Schnittpunkte mit der Asymptote. Anders ist die Lage in dem folgenden Beispiel.

Beispiel: $f(x) = \dfrac{x^3}{4 \cdot (x^2 - 4x + 4)} = \dfrac{x^3}{4 \cdot (x-2)^2}$; $D = \mathbb{R} \setminus \{2\}$.

Mit Hilfe einer Polynomdivision ergibt sich:

$$f(x) = \underbrace{(\frac{1}{4}x + 1)}_{f_A(x)} + \underbrace{\frac{3x-4}{(x-2)^2}}_{r(x)}$$

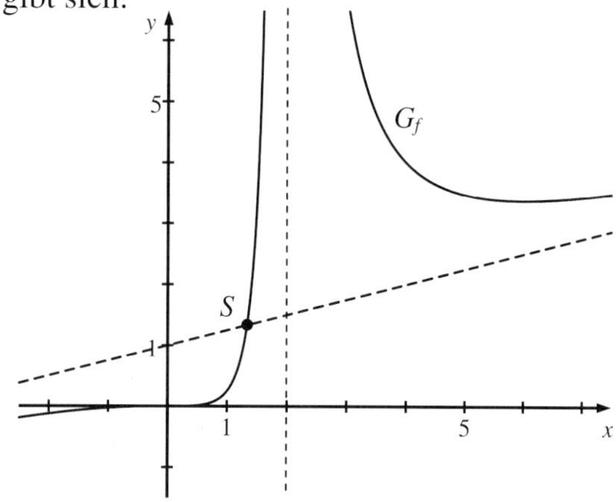

Es gilt:

$$f(x) = f_A(x) \Leftrightarrow r(x) = 0$$
$$\Leftrightarrow \frac{3x-4}{(x-2)^2} = 0$$
$$\Leftrightarrow 3x - 4 = 0$$
$$\Leftrightarrow x = \frac{4}{3}$$

Wegen $f_A(\frac{4}{3}) = \frac{4}{3}$ schneidet G_f die schiefe Asymptote in $S(\frac{4}{3} \mid \frac{4}{3})$.

Die nachfolgende Übersicht zeigt noch einmal zusammenfassend die verschiedenen Fälle, die bei der Bestimmung der Asymptote gebrochenrationaler Funktionen auftreten können.

Fall	Art der Asymptote	Art der Bestimmung
$n < m$	x-Achse	direkte Angabe
$n = m$	Parallele $y = \dfrac{a_n}{b_m}$ zur x-Achse	Ablesen am Funktionsterm oder Polynomdivision
$n = m + 1$	schiefe Asymptote	Polynomdivision

20. Ordnen Sie den Funktionen den richtigen Graphen zu.

a) $f(x) = \dfrac{x-2}{2+2x}$ b) $f(x) = \dfrac{x^2-2}{x+1}$ c) $f(x) = \dfrac{x^2-2}{x^3+1}$

❶
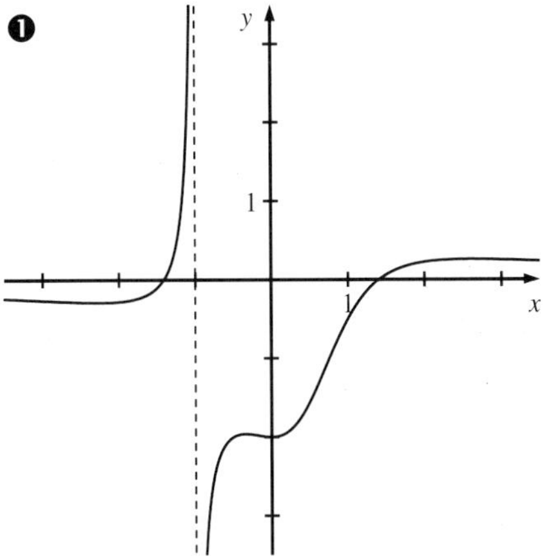

❷
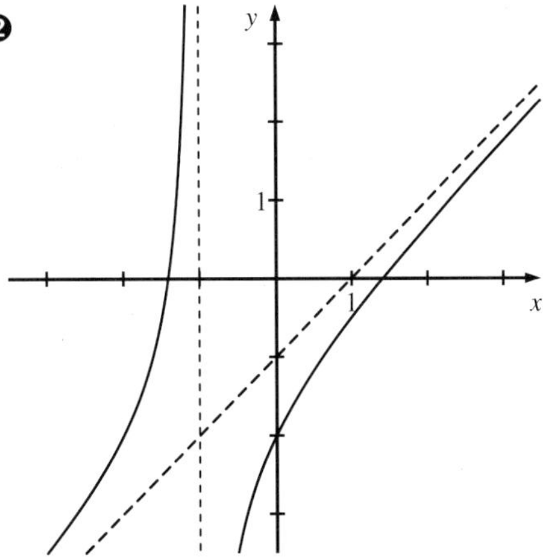

❸
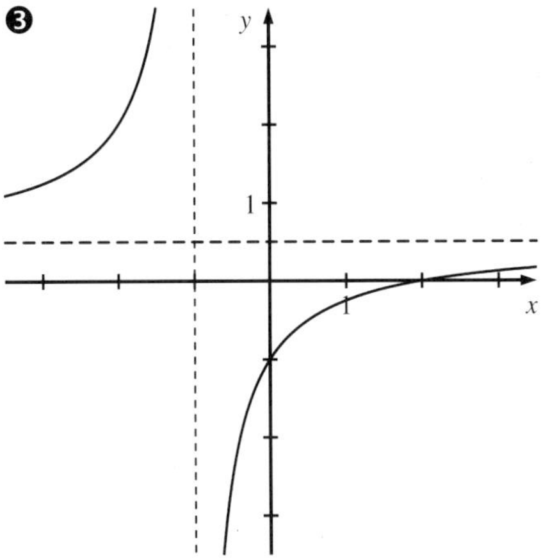

21. Zerlegen Sie die unecht gebrochenrationale Funktion f in einen ganzrationalen und einen echt gebrochenrationalen Anteil ($a \neq 0$).

a) $f(x) = \dfrac{x^2-x+2}{x-2}$ b) $f(x) = \dfrac{x^2+3}{x-2}$

c) $f(x) = \dfrac{x^3+3x^2-x+1}{x+1}$ d) $f(x) = \dfrac{3x^2+4x+24}{4x}$

e) $f(x) = \dfrac{1-x+x^2}{1+2x}$ f) $f(x) = \dfrac{x^3-2x^2+3}{(1-x)^2}$

g) $f(x) = \dfrac{ax^3}{x^2-2}$ h) $f(x) = \dfrac{ax^3-x^2+1}{1-ax}$

22. Bestimmen Sie eine Gleichung der Asymptote zu der gebrochenrationalen Funktion f und untersuchen Sie, ob es Schnittpunkte des Funktionsgraphen mit der Asymptote gibt. Geben Sie die Schnittpunkte gegebenenfalls an.

a) $f(x) = x + 1 + \dfrac{2x}{x^2 - 2}$ b) $f(x) = x^2 - 3 + \dfrac{x^2 - 3x}{x^3 + 2x}$ c) $f(x) = \dfrac{1 - x}{x - 2}$

d) $f(x) = \dfrac{x^2 - 2}{x^3 + x^2}$ e) $f(x) = \dfrac{x^2 - 2x}{x^2 + 3}$ f) $f(x) = \dfrac{2x^4 - x^3}{x^2 - 1}$

23. Bestimmen Sie eine Gleichung der Asymptote f_A der gebrochenrationalen Funktion f und untersuchen Sie, ob sich der Graph von f der Asymptote jeweils von oben oder von unten nähert.

a) $f(x) = \dfrac{4x - 2}{3x + 2}$ b) $f(x) = \dfrac{x^4 + 3x^2 + x + 1}{x^2 + 1}$

c) $f(x) = \dfrac{2x^3 + 3x^2 + 2x + 1}{x - 2}$ d) $f(x) = \dfrac{2x^4 + x^3 - 3x + 6}{x - 2}$

24. Bestimmen Sie eine Gleichung der Asymptote der gebrochenrationalen Funktion f. Untersuchen Sie zusätzlich, ob sich der Graph der Funktion f für $x \to \infty$ der Asymptote von oben oder von unten nähert.

a) $f(x) = \dfrac{7x - 3}{7x + 4}$ b) $f(x) = \dfrac{x^2 + 2}{x - 2}$

c) $f(x) = \dfrac{99}{4 - x}$ d) $f(x) = \dfrac{x^3}{x - 1}$

e) $f(x) = \dfrac{3x^2 - 2}{2x}$ f) $f(x) = \dfrac{1 - 2x - 3x^2}{2 + 3x + 4x^2}$

25. Bestimmen Sie einen möglichst einfachen Funktionsterm einer gebrochenrationalen Funktion mit folgenden Eigenschaften.

Untersuchen Sie, ob es Schnittstellen mit der Asymptote gibt.

	Nullstellen	Polstellen	Asymptote
a)	1	−1	waagerecht
b)	1 , 2	−1	schief
c)	1 , 2	−1	waagerecht
d)	−1 , 2	−3 , 1	schief

26. Die folgenden Abbildungen zeigen die Graphen von Funktionen der Form

$$f_{a,b}(x) = \frac{x^2 + a}{x + b} \quad , \quad g_{a,b}(x) = \frac{x + a}{x^2 + b} \quad \text{oder} \quad h_{a,b}(x) = \frac{x^2 + a}{x^2 + b} \; .$$

Ordnen Sie die Graphen dem richtigen Typ zu und bestimmen Sie aus der Zeichnung die Werte der Parameter $a, b \in \mathbb{R}$.

Bestimmen Sie eine Gleichung der Asymptote.

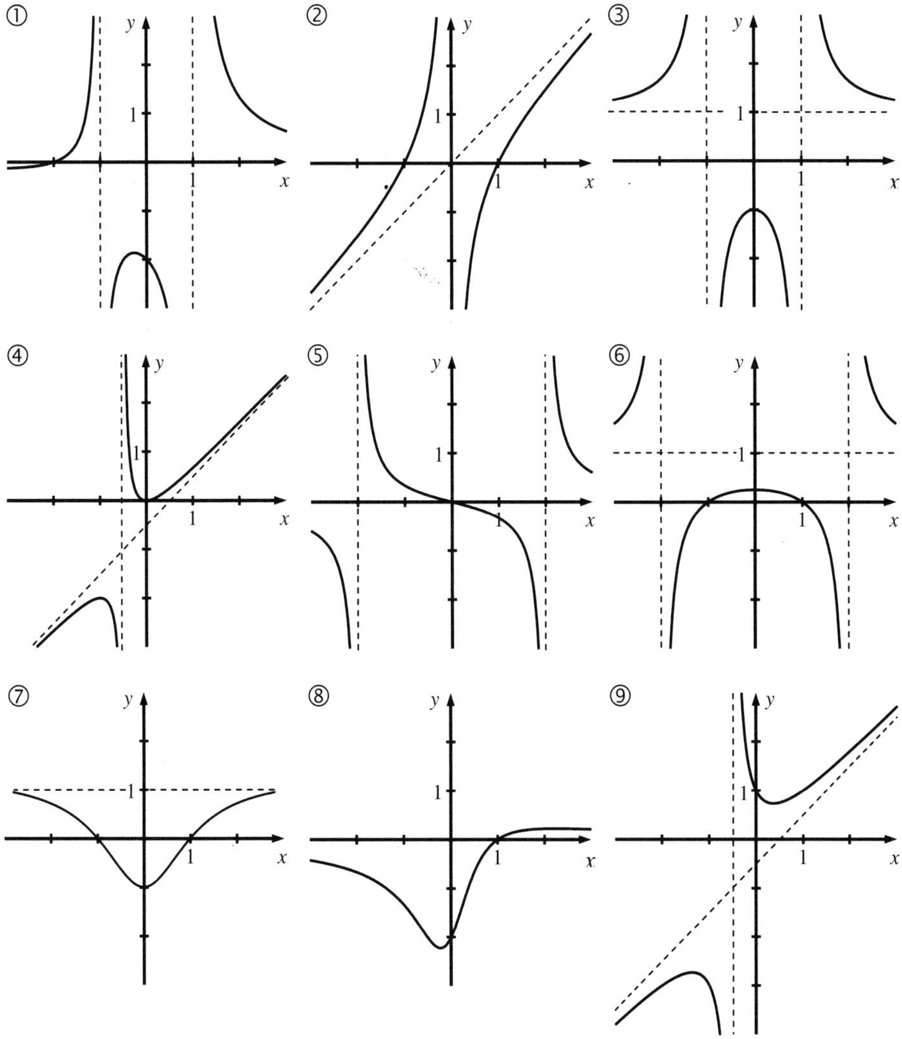

27. Gegeben ist die Funktionenschar $h_a : x \mapsto \frac{ax^2 + 3}{x + 1}$ mit $a \neq -3$. Untersuchen Sie, von welcher Seite sich die Graphen für $x \to \infty$ der Asymptote nähern.

1.6 Skizzieren gebrochenrationaler Funktionen

Bei vielen gebrochenrationalen Funktionen kann man einen schnellen Überblick über den Verlauf des Graphen dadurch gewinnen, dass man die Koordinatenebene in Gebiete einteilt, in denen der Graph verlaufen bzw. nicht verlaufen kann. Diese Vorgehensweise soll an einem Beispiel schrittweise erläutert werden:

$$f\colon D_{\max} \to \mathbb{R}\,,\; x \mapsto \frac{x-2}{x^2+x-2}\,.$$

1. Schritt: **Faktorisieren von Zähler und Nenner**

Für das gewählte Beispiel gilt: $f(x) = \dfrac{x-2}{(x-1)(x+2)}$,

$$\text{also } f\colon D_{\max} \to \mathbb{R}\,,\; x \mapsto \frac{x-2}{(x-1)(x+2)}\,.$$

2. Schritt: **Anlegen des Koordinatensystems für den Graphen**

- Bestimmen Sie die Nullstellen und die Polstellen.
- Zeichnen Sie durch diese Stellen eine Parallele zur y-Achse.
- Markieren Sie zusätzlich die Nullstellen.

Für das Beispiel gilt:

Nullstelle: 2 ,
Polstellen: –2, 1 .

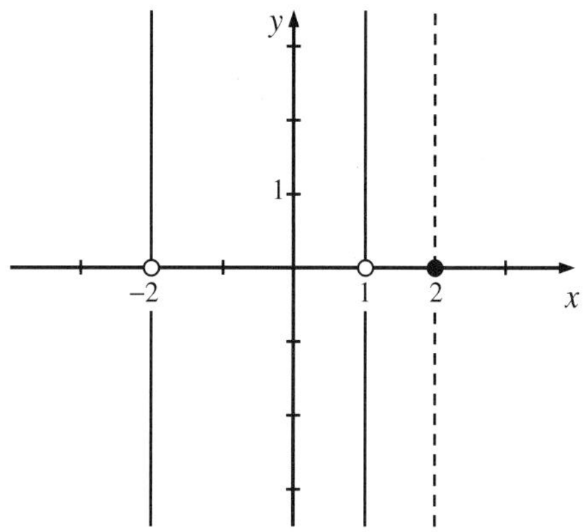

3. Schritt: **Erstellen eines Vorzeichendiagramms**

In dem Diagramm sind die negativen Bereiche aller Faktoren des Funktionsterms durch einen waagerechten Strich gekennzeichnet. Hiermit lässt sich der Vorzeichenverlauf bestimmen.

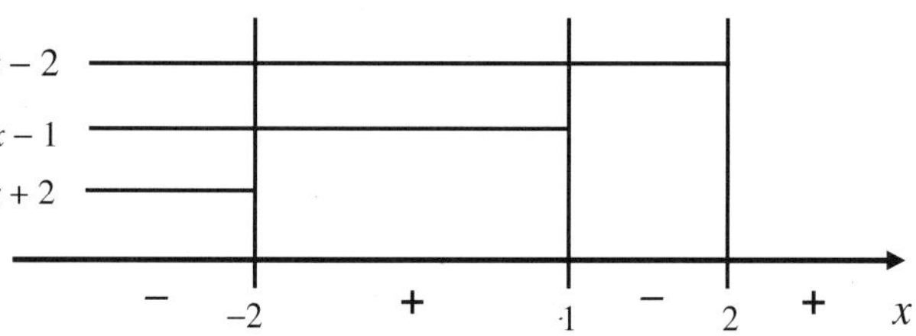

4. Schritt: **Gebietssperrungen**

Die eigentliche Idee des Verfahrens besteht darin, „Gebietssperrungen“ im Koordinatensystem vorzunehmen.

Man bestimmt das Vorzeichen der Funktion in den entstandenen Gebieten und sperrt diejenigen Bereiche, in denen keine Punkte des Graphen liegen können.

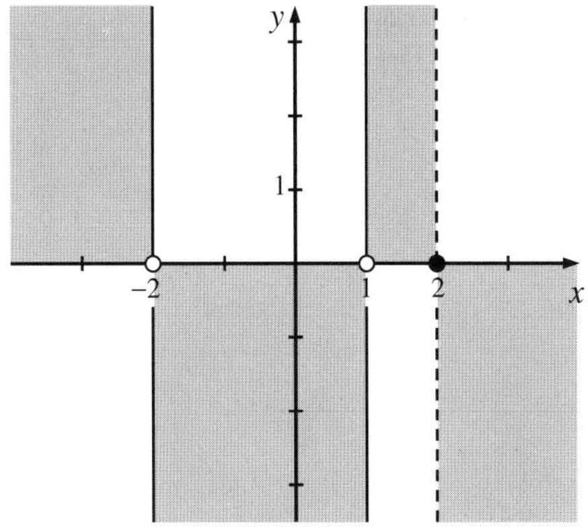

5. Schritt: **Skizzieren des Graphen**

- Durch die Gebietssperrungen kann der Verlauf des Graphen der gebrochenrationalen Funktion in der Nähe der Polstellen eingezeichnet werden.
- Mithilfe des Grenzverhaltens für $x \to \pm\infty$ (eventuell Asymptote durch eine Polynomdivision bestimmen) kann der Graph skizziert werden.

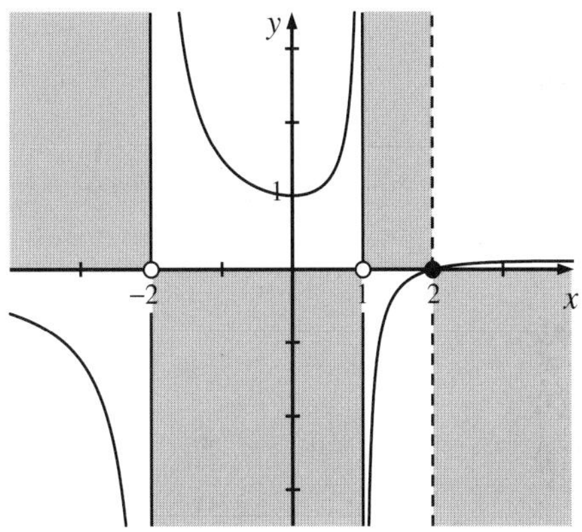

28. Skizzieren Sie nach dem beschriebenen Verfahren die Graphen der gebrochenrationalen Funktionen.

a) $f(x) = \dfrac{x(x-2)}{(x+2)^2}$ b) $f(x) = \dfrac{x-1}{x^2(x+1)}$ c) $f(x) = \dfrac{x^3}{4(x+2)(x-2)}$

d) $f(x) = \dfrac{3(x^2+5)}{7(x-1)^3}$ e) $f(x) = \dfrac{(x-2)(x+2)}{(x-1)}$

29. Bestimmen Sie die Nullstellen, die Polstellen und die Asymptote der Funktionen und skizzieren Sie deren Graphen.

a) $f(x) = \dfrac{x^2}{x^2-1}$ b) $f(x) = \dfrac{x-2}{x^2-3}$

c) $f(x) = \dfrac{x^2}{x^2+x-2}$ d) $f(x) = \dfrac{x^3}{x^2-2}$

30. Lesen Sie einen möglichen Term der gebrochenrationalen Funktion f und eine Gleichung der Asymptote ab. Kontrollieren Sie die Richtigkeit Ihres Funktionsterms anhand des y-Achsenabschnitts.

a)

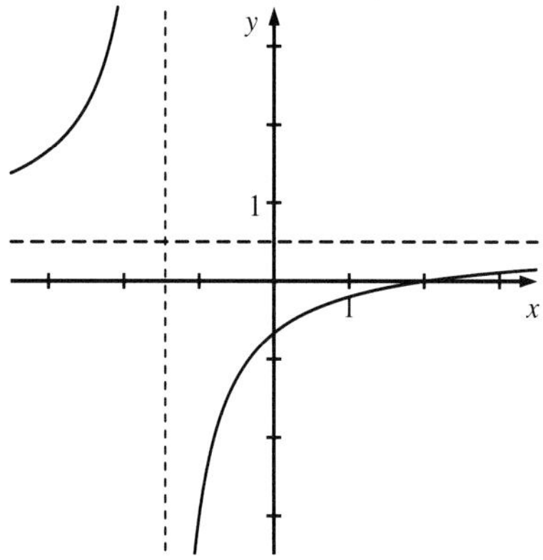

b)

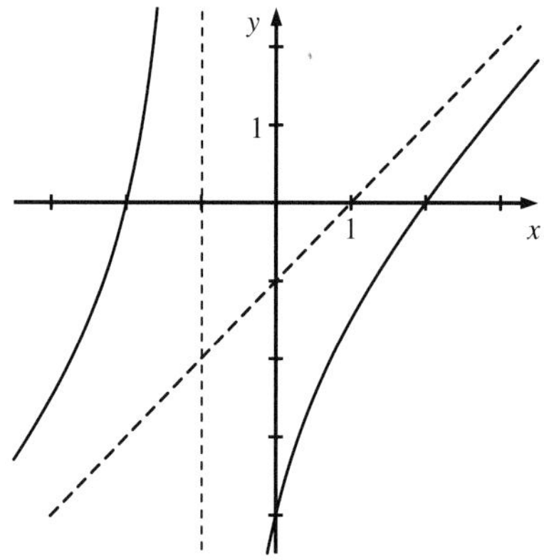

c)

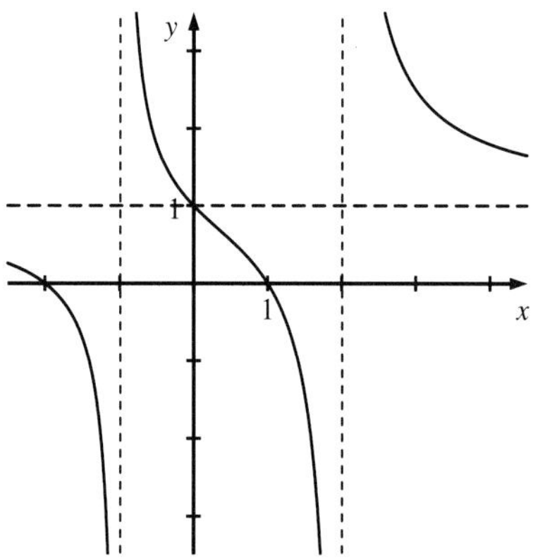

d)

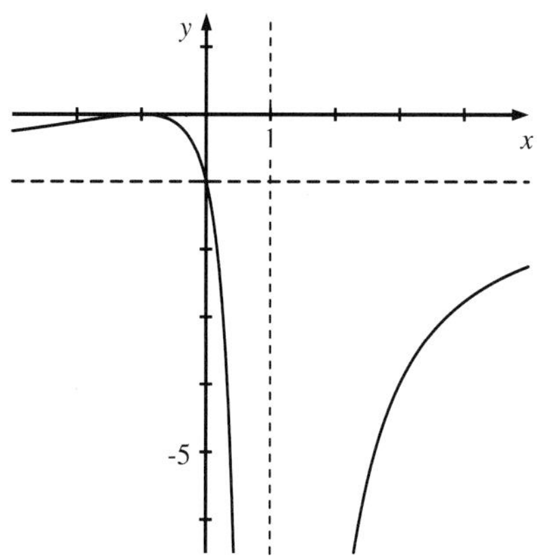

2 Ableitungsregeln

2.1 Wiederholung

In der Jahrgangsstufe 12 hatten wir die Ableitungsfunktionen von Potenzfunktionen mit Exponenten aus der Menge $\mathbb{N}$ kennen gelernt.

Funktion	Ableitungsfunktion
$y = x^n$	$y' = n \cdot x^{n-1}$
$y = c$	$y' = 0$

Darüber hinaus hatten wir bereits einfache Ableitungsregeln besprochen.

1. **Faktorregel:**
   Ein konstanter Faktor bleibt beim Ableiten erhalten, d. h.
   für $y = a \cdot f(x)$ gilt $y' = a \cdot f'(x)$.

2. **Summenregel:**
   Eine Summe oder Differenz wird gliedweise abgeleitet, d. h.
   für $y = f(x) \pm g(x)$ gilt $y' = f'(x) \pm g'(x)$.

1. Leiten Sie ab.

a) $y = \frac{1}{4}x^4 + 3x$ b) $y = -x^5 + 7x^3 + 10$ c) $y = 3x^2 + \sqrt{2}$

d) $y = \frac{1}{5}x^5 - \frac{1}{3}x^3 - \frac{1}{2}$ e) $y = x^5 - x^4 + \pi^3$ f) $y = (x-2)^2$

2. Berechnen Sie die Steigung der Funktion an der Stelle x_0.

a) $f(x) = 2x^3$, $x_0 = 3$ b) $f(x) = -x^4$, $x_0 = -1$

c) $f(x) = 2x^4 + 3x$, $x_0 = 2$ d) $f(x) = x^3 - 7x + 10$, $x_0 = 0$

2.2 Produktregel

Man könnte vermuten, dass sich auch Produkte von Funktionen faktorweise ableiten lassen - ähnlich wie es für Summen und Differenzen gilt. Folgendes Beispiel zeigt aber, dass dies nicht richtig ist.

Beispiel: Für $y = x^3$ wissen wir, dass $y' = 3x^2$ ist.

Schreibt man $y = x^3 = x \cdot x^2$ als Produkt und leitet faktorweise ab, so ergibt sich $1 \cdot (2x) = 2x$ als Ableitung und nicht $3x^2$.

Diese Vorbetrachtung zeigt, dass es für das Produkt von Funktionen keine analoge Ableitungsregel wie bei der Summe von Funktionen gibt. Sie liefert auch keinen Hinweis darauf, wie eine Regel aussehen könnte.

Wir berechnen $(f \cdot g)'(x)$ durch Betrachtung des Grenzwertes des zugehörigen Differenzenquotienten.

Sind f und g an der Stelle x differenzierbar, dann existieren die Grenzwerte:

$$\lim_{h\to 0} \frac{f(x+h)-f(x)}{h} = f'(x) \quad \text{und} \quad \lim_{h\to 0} \frac{g(x+h)-g(x)}{h} = g'(x)\ .$$

Der Differenzenquotient der Produktfunktion lässt sich durch den „Trick" umformen, dass man denselben Term einmal addiert und dann wieder subtrahiert:

$$\begin{aligned}
&\frac{(f\cdot g)(x+h)-(f\cdot g)(x)}{h} \\
&= \frac{f(x+h)\cdot g(x+h) - f(x)\cdot g(x)}{h} \\
&= \frac{f(x+h)\cdot g(x+h) - f(x)\cdot g(x) + \overbrace{f(x)\cdot g(x+h) - f(x)\cdot g(x+h)}^{=0}}{h} \\
&= \frac{f(x+h)\cdot g(x+h) - f(x)\cdot g(x+h) + f(x)\cdot g(x+h) - f(x)\cdot g(x)}{h} \\
&= \frac{\big(f(x+h)-f(x)\big)\cdot g(x+h) + f(x)\cdot\big(g(x+h)-g(x)\big)}{h} \\
&= \frac{\big(f(x+h)-f(x)\big)\cdot g(x+h)}{h} + \frac{f(x)\cdot\big(g(x+h)-g(x)\big)}{h} \\
&= \left(\frac{f(x+h)-f(x)}{h}\right)\cdot g(x+h) + f(x)\cdot\left(\frac{g(x+h)-g(x)}{h}\right)
\end{aligned}$$

Es gilt $\lim\limits_{h\to 0} f(x) = f(x)$, da $f(x)$ nicht von h abhängt, sowie $\lim\limits_{h\to 0} g(x+h) = g(x)$, da g nach Voraussetzung differenzierbar und damit auch stetig ist.

Mithilfe der Grenzwertsätze ergibt sich:

$$\lim_{h\to 0}\left(\frac{(f\cdot g)(x+h)-(f\cdot g)(x)}{h}\right)$$

$$= \lim_{h\to 0}\frac{f(x+h)-f(x)}{h}\cdot \lim_{h\to 0} g(x+h) + \lim_{h\to 0} f(x)\cdot \lim_{h\to 0}\left(\frac{g(x+h)-g(x)}{h}\right)$$

$$= \quad f'(x) \quad\cdot\quad g(x) \quad+\quad f(x) \quad\cdot\quad g'(x)$$

Für das Ableiten eines Produkts von Funktionen ergibt sich folgende Regel.

Produktregel

Sind die Funktionen f und g an der Stelle x differenzierbar, so ist auch das Produkt $f\cdot g$ an der Stelle x differenzierbar und es gilt:

$$(f\cdot g)'(x) = f'(x)\cdot g(x) + f(x)\cdot g'(x)\ .$$

Die Produktregel beinhaltet eine Aussage über die Existenz der Ableitung an der Stelle x und liefert eine Formel zu ihrer Berechnung.

In der Herleitung der Produktregel wurde keine weitere Voraussetzung über die Stelle x verwendet. Daher ist auch nachgewiesen, dass die Produktfunktion $f\cdot g$ über jeder Menge M differenzierbar ist, über der f **und** g differenzierbar sind.

3. Leiten Sie nach der Produktregel ab. Machen Sie die Probe, indem Sie den Funktionsterm ausmultiplizieren und dann nochmals ableiten.

a) $y = x\cdot(x+1)$ b) $y = (x-4)\cdot x^2$

c) $y = x^3\cdot(1-x)$ d) $y = (x+2)^2$

4. Leiten Sie nach der Produktregel ab.

Beispiel: $y = (1+x)\cdot(1-x^2)$,

$$y' = \left[1\cdot(1-x^2)+(1+x)\cdot(-2x)\right] = \left[1-x^2-2x-2x^2\right] = -3x^2-2x+1\ .$$

a) $y = (x-1)\cdot(x+1)$ b) $y = (x-4)\cdot(x+2)$

c) $y = (1-x)\cdot(5+2x)$ d) $y = (3x^2+2)\,(x^3-10x)$

e) $y = (2x-3)\,(x^2+4x+4)$ f) $y = (x^2-2)^2$

5. Bilden Sie die Ableitung.

Beispiel: $y = 2 \cdot (1 - x^2) \cdot (x^3 - 1)$,

$$y' = \underset{\substack{\uparrow \\ \text{konsanter} \\ \text{Faktor}}}{2} \cdot \left[(-2x) \cdot (x^3 - 1) + (1 - x^2) \cdot 3x^2 \right]$$

$$= 2 \cdot \left[-2x^4 + 2x + 3x^2 - 3x^4 \right] = -10x^4 + 6x^2 + 4x$$

a) $y = (x^2 - 2) \cdot (x^3 + 1)$ b) $y = (1 - x) \cdot (x^3 + x - 1)$

c) $y = \frac{1}{6} \cdot (1 - x^2) \cdot (3 + x^4)$ d) $y = \frac{1}{2}(x^2 + 2) \cdot (x - x^4)$

6. Berechnen Sie formal die Ableitung der Funktion f, wenn g eine differenzierbare Funktion ist.

a) $f(x) = x^2 \cdot g(x)$ b) $f(x) = 2g(x) \cdot (1 - x^3)$

7. Für zwei Funktionen f und g gilt:

$$f(1) = 2 \quad , \quad f'(1) = -3 \quad , \quad g(1) = \tfrac{1}{2} \quad \text{und} \quad g'(1) = 2 .$$

Berechnen Sie $h'(1)$ für die folgenden Funktionen.

Beispiel: $h: x \mapsto x^2 \cdot f(x) - g(x)$,

$$h'(x) = 2x \cdot f(x) + x^2 f'(x) - g'(x) ,$$

$$h'(1) = 2 \cdot f(1) + f'(1) - g'(1) = 4 - 3 - 2 = -1 .$$

a) $h: x \mapsto \frac{1}{2} \cdot f(x) \cdot g(x)$ b) $h: x \mapsto f(x) + x \cdot g(x)$

8. a) Die Funktionen f, g und h seien an der Stelle x differenzierbar.
Berechnen Sie $(f \cdot g \cdot h)'(x)$.

b) Die Funktionen f und g seien an der Stelle x zweimal differenzierbar.
Berechnen Sie $(f \cdot g)''(x)$.

2.3 Quotientenregel

Für die Quotientenfunktion $h = \frac{f}{g}$ zweier differenzierbarer Funktionen f und g gibt es ebenfalls eine Ableitungsregel.

Die zugehörige Ableitungsformel ist nicht offensichtlich. Sie lässt sich durch folgende Betrachtung gewinnen:

$$h(x) = \left(\frac{f}{g}\right)(x) \quad \Leftrightarrow \quad h(x) = \frac{f(x)}{g(x)} \quad \Leftrightarrow \quad h(x) \cdot g(x) = f(x) \ .$$

Aus $h(x) \cdot g(x) = f(x)$ folgt mit der Produktregel:

$$h'(x) \cdot g(x) + h(x) \cdot g'(x) = f'(x) \ .$$

Nach $h'(x)$ aufgelöst:

$$h'(x) = \frac{f'(x) - h(x) \cdot g'(x)}{g(x)}$$

$$= \frac{f'(x) - \frac{f(x)}{g(x)} \cdot g'(x)}{g(x)} = \frac{f'(x) \cdot g(x) - f(x) \cdot g'(x)}{\left(g(x)\right)^2}$$

Diese Betrachtung setzt aber stillschweigend voraus, dass die Quotientenfunktion h an der Stelle x differenzierbar ist. Dies ist allerdings nicht selbstverständlich. Zum Beweis der Differenzierbarkeit ist wie bei der Produktregel zu zeigen, dass der Grenzwert des Differenzenquotienten existiert.

Wir wollen an dieser Stelle auf die Durchführung dieses Nachweises verzichten.

Quotientenregel

Sind die Funktionen f und g an der Stelle x differenzierbar und ist $g(x) \neq 0$, so ist auch der Quotient $\frac{f}{g}$ an der Stelle x differenzierbar, und es gilt:

$$\left(\frac{f}{g}\right)'(x) = \frac{f'(x) \cdot g(x) - f(x) \cdot g'(x)}{\left(g(x)\right)^2} \ .$$

Beim Nachweis der Quotientenregel wird keine zusätzliche Voraussetzung über die Stelle x verwendet. Daher ist die Quotientenfunktion $\frac{f}{g}$ über jeder Menge M differenzierbar, über der f **und** g differenzierbar sind und in der $g(x) \neq 0$ gilt.

Beispiel: $h(x) = \dfrac{4x}{3x^2+2}$,

$$f(x) = 4x \;,\; f'(x) = 4 \;;\; g(x) = 3x^2 + 2 \;,\; g'(x) = 6x \,,$$

$$h'(x) = \frac{f'(x)\cdot g(x) - f(x)\cdot g'(x)}{\left(g(x)\right)^2} = \frac{4\cdot(3x^2+2) - 4x\cdot 6x}{(3x^2+2)^2}$$

$$= 4\cdot\frac{2-3x^2}{(3x^2+2)^2} \,.$$

9. Differenzieren Sie mit der Quotientenregel.

a) $y = \dfrac{x-5}{x}$ b) $y = \dfrac{x-1}{x+1}$ c) $y = \dfrac{2-x^2}{4x^2}$

10. Wenden Sie die Quotientenregel an.

a) $y = \dfrac{3}{2x-5}$ b) $y = \dfrac{3-x}{x-4}$ c) $y = \dfrac{2x+1}{2-3x}$

d) $y = \dfrac{4x}{x^2+1}$ e) $y = \dfrac{x^2}{x^2-3}$ f) $y = \dfrac{x^2-x+2}{x-2}$

g) $y = \dfrac{x-1}{x^2+x-1}$ h) $y = \dfrac{x^2+x+3}{x^2+2x+6}$ i) $y = \dfrac{x^3+x-1}{1-x^3}$

11. Geben Sie die Definitions- und Differenzierbarkeitsmenge an, vereinfachen Sie den Funktionsterm und leiten Sie ab.

a) $f: x \mapsto \dfrac{x^2+2x}{x^2-4}$ b) $f: x \mapsto \dfrac{(x-2)^2}{x^2+x-6}$ c) $f: x \mapsto \dfrac{x^2+1}{1-x} - \dfrac{2x}{1-x}$

12. Bilden Sie die erste und die zweite Ableitung.

a) $y = \dfrac{4}{5x^2}$ b) $y = \dfrac{x-1}{x^2}$ c) $y = \dfrac{x+1}{x^2-1}$

13. Gegeben ist $f: x \mapsto \dfrac{x^3}{x^2-3}$.

a) Welche Steigung hat G_f an der Stelle 1 ?

b) An welchen Stellen hat G_f waagerechte Tangenten?

c) In welchen Intervallen hat G_f eine positive Steigung?

2.4 Ableitung von Potenzfunktionen mit negativen Exponenten

Für Potenzfunktionen $x \mapsto x^n$ mit $n \in \mathbb{N}^*$ gilt: $\left(x^n\right)' = n \cdot x^{n-1}$.

Mithilfe der Beziehung $x^{-n} = \frac{1}{x^n}$ und der Quotientenregel kann diese Regel auch auf Potenzfunktionen mit negativen Exponenten übertragen werden:

$$\left(x^{-n}\right)' = \left(\frac{1}{x^n}\right)' = \frac{x^n \cdot 0 - 1 \cdot n\,x^{n-1}}{(x^n)^2} = (-n) \cdot \frac{x^{n-1}}{x^{2n}} = (-n) \cdot x^{n-1-2n} = (-n) \cdot x^{-n-1} .$$

Beide Fälle lassen sich zusammenfassen:

$$\left(x^r\right)' = r \cdot x^{r-1} \quad \text{mit} \quad r \in \mathbb{Z} .$$

Potenzregel
Jede Potenzfunktion $x \mapsto x^r$ mit einer ganzen Zahl $r \in \mathbb{Z}$ als Exponent ist für $x \neq 0$ differenzierbar und es gilt dabei

$$\left(x^r\right)' = r \cdot x^{r-1} .$$

14. Leiten Sie ab.

a) $y = \frac{1}{x}$ b) $y = \frac{1}{x^2}$ c) $y = \frac{1}{x^3}$

15. Bilden Sie die Ableitung.

Beispiel: $y = -\frac{3}{x^3}$.

$$y' = (-3 \cdot x^{-3})' = -3 \cdot (x^{-3})' = -3 \cdot (-3x^{-4}) = 9 \cdot (x^{-4}) = \frac{9}{x^4} .$$

a) $y = -\frac{2}{x}$ b) $y = \frac{1}{3x^2}$ c) $y = \frac{-3}{2x^3}$

d) $y = -\frac{3}{x^4} + 1$ e) $y = 1 - \frac{1}{3x^5}$ f) $y = \frac{1}{x} - \frac{4}{x^3}$

2.5 Verkettung und Kettenregel

2.5.1 Verkettung von Funktionen

Gegeben ist die Funktion h mit der Gleichung $h(x) = \frac{1}{x+1}$.

Man bestimmt den Funktionsterm der Funktion h, indem man zunächst den Term $x + 1$ und dann den Kehrwert bildet:

$$x \xrightarrow{\quad f \quad} x+1 \xrightarrow{\quad g \quad} \frac{1}{x+1} \; .$$

Mithilfe der beiden Funktionen $f: x \mapsto x + 1$ und $g : x \mapsto \frac{1}{x}$ gelangt man also zu h, wenn man nacheinander den Zuordnungsvorschriften von f und g folgt. Man schreibt dafür auch $h = g \circ f$ und liest: „h ist gleich g nach f“.

Diese Art der Verknüpfung zweier Funktionen f und g zu einer neuen Funktion h nennt man **Verkettung** oder **Hintereinanderausführung** oder **Komposition** zweier Funktionen.

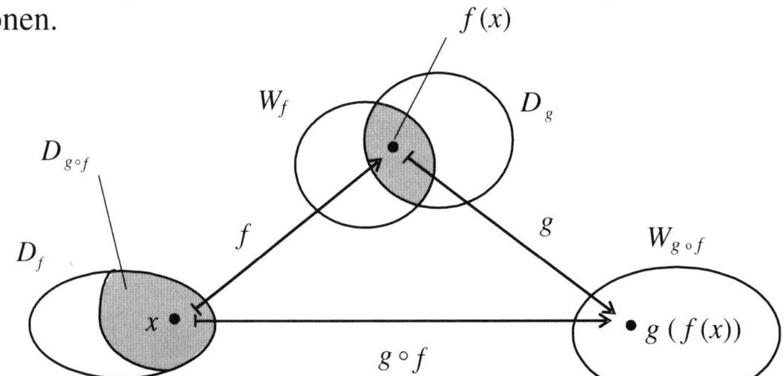

Der Term $g(f(x))$ ist nur für diejenigen $x \in D_f$ definiert, für die $f(x)$ in D_g liegt. Diesen Sachverhalt kann man auch durch die Bedingung $W_f \subset D_g$ formulieren.

Verkettung von Funktionen

Seien f, g Funktionen mit $W_f \subset D_g$. Die Funktion

$$g \circ f : D_f \to \mathbb{R} \text{ mit } (g \circ f)(x) = g(f(x))$$

heißt **Verkettung (Komposition)** von f und g.

Bei der Komposition $g \circ f$ heißt

- g die **äußere Funktion** und
- f die **innere Funktion**.

Beispiel: $f : \mathbb{R} \to \mathbb{R}, x \mapsto 1 + x^2$ und $g : \mathbb{R}^* \to \mathbb{R}, x \mapsto \frac{1}{x}$.

Verkettung $g \circ f$:

$$(g \circ f)(x) = g(f(x)) = g(1 + x^2) = \frac{1}{1 + x^2} .$$

Wegen $1 + x^2 \neq 0$ für alle $x \in \mathbb{R}$ ist die Verkettung ohne Einschränkung möglich.

Ergebnis: $g \circ f : \mathbb{R} \to \mathbb{R}$, $x \mapsto \frac{1}{1 + x^2}$.

Verkettung $f \circ g$:

$$(f \circ g)(x) = f(g(x)) = f\left(\frac{1}{x}\right) = 1 + \left(\frac{1}{x}\right)^2 = 1 + \frac{1}{x^2} .$$

Die Verkettung ist nur möglich, wenn $x \neq 0$ gilt.

Ergebnis: $f \circ g : \mathbb{R}^* \to \mathbb{R}$, $x \mapsto 1 + \left(\frac{1}{x}\right)^2$.

16. Gegeben sind die Funktionen f und g mit $f(x) = x - 1$ und $g(x) = \frac{1}{x}$.

a) Bilden Sie die Verkettungen $g \circ f$ und $f \circ g$. Geben Sie die zugehörigen Definitionsmengen an.

b) Berechnen Sie: $(g \circ f)(5)$ und $(f \circ g)(5)$, $(g \circ f)(2)$ und $(f \circ g)(2)$.

17. Bilden Sie die Verkettungen $(g \circ f)(x)$ und $(f \circ g)(x)$ mit den Funktionstermen.

a) $f(x) = 1 + 2x$
$g(x) = x^2$

b) $f(x) = x^2 + x$
$g(x) = 2x - 1$

c) $f(x) = 3x + 1$
$g(x) = x^2 - 1$

d) $f(x) = x^2$
$g(x) = 1 + x^2$

e) $f(x) = x^2 + x$
$g(x) = \frac{1}{x}$

f) $f(x) = 2x - 1$
$g(x) = -\frac{1}{x^2}$

18. Bilden Sie die Verkettung $g \circ f$, und geben Sie die maximale Definitionsmenge für $g \circ f$ an.

a) $f: \mathbb{R} \to \mathbb{R}$, $x \mapsto 1 - x^2$
$g: \mathbb{R} \to \mathbb{R}$, $x \mapsto x^3$

b) $f: \mathbb{R} \setminus \{1,2\} \to \mathbb{R}, x \mapsto (x-1) \cdot (x-2)$
$g: \mathbb{R}^* \to \mathbb{R}, x \mapsto \frac{3}{x}$

c) $f: \mathbb{R} \to \mathbb{R}$, $x \mapsto 1 - x^2$
$g: \mathbb{R}^* \to \mathbb{R}$, $x \mapsto \frac{1}{x}$

d) $f: \mathbb{R} \to \mathbb{R}$, $x \mapsto 4 - x^2$
$g: \mathbb{R} \to \mathbb{R}^*$, $x \mapsto (4 - x) \cdot \frac{1}{x}$

19. Geben Sie zwei Funktionen $f: D_f \to \mathbb{R}$ und $g: D_g \to \mathbb{R}$ an, aus denen die Funktion h zusammengesetzt ist.

a) $h: \mathbb{R} \to \mathbb{R}, x \mapsto (x + 1)^2$

b) $h: \mathbb{R} \setminus \{3\} \to \mathbb{R}, x \mapsto \frac{1}{3x - 9}$

c) $h: \mathbb{R} \to \mathbb{R}, x \mapsto (ax + b)^n$, $n \in \mathbb{N}$

d) $h: \mathbb{R} \to \mathbb{R}, x \mapsto 1 - (a^2 + x^2)^5$

20. Seien f und g ganzrationale Funktionen, f vom Grad 2 und g vom Grad 3. Bestimmen Sie den Grad der verketteten Funktion.

a) $f \circ g$ b) $g \circ f$ c) $g \circ g$ d) $g \circ (f \circ g)$

2.5.2 Kettenregel

Mithilfe der bisherigen Sätze können wir Summen, Produkte und Quotienten von Funktionen differenzieren. Es stellt sich jetzt die Frage, ob man auch die Verkettung (Komposition) zweier Funktionen differenzieren kann.

Wir betrachten die Verkettung $(g \circ f)(x) = g\big(f(x)\big)$ zweier Funktionen f und g. Dabei setzen wir voraus, dass die Verkettung bildbar ist und dass die Funktion f an der Stelle x und die Funktion g an der Stelle $f(x)$ differenzierbar ist.

Für den Differenzenquotienten gilt:

$$\frac{(g \circ f)(x+h)-(g \circ f)(x)}{h} = \frac{g(f(x+h))-g(f(x))}{h}.$$

Um den Differenzenquotienten umformen zu können, machen wir die zusätzliche Voraussetzung, dass $f(x+h)-f(x) \neq 0$ für $h \neq 0$ gilt. Diese Bedingung ist z. B. für alle streng monotonen Funktionen erfüllt.

Unter dieser Voraussetzung ergibt sich:

$$\begin{aligned}\frac{(g \circ f)(x+h)-(g \circ f)(x)}{h} &= \frac{g(f(x+h))-g(f(x))}{h} \cdot \frac{f(x+h)-f(x)}{f(x+h)-f(x)} \\ &= \frac{g(f(x+h))-g(f(x))}{f(x+h)-f(x)} \cdot \frac{f(x+h)-f(x)}{h}.\end{aligned}$$

Da die Funktion f an der Stelle x als differenzierbar vorausgesetzt wurde, existiert der folgende Grenzwert und es gilt dabei:

$$\lim_{h \to 0} \frac{f(x+h)-f(x)}{h} = f'(x).$$

Aus $h \to 0$ folgt $f(x+h)-f(x) \to 0$, da die Funktion f differenzierbar und damit auch stetig ist. Damit ergibt sich:

$$\lim_{h \to 0} \frac{g(f(x+h))-g(f(x))}{f(x+h)-f(x)} = \lim_{f(x+h)-f(x) \to 0} \frac{g(f(x+h))-g(f(x))}{f(x+h)-f(x)} = g'\big(f(x)\big).$$

Da beide Grenzwerte existieren folgt nach dem Grenzwertsatz für Produkte:

$$\lim_{h \to 0} \frac{(g \circ f)(x+h)-(g \circ f)(x)}{h} = g'\big(f(x)\big) \cdot f'(x).$$

Man kann zeigen, dass man zu demselben Ergebnis kommt, wenn man auf die zusätzliche Voraussetzung $f(x+h)-f(x) \neq 0$ für $h \neq 0$ verzichtet. Der entsprechende Nachweis ist allerdings schwieriger.

Diese Regel für das Ableiten verketteter Funktionen wird als Kettenregel bezeichnet.

Kettenregel

Sind f an der Stelle x und g an der Stelle $f(x)$ differenzierbar, so ist die Verkettung $g \circ f$ an der Stelle x differenzierbar, und es gilt:

$$(g \circ f)'(x) = g'(f(x)) \cdot f'(x) .$$

Für $g \circ f$ wird g als äußere und f als innere Funktion bezeichnet.

$$\underbrace{(g \circ f)'(x)}_{\text{Ableitung der Gesamtfunktion}} = \underbrace{g'(f(x))}_{\text{äußere Ableitung}} \cdot \underbrace{f'(x)}_{\text{innere Ableitung}} .$$

Man kann sich daher die Kettenregel auch unter folgender Abkürzung merken:

„Äußere Ableitung mal innere Ableitung“ .

Beispiel: Wir betrachten: $y = \dfrac{1}{x^2 - 1}$.

innere Funktion: $f(x) = x^2 - 1$ mit $f'(x) = 2x$,

äußere Funktion: $g(x) = \dfrac{1}{x}$ mit $g'(x) = -\dfrac{1}{x^2}$.

Ableitung: $y' = g'(f(x)) \cdot f'(x) = -\dfrac{1}{(x^2 - 1)} \cdot 2x$.

21. Leiten Sie mithilfe der Kettenregel ab.

a) $y = (2x + 1)^2$ b) $y = (2 + 5x)^2$ c) $y = (3 - x)^3$

d) $y = (1 - x^2)^3$ e) $y = (4 - 2x^2)^2$ f) $y = (x - x^2)^3$

22. Verwenden Sie die Kettenregel.

a) $y = \frac{1}{2} \cdot (1 - 3x^2)^2$ b) $y = 5 \cdot (2x - x^3)^3$ c) $y = (1 + \frac{1}{x})^2$

d) $y = (1 - x^2 + \frac{1}{3}x^3)^2$ e) $y = (x^3 - 4x^2)^4$ f) $y = (x^2 + \frac{1}{x})^3$

23. Leiten Sie mithilfe der Kettenregel ab.

a) $y = (3x - 1)^{-1}$ b) $y = (1 + x^2)^{-1}$ c) $y = (3 - 2x)^{-2}$

d) $y = \frac{1}{1-x}$ e) $y = \frac{1}{x^2+4}$ f) $y = \frac{1}{(2-3x)^2}$

24. Leiten Sie ab. Dabei ist a eine Konstante.

a) $y = (x - a)^4$ b) $y = (a - x)^7$ c) $y = (ax + b)^5$

d) $y = (a^2 - x^2)^3$ e) $y = (x^2 - ax + b)^2$ f) $y = \left(\frac{1}{ax}\right)^2$

25. Die Abbildung rechts zeigt den Graphen der Funktion

$$f\colon \mathbb{R} \to \mathbb{R}\,,\; x \mapsto -\frac{1}{6}(2x-5)^3 + 2.$$

Berechnen Sie die Steigungen des Funktionsgraphen in den gekennzeichneten Punkten.

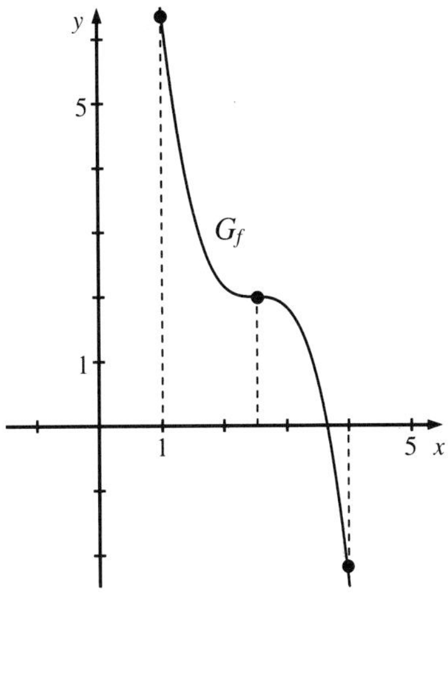

2.6 Ableitung rationaler Funktionen

Beim Ableiten ganzrationaler Funktionen kann es vorkommen, dass die Produkt- und die Kettenregel miteinander kombiniert werden müssen.

Beispiel: $h\colon x \mapsto (x^2-1)^3(1-2x)^2$

$$h'(x) = \underbrace{3(x^2-1)^2 \cdot 2x}_{f'(x)} \cdot \underbrace{(1-2x)^2}_{g(x)} + \underbrace{(x^2-1)^3}_{f(x)} \cdot \underbrace{2(1-2x)\cdot(-2)}_{g'(x)}$$
$$= 2(x^2-1)^2 \cdot (1-2x) \cdot (3x \cdot (1-2x) - 2(x^2-1))$$
$$= 2(x^2-1)^2 \cdot (1-2x) \cdot (-8x^2+3x+2)$$

26. Berechnen Sie die Ableitung.

a) $y = x \cdot (1+x^2)^7$
b) $y = (1-x)^4 \cdot 3x$
c) $y = (1-2x)^3 \cdot x^2$
d) $y = 3x^3 \cdot (1+2x)^2$
e) $y = (1-2x)^2 \cdot (x+1)^3$
f) $y = (2x^2+x)^2 \cdot (1-x)^3$

Beim Ableiten gebrochenrationaler Funktionen müssen häufig die Quotienten- und die Kettenregel miteinander kombiniert werden.

Beispiel: $f\colon x \mapsto \dfrac{4x-x^2}{(2-x)^2}$

$$f'(x) = \frac{(4-2x)\cdot(2-x)^2 - \left(4x-x^2\right)\cdot 2(2-x)\cdot(-1)}{(2-x)^4}$$

Um den Ableitungsterm weiter zu vereinfachen, ist es keinesfalls ratsam, die Produktterme auszumultiplizieren. Stattdessen sollte der Linearfaktor $(2-x)$ im Zähler ausgeklammert und dann gekürzt werden.

$$f'(x) = (2-x)\cdot\frac{(4-2x)\cdot(2-x)+2\cdot\left(4x-x^2\right)}{(2-x)^4}$$
$$= \frac{8-4x-4x+2x^2+8x-2x^2}{(2-x)^3} = \frac{8}{(2-x)^3}\,.$$

Die in dem Beispiel dargestellte Vorgehensweise tritt insbesondere auch bei der Berechnung der 2. Ableitung gebrochenrationaler Funktionen auf.

27. Berechnen Sie die Ableitung.

a) $f\colon x \mapsto \dfrac{3x}{(x-1)^2}$ b) $f\colon x \mapsto \dfrac{2+x}{(2-x)^2}$ c) $f\colon x \mapsto \dfrac{x^2-1}{(3x+1)^3}$

d) $f\colon x \mapsto \dfrac{1}{2}\cdot\dfrac{x^2-2}{(x+1)^2}$ e) $f\colon x \mapsto \dfrac{1-x^2}{(2x-1)^3}$ f) $f\colon x \mapsto \dfrac{x^3-3x+1}{\left(5-x^2\right)^3}$

28. Bestimmen Sie die erste und die zweite Ableitung.

a) $y = \dfrac{x}{(1-x)^2}$ b) $y = \dfrac{x^2-x-6}{x-2}$ c) $y = \dfrac{x^3}{x^2-1}$

29. Leiten Sie ab und vereinfachen Sie den Ableitungsterm.

a) $y = \left(1+x^2\right)^3 - 3x^4$ b) $y = \dfrac{1}{3\cdot(x+1)^3} - \dfrac{1}{2\cdot(x+1)^2}$

c) $y = \dfrac{1}{3}\cdot\dfrac{6x+x^3}{\left(2-x^2\right)^3}$ d) $y = \left(\dfrac{x+5}{5-x}\right)^2$

30. Sei f eine in $\mathbb{R}$ differenzierbare (in Teil a) zweimal differenzierbare) Funktion. Leiten Sie ab.

a) $y = x\cdot f'(x) - f(x)$ b) $y = \dfrac{1}{f(x)}$ c) $y = \frac{1}{2}(f(x))^2$

31. Die Abbildung zeigt den Graphen der Funktion

$$f\colon \mathbb{R} \to \mathbb{R}\,,\ x \mapsto \frac{3}{2}x\cdot(2-x)^3\,.$$

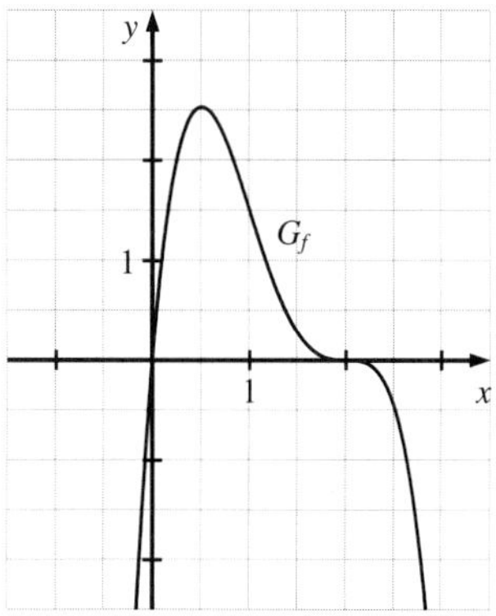

a) Lesen Sie aus der Abbildung die Stellen ab, an denen der Funktionsgraph eine waagerechte Tangente besitzt.

Bestätigen Sie Ihre Vermutung rechnerisch.

b) Begründen Sie anhand des Schaubildes, dass es zwei Stellen gibt, an denen der Graph seine Krümmung wechselt.

Bestimmen Sie diese Stellen rechnerisch.

32. Die Abbildung zeigt den Graphen der Funktion

$$f\colon \mathbb{R} \to \mathbb{R}\,,\; x \mapsto \frac{1}{3} \cdot \frac{x^3}{(x-1)^2} - 2.$$

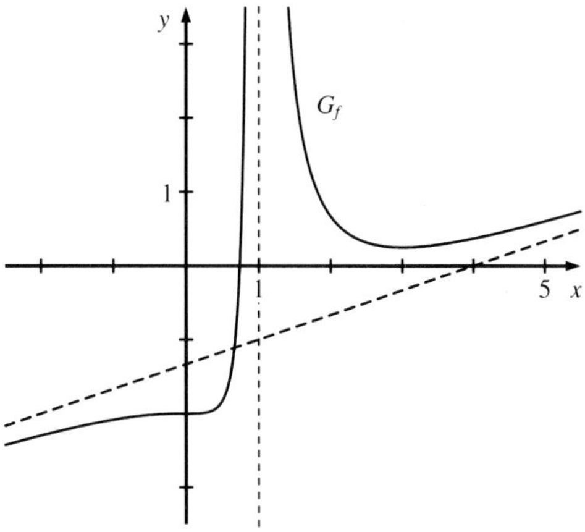

a) Lesen Sie aus der Abbildung die Stellen ab, an denen der Funktionsgraph eine waagerechte Tangente besitzt.

   Bestätigen Sie Ihre Vermutung rechnerisch.

b) Bestimmen Sie die Steigung der Tangente an den Graphen von f an der Stelle $x_0 = 2$.

c) Der Graph der Funktion ändert nur an einer Stelle seine Krümmung.
   Berechnen Sie diese Stelle.

Diskussion gebrochenrationaler Funktionen

3

3.1 Kurvendiskussion

In Abschnitt 1.6 wurde ein Verfahren besprochen, mit dessen Hilfe gebrochenrationale Funktionen grob skizziert werden konnten. Im folgenden Beispiel wird ein mögliches Muster zur Diskussion gebrochenrationaler Funktionen vorgestellt. Die Diskussion liefert im Gegensatz zur Skizze die genaue Lage der Extrem- und Wendepunkte.

Beispiel: $f(x) = \dfrac{x^2 - x}{x+1}$

Faktorisierung: $f(x) = \dfrac{x^2 - x}{x+1} = \dfrac{x \cdot (x-1)}{x+1}$

Polynomdivision: $f(x) = x - 2 + \dfrac{2}{x+1}$

① **Maximale Definitionsmenge**

Es gilt $D_{\max} = \mathbb{R} \setminus \{-1\}$.

② **Verhalten in der Umgebung der Definitionslücken**

Die Definitionslücke $x_0 = -1$ ist eine Polstelle mit Vorzeichenwechsel:

$$\lim_{x \to -1^-} f(x) \to -\infty. \text{ und } \lim_{x \to -1^+} f(x) \to +\infty \;.$$

③ **Symmetrie**

Der Funktionsgraph ist weder symmetrisch zur y-Achse noch zum Ursprung, denn $D_{\max}$ ist keine zu 0 symmetrische Teilmenge von $\mathbb{R}$.

④ **Ableitungen**

$$f'(x) = \frac{x^2 + 2x - 1}{(x+1)^2} \quad ; \quad f''(x) = \frac{4}{(x+1)^3}$$

⑤ **Nullstellen der Funktion**

$$f(x) = \frac{x \cdot (x-1)}{x+1} = 0 \Leftrightarrow x_1 = 0 \text{ oder } x_2 = 1$$

f hat 0 und 1 als einfache Nullstellen.

⑥ **Extrema und Monotonie**

$$f'(x) = \frac{x^2+2x-1}{(x+1)^2} = 0 \Leftrightarrow x^2 + 2x - 1 = 0 \Leftrightarrow (x+1)^2 = 2$$

$$\Leftrightarrow x_3 = -1 - \sqrt{2} \text{ oder } x_4 = -1 + \sqrt{2}$$

Hierbei handelt es sich um Nullstellen von f' mit Vorzeichenwechsel. An der Definitionslücke $x_0 = -1$ liegt kein Vorzeichenwechsel von f' vor. Mit $f'(0) = -1$ ergibt sich die folgende Vorzeichentabelle.

x		$-1-\sqrt{2}$		-1		0	$-1+\sqrt{2}$	
$f'(x)$	+	0	−	|	−		0	+
$f(x)$	↗	−5,8	↘	|	↘		−0,2	↗

Funktionswerte:

$$f(-1-\sqrt{2}) = -3-2\sqrt{2} \approx -5{,}8 \quad ; \quad f(-1+\sqrt{2}) = -3+2\sqrt{2} \approx -0{,}2 \,.$$

Monotonieverhalten:

G_f ist in $]-\infty\,;-1-\sqrt{2}\,]$ streng monoton wachsend,
in $[-1-\sqrt{2}\,;-1[$ streng monoton fallend,
in $]-1\,;-1+\sqrt{2}\,]$ streng monoton fallend,
in $[-1+\sqrt{2}\,;\infty[$ streng monoton wachsend.

Es liegt der Tiefpunkt $T(-1-\sqrt{2}\mid -3-2\sqrt{2})$ und
der Hochpunkt $H(-1+\sqrt{2}\mid -3+2\sqrt{2})$ vor.

⑦ **Wendepunkte und Krümmung**

$$f''(x) = \frac{4}{(x+1)^3} \neq 0 \text{ für alle } x \in D_{\max} \;;\; \text{es gibt keine Wendepunkte.}$$

An der Definitionslücke $x_0 = -1$ liegt ein Vorzeichenwechsel von f'' vor. Mit $f''(0) = 4$ ergibt sich folgende Vorzeichentabelle:

x		-1	0
$f''(x)$	−	|	+
$f(x)$	↻ (rechtsgekrümmt)	|	↺ (linksgekrümmt)

Krümmungsverhalten:

G_f ist rechtsgekrümmt in $]-\infty\,;-1[$,
G_f ist linksgekrümmt in $]-1\,;\infty[$.

⑧ **Grenzverhalten für $x \to \pm\infty$**

$\lim_{x \to -\infty} f(x) \to -\infty$; $\lim_{x \to \infty} f(x) \to \infty$; Asymptote: $f_A(x) = x - 2$

⑨ **Graph**

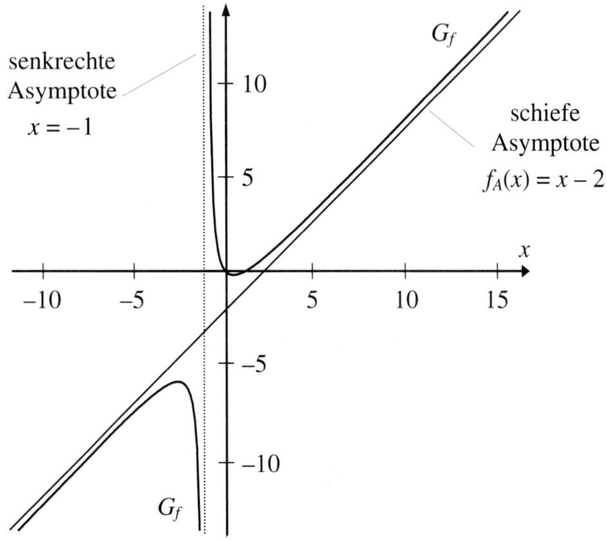

1. Diskutieren Sie die gebrochenrationale Funktion $f: D \to \mathbb{R}$.

a) $f:\ x \mapsto \dfrac{x}{x^2+4}$

b) $f:\ x \mapsto \dfrac{3}{4-x^2}$

c) $f:\ x \mapsto \dfrac{x^2-4}{1-x^2}$

d) $f:\ x \mapsto \dfrac{x^2-5x+4}{x+1}$

e) $f:\ x \mapsto \dfrac{x^2-4x+4}{2x}$

2. Diskutieren Sie die gebrochenrationale Funktion $f: D \to \mathbb{R}$.

a) $f:\ x \mapsto \dfrac{9-x^2}{x^2-1}$

b) $f:\ x \mapsto x^2 + \dfrac{2}{x}$

c) $f:\ x \mapsto \dfrac{x^2+4x-3}{x^2}$

3.2 Integrale rationaler Funktionen

3.2.1 Integrale der Form $\int (ax+b)^n\,dx$

Wir betrachten Funktionen der Form

$$f(x) = (a\,x + b)^n$$

mit $a, b \in \mathbb{R}$ $(a \neq 0)$ und Exponenten $n \in \mathbb{N}^*$.

Zur Berechnung von Integralen ist eine Stammfunktion F zu f zu bestimmen.

Ein Stammfunktionsterm zu x^n ist $\frac{1}{n+1}\,x^{n+1}$. Beim Übergang von f zu F muss allerdings die Kettenregel beachtet und die innere Ableitung von $(a\,x + b)$ durch den Korrekturfaktor $\frac{1}{a}$ berücksichtigt werden:

$$F(x) = \frac{1}{n+1} \cdot (a\,x+b)^{n+1} \cdot \frac{1}{a} = \frac{1}{a} \cdot \frac{1}{n+1} \cdot (a\,x+b)^{n+1}.$$

Stammfunktion zu Funktionen der Form $x \mapsto (a\,x + b)^n$

Zu $f(x) = (a\,x + b)^n$ mit $a, b \in \mathbb{R}$ $(a \neq 0)$ und $n \in \mathbb{N}^*$ ist

$$F(x) = \frac{1}{a} \cdot \frac{1}{n+1} \cdot (a\,x+b)^{n+1}$$

eine Stammfunktion.

Beispiele:

1. $f(x) = (3x-1)^4$ Stammfunktion: $F(x) = \frac{1}{5}\,(3x-1)^5 \cdot \frac{1}{3} = \frac{1}{15}\,(3x-1)^5$

2. $f(x) = (1 - \frac{1}{4}x)^3$ Stammfunktion: $F(x) = \frac{1}{4}\,(1-\frac{1}{4}x)^4 \cdot (-4) = -\,(1-\frac{1}{4}x)^4$

3. Geben Sie zu f eine Stammfunktion F an.

   a) $f(x) = (2x+3)^2$ b) $f(x) = (\frac{1}{2}x - 3)^5$

   c) $f(x) = (1-5x)^3$ d) $f(x) = (3 - \frac{1}{7}\,x)^6$

4. Berechnen Sie die bestimmten Integrale.

a) $\int_0^1 (3x-2)^4\,dx$ b) $\int_{-1}^1 (4-x)^3\,dx$

c) $\int_{-1}^0 (5-2x)^2\,dx$ d) $\int_{-1}^2 (1-\frac{1}{4}x)^5\,dx$

e) $\int_0^1 (x^2-(3x-1)^3)\,dx$ f) $\int_0^1 (x+1-(1-2x)^4)\,dx$

5. Die Abbildung rechts zeigt den Graphen der Funktion

$$f\colon \mathbb{R} \to \mathbb{R}\ ;\ x \mapsto \frac{1}{20} \cdot (2x-3)^4 .$$

Betrachtet wird das Flächenstück zwischen G_f und der x-Achse über dem Intervall $[0\ ;\ \frac{3}{2}]$.

Berechnen Sie das Maß dieser Fläche.

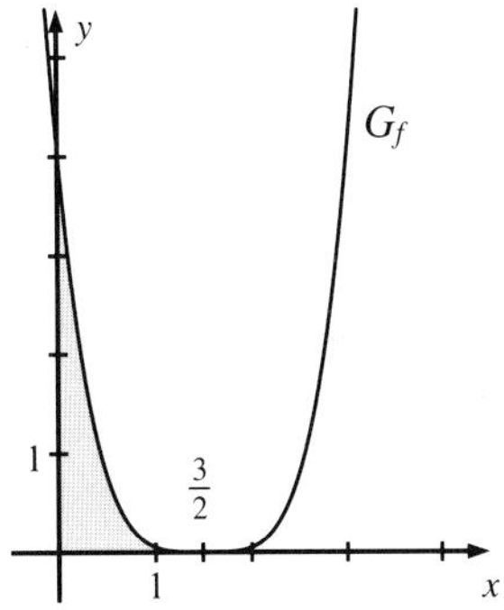

6. Die Abbildung rechts zeigt den Graphen der Funktion

$$f\colon \mathbb{R} \to \mathbb{R}\ ;\ x \mapsto \frac{1}{4} \cdot (-x+2)^3 .$$

Begründen Sie rechnerisch, dass die beiden gekennzeichneten Flächenstücke das gleiche Maß besitzen.

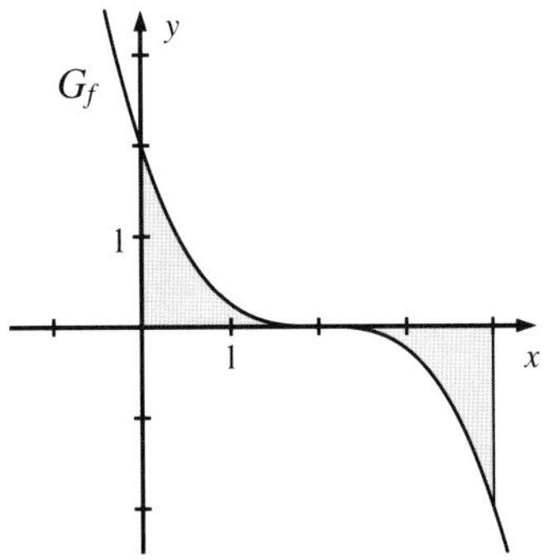

7. Gegeben ist die Funktion $f\colon \mathbb{R} \to \mathbb{R}\ ;\ x \mapsto \frac{1}{4}(2x-5)^2$.

a) Skizzieren Sie den Graphen der Funktion f.

b) Berechnen Sie das Maß der Fläche, welche der Graph G_f mit den Koordinatenachsen einschließt.

8. Gegeben ist die Funktion $f\colon \mathbb{R} \to \mathbb{R}\ ;\ x \mapsto 1-(1-\frac{1}{2}x)^2$.

a) Skizzieren Sie den Graphen der Funktion f.

b) Berechnen Sie das Maß der Fläche, die der Graph der Funktion mit der x-Achse einschließt.

3.2.2 Integrale der Form $\int \frac{1}{(ax+b)^n}\,dx$

Wir betrachten Funktionen

$$f(x) = \frac{1}{(ax+b)^n}$$

mit $a, b \in \mathbb{R}$ $(a \neq 0)$ und Exponenten $n \in \mathbb{N}^*$ und $n \neq 1$.

Wegen $f(x) = \frac{1}{(ax+b)^n} = (a\,x + b)^{-n}$ ergibt sich als Stammfunktion:

$$F(x) = \frac{1}{-n+1} \cdot (a\,x + b)^{-n+1} \cdot \frac{1}{a} = \frac{1}{a} \cdot \frac{1}{-n+1} \cdot \frac{1}{(ax+b)^{n-1}}.$$

Hierbei ist die innere Ableitung von $(ax + b)$ wieder durch den Korrekturfaktor $\frac{1}{a}$ berücksichtigt.

Stammfunktion zu Funktionen der Form $x \mapsto \frac{1}{(ax+b)^n}$

Zu $f(x) = \frac{1}{(ax+b)^n} = (ax + b)^{-n}$ mit $a, b \in \mathbb{R}$ $(a \neq 0)$ und $n \in \mathbb{N}^*$ mit $n \neq 1$ ist

$$F(x) = \frac{1}{a} \cdot \frac{1}{-n+1} \cdot \frac{1}{(ax+b)^{n-1}}$$

eine Stammfunktion.

Beispiele:

1. $f(x) = \frac{1}{(2x+1)^3} = (2x + 1)^{-3}$

   Stammfunktion: $F(x) = -\frac{1}{2}\,(2x + 1)^{-2} \cdot \frac{1}{2} = -\frac{1}{4} \cdot \frac{1}{(2x+1)^2}$

2. $f(x) = \frac{1}{(1-3x)^2} = (1 - 3x)^{-2}$

   Stammfunktion: $F(x) = -(1 - 3x)^{-1} \cdot (-\frac{1}{3}) = \frac{1}{3} \cdot \frac{1}{1-3x}$

9. Geben Sie zu f eine Stammfunktion F an.

a) $f(x) = \dfrac{5}{(x-1)^4}$

b) $f(x) = \dfrac{1}{(4x+3)^3}$

c) $f(x) = \dfrac{3}{(2-3x)^2}$

d) $f(x) = \dfrac{-4}{(3-0{,}5x)^3}$

10. Berechnen Sie die bestimmten Integrale.

a) $\int_0^1 \dfrac{2}{(x+1)^4}dx$

b) $\int_0^1 \dfrac{3}{(2-x)^3}dx$

c) $\int_0^1 \dfrac{-2}{(3-2x)^2}dx$

d) $\int_0^1 \dfrac{4}{(1+\frac{1}{2}x)^5}dx$

e) $\int_0^1 \left(1-\dfrac{3}{(5x+2)^4}\right)dx$

f) $\int_{-1}^0 \left(x-\dfrac{1}{3}\dfrac{2}{(1-3x)^3}\right)dx$

11. Die Abbildung rechts zeigt den Graphen der Funktion

$$f: \mathbb{R} \to \mathbb{R}\ ;\ x \mapsto \frac{2}{(x+1)^2}\,.$$

Berechnen Sie das Maß des gekennzeichneten Flächenstücks.

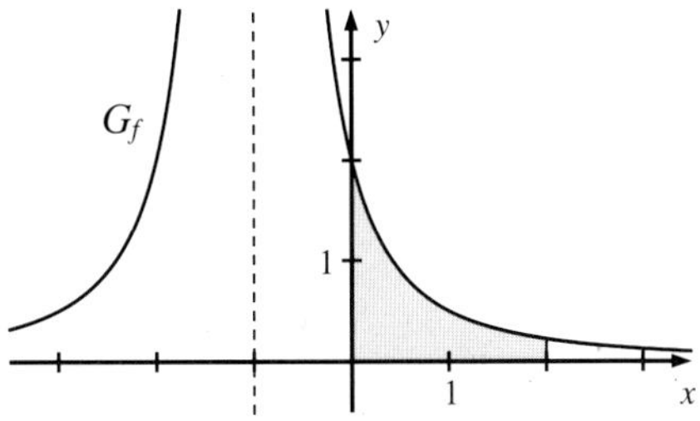

12. Die Abbildung rechts zeigt den Graphen der Funktion

$$f: \mathbb{R} \to \mathbb{R}\ ;\ x \mapsto -\frac{x^2+4x+2}{(x+2)^2}\,.$$

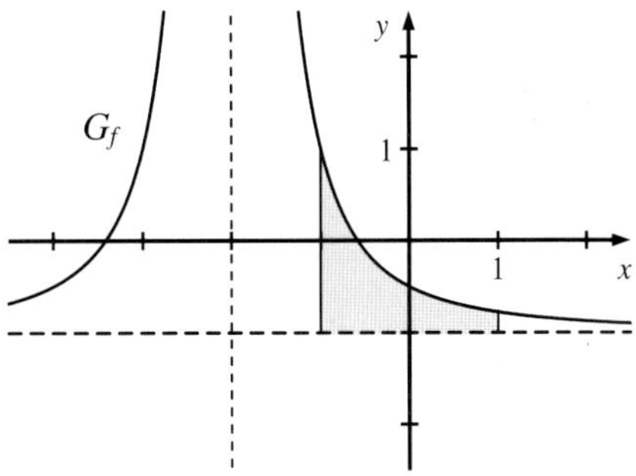

a) Zeigen Sie, dass für den Funktionsterm von f gilt:

$$f(x) = \frac{2}{(x+2)^2} - 1\,.$$

Geben Sie eine Gleichung der waagerechten Asymptoten an.

b) Berechnen Sie das Maß des gekennzeichneten Flächenstücks.

3.3 Uneigentliche Integrale

Bisher wurden Flächen und damit auch Integrale über abgeschlossenen Intervallen betrachtet. Im Folgenden soll auch der Fall betrachtet werden, dass sich Flächen ins Unendliche erstrecken. Dabei ist zu untersuchen, ob man solchen Flächen ein (endliches) Flächenmaß zuordnen kann.

Gegeben ist die Funktion

$$f: \mathbb{R}^+ \to \mathbb{R} \ , \ x \mapsto \frac{1}{x^2} \ .$$

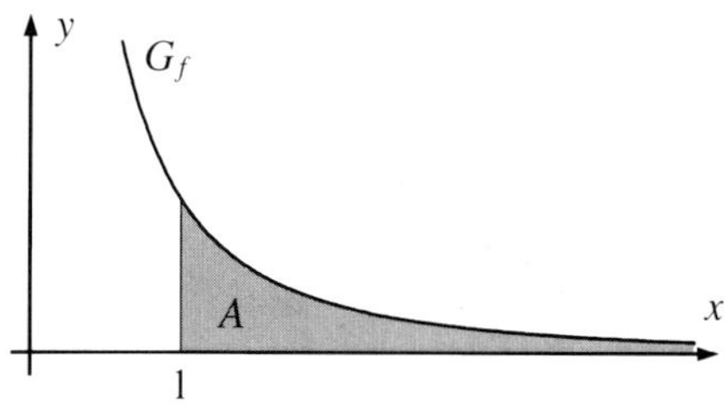

Die nebenstehende Abbildung zeigt die Fläche A zwischen dem Funktionsgraph G_f und der x-Achse über dem Intervall $[1\ ;\infty[$.

Es stellt sich die Frage, ob diese Fläche ein endliches Maß besitzt und wie man es gegebenenfalls berechnen kann.

- Wir berechnen zunächst das Maß der Fläche A_z zwischen G_f und der x-Achse über dem Intervall $[1\ ; z\ [$.

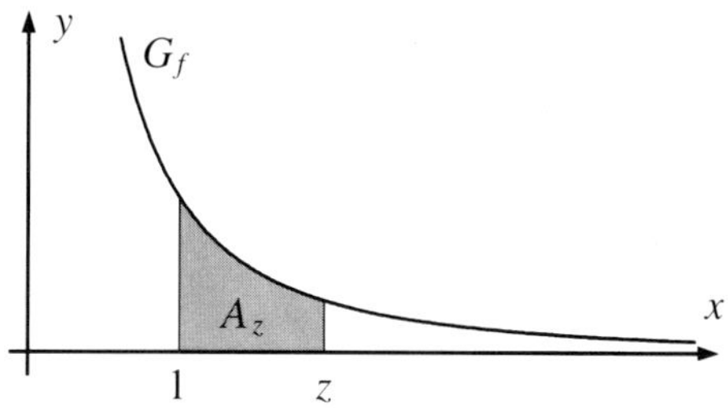

$$\mu(A_z) = \int_1^z f(x)\,dx = \int_1^z \frac{1}{x^2}\,dx$$

$$= \left[-\frac{1}{x}\right]_1^z = -\frac{1}{z} + 1 = 1 - \frac{1}{z}$$

- Bei wachsendem z wird die Fläche A durch die Fläche A_z immer genauer ausgeschöpft. Mithilfe einer Grenzwertbetrachtung lässt sich prüfen, ob die Fläche A ein endliches Maß besitzt:

$$\mu(A) = \lim_{z\to\infty}(A_z) = \lim_{z\to\infty}\int_1^z \frac{1}{x^2}\,dx = \lim_{z\to\infty}\left[-\frac{1}{x}\right]_1^z = \lim_{z\to\infty}(-\frac{1}{z}+1) = 1\ .$$

Die Fläche A zwischen G_f und der x-Achse hat über dem Intervall $[1\ ;\infty[$ das endliche Maß 1.

Flächen, die ins Unendliche reichen, können ein endliches Maß besitzen. Dass dies nicht der Fall sein muss, kann mithilfe des folgenden Beispiels gezeigt werden. Wurzelfunktionen werden im Folgenden allerdings nicht mehr betrachtet.

Beispiel: (*)

Gegeben ist die Funktion

$$f\colon]0;\infty[\to \mathbb{R},\ x \mapsto \frac{1}{\sqrt{x}}\ .$$

Wir prüfen, ob die Fläche A zwischen G_f und $[1;\infty[$ ein endliches Maß hat.

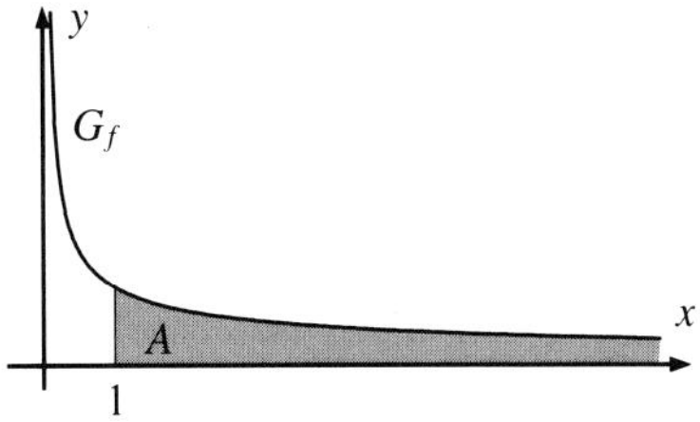

Dazu untersuchen wir zunächst, ob der Grenzwert $\lim\limits_{z\to\infty}\int_1^z \frac{1}{\sqrt{x}}\,dx$ existiert:

$$\lim_{z\to\infty}\int_1^z \frac{1}{\sqrt{x}}\,dx = \lim_{z\to\infty}\left[2\sqrt{x}\right]_1^z = \lim_{z\to\infty}\left(2\sqrt{z}-2\sqrt{1}\right) \to \infty$$

Also existiert $\lim\limits_{z\to\infty}\int_1^z \frac{1}{\sqrt{x}}\,dx$ nicht. Die Fläche A besitzt kein endliches Maß.

Für die Berechnung von Flächen, die ins Unendliche reichen, verwendet man den Begriff des **uneigentlichen Integrals**.

Uneigentliches Integral

Sei $f\colon [a\,;\infty[\to \mathbb{R}$ stetig und $z \geq a$. Existiert der Grenzwert $\lim\limits_{z\to\infty}\int_a^z f(x)\,dx$, so heißt er **uneigentliches Integral über dem Intervall $[a\,;\infty[$** und wird kurz mit $\int_a^\infty f(x)\,dx$ bezeichnet.

Entsprechend wird für eine Funktion f das uneigentliche Integral über einem Intervall definiert, das linkseitig unbegrenzt ist:

Existiert für eine stetige Funktion der Grenzwert $\lim\limits_{z\to-\infty}\int_z^b f(x)\,dx$, so wird er als **uneigentliches Integral über dem Intervall $]-\infty\,;b[$** bezeichnet.

Kurzschreibweise: $\int_{-\infty}^b f(x)\,dx$.

Beispiel:

Gegeben ist die Funktion

$$f: \mathbb{R} \setminus \{0\} \to \mathbb{R}, x \mapsto \frac{1+x^2}{x^4}.$$

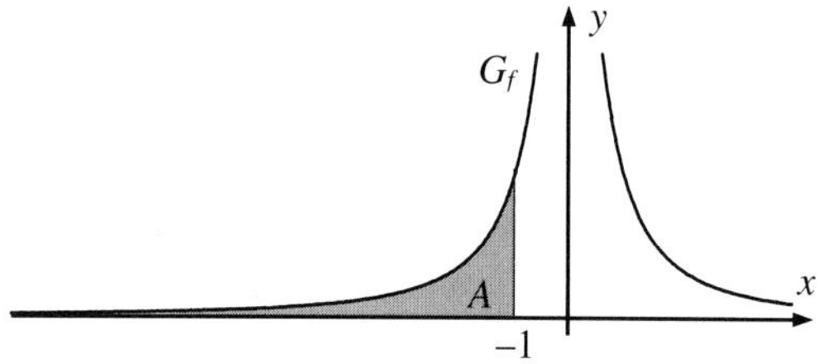

Wir berechnen das Maß der Fläche A zwischen G_f und der x–Achse über dem Intervall $]-\infty;-1]$.

Die Funktion f ist stetig und es gilt $f(x) > 0$ für alle $x \in D_f$. Für $z < -1$ betrachtet man zur Berechnung des Flächenmaßes den Grenzwert

$$\lim_{z\to-\infty} \int_z^{-1} \frac{1+x^2}{x^4} dx = \lim_{z\to-\infty} \int_z^{-1} (x^{-4} + x^{-2}) dx = \lim_{z\to-\infty} \left[-\tfrac{1}{3}x^{-3} - x^{-1}\right]_z^{-1}$$

$$= \lim_{z\to-\infty} \left(\left(\tfrac{1}{3}+1\right) - \left(-\tfrac{1}{3}z^{-3} - z^{-1}\right)\right) = \lim_{z\to-\infty} \left(\frac{1}{z} + \frac{1}{3}\cdot\frac{1}{z^3} + \frac{4}{3}\right) = \frac{4}{3}.$$

Also existiert $\lim\limits_{z\to-\infty} \int_z^{-1} \frac{1+x^2}{x^4} dx$ und es gilt $\mu(A) = \frac{4}{3}$.

13. Berechnen Sie die uneigentlichen Integrale.

a) $\int_1^{\infty} \frac{dx}{x^3}$ b) $\int_1^{\infty} \frac{dx}{(x+2)^2}$ c) $\int_{-\infty}^{0} \frac{dx}{(x-1)^3}$

14. Berechnen Sie den Inhalt der Fläche, die von der negativen x-Achse und den Graphen der Funktionen f und g eingeschlossen wird:

$$f:]-\infty\,;-1[\to \mathbb{R},\ x \mapsto -\frac{1}{(x+1)^2},$$
$$g: \mathbb{R} \to \mathbb{R},\ x \mapsto x+1.$$

15. Gegeben sind die Funktionen

$$f:]0\,;\infty[\to \mathbb{R},\ x \mapsto \frac{1}{x^3} \quad \text{und} \quad g:]0\,;\infty[\to \mathbb{R},\ x \mapsto \frac{3}{x^2}.$$

a) Zeigen Sie, dass sich die Graphen von f und g an der Stelle $x_0 = \frac{1}{3}$ schneiden.

b) Prüfen Sie, ob die Fläche zwischen den Graphen von f und g für $x \to \infty$ ein endliches Maß besitzt.

3.4 Komplexe Aufgaben

16. a) Diskutieren Sie die Funktion $f\colon\ x \mapsto \dfrac{x^2+2x+1}{x+3}$.

    b) Bestimmen Sie alle Punkte des Graphen der Funktion f, in denen der Graph von f senkrecht zur schiefen Asymptote verläuft.

17. Gegeben sind die Schaubilder einer Funktion f mit $f(x) = \dfrac{2}{x^2+1}$, der Ableitungsfunktion $f'(x)$ so wie der Funktion g mit $g(x) = \dfrac{1}{f(x)}$.

    Ordnen Sie die Funktionen f, f' und g den richtigen Schaubildern zu. Begründen Sie Ihre Entscheidung mit möglichst vielen Argumenten.

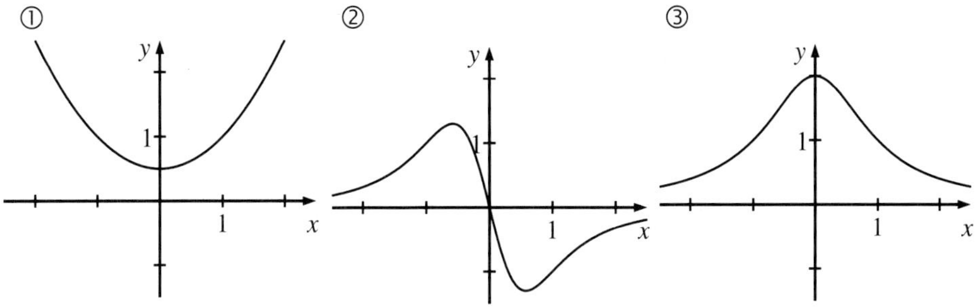

18. Gegeben ist die Schar $f_a\colon D_{\max} \to \mathbb{R},\ x \mapsto \dfrac{x^2-4}{x^2+a}$ mit $a \in \mathbb{R}\setminus\{0, -4\}$.

    Zeigen Sie: Wenn der Graph von f_a Wendestellen hat, dann gibt es keine Polstellen.

19. Gegeben ist die Funktionenschar $f_a\colon\ x \mapsto \dfrac{x^2-a^2+9}{2\cdot(x-a)}$ mit $a \in \mathbb{R}\setminus\{\frac{1}{3}\}$.

    a) Zeigen Sie, dass alle Graphen der Schar zwei waagerechte Tangenten besitzen.

    b) Für welche a haben die Graphen der Schar zwei Nullstellen?

    c) Bestimmen Sie $a > 0$ so, dass der Graph der zugehörigen Funktion an der Stelle $x_0 = 4$ eine Nullstelle hat.

    d) Diskutieren Sie die Funktion $f\colon D_{\max} \to \mathbb{R},\ \ x \mapsto \dfrac{x^2-16}{2\cdot(x-5)}$.

20. Gegeben ist die Funktionenschar f_a: $\mathbb{R} \to \mathbb{R}$, $x \mapsto \dfrac{2ax}{x^2 + a}$ mit $a \in \mathbb{R}^*$.

Zeigen Sie: Der Graph von f_a hat einen Hochpunkt, wenn die Funktion f_a keine Polstellen hat.

21. Gegeben ist die Funktionenschar $f_a : D_{\max} \to \mathbb{R}$, $x \mapsto x + 2 + \dfrac{a}{x}$ mit dem Parameter $a \in \mathbb{R} \setminus \{0\}$.

a) Bestimmen Sie a so, dass f_a an der Stelle $x_0 = 1$ eine Nullstelle besitzt.

b) Untersuchen Sie, wie die Anzahl der Nullstellen von f_a von a abhängt.

c) Diskutieren Sie die Funktion f: $D_{\max} \to \mathbb{R}$, $x \mapsto x + 2 - \dfrac{3}{x}$.

(Zur Kontrolle : $f''(x) = -\dfrac{6}{x^3}$)

d) Bestimmen Sie eine Gleichung der Tangente an der Stelle $x_0 = 1$ des Graphen von f.

e) Prüfen Sie, ob die Tangente den Funktionsgraphen von f ein zweites Mal schneidet.

22. Gegeben ist die Funktionenschar

$$f_a : D_{\max} \to \mathbb{R} , \quad x \mapsto x + 3a - \frac{4a}{x^2} \text{ mit } a \in \mathbb{R} \setminus \{0\} .$$

a) Bestimmen Sie a so, dass der Graph von f_a an der Stelle $x_0 = -2$ eine waagerechte Tangente besitzt.

b) Diskutieren Sie die Funktion f: $D_{\max} \to \mathbb{R}$, $x \mapsto x + 3 - \dfrac{4}{x^2}$.

(Hinweis: $x_1 = 1$ ist eine Nullstelle von f.)

c) Berechnen Sie das Maß der Fläche, die vom Graphen der Funktion f und der Geraden mit der Gleichung g: $y = x + 3$ über dem Intervall $[1 \,;\, k]$ mit $k > 1$ eingeschlossen wird.

Untersuchen Sie, ob die Fläche für $k \to \infty$ ein endliches Maß besitzt.

Exponential- und Logarithmusfunktion 4

4.1 Allgemeine Exponentialfunktion

4.1.1 Umkehrfunktionen

Umkehrbarkeit

Die Umkehrung einer Funktion entsteht, wenn man alle Zuordnungsvorschriften umkehrt.

Eine Funktion, deren Umkehrung wieder eine Funktion ist, heißt **umkehrbar**.

Man sagt:
Die Funktion besitzt eine **Umkehrfunktion**.

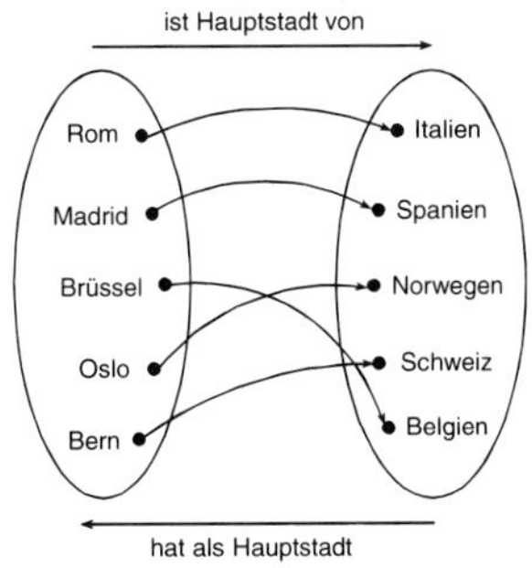

1. Welche der folgenden Funktionen besitzt eine Umkehrfunktion?

a)	Fahrstrecke der Bahn	→	Fahrpreis
b)	Gewicht von Briefen	→	Porto
c)	Artikel im Versandkatalog	→	Bestellnummer
d)	Parkzeit im Parkhaus	→	Parkgebühr
e)	Personalausweisbesitzer	→	Nummer des Personalausweises

Die Frage, ob eine Funktion umkehrbar ist, lässt sich leicht entscheiden, wenn ihr Graph gegeben ist. In der Abbildung ist eine Funktion $f: D \rightarrow W$ dargestellt, deren Graph von jeder Parallelen zur x-Achse höchstens einmal geschnitten wird.

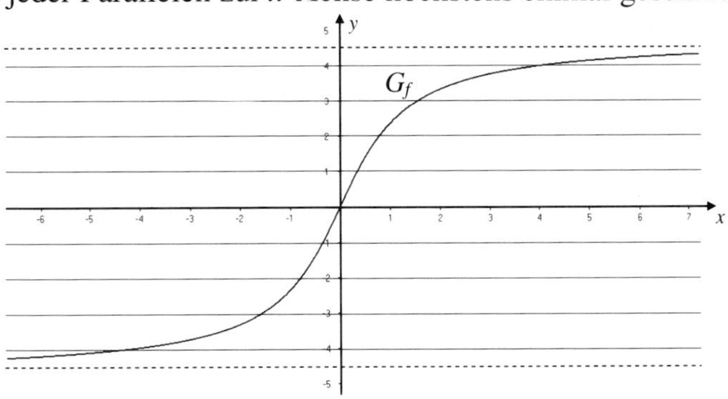

Die Funktion f ist umkehrbar, denn die Umkehrzuordnung $f^{-1}: W \rightarrow D$ ist eindeutig. Die Eindeutigkeit von f^{-1} lässt sich anschaulich wie folgt begründen:

> **Anschauliches Kriterium für die Umkehrbarkeit einer Funktion**
> Eine Funktion ist umkehrbar, wenn ihr Graph von jeder Parallelen zur x-Achse höchstens einmal geschnitten wird.

Dieses anschauliche Kriterium kann auch dadurch formuliert werden, dass bei einer umkehrbaren Funktion f zu **verschiedenen x-Werten** auch stets **verschiedene Funktionswerte** gehören, d. h. dass für alle $x_1, x_2 \in D_f$ gilt:

$$x_1 \neq x_2 \;\Rightarrow\; f(x_1) \neq f(x_2)\,.$$

Eine Funktion mit dieser Eigenschaft bezeichnet man als **injektiv**. Wir werden den Begriff allerdings im Folgenden nicht weiter verwenden.

2. Prüfen Sie, ob die zugehörige Funktion f eine Umkehrfunktion besitzt.

a)

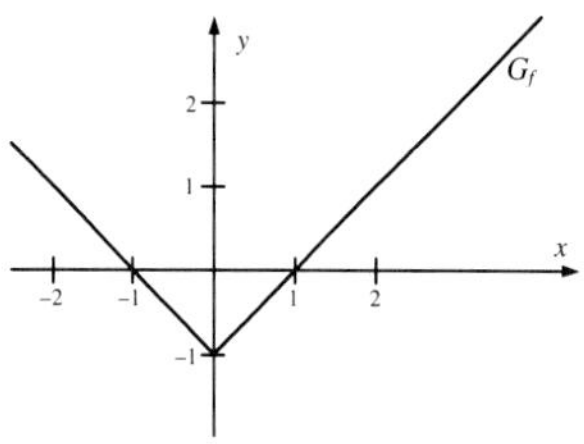

b)

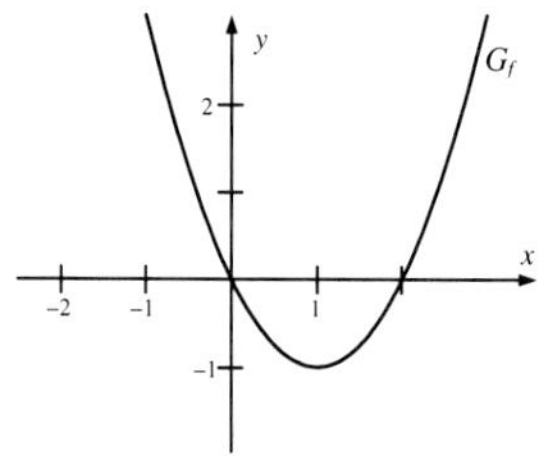

c)

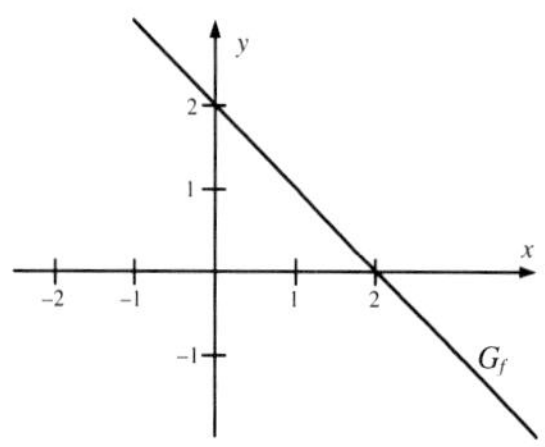

d)

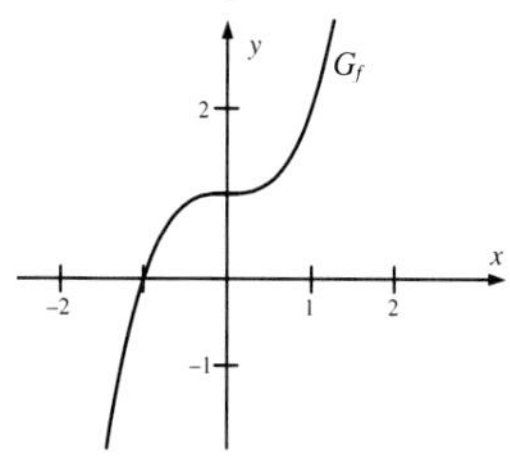

Umkehrbarkeit streng monotoner Funktionen

Wir wollen Bedingungen dafür finden, dass eine Funktion umkehrbar ist. Dazu betrachten wir die Quadratfunktion $f: \mathbb{R} \to \mathbb{R}\ ,\ x \mapsto x^2$.

1. Eine Umkehrung der Zuordnungsvorschrift ist nur für Zahlen $y \geq 0$ möglich, d. h. für alle Elemente der Wertemenge $\mathbb{R}_0^+$ der Quadratfunktion.

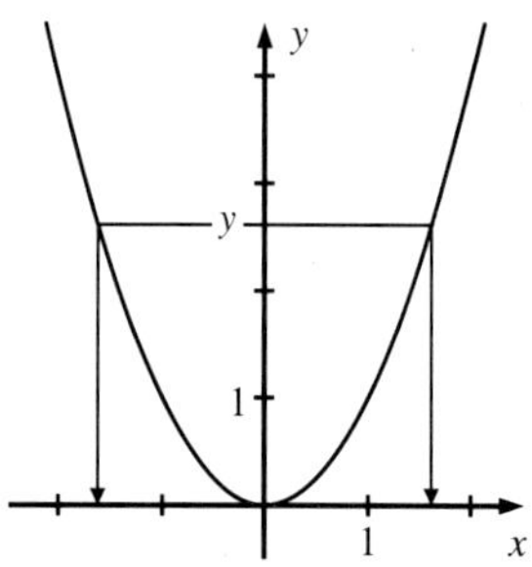

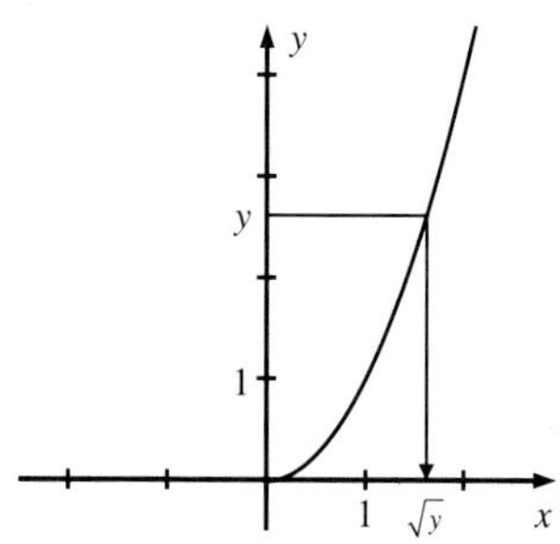

2. Die Umkehrung der Zuordnungsvorschrift ist nicht eindeutig. Jeder Zahl $y > 0$ werden zwei Werte zugeordnet.

Die Eindeutigkeit der Umkehrung ist z. B. dadurch erreichbar, dass man nur den rechten Parabelast betrachtet.

In diesem Bereich ist die Quadratfunktion streng monoton zunehmend.

Die Eindeutigkeit der Umkehrung einer Funktion f besagt, dass zu verschiedenen x-Werten verschiedene Funktionswerte gehören, d. h. dass für alle $x_1, x_2 \in D_f$ gilt:

$$x_1 \neq x_2 \;\Rightarrow\; f(x_1) \neq f(x_2)\,.$$

Wie schon das Beispiel vermuten lässt, ist diese Bedingung bei streng monotonen Funktionen stets erfüllt.

Betrachten wir nämlich zwei verschiedene Werte $x_1, x_2 \in D_f$, so muss einer der kleinere sein, etwa x_1. Dann folgt:

$x_1 < x_2 \;\Rightarrow\; f(x_1) < f(x_2)$, falls f streng monoton zunehmend ist,

$x_1 < x_2 \;\Rightarrow\; f(x_1) > f(x_2)$, falls f streng monoton abnehmend ist.

In beiden Fällen gilt also $f(x_1) \neq f(x_2)$. Wir haben somit nachgewiesen:

Umkehrbarkeit streng monotoner Funktionen

Streng monotone Funktionen sind (in ihrer Wertemenge) umkehrbar.

Bezüglich der Umkehrbarkeit einer Funktion werden wir fortan in der Regel die beiden folgenden Eigenschaften betrachten.

1. Die Funktion ist in ihrer Wertemenge gegeben (Garantie der Existenz).
2. Sie ist in ihrer Definitionsmenge streng monoton zunehmend oder abnehmend (Garantie der Eindeutigkeit).

Abschließend soll aber noch erwähnt werden, dass es auch umkehrbare Funktionen gibt, die nicht streng monoton sind.

Ein Beispiel für eine derartige Funktion ist die Kehrwertfunktion

$$f\colon \mathbb{R}\setminus\{0\} \to \mathbb{R}\setminus\{0\},\; x \mapsto \frac{1}{x}$$

mit der Wertemenge $\mathbb{R}\setminus\{0\}$. An dem Graphen erkennt man, dass zu verschiedenen x-Werten verschiedene Funktionswerte gehören.

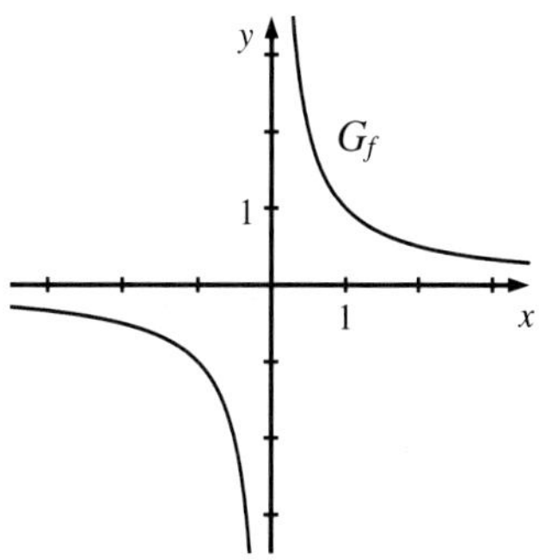

Die Kehrwertfunktion ist umkehrbar, aber in der gesamten Definitionsmenge $\mathbb{R}\setminus\{0\}$ weder streng monoton zunehmend noch abnehmend.

3. Zeichnen Sie den Graphen von f und begründen Sie anhand des Schaubilds, dass f eine Umkehrfunktion besitzt.

a) $f\colon \mathbb{R} \to \mathbb{R}\,,\; x \mapsto \frac{1}{2}x - 1$ b) $f\colon \mathbb{R}^+ \to \mathbb{R}\,,\; x \mapsto \frac{1}{x} + 1$

Graph der Umkehrfunktion

Die Abbildung links zeigt den Graphen einer umkehrbaren Funktionen $f\colon D_f \to W_f$.

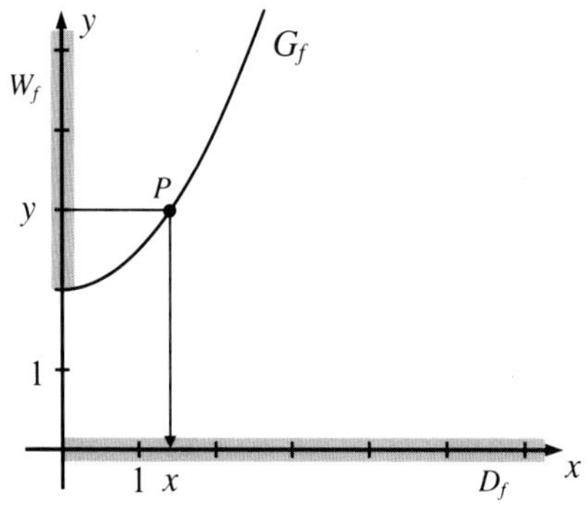

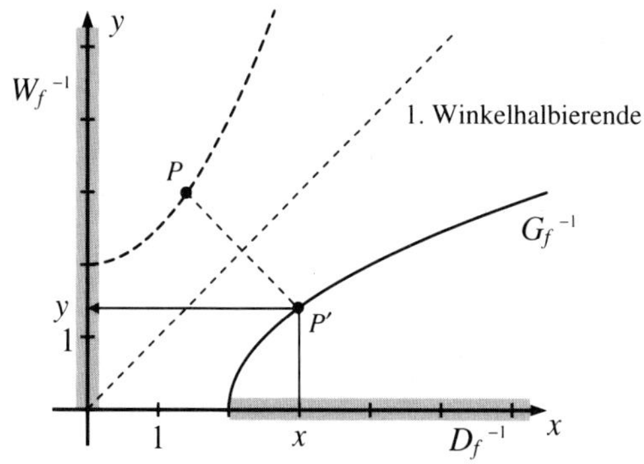

Durch $y \mapsto x$ ist ein Abbildungspfeil der Umkehrfunktion f^{-1} dargestellt.

Die Umkehrfunktion f^{-1} ordnet jedem Funktionswert $y \in W_f$ den zughörigen x-Wert $x \in D_f$ zu.

- Die Wertemenge W_f wird zur Definitionsmenge $D_{f^{-1}}$ von f^{-1}.
- Die Definitionsmenge D_f wird zur Wertemenge $W_{f^{-1}}$ von f^{-1}.

Bei Funktionen ist es üblich, im Funktionsterm die Variable mit x und nicht mit y zu bezeichnen. Daher vertauscht man die Rollen von x und y und stellt auch f^{-1} in der Form $x \mapsto y$ dar.

Dieser Tausch der Variablen hat folgende Auswirkungen:

- Der Graph von f^{-1} entsteht aus dem Graphen von f durch Spiegelung an der 1. Winkelhalbierenden.
- $D_{f^{-1}}$ liegt jetzt wie üblich auf der x-Achse.
- $W_{f^{-1}}$ liegt jetzt auf der y-Achse.

Graph der Umkehrfunktion

Man erhält den Graphen der Umkehrfunktion durch Spiegelung des Graphen der Funktion an der ersten Winkelhalbierenden.

4. Zeichnen Sie den Graphen der Funktion f und begründen Sie anschaulich, dass f eine Umkehrfunktion besitzt.
   Ergänzen Sie den Graphen der Umkehrfunktion im Schaubild.

   a) $f\colon \mathbb{R} \to \mathbb{R}\,,\; x \mapsto 1 + \frac{1}{2}x$ b) $f\colon \mathbb{R} \to \mathbb{R}\,,\; x \mapsto 5 - 2x$

   c) $f\colon [0\,;\infty[\; \to \mathbb{R}\,,\; x \mapsto x^2 - 3$ d) $f\colon]-\infty\,;1] \to \mathbb{R}\,,\; x \mapsto (x-1)^2 - 1$

Funktionsgleichung der Umkehrfunktion

Um eine Gleichung der Umkehrfunktion f^{-1} zu bestimmen, kann man zwei Wege beschreiten:

- Man löst die Gleichung $y = f(x)$ zuerst nach x auf und vertauscht dann die Variablen.
- Man vertauscht in der Gleichung $y = f(x)$ zuerst die Variablen und löst dann nach y auf.

Beispiel: $f: [0, \infty[\to \mathbb{R}\ ,\ x \mapsto -4x + 7$

f ist streng monoton abnehmend und daher umkehrbar. Die Wertemenge ist $W_f =]-\infty\,;7]$.

Bestimmung der Funktionsgleichung von f^{-1}:
Durch Vertauschen der Variablen und Auflösen nach y ergibt sich:

$$x = -4y + 7 \Leftrightarrow 4y = -x + 7 \Leftrightarrow y = -\frac{1}{4}x + \frac{7}{4}\ .$$

Damit ergibt sich die Umkehrfunktion

$$f^{-1}:]-\infty\,;7] \to [0\,;\infty[\ ,\ x \mapsto -\frac{1}{4}x + \frac{7}{4}\ .$$

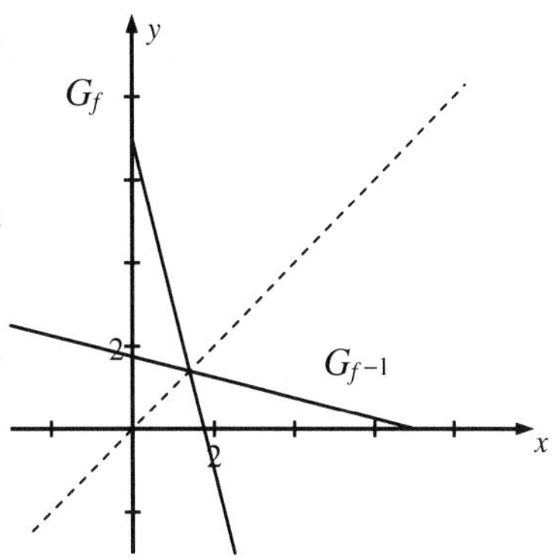

5. Folgende Funktionen besitzen Umkehrfunktionen. Zeichnen Sie die Graphen von Funktion und Umkehrfunktion in dasselbe Koordinatensystem. Berechnen Sie den Funktionsterm der Umkehrfunktion.

   a) $f: \mathbb{R} \to \mathbb{R}\ ,\ x \mapsto 2x + 1$ b) $f: \mathbb{R} \to \mathbb{R}\ ,\ x \mapsto x - 2$

   c) $f: \mathbb{R} \to \mathbb{R}\ ,\ x \mapsto 1 - x$ d) $f: [0\,;\infty[\to \mathbb{R}\ ,\ x \mapsto x^2$

   e) $f:]-\infty\,;0] \to \mathbb{R}\ ,\ x \mapsto x^2$ f) $f: [-1\,;\infty[\to \mathbb{R}\ ,\ x \mapsto (x+1)^2$

6. In den meisten europäischen Ländern wird zur Temperaturmessung die *Celsius*-Skala (°C) benützt. Vor allem in den USA ist dagegen die *Fahrenheit*-Skala (°K) in Gebrauch. Physiker verwenden in der Wissenschaft dagegen meist die **Kelvinskala** (K).

   Für die Umrechnung von Temperaturangaben gelten folgende Vorschriften:

   - von *Kelvin* in *Fahrenheit*: $f: x \mapsto 1{,}8x - 459{,}67$,
   - von *Celsius* in *Fahrenheit*: $g: x \mapsto 1{,}8x + 32$.

   Wie lauten die Umrechnungsvorschriften, wenn man umgekehrt Temperaturangaben von *Fahrenheit* in *Kelvin* bzw. in *Celsius* umrechnen will.

4.1.2 Exponentialfunktion zur Basis b

Bei Potenzfunktionen $x \mapsto x^r$ ist die Basis x variabel, der Exponent $r \in \mathbb{Q}$ steht für eine feste Zahl.

Der Potenzbegriff lässt sich so erweitern, dass im Exponenten auch irrationale Zahlen zugelassen sind. Terme wie $5^{\sqrt{3}}$ sind damit bildbar.

Lässt man die Basis b einer Potenz fest und schreibt für den Exponenten der Potenz eine Variable, so erhält man eine Funktion der Form $x \mapsto b^x$.

Allgemeine Exponentialfunktion

Sei $b \in \mathbb{R}^+ \setminus \{1\}$. Dann heißt die Funktion

$$f: \mathbb{R} \to \mathbb{R}\,,\ x \mapsto b^x$$

Exponentialfunktion zur Basis *b*.

7. Eine Bohnenpflanze von der Art, an welcher der Lügenbaron Münchhausen bis zum Mond geklettert sein will, verdoppelt in jeder Stunde ihre Länge. Die Anfangslänge sei 1 m.

   a) Wie lang ist die Bohnenpflanze nach 1 h, nach 2 h, ... , nach 10 h ?

   b) Geben Sie die Funktion *Wachstumszeit* → *Pflanzenlänge* an.

   c) Um wie viel wächst die Pflanze in der 6. Stunde (in der 12. Stunde)?

   d) Wie lang dauert es etwa, bis die Pflanze den Mond (380 000 km entfernt) erreicht hat?

8. Bestimmen Sie die Exponentialfunktion, deren Graph durch den Punkt P geht.

   Beispiel: $P(\frac{3}{2} \mid 8)$; Funktionsgleichung: $y = b^x$.

   $(\frac{3}{2} \mid 8)$ erfüllt die Gleichung, d. h. $8 = b^{\frac{3}{2}} \Leftrightarrow b = 8^{\frac{2}{3}} = 4$.

   Ergebnis: $y = 4^x$.

   a) $P(3 \mid 125)$ b) $P(2 \mid 0{,}25)$ c) $P(2 \mid 8)$ d) $P(-2 \mid 9)$

9. Auf einem 5000 m^2 großen Teich befindet sich eine Kolonie Wasserlinsen. Zu Beobachtungsbeginn bedecken die Wasserlinsen eine Fläche von 1 m^2. Sie breiten sich in der Art aus, dass sie am folgenden Tag jeweils eine 1,5-mal so große Fläche bedecken wie am Vortag.

   a) Geben Sie die Funktion *Beobachtungsdauer (in d)* $\rightarrow$ *Größe der mit Wasserlinsen bedeckten Fläche (in m^2)* an.

   b) Wie groß ist die Fläche, die die Wasserlinsen nach einer Woche (nach 16d 9h) überdecken?

   c) Nach wie vielen Tagen ist bei ungestörtem Wachstum der Teich vollständig zugewachsen? Probieren Sie systematisch.

10. Vor 1000 Jahren erzählte man sich unter den Gelehrten dieser Zeit folgende Geschichte:

    Der Erfinder des Schachspiels hatte bei seinem König einen Wunsch frei. Er wünschte sich alle Reiskörner, die man nach folgendem Verfahren auf sein Schachbrett legen sollte: auf das erste Feld ein Reiskorn, auf das zweite Feld zwei Reiskörner, auf das dritte Feld vier Reiskörner, auf das vierte Feld acht Reiskörner, auf das nächste Feld immer die doppelte Anzahl des vorhergehenden Feldes ...

    Der König freute sich über diesen bescheidenen Wunsch.

    a) Erstellen Sie eine Übersicht.

Feld	1	2	3	4	...	20
Reiskörner	1	2	4	8	...	?

    b) Wie viele Reiskörner liegen auf dem letzten Feld des Schachbretts?

    c) Jemand behauptet: Eine Familie könnte mit dem Reis, der auf den ersten drei Reihen des Schachbretts liegt, 25 Jahre auskommen, wenn sie jährlich 200 kg Reis isst und 3 Reiskörner 1 g wiegen.

    d) Berechnen Sie den Wert des Reises in €, der auf dem 32. Feld liegt, wenn 1 kg Reis 2,50 € kostet.

4.1.3 Eigenschaften der Graphen von Exponentialfunktionen

Durch Aufstellen von geeigneten Wertetabellen kann man sich einen Überblick über die Graphen der Exponentialfunktionen verschaffen.

Die nebenstehende Abbildung zeigt die Graphen von vier Exponentialfunktionen.

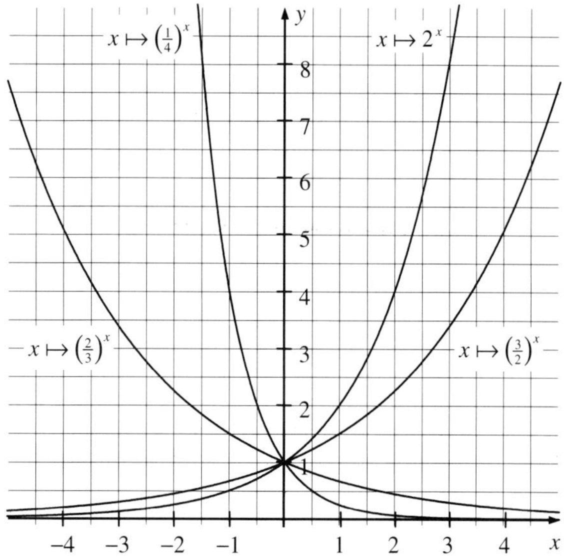

Vergleichen wir die Graphen miteinander, so lassen sich die folgenden Eigenschaften feststellen.

Eigenschaften der Exponentialfunktion

Für die Exponentialfunktionen $f: \mathbb{R} \to \mathbb{R}, x \mapsto b^x$ mit $b \in \mathbb{R}^+ \setminus \{1\}$ gilt:

(1) Die Funktionen sind für $b > 1$ streng monoton zunehmend und für $0 < b < 1$ streng monoton abnehmend.

(2) Alle Funktionen haben die Wertemenge $\mathbb{R}^+$. Die Graphen aller Exponentialfunktionen verlaufen oberhalb der x-Achse

(3) Die x-Achse ist waagerechte Asymptote aller Funktionsgraphen.

(4) Alle Funktionsgraphen sind linksgekrümmt.

(5) Die Graphen der Exponentialfunktionen $g: \mathbb{R} \to \mathbb{R}, x \mapsto \left(\frac{1}{b}\right)^x$ mit $b \in \mathbb{R}^+ \setminus \{1\}$ entstehen aus den Graphen von f durch Spiegelung an der y-Achse und umgekehrt.

(6) $P(0 \mid 1)$ ist gemeinsamer Punkt aller Funktionsgraphen.

11. Gegeben ist die Funktion $f:\ y=\left(\frac{2}{3}\right)^x$.

a) Notieren und vervollständigen Sie die Wertetabelle.

x	−6	−5	?	?	−1	?	0	?	2	?
y	?	?	$4,\dot{1}3$	3,38	?	1,22	?	1	?	0,19

b) Zeichnen Sie den Graphen von f, bestimmen Sie D_f und W_f und das Steigungsverhalten der Funktion.

c) Konstruieren Sie mit dem Geodreieck aus dem Graphen von f den Graphen von $g:\ y=\left(\frac{3}{2}\right)^x$.

12. a) Die Abbildung zeigt die Graphen von Exponentialfunktionen. Lesen Sie jeweils eine Funktionsgleichung ab.

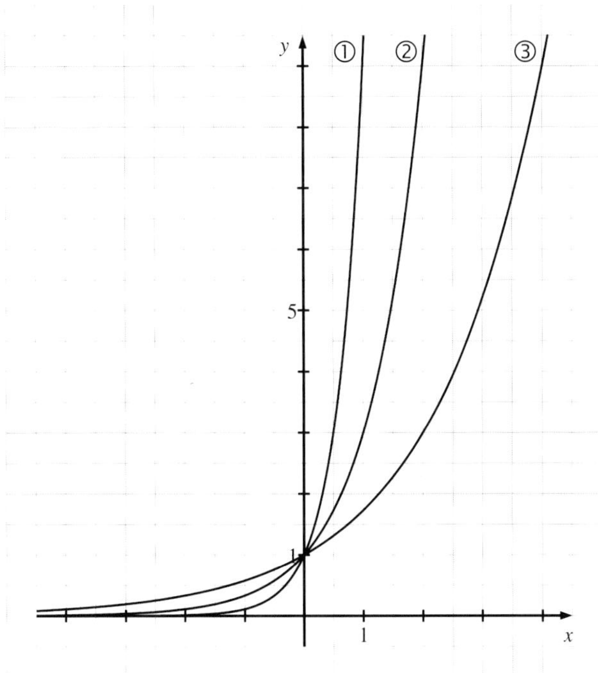

b) Die Graphen werden an der y-Achse gespiegelt. Geben Sie die Gleichungen der neuen Funktionen an.

4.1.4 Die Potenzgesetze

Für das Rechnen mit Potenzen gelten Regeln, die als Potenzgesetze bezeichnet werden. Sie sind auch für das Rechnen mit Exponentialfunktionen von großer Bedeutung. Die nachfolgende Darstellung soll einen knappen Überblick vermitteln.

1. Potenzgesetz (P1)

Potenzen mit gleichen Basen werden multipliziert, indem man die Exponenten addiert und die gemeinsame Basis beibehält.

$$b^m \cdot b^n = b^{m+n} \qquad (b \in \mathbb{R}\setminus\{0\} \;;\; m, n \in \mathbb{Z})$$

Beispiele:

1. $x^3 \cdot x^7 \underset{(P1)}{=} x^{3+7} \underset{\substack{\text{Exponten} \\ \text{addieren}}}{=} x^{10}$

2. $y^8 \cdot y^{-5} \underset{(P1)}{=} y^{8+(-5)} \underset{\substack{\text{Exponenten} \\ \text{addieren}}}{=} y^3$

3. $a^5 \cdot a^{-4} \cdot a^{-1} \underset{(P1)}{=} a^{5+(-4)+(-1)} \underset{\substack{\text{Exponenten} \\ \text{addieren}}}{=} a^0 = 1$

13. Fassen Sie zusammen.

a) $y^2 \cdot y^2$ b) $x^3 \cdot x^9$ c) $y^4 \cdot y^{-2}$ d) $x^4 \cdot x$

e) $x^2 \cdot x^3 \cdot x^4$ f) $y \cdot y^2 \cdot y^3$ g) $x^3 \cdot x^{-9} \cdot x^6$ h) $y^4 \cdot y^{-7}$

2. Potenzgesetz (P2)

Potenzen mit gleichen Basen werden dividiert, indem man die Exponenten subtrahiert und die gemeinsame Basis beibehält.

$$b^m \cdot b^n = b^{m-n} \qquad (b \in \mathbb{R}\setminus\{0\} \;;\; m, n \in \mathbb{Z})$$

Beispiele:

1. $x^7 : x^4 \underset{(P2)}{=} x^{7-4} \underset{\substack{\text{Exponenten} \\ \text{subtrahieren}}}{=} x^3$

2. $y^5 : y^8 \underset{(P2)}{=} y^{5-8} \underset{\substack{\text{Exponenten} \\ \text{subtrahieren}}}{=} y^{-3}$

14. Fassen Sie zusammen.

a) $y^4 : y^2$ b) $x^7 : x^6$ c) $y^4 : y$ d) $x^{2n} : x^n$

e) $x^2 : x^3$ f) $y : y^3$ g) $x^3 : x^{-5}$ h) $y^{-4} : y^{-8}$

3. Potenzgesetz (P3)

Potenzen mit gleichen Exponenten werden multipliziert, indem man die Basen multipliziert und den gemeinsamen Exponenten beibehält.

$$a^n \cdot b^n = (a \cdot b)^n \qquad (a, b \in \mathbb{R}\setminus\{0\} \; ; \; n \in \mathbb{Z})$$

Beispiele:

1. $x^5 \cdot y^5 \underset{(P3)}{=} (x \cdot y)^5 = (xy)^5$

2. $2^3 \cdot 5^3 \underset{(P3)}{=} (2 \cdot 5)^3 \underset{\text{Produkt berechnen}}{=} 10^3 = 1000$

15. Fassen Sie zu einer Potenz zusammen.
a) $x^6 \cdot y^6$ b) $x^{-1} \cdot y^{-1}$ c) $a^k \cdot b^k$ d) $a^{2n} \cdot b^{2n}$

16. Schreiben Sie als Potenz. Formen Sie den Zahlenfaktor dazu geeignet um.

Beispiel: $125a^3 = 125 \cdot a^3 = 5^3 \cdot a^3 \underset{(P3)}{=} (5a)^3$

a) $25x^2$ b) $216z^3$ c) $\frac{4}{9}r^2$ d) $\frac{1}{32}k^5$

17. Wenden Sie das 3. Potenzgesetz in umgekehrter Reihenfolge an.

Beispiel: $(4a)^3 \underset{(P3)}{=} 4^3 \cdot a^3 = 64 \cdot a^3 = 64a^3$

a) $(12a)^2$ b) $(2x)^3$ c) $(10a)^5$ d) $(0{,}1a)^4$

4. Potenzgesetz (P4)

Potenzen mit gleichen Exponenten werden dividiert, indem man die Basen dividiert und den gemeinsamen Exponenten beibehält.

$$a^n : b^n = (a : b)^n \qquad (a, b \in \mathbb{R}\setminus\{0\} \; ; \; n \in \mathbb{Z})$$

Beispiele:

1. $x^4 : y^4 \underset{(P4)}{=} (x : y)^4 = (\frac{x}{y})^4$

2. $10^3 : 2^3 \underset{(P3)}{=} (10 : 2)^3 \underset{\text{Quotient berechnen}}{=} 5^3 = 125$

18. Fassen Sie zu einer Potenz zusammen.
a) $x^6 : y^6$ b) $x^{-2} : y^{-2}$ c) $a^k : b^k$ d) $a^{3n} : b^{3n}$

19. Fassen Sie zu einer Potenz zusammen und berechnen Sie.
a) $10^4 : 5^4$ b) $8^{-1} : 2^{-1}$ c) $2{,}4^k : 0{,}8^k$ d) $63^{-k} : 9^{-k}$

5. Potenzgesetz (P3)

Eine Potenz wird potenziert, indem man die Exponenten multipliziert und die Basis beibehält.

$$(b^n)^m = b^{m \cdot n} \qquad (b \in \mathbb{R}\setminus\{0\} \;;\; m, n \in \mathbb{Z})$$

Beispiele:

1. $(x^5)^4 \underset{(P5)}{=} x^{5 \cdot 4} = x^{20}$
2. $[(y+1)^3]^{-2} \underset{(P5)}{=} (y+1)^{3 \cdot (-2)} = (y+1)^{-6}$

20. Fassen Sie zu einer Potenz zusammen.

a) $(a^2)^3$ b) $(x^2)^2$ c) $\left[(u+1)^3\right]^4$ d) $(x^n)^2$

21. Schreiben Sie als Potenz mit einer möglichst kleinen natürlichen Zahl als Basis.

Beispiel: $125^{-4} = (5^3)^{-4} = 5^{3 \cdot (-4)} = 5^{-12}$

a) 25^7 b) 32^3 c) 49^{-5} d) 81^{-3}

4.1.5 Die Funktionen $x \mapsto a \cdot b^x$

Für praktische Anwendungen ist es nützlich, auch Funktionen der Form

$$f: \mathbb{R} \to \mathbb{R}\,,\ x \mapsto a \cdot b^x \text{ mit } b \in \mathbb{R}^+ \setminus \{1\} \text{ und } a \in \mathbb{R}^+$$

zu betrachten. Die Funktionswerte von f entstehen aus denen der Exponentialfunktion durch Multiplikation mit dem Faktor a.

22. Erstellen Sie eine Wertetabelle für $f: y = 2^x$ und $g: y = 3 \cdot 2^x$ nach folgendem Muster und zeichnen Sie die Graphen in dasselbe Koordinatensystem.

x	-3	-2	-1	$-0{,}5$	0	$0{,}5$	1	$\sqrt{2}$	2	3
2^x	?	?	?	?	?	?	?	?	?	?
$3 \cdot 2^x$	?	?	?	?	?	?	?	?	?	?

a) Beschreiben Sie die Wirkung des Faktors 3 auf den Graphen von f und geben Sie eine konstruktive Möglichkeit an, wie man aus den Funktionswerten von f die Funktionswerte von g erhält.

b) Welche Eigenschaften der Funktion f bleiben auch bei der Funktion g erhalten?

c) Überlegen Sie, welche Wirkung der Faktor -3 hat und konstruieren Sie den Graphen der Funktion $h: y = -3 \cdot 2^x$.

Eine Funktion des Typs $f: x \mapsto a \cdot b^x$ mit vorgegebenen Eigenschaften kann wie folgt bestimmt werden.

Beispiel: $f(1) = 3$ und $f(-1) = \frac{1}{12}$.

Ansatz für eine Funktionsgleichung: $f(x) = a \cdot b^x$.

Einsetzen: $\begin{cases} 3 = ab \\ \frac{1}{12} = ab^{-1} \end{cases}$,

Division der ersten Gleichung durch die Zweite:

$$\frac{a \cdot b}{a \cdot b^{-1}} = \frac{3}{\frac{1}{12}} \quad \Leftrightarrow \quad b^2 = 36 \quad \Leftrightarrow \quad b = 6 \quad (\text{da } b > 0)\,.$$

Einsetzen in die erste Gleichung ergibt: $a = \frac{3}{b} = \frac{1}{2}$.

Ergebnis: $f(x) = \frac{1}{2} \cdot 6^x$.

23. Bestimmen Sie die Funktion des Typs $f: x \mapsto a \cdot b^x$ mit den folgenden Eigenschaften.

a) $f(1) = 12$ und $f(3) = 27$.

b) $f(-2) = 75$ und $f(1) = \frac{3}{5}$.

c) $f(2) = -18$ und $f(-1) = -\frac{2}{3}$.

d) $f(2) = 864$ und $f(5) = 1493$.

24. Bestimmen Sie zu den Graphen passende Funktionsterme.

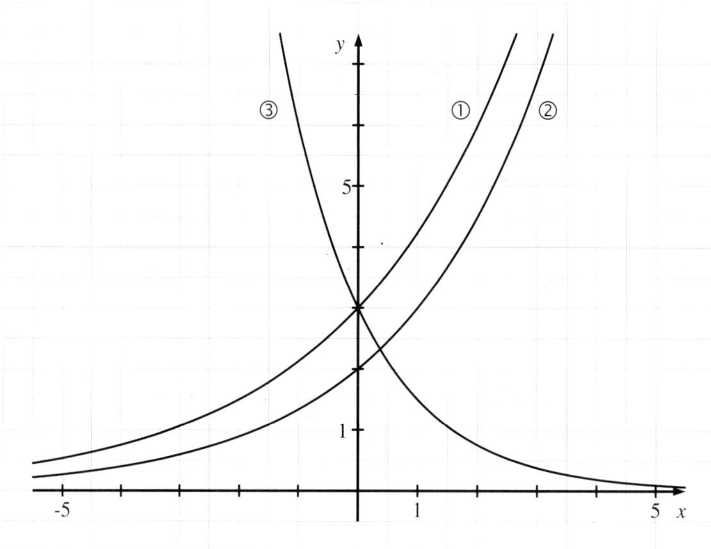

25. Gegeben ist $f: \mathbb{R} \to \mathbb{R}$, $x \mapsto 4 - 3 \cdot \left(\frac{5}{9}\right)^x$.

a) Berechnen Sie die Funktionswerte an den Stellen –5, –1, 0, 1, 2, 3 und 5.

b) Wie verhält sich $f(x)$ für $x \to \pm\infty$?

c) Zeichnen Sie den Graphen mit Asymptote. Welche Wertemenge hat f ?

26. a) Gegeben sind $f: x \mapsto 2^{x-3}$ und $g: x \mapsto \frac{1}{8} \cdot 2^x$.

Wie entstehen G_f und G_g aus dem Graphen von $x \mapsto 2^x$?
Zeichnen Sie die beiden Graphen. Welche Beobachtung machen Sie? Erklären Sie die Beobachtung.

b) Zeigen Sie: Die Funktionen $f: x \mapsto b^{x+c}$ mit $c \in \mathbb{R}$ gehören zur Funktionenklasse $x \mapsto a \cdot b^x$.

27. Luftdruckformel
Der Luftdruck nimmt gemäß $p(h) = 1013 \cdot 0{,}883^h$ mit zunehmender Höhe h über Meeresniveau ab. h wird in km, p in hPa (Hektopascal) gemessen.

a) Legen Sie für $h \in \{0, 1, 2, \dots, 10\}$ eine Wertetafel an und zeichnen Sie das h-p-Diagramm.

b) Begründen Sie die Faustregel: In der Nähe der Erdoberfläche sinkt der Luftdruck um rund 1 hPa, wenn die Höhe um 8 m zunimmt.

c) In welcher Höhe ist der Luftdruck nur noch halb so groß wie an der Erdoberfläche? Probieren Sie systematisch.

4.2 Allgemeine Logarithmusfunktion

4.2.1 Der Logarithmusbegriff

Zehnerlogarithmen

Bei Wachstumsprozessen stellt sich häufig die Frage, wie lange es dauert, bis die anwachsende Größe einen bestimmten Wert erreicht hat. Wird ein Wachstumsprozess durch die Funktionsgleichung $y = 10^x$ beschrieben, so kann man z. B. fragen, für welches x gilt: $10^x = 1000$.

In der Gleichung $10^x = 10000$ steht die Variable im Exponenten. Gesucht ist die Zahl x, mit der man 10 potenzieren muss, um 10 000 zu erhalten. In diesem Fall ist $x = 4$, denn es ist $10^4 = 10000$.

Für den gesuchten Exponenten führt man eine neue Bezeichnung ein: **Logarithmus** von 10000 zur Basis 10.

Logarithmus zur Basis 10

Sei $x \in \mathbb{R}^+$. Die Zahl y, mit der man 10 potenzieren muss, um x zu erhalten, heißt **Logarithmus zur Basis 10** oder auch **Zehnerlogarithmus** von x.

Schreibweise: $y = \log_{10}(x)$ oder kurz $y = \lg(x)$.

Es gilt also: $x = 10^y \Leftrightarrow y = \lg(x)$.

Die Taste LOG des Taschenrechners dient zur Berechnung von Näherungswerten für Zehnerlogarithmen (nicht zu verwechseln mit der Taste LN, deren Bedeutung später erläutert wird).

28. $\lg(x)$ ist diejenige Zahl, mit der man 10 potenzieren muss, um x zu erhalten. Bestimmen Sie die Zehnerlogarithmen folgender Zahlen.

Beispiel: $\lg(0{,}01) = -2$, denn $10^{-2} = 0{,}01$.

a) 10 b) 100 c) 100 000 d) 1
e) 0,1 f) 0,001 g) 10^{-9} h) $\sqrt{10}$

29. Bestimmen Sie die Logarithmen, indem Sie die Zahlen als Zehnerpotenzen schreiben.

Beispiel: $\lg\left(\frac{1}{\sqrt[3]{100}}\right) = \lg\left(10^{-\frac{2}{3}}\right) = -\frac{2}{3}$.

a) $\lg\left(\sqrt[4]{1000}\right)$ b) $\lg\left(100^{-0,3}\right)$ c) $\lg\left(0{,}1^{\frac{5}{3}}\right)$ d) $\lg\left(\sqrt[3]{\sqrt{10}}\right)$

30. Berechnen Sie Näherungswerte für die Zehnerlogarithmen mit dem Taschenrechner.

a) $\lg(27)$ b) $\lg(0{,}75)$ c) $\lg(123{,}45)$ d) $\lg(1)$

e) $\lg(\pi)$ f) $\lg(10^5)$ g) $\lg(\sqrt{2})$ h) $\lg(0{,}25)$

31. Lösen Sie auf vier Stellen genau mit dem Taschenrechner.

Beispiel: $10^y = 7 \Leftrightarrow y = \lg 7 \approx 0{,}8451$.

a) $10^y = 4$ b) $10^x = 52$ c) $10^n = \frac{4}{7}$

d) $10^u = 3{,}1623$ e) $10^r = 631$ f) $10^x = -1$

32. Lösen Sie.

Beispiel: $\lg x = 0{,}8451 \Leftrightarrow x = 10^{0{,}8451} \approx 7$.

a) $\lg x = 1$ b) $\lg y = 2$ c) $\lg r = -1$

d) $\lg z = 0$ e) $\lg c = 0{,}398$ f) $\lg p = -1{,}0969$

Andere Logarithmen

Der Logarithmusbegriff lässt sich auch für andere Basen $b > 0$ und $b \neq 1$ erklären.

Beispiel: Mit welcher Zahl muss man die Basis 4 potenzieren, um 32 zu erhalten?

Es gilt $32 = 2^5 = \sqrt{4}^{\,5} = (4^{\frac{1}{2}})^5 = 4^{\frac{5}{2}}$.

Der gesuchte Exponent ist $\frac{5}{2}$. Für diesen Exponenten führt man eine neue Sprechweise ein: $\frac{5}{2}$ ist der Logarithmus von 32 zur Basis 4.

Logarithmus zur Basis *b*

Sei $x \in \mathbb{R}^+$. Die Zahl y, mit der man die Basis $b \in \mathbb{R}^+ \setminus \{1\}$ potenzieren muss, um x zu erhalten, heißt **Logarithmus zur Basis *b*** von x.

Schreibweise: $y = \log_b(x)$.

Es gilt also: $x = b^y \Leftrightarrow y = \log_b(x)$.

33. Wandeln Sie in die Logarithmusschreibweise um.

Beispiel: $216 = 6^3 \Leftrightarrow 3 = \log_6 216$.

a) $125 = 5^3$ b) $243 = 3^5$ c) $0{,}25 = 4^{-1}$

d) $27 = 9^{\frac{3}{2}}$ e) $49 = 7^?$ f) $0{,}04 = 5^?$

g) $8 = 2^?$ h) $2 = 8^?$ i) $1 = 6^?$

34. Vermischte Logarithmen.

Beispiel: $\log_9(\sqrt{3}) = \frac{1}{4}$, denn $9^{\frac{1}{4}} = \sqrt{3}$.

a) $\log_2(32)$ b) $\log_2(\frac{1}{8})$ c) $\log_2(\frac{1}{2}\sqrt{2})$

d) $\log_2(\sqrt[3]{4})$ e) $\log_3(3)$ f) $\log_3(1)$

g) $\log_3(\sqrt{3})$ h) $\log_{\sqrt{3}}(3)$ i) $\log_5(625)$

j) $\log_{32}(8)$ k) $\log_{\frac{4}{3}}(\frac{3}{4})$ l) $\log_{1,2}(1{,}728)$

35. Bestimmen Sie die Logarithmen.

a) $\log_{\frac{1}{2}}(8)$ b) $\log_{0,6}(0{,}216)$ c) $\log_{0,1}(100)$

d) $\log_{\frac{2}{3}}(1)$ e) $\log_{0,4}(2{,}5)$ f) $\log_{\frac{3}{5}}(0{,}6)$

g) $\log_{0,49}(0{,}7)$ h) $\log_{0,2}(\sqrt{5})$ i) $\log_{\frac{3}{4}}(\frac{3}{8}\sqrt{3})$

36. Lösen Sie die Gleichung über der Grundmenge $\mathbb{R}^+$.

Beispiel: $\log_7 x = 1{,}54 \Leftrightarrow x = 7^{1,54} \approx 20$.

a) $\log_2 x = 7$ b) $\log_3 y = 1{,}893$ c) $\log_{12} p = 0{,}9266$

d) $\log_5 u = -1{,}43$ e) $\log_{\frac{3}{4}} r = 4{,}07$ f) $\log_{0,8} z = -8{,}03$

4.2.2 Die Logarithmusfunktion

Für jede Basis $b \in \mathbb{R}^+ \setminus \{1\}$ und alle $x \in \mathbb{R}^+$ gilt gemäß der Definition des Logarithmus zur Basis *b*:

$$x = b^y \Leftrightarrow y = \log_b(x) .$$

Jeder positiven Zahl *x* lässt sich also der Logarithmuswert $\log_b(x)$ zuordnen. Die zugehörige Funktion heißt **Logarithmusfunktion zur Basis** *b*:

$$f : \mathbb{R}^+ \to \mathbb{R} , \; x \mapsto \log_b(x) .$$

Die Logarithmusfunktion zur Basis *b* ist die Umkehrfunktion zur Exponentialfunktion $x \mapsto b^x$. Ihr Graph ergibt sich aus dem Graphen der Exponentialfunktion durch Spiegelung an der ersten Winkelhalbierenden.

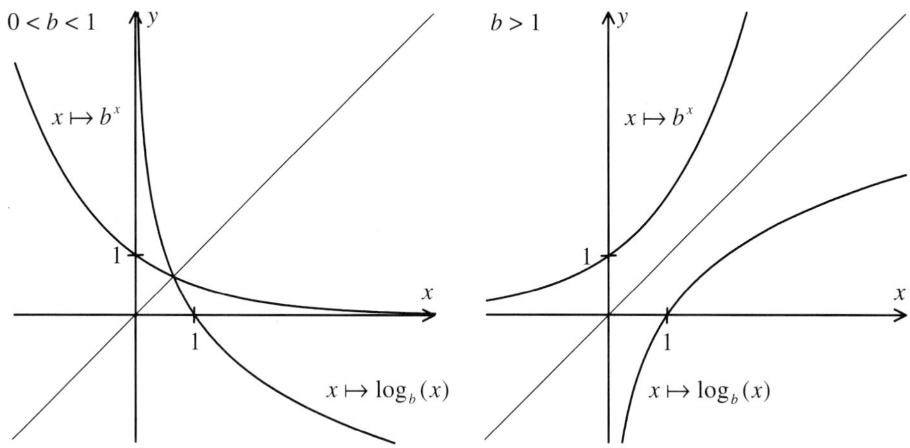

Aus den Schaubildern lassen sich die folgende Eigenschaften ablesen.

Eigenschaften der Logarithmusfunktion

Für die Funktionen $f: \mathbb{R}^+ \to \mathbb{R}, x \mapsto \log_b(x)$ mit $b \in \mathbb{R}^+ \setminus \{1\}$ gilt:

(1) Die Funktionen sind für $b > 1$ streng monoton zunehmend und für $0 < b < 1$ streng monoton abnehmend.

(2) Die Funktionen haben die Wertemenge $\mathbb{R}$.

(3) Die y-Achse ist senkrechte Asymptote aller Funktionsgraphen.

(4) Die Funktionsgraphen sind für $b > 1$ rechtsgekrümmt und für $0 < b < 1$ linksgekrümmt.

(5) Die Graphen der Funktionen $g: \mathbb{R}^+ \to \mathbb{R}, x \mapsto \log_{\frac{1}{b}}(x)$ entstehen aus den Graphen von *f* durch Spiegelung an der x-Achse und umgekehrt.

(6) $P(1 \mid 0)$ ist gemeinsamer Punkt aller Funktionsgraphen.

37. a) Erstellen Sie eine Wertetabelle nach folgendem Muster.

x	$\frac{1}{b}$	1	$\sqrt{b}$	b	b^2
$\log_b x$	?	?	?	?	?

b) Zeichnen Sie mithilfe der Wertetabelle die Graphen folgender Funktionen in ein gemeinsames Koordinatensystem:

$$x \mapsto \log_{1,5}(x) \quad , \quad x \mapsto \log_3(x) \quad \text{und} \quad x \mapsto \lg(x)\,.$$

Eine Logarithmusfunktion mit der Gleichung $y = \log_b(x)$ ist durch die Angabe eines Punkts eindeutig festgelegt.

Beispiel: Logarithmusfunktion mit der Gleichung $y = \log_b(x)$ durch $P(\frac{1}{9} \mid 2)$.

$$(\tfrac{1}{9} \mid 2) \text{ erfüllt die Funktionsgleichung} \Leftrightarrow 2 = \log_b(\tfrac{1}{9})$$

$$\Leftrightarrow b^2 = \frac{1}{9}$$

$$\Leftrightarrow b = \frac{1}{3} \quad (b>0)$$

Funktionsgleichung: $y = \log_{\frac{1}{3}}(x)$.

38. Bestimmen Sie die Logarithmusfunktion, deren Graph durch den Punkt P verläuft.

a) $P(5 \mid 1)$ b) $P(64 \mid 3)$ c) $P(2{,}5 \mid -1)$ d) $P(0{,}5 \mid -2)$ e) $P(1 \mid 0)$

Das nächste Beispiel zeigt die Bestimmung der Definitionsmenge bei Logarithmusfunktionen. Dabei ist zu beachten, dass ein Logarithmus nur für positive Argumente definiert ist.

Beispiel: $f: x \mapsto \log_b(x^2 - 3)$

Es ist zu beachten, dass ein Logarithmus nur für positive Argumente definiert ist.

$$f(x) \text{ ist definiert} \Leftrightarrow x^2 - 3 > 0$$

$$\Leftrightarrow x < -\sqrt{3} \ \vee \ x > \sqrt{3}$$

$$D = \,]-\infty\,; -\sqrt{3}\,[\,\cup\,]\sqrt{3}\,; \infty[\,.$$

39. Bestimmen Sie die Definitionsmenge.

a) $f: x \mapsto \log_b(x+1)$ b) $f: x \mapsto \log_b(5-x)$

c) $f: x \mapsto \log_b(9-x^2)$ d) $f: x \mapsto \log_b(1+x-2x^2)$

e) $f: x \mapsto \log_b(\frac{x-1}{x+1})$

Zusammenhang zwischen Exponential- und Logarithmusfunktion

Da die Exponential- und die Logarithmusfunktion Umkehrfunktionen zueinander sind, gilt für jede Basis $b \in \mathbb{R}^+ \setminus \{1\}$:

- $\log_b(b^x) = x$ für alle $x \in \mathbb{R}$,
- $b^{\log_b x} = x$ für alle $x \in \mathbb{R}^+$.

40. Vereinfachen Sie ($b \in \mathbb{R}^+ \setminus \{1\}$).

a) $\log_b(b)$ b) $\log_b(1)$ c) $\log_b(\frac{1}{b})$

d) $\log_b(\frac{1}{b^3})$ e) $\log_b(\sqrt[n]{b})$ f) $\log_b(\frac{1}{\sqrt{b}})$

g) $\log_b(\sqrt[3]{b^2})$ h) $\log_b(b \cdot \sqrt{b})$ i) $\log_b(\log_b b^b)$

41. Berechnen Sie.

Beispiel: $5^{-2 \cdot \log_5 7} = (5^{\log_5 7})^{-2} = 7^{-2} = \frac{1}{49}$.

a) $5^{\log_5(4)}$ b) $3^{-\log_3(2)}$ c) $10^{3\lg(5)}$

d) $2^{\frac{1}{3}\log_2(27)}$ e) $10^{2\lg(x+1)}$ f) $10^{(r-1)\lg(3)}$

g) $b^{3\log_b(a)}$ h) $b^{x \cdot \log_b(x)}$

Basisumrechnung

Die Logarithmen zu einer Basis $a \in \mathbb{R}^+ \setminus \{1\}$ lassen sich auf eine andere Basis $b \in \mathbb{R}^+ \setminus \{1\}$ umrechnen. Für alle $x \in \mathbb{R}^+$

- gilt einerseits: $x = b^{\log_b(x)}$,
- und andererseits: $x = a^{\log_a(x)} = \left(b^{\log_b(a)}\right)^{\log_a(x)} = b^{\log_b(a) \cdot \log_a(x)}$.

Durch Vergleich der Exponenten erhält man:

$$\log_b(x) = \log_b(a) \cdot \log_a(x) \quad \Leftrightarrow \quad \log_a(x) = \frac{\log_b(x)}{\log_b(a)} .$$

Logarithmen zu einer beliebigen Basis lassen sich nicht direkt mit dem Taschenrechner bestimmen. Für $b = 10$ können sie aber auf die Basis 10 zurückgeführt und mit der Taste LOG des Taschenrechners berechnet werden:

$$\log_a(x) = \frac{\lg(x)}{\lg(a)} .$$

Basisumrechnung für Logarithmen

Seien $a, b \in \mathbb{R}^+ \setminus \{1\}$. Dann gilt für alle $x \in \mathbb{R}^+$: $\log_a(x) = \dfrac{\log_b(x)}{\log_b(a)}$.

Insbesondere gilt für die Basis 10: $\log_a(x) = \dfrac{\lg(x)}{\lg(a)}$.

42. Berechnen Sie mit dem Taschenrechner und runden Sie auf vier Dezimalen.

a) $\log_3 2$ b) $\log_2 0{,}9$ c) $\log_5 55{,}9$

d) $\log_{0,7} 0{,}2401$ e) $\log_{0,3} 5$ f) $\log_{15} 10$

43. Berechnen Sie mit dem Taschenrechner. Runden Sie auf vier Dezimalen.

Beispiel: $5^y = 8 \quad \Leftrightarrow \quad y = \log_5 8 = \dfrac{\lg 8}{\lg 5} \approx 1{,}292$.

a) $2^y = 10$ b) $17^x = 5$ c) $2{,}6^k = 12$

d) $0{,}9^z = 1{,}6$ e) $8^q = 0{,}89$ f) $12^u = 500$

4.2.3 Logarithmengesetze

Aus den Potenzregeln ergeben sich entsprechende Gesetzmäßigkeiten für das Rechnen mit Logarithmen.

Eine grundlegende Eigenschaft aller Exponentialfunktionen wird erfasst durch die Gleichung

$$b^x \cdot b^y = b^{x+y} \quad (\text{für alle } b \in \mathbb{R}^+ \setminus \{1\} \text{ und alle } x, y \in \mathbb{R}),$$

die man als 1. Potenzgesetz oder auch als Funktionalgleichung der Exponentialfunktionen bezeichnet.

Wir wollen versuchen, daraus eine entsprechende Gleichung für Logarithmusfunktionen herzuleiten. Dazu logarithmieren wir die obige Gleichung und erhalten:

$$\log_b(b^x \cdot b^y) = \log_b(b^{x+y}) = x + y \;.$$

Setzen wir $b^x = u$ und $b^y = v$ oder gleichbedeutend $x = \log_b(u)$ und $y = \log_b(v)$, so ergibt sich:

$$\log_b(u \cdot v) = \log_b(u) + \log_b(v).$$

Auf die gleiche Weise erhält man aus den Potenzgesetzen zwei weitere Gesetze für Logarithmen.

Logarithmengesetze

Sei $b \in \mathbb{R}^+ \setminus \{1\}$.

(L1) Für alle $u, v \in \mathbb{R}^+$ gilt: $\log_b(u \cdot v) = \log_b(u) + \log_b(v)$.

(L2) Für alle $u, v \in \mathbb{R}^+$ gilt: $\log_b(\frac{u}{v}) = \log_b(u) - \log_b(v)$.

(L3) Für alle $u \in \mathbb{R}^+$ und alle $r \in \mathbb{R}$ gilt: $\log_b(u^r) = r \cdot \log_b(u)$.

Folgerungen aus den Logarithmengesetzen sind:

- $\log_b(\frac{1}{v}) = \log_b(1) - \log_b(v) = -\log_b(v)$ für alle $v \in \mathbb{R}^+$,
- $\log_b(\sqrt[n]{u}) = \log_b(u^{\frac{1}{n}}) = \frac{1}{n}\log_b(u)$ für alle $u \in \mathbb{R}^+$ und alle $n \in \mathbb{N}^*$.

44. Beweisen Sie
    a) das Logarithmengesetz (L2) aus dem Potenzgesetz $b^x : b^y = b^{x-y}$,
    b) das Logarithmengesetz (L3) aus dem Potenzgesetz $(b^x)^r = b^{x \cdot r}$.

Die nachfolgenden Aufgaben dienen dem Einüben der Logarithmengesetze. Wir setzen bei Termen mit Variablen generell voraus, dass alle auftretenden Logarithmusterme definiert sind.

45. Zerlegen und vereinfachen Sie soweit wie möglich.

a) $\log_2(3 \cdot 1024)$ b) $\log_5(2 \cdot \sqrt{5})$ c) $\log_7(5 \cdot \sqrt[n]{7})$

d) $\lg(a \cdot 10^{-2})$ e) $\lg(a \cdot 10^n)$ f) $\log_b(\sqrt[n]{b} \cdot \sqrt[m]{b})$

g) $\log_b(x \cdot y \cdot z)$ h) $\log_b[x \cdot (y + z)]$

46. Fassen Sie zusammen.

a) $\log_6(9) + \log_6(4)$ b) $\log_4(1{,}6) + \log_4(5)$

c) $\log_2(5) + \log_2(y)$ d) $\lg(x-1) + \lg(x+1)$

e) $2 + \log_3(a) + \log_3(\frac{1}{b})$ f) $\lg(1) + \lg(2) + \ldots + \lg(20)$

47. Machen Sie sich an selbst gewählten Beispielen klar, dass man folgende Terme nicht verwechseln darf.

a) $\log_b(u+v)$ und $\log_b(u) + \log_b(v)$ b) $\log_b(u-v)$ und $\log_b(u) - \log_b(v)$

c) $\log_b(u \cdot v)$ und $\log_b(u) \cdot \log_b(v)$ d) $\log_b(\frac{u}{v})$ und $\frac{\log_b(u)}{\log_b(v)}$

48. Zerlegen Sie soweit wie möglich.

Beispiel: $\lg(x^3 \cdot \sqrt{y}) = \lg(x^3) + \lg(\sqrt{y}) = 3 \cdot \lg(x) + \frac{1}{2} \cdot \lg(y)$.

a) $\lg(\frac{x}{y \cdot z})$ b) $\lg(\frac{x \cdot y}{x + y})$ c) $\log_3(3x^2)$ d) $\lg(\frac{a^3}{x})$

e) $\log_b(\sqrt{a} \cdot b^r)$ f) $\lg(\frac{\sqrt[m]{u}}{\sqrt[n]{v}})$ g) $\log_5(5^x \cdot x^5)$ h) $\log_2\left(\sqrt[3]{\frac{4ab^2}{\sqrt{c}}}\right)$

49. Fassen Sie zu einem Logarithmus zusammen.

Beispiel: $\log_4(6) + \log_4(3) - \log_4(9) = \log_4(\frac{6 \cdot 3}{9}) = \log_4(2) = \frac{1}{2}$.

a) $\log_2(56) - \log_2(7)$ b) $\lg(25) + \lg(16) - \lg(40)$

c) $\log_3(8) - \log_3(12) - \log_3(6)$ d) $\log_b(\frac{3}{8}) - \log_b(\frac{9}{4}) + \log_b(6)$

e) $\log_5(\sqrt[n]{20}) - \log_5(\sqrt[n]{4})$ f) $\log_8(\sqrt{3}) - \log_8(\sqrt{6}) - \log_8(\sqrt{8})$

Da die Rechnungen in den folgenden Aufgaben für jeden Logarithmus möglich sind, wird auf die Angabe einer Basis verzichtet.

50. Fassen Sie soweit wie möglich zusammen.

Beispiel: $\frac{1}{2}\log(12) - \log(2) = \log(\sqrt{12}) - \log(2) = \log(\frac{\sqrt{12}}{2}) = \log(\sqrt{3})$.

a) $\log(5) + 3 \cdot \log(2)$

b) $9 \cdot \log(7) - 4 \cdot \log(49)$

c) $\frac{1}{2} \cdot \log(9) - \log(\frac{1}{2})$

d) $2 \cdot \log(\sqrt{5}) - \frac{2}{3} \cdot \log(125)$

e) $\log(24) - 2 \cdot \log(3) - 3 \cdot \log(2)$

f) $\log(15) - \frac{1}{2} \cdot \log(5) + \log(\frac{1}{3})$

51. Fassen Sie zu einem Logarithmusterm zusammen.

Beispiel: $\log(x-1) - \frac{1}{2} \cdot \log(x) = \log(x-1) - \log(\sqrt{x}) = \log(\frac{x-1}{\sqrt{x}})$.

a) $\log(3) + 4 \cdot \log(a)$

b) $\log(x) + 2 \cdot \log(y) - \log(2)$

c) $3 \cdot \log(z) + \frac{1}{2} \cdot \log(a)$

d) $\log(u+1) - \log(u-1)$

e) $3 \cdot \log(x) - \log(1+x^2)$

f) $\frac{1}{3} \cdot \log(r) + 2 \cdot \log(r+1)$

g) $2 \cdot \log(p) - \frac{1}{2} \cdot \log(4-p)$

h) $\frac{1}{2} \cdot [\log(2x) - \log(x+a)]$

4.2.4 Exponential- und Logarithmusgleichungen

Für die Gleichungen in diesem Abschnitt wird als Grundmenge die Menge $\mathbb{R}$ vereinbart, falls nicht anderes angegeben ist.

Der Grundtyp $b^x = a$

Gleichungen dieses Typs lassen sich durch eine Äquivalenzumformung lösen:

$$b^x = a \quad \Leftrightarrow \quad x = \log_b(a) \;=\; \frac{\lg(a)}{\lg(b)} \quad \text{mit } a,\, b > 0\,.$$

Beispiel: $2 \cdot 7^{3x+1} = 50 \Leftrightarrow 7^{3x+1} = 25$

$\Leftrightarrow 3x+1 = \log_7(25)$

$\Leftrightarrow x = \dfrac{\log_7(25)-1}{3} \approx 0{,}2181\,.$

52. Lösen Sie die Gleichung.

a) $10^x = 31$ b) $0{,}4^k = 9{,}02$ c) $10^{2t-1} = 7$

d) $\frac{1}{4} \cdot 5^{y+2} = 250$ e) $5 \cdot 2^{-u} = 15$ f) $8^{-0{,}5u^2} = 0{,}6$

Exponentenvergleich

Gleichungen des Typs $b^{T_1} = b^{T_2}$ mit Termen T_1 und T_2 lassen sich durch Exponentenvergleich lösen: $b^{T_1} = b^{T_2} \Leftrightarrow T_1 = T_2$.

Beispiel: $7^{x^2} = 7^{4x-3} \Leftrightarrow x^2 = 4x - 3$

$\Leftrightarrow x^2 - 4x + 3 = 0$

$\Leftrightarrow (x-1)\cdot(x-3) = 0$

$\Leftrightarrow x = 1 \text{ oder } x = 3\,.$

53. Lösen Sie die Gleichung.

a) $3^{7x-5} = 3^9$ b) $4^{3z-2} = 4^{z+1}$ c) $1{,}8^{-5y} = 1{,}8^{1-4y}$

d) $2^{-u^2} = 2^{u-6}$ e) $e^{4x} - e^{3x-2} = 0$ f) $b^{r^2} - b^{3r} = 0$

Logarithmieren

Gleichungen des Typs $b_1^{T_1} = b_2^{T_2}$ mit Termen T_1 und T_2 lassen durch beidseitiges Logarithmieren lösen.

Beispiel: $2^{3x-1} = 5^{x+1} \Leftrightarrow \lg(2^{3x-1}) = \lg(5^{x+1})$

$$\Leftrightarrow (3x-1)\cdot\lg 2 = (x+1)\cdot\lg 5$$

$$\Leftrightarrow (3\cdot\lg 2 - \lg 5)\cdot x = \lg 2 + \lg 5$$

$$\Leftrightarrow x = \frac{\lg 2 + \lg 5}{3\cdot\lg 2 - \lg 5} \approx 4{,}8991\ .$$

54. Lösen Sie.

a) $2^x = 3^{x-1}$ b) $6^{-x+2} = 5^{2x-3}$ c) $3^u \cdot 2^{u+2} = 5$

d) $5^r \cdot 2^{1-r} = 1$ e) $3\cdot 4^y = 2\cdot 5^y$ f) $8\cdot 3^{p+3} - 5\cdot 2^{2p} = 0$

55. Vermischte Exponentialgleichungen.

a) $4^{3-x} = 3$ b) $4^{9-x} - 4^{2x} = 0$ c) $5\cdot 2^{-x} - 7 = 0$

d) $(1-e^x)^2 = 1 + e^x$ e) $5^{2x} + 2\cdot 5^x - 8 = 0$ f) $(3^{-x} - 4)^2 = 9$

g) $10^{(x^2)} = 7^{2x}$ h) $x^3\cdot 2^x = 2^{x+3}$ i) $\dfrac{2^x - 2^{-x}}{2^x + 2^{-x}} = \dfrac{1}{2}$

Der Grundtyp $\log_b(x) = a$

Gleichungen dieses Typs lassen sich durch eine Äquivalenzumformung lösen:

$$\log_b(x) = a \Leftrightarrow x = b^a\ .$$

Beispiel: $\log_3(2z-1) = 2 \Leftrightarrow 2z - 1 = 3^2 \Leftrightarrow z = 5\ .$

Wegen $D =]\frac{1}{2}\ ; \infty[$ gilt $L = \{5\}$.

56. Lösen Sie die Gleichung. Beachten Sie die Definitionsmenge.

a) $\log_8 x = \dfrac{2}{3}$ b) $\lg y = 0{,}5$ c) $\log_2(z-5) = 3$

d) $\log_3(2u) = -1$ e) $2\cdot\log_3(u) = -1$ f) $\log_9(x) - 2 = 1 - \log_9(x)$

g) $\log_b(3-t^2) = 0$ h) $\log_3(1-y^3) = 2$ i) $\log_3(x^2 + x - 6) = 1$

Gleichungen des Typs $\log_b(T_1) = \log_b(T_2)$

Gleichungen dieses Typs lassen sich mit folgender Äquivalenzumformung lösen:

$$\log_b(T_1) = \log_b(T_2) \Leftrightarrow T_1 = T_2 \text{ mit } T_1, T_2 > 0 .$$

Beispiel: $2 \lg(x) = \lg(4x - 3)$

Definitionsmenge: $x > 0 \wedge 4x - 3 > 0 \Leftrightarrow x > 0 \wedge x > \frac{3}{4}$

$$D =]\tfrac{3}{4} ; \infty[$$

$$\begin{aligned} 2 \lg(x) = \lg(4x - 3) &\Leftrightarrow \lg(x^2) = \lg(4x - 3) \\ &\Leftrightarrow x^2 = 4x - 3 \\ &\Leftrightarrow x^2 - 4x + 3 = 0 \\ &\Leftrightarrow (x - 1)(x - 3) = 0 \\ &\Leftrightarrow x = 1 \text{ oder } x = 3 . \end{aligned}$$

Wegen $D =]\frac{3}{4} ; \infty[$ folgt $L = \{1 ; 3\}$.

57. Lösen Sie die Gleichung. Beachten Sie die Definitionsmenge.

a) $\lg(3x - 1) = \lg(x + 3)$ b) $\lg(u - 2) = \lg(2u + 3)$

c) $\log_2(1 + y^2) = \log_2(2y)$ d) $\log_7(p^2 + 3) = \log_7(5p - 1)$

e) $2 \log_3(r) = \log_3(r + 6)$ f) $\log_b(x) = \log_b \sqrt{20 - x}$

Beispiel: $\log_2(x - 1) + \log_2(x + 1) = 1$

Definitionsmenge: $x - 1 > 0 \wedge x + 1 > 0 \Leftrightarrow x > 1 \wedge x > -1$

$$D =]1 ; \infty[$$

$$\begin{aligned} \log_2(x-1) + \log_2(x+1) = 1 &\Leftrightarrow \log_2(x^2 - 1) = \log_2(2) \\ &\Leftrightarrow x^2 - 1 = 2 \\ &\Leftrightarrow x = -\sqrt{3} \vee x = \sqrt{3} . \end{aligned}$$

Wegen $D =]1 ; \infty[$ gilt $L = \{\sqrt{3}\}$.

58. Lösen Sie die Gleichung.

a) $\lg(x) + \lg(4) = 2$ b) $3 \cdot \log_5(x) - \log_5(2) = 1$

c) $\log_2(x) + \log_2(x - 2) = 2$ d) $\log_4(x) - \log_4(6 - x) = 0{,}5$

e) $\log_3(1 - x) + \log_3(1 + x) = -1$ f) $\log_b(2x) + \log_b(x - 3) = 2 \cdot \log_b(x)$

4.2.5 Untersuchungen an Exponential- und Logarithmusfunktionen

Logarithmus- und Exponentialfunktion zur gleichen Basis sind Umkehrfunktionen zueinander. Daher lassen sich Eigenschaften von einem Funktionstyp auf den anderen übertragen.

59. Gegeben ist die Logarithmusfunktion $f: x \mapsto \log_{0,75}(x)$.

a) Berechnen Sie die fehlenden Werte in der Tabelle.

x	0	0,5	?	?	5	2	?
y	?	?	1	0	?	?	–1,41

b) Bestimmen Sie rechnerisch eine Gleichung der Umkehrfunktion f^{-1}.

c) Geben Sie die Definitionsmenge D und die Wertemenge W von f und f^{-1} an.

d) Machen Sie Angaben über das Monotonieverhalten beider Funktionen.

e) Stellen Sie beide Funktionen grafisch dar.

f) Spiegeln Sie die Umkehrfunktion f^{-1} an der y-Achse und geben Sie eine Gleichung dieser gespiegelten Funktion an.

60. Gegeben ist die Exponentialfunktion mit $f: x \mapsto \left(\frac{5}{8}\right)^x$.

a) Stellen Sie eine Wertetabelle auf.

x	–4	–3	?	?	–0,5	?	0,5	?	2	4
y	?	?	2,56	1,6	?	1	?	0,625	?	?

b) Zeichnen Sie die Graphen der Funktion f und der Umkehrfunktion f^{-1} in ein einziges Koordinatensystem.

c) Geben Sie die Definitionsmenge D und die Wertemenge W von f an.

d) Geben Sie die Definitionsmenge D und die Wertemenge W von f^{-1} an.

e) Bestimmen Sie rechnerisch eine Gleichung der Umkehrfunktion.

f) Gegeben sind $g: y = a^x$ und ein Punkt $P(0,5 \mid 4)$ des Graphen der Funktion g. Bestimmen Sie a.

4.2.6 Exponentielles Wachstum und exponentielle Abnahme

Funktionen der Form $x \mapsto a \cdot b^t$ eignen sich zur Beschreibung exponentieller Wachstumsprozesse ($b > 1$) oder Abnahmeprozesse ($0 < b < 1$) in Abhängigkeit von der Zeit t. Dabei gibt die Konstante a den Anfangsbestand an.

Wachstumsprozesse

Beispiel:

Eine Bakterienkultur wächst kontinuierlich. Sie enthielt zu Beginn des Aufgusses um 8 Uhr eine Individuenzahl von 2 200 und später um 12 Uhr von 23 300.

Für die Wachstumsfunktion gilt: $f(t) = a \cdot b^t$.

- Aus der Anfangsbedingung für den Zeitpunkt 8 Uhr folgt:
  $f(0) = 2\,200 = a$.
- Die zweite Bedingung für den Zeitpunkt 12 Uhr ergibt:

$$f(4) = 23\,300 \quad \Leftrightarrow \quad 2\,200 \cdot b^4 = 23\,300 \quad \Leftrightarrow \quad b = \sqrt[4]{\frac{23300}{2200}} \approx 1{,}804\,.$$

Die Wachstumsfunktion lautet somit: $f(t) = 2200 \cdot 1{,}804^t$.

Um eine anschauliche Vorstellung über die Veränderung des Bestands bei einem exponentiellen Wachstum zu vermitteln, wird statt des **Wachstumsfaktors** b oft die sogenannte **Verdopplungszeit** angegeben. Es ist die Zeit, in der sich ein Bestand jeweils verdoppelt. Sie ist unabhängig vom betrachteten Ausgangszeitpunkt. Für die Maßzahl T_V der Verdopplungszeit gilt die Gleichung:

$$f(t + T_V) = 2 \cdot f(t) \quad \Leftrightarrow \quad a \cdot b^{t+T_V} = 2 \cdot a \cdot b^t \quad \Leftrightarrow \quad b^t \cdot b^{T_V} = 2 \cdot b^t$$

$$\Leftrightarrow \quad b^{T_V} = 2 \quad \Leftrightarrow \quad T_V = \frac{\lg(2)}{\lg(b)}.$$

Im Beispiel gilt für die Verdoppelungszeit in Stunden: $T_V = \dfrac{\lg(2)}{\lg(1{,}804)} \approx 1{,}175$.

61. Im Jahre 1975 gab es auf der Erde 4,033 Milliarden Menschen. Man rechnet mit einer Verdopplungszeit der Erdbevölkerung von etwa 40 Jahren.
    a) Nehmen Sie exponentielles Wachstum an und stellen Sie die Wachstumsfunktion ab 1975 auf. Welche Bevölkerungszahlen ergeben sich daraus für die Jahre 1990 und 2000?
    b) In Europa beträgt die jährliche Wachstumsrate 0,35%, in Afrika 2,94%. Vergleichen Sie die Verdopplungszeiten.

62. Eine Bakterienkultur von 3 800 Individuen wurde um 9.00 Uhr sich selbst überlassen; um 13.30 Uhr umfasste sie bereits 31500 Bakterien.

    a) Nehmen Sie exponentielles Wachstum an und stellen Sie die Wachstumsfunktion *Zeit* → *Bakterienzahl* auf.

    b) Berechnen Sie den Bestand um 11.00 Uhr, 14.30 Uhr und 16.00 Uhr.

    c) Zu welchem Zeitpunkt sind 12 000 Bakterien vorhanden?

    d) Innerhalb welcher Zeitspanne verdoppelt sich die jeweils vorhandene Bakterienzahl?

    e) Zu welchem Zeitpunkt hat sich der ursprüngliche Bestand verdoppelt?

Zerfallsprozesse

Beispiel:

Nach 120 Stunden seit Beobachtungsbeginn sind von 10^7 Kernen eines radioaktiven Präparats $1{,}9 \cdot 10^6$ Kerne zerfallen.

Für die Zerfallsfunktion gilt: $f(t) = a \cdot b^t$.

- Aus der Anfangsbedingung folgt:
  $f(0) = 10^7 = a$.
- Für die zweite Bedingung ist zu beachten, dass $f(t)$ die Anzahl der zum Zeitpunkt t noch vorhandenen Kerne angibt. Zum Zeitpunkt 120 Stunden gilt:
  $f(120) = 10^7 - 1{,}9 \cdot 10^6 = 8{,}1 \cdot 10^6$,
  $f(120) = 8{,}1 \cdot 10^6 \Leftrightarrow 10^7 \cdot b^{120} = 8{,}1 \cdot 10^6$.
  $$\Leftrightarrow \quad b = \sqrt[120]{\frac{8{,}1 \cdot 10^6}{10^7}} \approx 0{,}99825 .$$

Die Zerfallsfunktion lautet somit: $f(t) = 10^7 \cdot 0{,}99825^t$.

Analog zur Verdopplungszeit gibt man bei Zerfallsprozessen die sogenannte **Halbwertszeit** an. Dies ist die Zeit, in der sich ein Bestand jeweils halbiert. Für die Maßzahl T_{H} der Halbwertszeit gilt die Gleichung:

$$f(t + T_{\text{H}}) = \frac{1}{2} \cdot f(t) \Leftrightarrow a \cdot b^{t+T_{\text{H}}} = \frac{1}{2} \cdot a \cdot b^t \Leftrightarrow b^t \cdot b^{T_{\text{H}}} = \frac{1}{2} \cdot b^t$$

$$\Leftrightarrow \quad b^{T_{\text{H}}} = \frac{1}{2} \quad \Leftrightarrow \quad T_{\text{H}} = -\frac{\lg(2)}{\lg(b)} .$$

Im Beispiel gilt für die Halbwertszeit in Stunden: $T_{\text{H}} = -\dfrac{\lg(2)}{\lg(0{,}99825)} \approx 395{,}73$.

63. Ein Körper mit einer Temperatur von 300°C wird zum Abkühlen in einen Raum mit der gleich bleibenden Temperatur 0°C gebracht. Innerhalb einer Stunde sinkt die Temperatur jeweils auf 40% ihres Wertes zu Beginn dieser Stunde. Mit $f(t)$ bezeichnen wir die Temperatur des Körpers nach t Stunden.

a) Erstellen Sie eine Wertetafel.

t in h	0	1	2	3	4	5
$f(t)$ in °C	?	?	?	?	?	?

b) Geben Sie die Funktion $t \mapsto f(t)$ an und zeichnen Sie den Graphen.

c) Wann ist die Temperatur auf 100°C (0°C) abgesunken?

64. Wolfram 181 hat eine Halbwertszeit von 5,3 s. Im Augenblick sind 500 mg vorhanden.

a) Wie viel Milligramm sind in einer Minute zerfallen?

b) Wie viel Milligramm waren es 10 s vor Beobachtungsbeginn?

Vermischte Aufgaben

65. Radioaktiver Zerfall

Die Atomkerne der radioaktiven Isotope wandeln sich unter Aussendung von radioaktiver Strahlung in Atomkerne eines anderen Elementes um, z. B. Radium in das Edelgas Radon. Betrachten Sie eine bestimmte Menge einer radioaktiven Substanz. Mit N_0 bezeichnen wir die Anzahl der radioaktiven Atome zu Beobachtungsbeginn (Zeitpunkt $t = 0$), mit $N(t)$ die Anzahl der Atome, die bis zum Zeitpunkt t noch nicht zerfallen sind. $N(t)$ ist exponentiell abnehmend, d. h. $N(t) = a \cdot b^{-t}$ mit $a > 0$ und $b > 1$.

a) Zu Beginn der Beobachtung besteht ein radioaktives Präparat aus 10^9 Atomen. Nach 7h 33min sind nur noch 800 Millionen radioaktive Atome vorhanden. Ermitteln Sie das Zerfallsgesetz $t \mapsto N(t)$. Nach welcher Zeit sind 50% (99%) der Atome zerfallen?

b) Eine Flasche wird mit einer Flüssigkeit, die radioaktives Jod 131 enthält, gefüllt und verschlossen. Wie viel Prozent der Jodatome sind nach vier Wochen (einem Jahr) noch vorhanden? Die Halbwertszeit von Jod 131 ist 8d.

66. Eine Geldanlage hat voraussichtlich folgende Wertentwicklung:

$f: y = 2000 \cdot 1{,}1^x$ mit x: Zeit in Jahren und y: Kapital in EUR .

a) Stellen Sie eine Tabelle für die Werte $x = 0; 1; 2; ...; 15$ Jahre auf.

b) Zeichnen Sie den Graphen der Funktion.

c) Lesen Sie aus der Zeichnung ab:

- Nach wie vielen Jahren beträgt der Wert 2500 EUR?
- Welchen Wert hat die Geldanlage nach 5,5 Jahren?

d) Berechnen Sie, nach wie vielen Jahren der Wert 3000 EUR beträgt.

e) Berechnen Sie die Zeit, die zum Wert 1000 EUR der Geldanlage gehört, tragen Sie den Punkt in das Koordinatensystem ein und vervollständigen Sie den Verlauf des Graphen bis zu diesem Punkt.

f) Berechnen Sie den Wert der Anlage nach 30 Jahren.

67. Ein Vermögen A von 12 500 EUR wird mit einer jährlichen Verzinsung von 7,5% angelegt. Ein zweites Vermögen B von 44 000 EUR verliert jährlich 6,5%.

a) Geben Sie für beide Vermögen eine „Wachstumsformel" an.

b) Stellen Sie beide Vermögensentwicklungen in den ersten zehn Jahren grafisch dar.

c) Lesen Sie am Graphen ab, wann beide Vermögen gleich sind.

d) Berechnen Sie, wann die beiden Vermögen den gleichen Wert haben.

e) Wie hoch müsste Vermögen A verzinst werden, damit nach 7 Jahren das Vermögen A genau so groß ist wie das Vermögen B?

68. Der Wert eines nagelneuen Farbkopierers beträgt 10 000 EUR. Jeden Monat verliert das Gerät 8,2% an Wert.

a) Stellen Sie den Wertverlust anhand einer Wertetabelle in den ersten vier Monaten dar.

b) Stellen Sie eine passende Abnahmeformel auf.

c) Nach wie vielen Monaten sollte der Eigentümer verkaufen, wenn er wenigstens den vierten Teil seines Neupreises wieder herausbekommen möchte?

69. Ein Land verzeichnet in den Jahren 1970 bis 1990 die folgende Bevölkerungsentwicklung:

Jahr	Bevölkerung
1970	1 356 000
1975	1 572 000
1980	1 822 000
1985	2 113 000
1990	2 449 000

a) Untersuchen Sie, ob exponentielles Wachstum vorliegt.

Anleitung: Stellen Sie zunächst eine Funktionsgleichung $f(t) = a \cdot b^t$ mithilfe der beiden ersten Wertepaare auf. Überprüfen Sie dann, ob die übrigen Wertepaare die Funktionsgleichung (näherungsweise) erfüllen.

b) Um wie viel Prozent wächst die Bevölkerung jährlich?

c) Mit welcher Einwohnerzahl ist bei gleich bleibendem Wachstum in den Jahren 1995 und 2000 zu rechnen?

d) Berechnen Sie die Verdopplungszeit.

70. Ein Schreinermeister kauft eine Holzmaschine für 50 000 EUR. Wegen der Gebrauchsabnutzung verliert sie alle zwei Jahre 36,2% an Wert.

a) Welchen Wert hat die Maschine nach 5 Jahren?

b) Wie viel Prozent beträgt die jährliche Wertminderung?

c) Wie teuer wäre die Maschine beim Neukauf gewesen, wenn sie nach 4,5 Jahren noch einen Wert von 16 370,40 EUR hätte?

d) In welchem Zeitraum würde die 50 000 EUR teure Maschine 36,2% an Wert verlieren, wenn sie nach 5,5 Jahren noch einen Wert von 21 935,18 EUR hätte?

71. Die Bevölkerungszahlen in Städten der Entwicklungsländer sind durch starke Zu- und Abwanderungen gekennzeichnet. Dabei verläuft dieser Vorgang jeweils exponentiell.

Die Bevölkerung der Stadt Paraquito vermehrte sich innerhalb eines Jahres von 20 000 Einwohner auf 23 440 Einwohner, die Stadt Olimpo nahm im gleichen Zeitraum von 80 000 Einwohner auf das 0,86-fache davon ab.

a) Stellen Sie für beide Städte jeweils die Wachstums- bzw. Zerfallsformel auf.

b) Erstellen Sie jeweils eine Wertetabelle für den Zeitraum 0 bis 7 Jahre.

c) Stellen Sie die exponentielle Zu- bzw. Abnahme zeichnerisch dar.

d) Welche Bedeutung hat der Schnittpunkt der beiden Kurven?

e) Berechnen Sie, wann die beiden Städte gleiche Einwohnerzahlen haben.

72. Die Lautstärke

Eine Schallwelle mit der Frequenz 1000 Hz wird vom menschlichen Ohr gerade noch wahrgenommen, wenn sie das Ohr mit einer Intensität der Stärke $I_0 = 10^{-12}$ Watt/m^2 (Hörschwelle) trifft. Mit zunehmender Schallintensität wächst das menschliche Lautstärkeempfinden glücklicherweise nicht proportional, sondern nur logarithmisch (**Weber-Fechner-Gesetz**). Die **Lautstärke** ***L*** - gemessen in **Phon** - eines Geräusches der **Intensität** ***I*** ist definiert durch

$$L = 10 \cdot \lg(I / I_0) .$$

a) Berechnen Sie die Lautstärke bei der Schallintensität 10^{-6} Watt/m^2 (normale Unterhaltung) und 10 Watt/m^2 (Schmerzschwelle).

b) Die Geräuschintensität von Diskomusik ist etwa 10 Milliarden mal so groß wie I_0. Welcher Phonzahl entspricht das?

c) Wie ändert sich die Schallintensität, wenn die Lautstärke um 10 Phon (z. B. von 60 Phon auf 70 Phon) zunimmt?

73. Altersbestimmung mit radioaktivem Kohlenstoff 12

In der Atmosphäre kommt neben dem stabilen Kohlenstoffisotop ^{12}C in sehr geringer Konzentration das radioaktive Isotop ^{14}C vor. Dieses Isotop zerfällt mit einer Halbwertszeit von 5730 Jahren. Die Konzentration von ^{14}C in der Atmosphäre bleibt gleich, weil es durch die kosmische Strahlung ständig neu gebildet wird.

Pflanzen nehmen ständig Kohlenstoffdioxid $C0_2$ aus der Luft auf und bauen den Kohlenstoff in ihr Gewebe ein. Dabei gelangt auch der radioaktive Kohlenstoff ^{14}C in das Gewebe, und zwar entsprechend seinem Anteil am atmosphärischen Kohlenstoff.

Nach dem Absterben der Pflanzen hört die Aufnahme von Kohlenstoff auf. Von diesem Augenblick an verringert sich die Menge des Isotops ^{14}C, die in der Pflanze enthalten ist.

a) Bei Ausgrabungen wurden Holzreste entdeckt, die nur noch den Anteil p $(0 < p < 1)$ des Kohlenstoffs ^{14}C enthalten, der in einem lebenden Stück Holz vorhanden ist.

Leiten Sie folgende Regel her:

$$\text{Alter des Fundes} \approx (\lg(p) / \lg(0{,}5)) \cdot 5730 \text{ Jahre} .$$

b) In einem Pharaonengrab fand man einen Balken aus Zypressenholz, in dem der ^{14}C-Anteil nur noch 56% des ursprünglichen Anteils ausmachte. Berechnen Sie das Alter.

c) Über Nahrungsketten gelangt der radioaktive Kohlenstoff auch in tierisches Gewebe.

Bestimmen Sie das Alter eines Knochens, in dem der ^{14}C-Anteil nur noch 73,9% des ursprünglichen Anteils ausmacht.

74. Lineares und exponentielles Wachstum

Ein Baggersee zur Kiesgewinnung ist anfangs 700 m^2 groß und wächst jede Woche um 500 m^2.
Eine Algenart bedeckt zu Beginn der Baggerarbeiten 3 m^2 Wasserfläche; die mit Algen bedeckte Fläche wächst jede Woche um 80%.

a) Geben Sie folgende Funktionen an:

Zeit in Wochen $\rightarrow$ *Größe des Baggersees,*

Zeit in Wochen $\rightarrow$ *Größe der mit Algen bedeckten Fläche.*

b) Gibt es einen Zeitpunkt, zu dem die ganze Wasserfläche mit Algen bedeckt ist?

75. Treibhauseffekt

Bei der Verbrennung von Kohle, Öl und Erdgas entsteht Kohlendioxid ($C0_2$). Pflanzen assimilieren $C0_2$ und geben dafür Sauerstoff ab (Photosynthese). Durch die zunehmende Verbrennung von fossilen Energieträgern und die Rodung von riesigen Urwäldern können die Pflanzen nur noch rund 45% des durch Verbrennung erzeugten Kohlendioxids abbauen. Der $C0_2$-Gehalt der Luft steigt deshalb ständig.

a) Im Jahr 1980 wurden auf der Erde $5{,}4 \cdot 10^{12}$ kg Kohlenstoff zu $C0_2$ verbrannt. $7{,}2 \cdot 10^{14}$ kg Kohlenstoff befanden sich als Kohlendioxid bereits in der Atmosphäre. Um wie viel Prozent nahm in diesem Jahr der $C0_2$-Gehalt der Luft zu?

b) Wir nehmen an, dass dieser prozentuale Zuwachs (0,4125%) für lange Zeit konstant bleibt. Stellen Sie eine Gleichung der Wachstumsfunktion auf, welche die Kohlenstoffmasse m des Kohlendioxids in Abhängigkeit von der Zeit t in Jahren (nach 1980) beschreibt.

c) Kohlendioxid zeigt ein besonderes Absorptionsverhalten: Die einfallende Sonnenstrahlung wird besser durchgelassen als die Wärmestrahlung, welche die Erde in den Weltraum abstrahlt. Das führt zu einem Treibhauseffekt: Die mittleren Temperaturen auf der Erde nehmen zu. Ein Anwachsen des $C0_2$-Gehalts um 50% bringt in den gemäßigten Breiten einen Anstieg der Durchschnittstemperatur um 1 bis 2°C, in den Polarregionen um etwa 5°C. In welchem Jahr wäre das bei einem gleich bleibenden $C0_2$-Wachstumsfaktor erreicht?

d) Etwa 10% der 10^7 km^2 großen und im Mittel 2000 m hohen Eismassen der Antarktis ruhen auf einem kleinen Festlandsockel. Bei einer deutlichen Temperaturerhöhung im Polargebiet besteht die Gefahr, dass dieses Eis ins Meer rutscht.

Um wie viel würde der Wasserspiegel der $3{,}6 \cdot 10^8$ km^2 großen Weltmeere steigen?

4.3 Natürliche Exponentialfunktion

4.3.1 Exponentialfunktion zur Basis e

Legt man ein Kapital K_0 zu einem Zinssatz p mit Zinseszinsen an, so berechnet sich das Endkapital nach t Jahren gemäß

$$K_t = K_0 \cdot (1+\frac{p}{100})^t \ .$$

Würde monatlich verzinst, so wäre des Endkapital $K_{12t} = K_0 \cdot (1+\frac{p}{12 \cdot 100})^{12t}$, bei unterstellter täglicher Verzinsung $K_{365\,t} = K_0 \cdot (1+\frac{p}{365 \cdot 100})^{365\,t}$.

Allgemein kann man sagen: Wird die Verzinsung m-mal im Jahr vorgenommen, so errechnet sich das Endkapital nach t Jahren nach der Formel:

$$K_{m\,t} = K_0 \cdot (1+\frac{p}{m \cdot 100})^{m\,t} .$$

Setzt man $\frac{p}{m \cdot 100} = \frac{1}{n}$ oder $m = \frac{n \cdot p}{100}$, so kann die Formel umgeschrieben werden:

$$K_{m\,t} = K_0 \cdot (1+\frac{1}{n})^{\frac{n \cdot pt}{100}} = K_0 \cdot \left[\left(1+\frac{1}{n}\right)^n\right]^{\frac{pt}{100}} .$$

Denkt man sich die Verzinsung noch häufiger durchgeführt, sozusagen in jedem Moment, so spricht man von einer stetigen Verzinsung. Dies bedeutet, dass die Zahl n immer größer wird, im Grenzfall $n \to \infty$ geht.

Man erhält als Grenzwert

$$\mathrm{e} = \lim_{n\to\infty}\left(1+\frac{1}{n}\right)^n \approx 2{,}71828 \ .$$

Die Zahl e ist eine irrationale Zahl. Sie ist nach dem berühmten schweizer Mathematiker Leonhard EULER (1707-1783) benannt und wird als **Eulersche Zahl** bezeichnet.

Leonhard EULER

Durch die zugehörige Exponentialfunktion $x \mapsto \mathrm{e}^x$ werden stetige oder wie man auch sagt natürliche Wachstumsprozesse beschrieben. Sie wird daher auch als natürliche Exponentialfunktion bezeichnet.

e-Funktion

Die Exponentialfunktion $f: \mathbb{R} \to \mathbb{R}$, $x \mapsto \mathrm{e}^x$ heißt **natürliche Exponentialfunktion** oder auch kurz **e-Funktion**.

76. Bestimmen Sie mit einem Taschenrechner die Werte, die für steigende Werte von n der Term $\left(1+\frac{1}{n}\right)^n$ annimmt.

Erstellen Sie dazu eine Tabelle nach folgendem Muster und füllen Sie diese aus. Rechnen Sie auf fünf Stellen nach dem Komma.

n	1	10	100	1000	10000	100000	1000000
$\left(1+\frac{1}{n}\right)^n$	?	?	?	?	?	?	?

77. Berechnen Sie die Zahlen mithilfe des Taschenrechners auf drei Stellen nach dem Komma genau.

a) e b) e^2 c) $\frac{1}{e}$ d) $\frac{1}{e^2}$

e) $\sqrt{e}$ f) $\frac{1}{\sqrt{e}}$ g) $\sqrt[3]{e^2}$ h) $0{,}5 \cdot \sqrt[3]{e^{-1}}$

i) $1 - e^2$ j) $e^{-3} + 1$

Die e-Funktion besitzt dieselben Eigenschaften wie jede andere Exponentialfunktion. In der Abbildung ist der Graph der e-Funktion dargestellt.

Dabei gilt für das Grenzverhalten der e-Funktion:

$$\lim_{x\to-\infty} e^x \to 0 \quad \text{und} \quad \lim_{x\to\infty} e^x \to \infty .$$

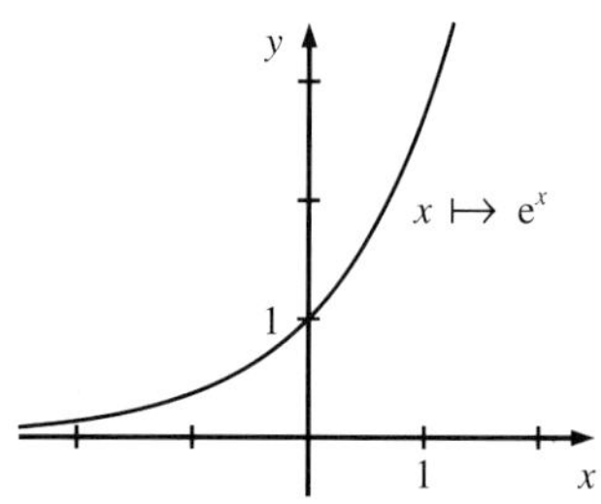

78. Erstellen Sie eine Tabelle nach folgendem Muster und zeichnen Sie damit den Graphen der Funktion $x \mapsto e^{-x}$.

x	−2,5	−2	−1	−0,5	0	1	1,5	2	2,5
e^{-x}	?	?	?	?	?	?	?	?	?

79. Wie entstehen G_f und G_g aus dem Graphen der Funktion $x \mapsto e^x$?

Zeichnen Sie G_f und G_g in ein gemeinsames Koordinatensystem.

a) $f: x \mapsto e^{x-1}$
$g: x \mapsto e^x - 1$

b) $f: x \mapsto -e^{-x}$
$g: x \mapsto e^{-x}$

c) $f: x \mapsto 2\,e^x$
$g: x \mapsto e^{2x}$

4.3.2 Ableitung der e-Funktion

Zur Bestimmung der Ableitung der allgemeinen Exponentialfunktion $f: x \mapsto b^x$ betrachtet man den Differenzenquotienten:

$$\frac{f(x+h)-f(x)}{h} = \frac{b^{x+h}-b^x}{h} = b^x \cdot \frac{b^h-1}{h} = b^x \cdot \frac{b^{0+h}-b^0}{h} .$$

Man kann nachweisen (hierauf müssen wir allerdings an dieser Stelle verzichten) dass der Grenzwert

$$\lim_{h\to 0} \frac{b^h-1}{h} = \lim_{h\to 0} \frac{b^{0+h}-b^0}{h} = \lim_{h\to 0} \frac{f(0+h)-f(0)}{h}$$

existiert. Dieser Grenzwert ist gleich der Ableitung von *f* an der Stelle 0. Für die Ableitung der Funktion *f* an der Stelle *x* ergibt sich dann

$$f'(x) = \lim_{h\to 0}\left(b^x \cdot \frac{b^{0+h}-b^0}{h} \right) = b^x \cdot \lim_{h\to 0}\left(\frac{b^{0+h}-b^0}{h} \right) = b^x \cdot f'(0) .$$

Um eine Exponentialfunktion abzuleiten, genügt es also, ihre Ableitung an der Stelle 0 zu kennen. Die Ableitung wäre besonders einfach für eine Basis, für die $f'(0)=1$ gilt.

Es stellt sich die Frage, für welche Basis $\lim_{h\to 0}\left(\frac{b^h-1}{h} \right) = 1$ gilt.

Hierzu kann man folgende Plausibilitätsbetrachtung anstellen: Für sehr kleine Werte von *h* gilt näherungsweise:

$$\frac{b^h-1}{h} \approx 1 \text{ und damit } b^h \approx 1+h \text{ oder } b \approx (1+h)^{\frac{1}{h}} .$$

Ersetzt man *h* (für $h \to 0$) durch $\frac{1}{n}$ (für $n\to\infty$), so ergibt sich $b \approx \left(1+\frac{1}{n}\right)^n$.

Diese Betrachtung führt zur Basis $e = \lim_{n\to\infty}\left(1+\frac{1}{n}\right)^n$, d. h. die gesuchte Exponentialfunktion hat als Basis die Eulersche Zahl e.

Ableitung der e-Funktion

Die natürliche Exponentialfunktion $f: \mathbb{R} \to \mathbb{R}$, $x \mapsto e^x$ ist an jeder Stelle $x \in \mathbb{R}$ differenzierbar und es gilt dabei

$$f'(x) = (e^x)' = e^x .$$

Die natürliche Exponentialfunktion stimmt mit ihrer ersten Ableitung und damit auch allen weiteren Ableitungen überein.

Verknüpft man die e-Funktionen mit anderen Funktionen, so ist beim Ableiten in vielen Fällen die Kettenregel anzuwenden.

Beispiel:

1. Für $f(x) = \mathrm{e}^{-2x+1}$ ergibt sich durch Anwenden der Kettenregel:

$$f'(x) = \underbrace{\mathrm{e}^{-2x+1}}_{\text{äußere Ableitung}} \cdot \underbrace{(-2)}_{\text{innere Ableitung}} = -2\mathrm{e}^{-2x+1}$$

2. Für $f(x) = 3 \cdot \mathrm{e}^{-x^2+x}$ ergibt sich unter Beachtung der Kettenregel:

$$f'(x) = \underbrace{3}_{\text{konstanter Faktor}} \cdot \underbrace{\mathrm{e}^{-x^2+x}}_{\text{äußere Ableitung}} \cdot \underbrace{(-2x+1)}_{\text{innere Ableitung}} = 3 \cdot (-2x+1) \cdot \mathrm{e}^{-x^2+x}$$

80. Berechnen Sie die erste und die zweite Ableitung.

a) $f(x) = \mathrm{e}^{3x}$ b) $f(x) = \mathrm{e}^{ax}$ c) $f(x) = \mathrm{e}^{-x}$

d) $f(x) = \mathrm{e}^{-4x}$ e) $f(x) = \mathrm{e}^{-\sqrt{2}\cdot x}$ f) $f(x) = \mathrm{e}^{\frac{1}{2}\cdot x}$

81. Berechnen Sie die erste Ableitung.

a) $f(x) = \mathrm{e}^x + 2$ b) $f(x) = \mathrm{e}^{-x+1}$ c) $f(x) = 2\mathrm{e}^x - 2$

d) $f(x) = \mathrm{e}^{(x^2)}$ e) $f(x) = \mathrm{e}^{(-x^2)}$ f) $f(x) = \left(\mathrm{e}^{-x}\right)^2$

82. Wenden Sie die Produkt- und die Kettenregel an.

a) $f(x) = 2x \cdot \mathrm{e}^x$ b) $f(x) = x^2 \cdot \mathrm{e}^x$ c) $f(x) = x^3 \cdot \mathrm{e}^x$

d) $f(x) = -3x \cdot \mathrm{e}^{-x}$ e) $f(x) = (x^2 + 1) \cdot \mathrm{e}^{2x}$ f) $f(x) = (1 - x^3) \cdot \mathrm{e}^{-3x}$

83. Leiten Sie ab.

a) $f(x) = \mathrm{e}^{1,5x}$ b) $f(x) = a \cdot \mathrm{e}^x$ c) $f(x) = x \cdot \mathrm{e}^x$

d) $f(x) = \mathrm{e}^x + \mathrm{e}^{-x} + x^{\mathrm{e}}$ e) $f(x) = x^2 \cdot \mathrm{e}^{-x}$ f) $f(x) = (3x - 1) \cdot \mathrm{e}^x$

g) $f(x) = (a - x) \cdot \mathrm{e}^{-x}$ h) $f(x) = \mathrm{e}^{2+x} + \mathrm{e}^{2x} + \mathrm{e}^{(x^2)}$ i) $f(x) = (1 - \mathrm{e}^{-x})^2$

84. Leiten Sie ab.

a) $f(x) = \dfrac{\mathrm{e}^{3x} - \mathrm{e}^{-3x}}{3}$ b) $f(x) = \dfrac{1}{1 - \mathrm{e}^x}$ c) $f(x) = \dfrac{1 - \mathrm{e}^x}{1 + \mathrm{e}^x}$

d) $f(x) = \dfrac{x}{1 + \mathrm{e}^x}$ e) $f(x) = \dfrac{\mathrm{e}^x}{x^2 + 1}$ f) $f(x) = \dfrac{\mathrm{e}^x - \mathrm{e}^{-x}}{x + 1}$

4.4 Natürliche Logarithmusfunktion

4.4.1 Definition und Eigenschaften der ln-Funktion

Definition der ln-Funktion

Die e-Funktion $f\colon \mathbb{R} \to \mathbb{R}$, $x \mapsto e^x$ besitzt wie jede Exponentialfunktion eine Umkehrfunktion. Es handelt sich dabei um die Logarithmusfunktion zu Basis e, die entsprechend als **natürliche Logarithmusfunktion** bezeichnet wird.

ln-Funktion

Die Umkehrfunktion zur Exponentialfunktion $f\colon \mathbb{R} \to \mathbb{R}^+$, $x \mapsto e^x$ ist die Funktion

$$\ln\colon \mathbb{R}^+ \to \mathbb{R},\ x \mapsto \ln(x).$$

Sie wird als **natürliche Logarithmusfunktion** oder auch kurz als **ln-Funktion** bezeichnet.

Aufgrund dieser Definition gilt: $y = e^x \iff \ln(y) = x$.

Graph der ln-Funktion

Einen ersten anschaulichen Eindruck über die Eigenschaften der ln-Funktion lässt sich aus der Tatsache gewinnen, dass sich der Graph der ln-Funktion aus dem Graphen der e-Funktion durch Spiegelung an der ersten Winkelhalbierenden ergibt.

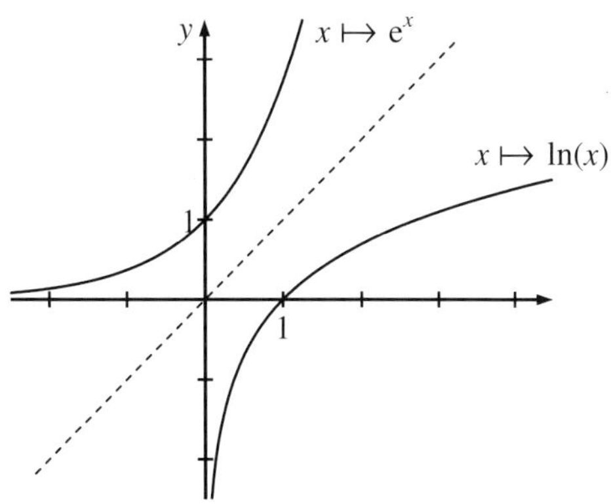

Da die e- und die ln-Funktion Umkehrfunktionen zueinander sind, ergeben sich unmittelbar die Beziehungen:

- $\ln(e^x) = x$ für alle $x \in \mathbb{R}$,
- $e^{\ln(x)} = x$ für alle $x \in \mathbb{R}^+$.

Aus der ersten Beziehung erhält man sofort prägnante Werte der ln-Funktion:

- $\ln(1) = \ln(e^0) = 0$,
- $\ln(e) = \ln(e^1) = 1$.

Dies bedeutet insbesondere, dass die ln-Funktion die Nullstelle 1 besitzt.

85. Berechnen Sie die Logarithmen ohne Taschenrechner.

a) $\ln(\mathrm{e})$ b) $\ln(\mathrm{e}^2)$ c) $\ln(\mathrm{e}^{-2})$ d) $\ln(\frac{1}{\mathrm{e}})$

e) $\ln(\sqrt{\mathrm{e}})$ f) $\ln(\sqrt[3]{\mathrm{e}^2})$ g) $\ln(\frac{1}{\sqrt{\mathrm{e}}})$ h) $\ln(\frac{1}{\mathrm{e}^3})$

86. Vereinfachen Sie ($a > 0$).

a) $\mathrm{e}^{\ln(3)}$ b) $\mathrm{e}^{-\ln(5)}$ c) $\mathrm{e}^{2\ln(3)}$ d) $\mathrm{e}^{0,5\ln(25)}$

e) $\mathrm{e}^{\frac{1}{2}\ln(3)}$ f) $\mathrm{e}^{\ln(\mathrm{e})}$ g) $\mathrm{e}^{\ln(2)-1}$ h) $\mathrm{e}^{0,5\ln(a)}$

i) $\mathrm{e}^{x\cdot\ln(a)}$ j) $\mathrm{e}^{x+\ln(a)}$ k) $\mathrm{e}^{x-\ln(a)}$

87. In den Abbildungen ist der Graph einer Funktion f sowie zum Vergleich gestrichelt auch der Graph der ln-Funktion gezeichnet.
Wie entsteht der Graph von f aus dem Graphen der ln-Funktion? Geben Sie eine Funktionsgleichung für f an.

a)
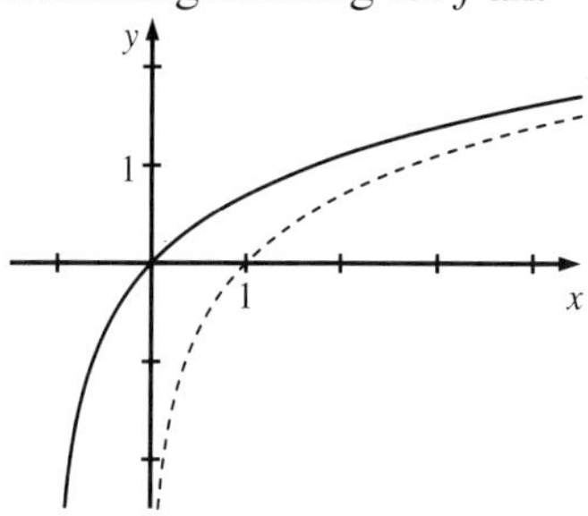

b)
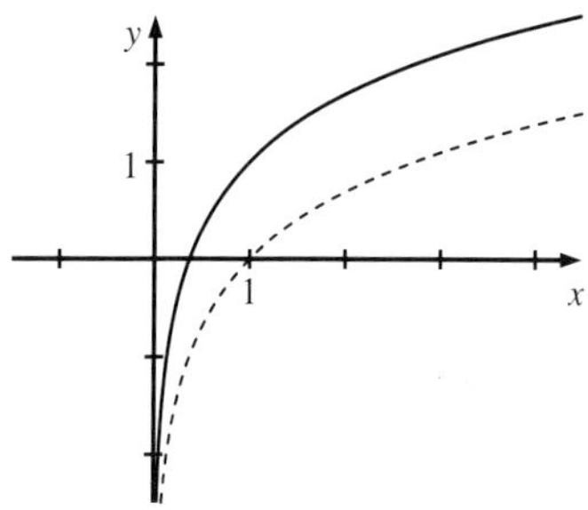

c)
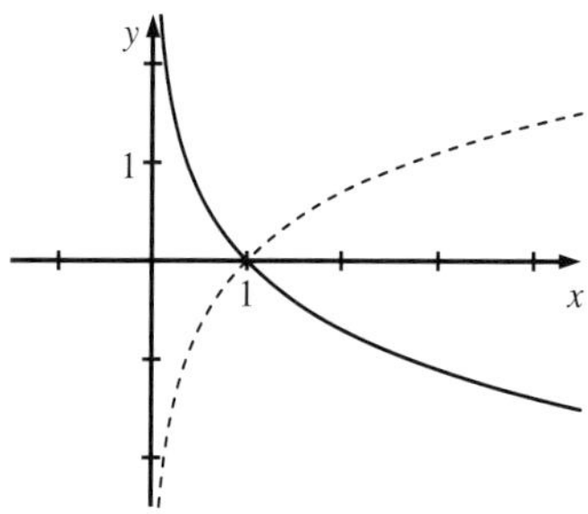

d)
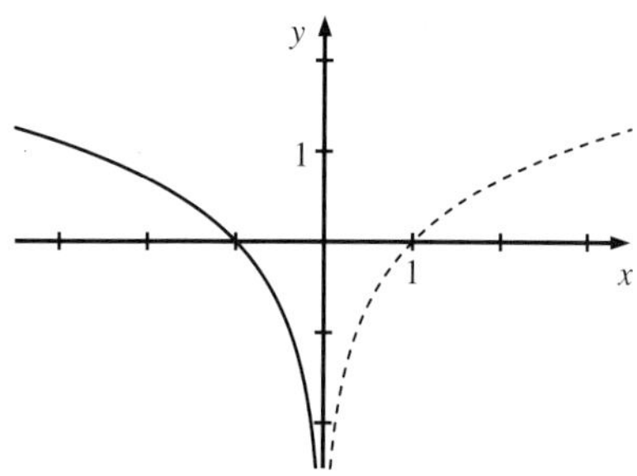

e)
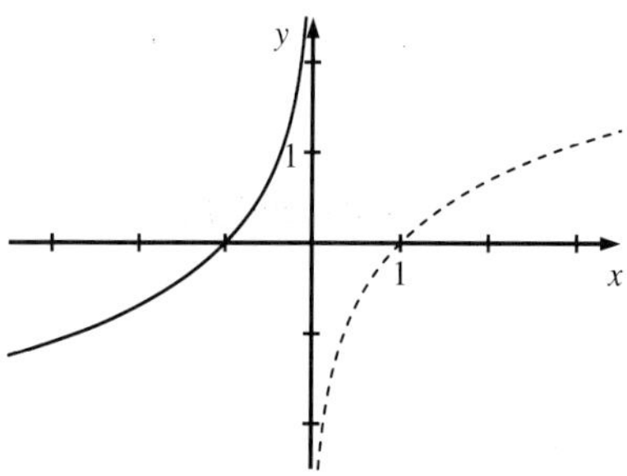

f)
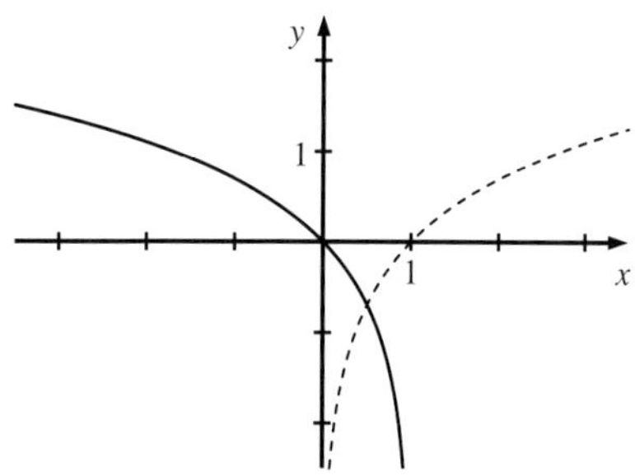

Logarithmengesetze

Auch für die ln-Funktion gelten die bereits aus dem vorangehenden Kapitel bekannten Logarithmengesetze.

Logarithmengesetze

(L1) Für alle $u, v \in \mathbb{R}^+$ gilt: $\ln(u \cdot v) = \ln(u) + \ln(v)$.

(L2) Für alle $u, v \in \mathbb{R}^+$ gilt: $\ln(\frac{u}{v}) = \ln(u) - \ln(v)$.

(L3) Für alle $u \in \mathbb{R}^+$ und alle $r \in \mathbb{R}$ gilt: $\ln(u^r) = r \cdot \ln(u)$.

Die folgenden Aufgaben dienen dem Einüben der Logarithmengesetze. Wir setzen bei Termen mit Variablen dabei generell voraus, dass alle auftretenden Logarithmusterme definiert sind. Bei den Umformungen mithilfe der Logarithmusgesetze kann sich die Definitionsmenge der Terme ändern.

88. Vereinfachen Sie mithilfe von Logarithmengesetzen.

a) $\ln(3) + 3\ln(2)$ b) $\frac{1}{2}\ln(9) - \ln(\frac{1}{2})$ c) $\frac{2}{3}\ln(27) - 2\ln(\sqrt{3})$

d) $\ln(3x) - \ln(x)$ e) $\ln(\frac{x}{2}) - \ln(\sqrt{x})$ f) $2\ln(\frac{1}{x}) + \ln(x^2)$

89. Formen Sie mithilfe der Logarithmengesetze in eine Summe um.

a) $\ln(k \cdot (x - a))$ b) $\ln(a \cdot \sqrt{b^2 \cdot \sqrt[3]{c^7 \cdot d \cdot \sqrt{d}}})$ c) $\ln(\frac{a^2}{k\,x})$

90. Drücken Sie durch einen einzigen Logarithmusterm aus.

a) $\ln(x) + \ln(x + 1)$ b) $\ln(x) - \ln(x + 1)$

c) $3 \cdot \ln(x) + 2\ln(x + 1)$ d) $2 \cdot \ln(x) - \frac{1}{2} \cdot \ln(x^2 + 1)$

e) $\ln(x) + 2 \cdot \ln(x+3) - \frac{1}{4} \cdot \ln(x-1)$ f) $\frac{1}{3} \cdot \ln(x) - 2 \cdot \ln(x^2 + 1) - \ln(x)$

g) $-3 \cdot \ln(x) - 2 \cdot \ln(x + 1)$ h) $\ln\frac{x+1}{x+2} + \ln\frac{x+2}{x+3} - \ln\frac{x+1}{x+3}$

91. Formen Sie den Funktionsterm in eine Summe um. Dabei sei stets $a > 0$.

a) $f(x) = \ln(ax)$ b) $f(x) = \ln(\frac{a^2}{x})$ c) $f(x) = \ln(\frac{x^2}{x+a})$

d) $f(x) = \ln(\sqrt{a^2 - x^2})$ e) $f(x) = \ln(x^2 - a^2)$

Lösen von Gleichungen

Für das Lösen von Exponential- und Logarithmusgleichungen gelten die gleichen Strategien wie in Abschnitt 4.2.4, nämlich Exponentenvergleich, Logarithmieren, Rückführung auf quadratische Gleichungen usw.

Als Grundmenge wird die Menge $\mathbb{R}$ vorausgesetzt, falls nichts anderes ausdrücklich vermerkt ist.

92. Lösen Sie die Gleichung.

a) $\ln(x) = 3$ b) $\ln(x) = 0{,}5$ c) $\ln(x) = \frac{1}{3}$

d) $\ln(x) = -2$ e) $\ln(x) = -\frac{1}{5}$ f) $\ln(x) = \frac{4}{3}$

93. Bestimmen Sie die Lösungen der Gleichungen.

a) $e^x = 3$ b) $e^x = 15$ c) $e^x = \frac{1}{5}$

d) $e^x = \frac{4}{3}$ e) $x \cdot e^x = 0$ f) $x^2 \cdot e^x = 0$

g) $(x^2 - 2) \cdot e^x = 0$ h) $e^x \cdot \ln(x) = 0$ i) $x \cdot \ln(x) = 0$

94. Lösen Sie die Exponentialgleichung. Umformungstechniken: Exponentenvergleich, Logarithmieren, Faktorisieren, quadratische Ergänzung.

a) $e^x = e^{1-2x}$ b) $e^{x-1} = \frac{1}{2}$ c) $2\,e^{-x} = e^{x+1}$

d) $x \cdot e^x = 3x$ e) $(1 - e^x)^2 = 1 + e^x$ f) $(e^{-x} - 3)^2 = 4$

g) $e^{2x} + 2e^x = 8$ h) $\frac{e^x - e^{-x}}{e^x + e^{-x}} = \frac{1}{2}$ i) $e^{(-x^2)} = e^{5x}$

95. Lösen Sie die Logarithmusgleichung.

a) $\ln(3x - 1) = \ln(2x)$ b) $\ln(2x) = -1$ c) $2\ln(x) = 1$

d) $\ln(x^2 - 2) = 0$ e) $\ln(2e - x^2) = 1$ f) $x^2 \cdot \ln(x) = 4\ln(x)$

g) $\ln(x^2) - \ln(2x - 1) = 1$ h) $(\ln(x))^2 = \ln(x) + 2$ i) $\ln(x^2) = -1$

j) $\ln(x + 5) - \ln(x - 1) = \ln(2x + 4) - \ln(x)$

4.4.2 Ableitung der ln- Funktion

Differenzierbarkeit und Ableitung

Die e-Funktion ist differenzierbar. Dies bedeutet anschaulich, dass der Graph der e-Funktion keine Sprung- oder Knickstellen besitzt. Diese Eigenschaft überträgt sich bei der Spiegelung an der ersten Winkelhalbierenden auch auf den Graphen der ln-Funktion. Die ln-Funktion ist als Umkehrfunktion der e-Funktion daher ebenfalls differenzierbar. Die folgende Vorgehensweise zeigt exemplarisch am Beispiel der e- und der ln-Funktion die Methode, die Ableitung einer Funktion durch die Ableitung ihrer Umkehrfunktion zu gewinnen.

Da die e-Funktion und die Logarithmusfunktion Umkehrfunktionen zueinander sind, gilt für alle $x \in \mathbb{R}^+$:

$$e^{\ln(x)} = x .$$

Durch Ableiten auf beiden Seiten und Anwenden der Kettenregel folgt:

$$(e^{\ln(x)})' = 1 \Leftrightarrow e^{\ln(x)} \cdot \ln'(x) = 1 \Leftrightarrow x \cdot \ln'(x) = 1 \Leftrightarrow \ln'(x) = \frac{1}{x} .$$

Ableitung der ln-Funktion

Die ln-Funktion $\ln : \mathbb{R}^+ \to \mathbb{R}$, $x \mapsto \ln(x)$ ist an jeder Stelle $x \in \mathbb{R}^+$ differenzierbar und es gilt:

$$\ln'(x) = \frac{1}{x} .$$

Die Ableitung der ln-Funktion ist eine einfache rationale Funktion. Zur Potenzfunktion $x \mapsto \frac{1}{x}$ konnten wir bisher noch keine Stammfunktion angeben. Diese Lücke wird jetzt durch die ln-Funktion geschlossen.

Bei der Bestimmung von Integralen wird dieser Sachverhalt noch wichtig sein.

Beim Ableiten komplexerer ln-Funktionen muss die Argumentfunktion beachtet und die Kettenregel angewandt werden.

Beispiele:

1. Für $f(x) = \ln(2x + 1)$ ergibt sich durch Anwenden der Kettenregel:

$$f'(x) = \frac{1}{2x+1} \cdot 2 = \frac{2}{2x+1} .$$

2. Für $f(x) = \ln(2 - x^2)$ ergibt mithilfe der Kettenregel:

$$f'(x) = \frac{1}{2-x^2} \cdot (-2x) = \frac{-2x}{2-x^2} .$$

96. Leiten Sie ab.

a) $f(x) = \ln(2 \cdot x)$ b) $f(x) = \ln(3x + 1)$ c) $f(x) = \ln(x^2)$

d) $f(x) = \ln(x)^2$ e) $f(x) = \ln(2 - x^2)$ f) $f(x) = \ln(x^2 - 2x)$

g) $f(x) = \ln(\frac{1}{x})$ h) $f(x) = \ln(\frac{1}{x^2})$

Beim folgenden Beispiel werden Produkt- und Kettenregel kombiniert.

Beispiel:

Für $f(x) = x^2 \cdot \ln(x^2 + 1)$ ergibt sich:

$$f'(x) = 2x \cdot \ln(x^2 + 1) + x^2 \cdot \frac{1}{x^2+1} \cdot (2x)$$

$$= 2x \cdot (\ln(x^2 + 1) + \frac{x^2}{x^2+1})$$

97. Leiten Sie ab.

a) $f(x) = x + \ln(2x)$ b) $f(x) = x^2 \cdot \ln(x)$

c) $f(x) = x \cdot \ln(x) - x$ d) $f(x) = \ln(\ln(x))$

Im folgenden Beispiel ist die Kettenregel in Kombination mit der Quotientenregel anzuwenden.

Beispiel:

Für $f(x) = \ln(\frac{x^2}{x+1})$ ergibt sich durch Anwenden der Kettenregel:

$$f'(x) = \frac{1}{\frac{x^2}{x+1}} \cdot \frac{(x+1)\cdot 2x - x^2 \cdot 1}{(x+1)^2} = \frac{x+1}{x^2} \cdot \frac{x^2+2x}{(x+1)^2} = \frac{x+1}{x^2} \cdot \frac{x(x+2)}{(x+1)^2}$$

$$= \frac{x+2}{x \cdot (x+1)}$$

98. Leiten Sie ab.

a) $f(x) = \frac{1}{\ln(2-x)}$ b) $f(x) = \ln(\frac{x-2}{4x})$

c) $f(x) = \frac{3\ln(x-1)}{x-1}$ d) $f(x) = \ln(\frac{x^2-1}{x^2+1})$

Monotonie, Krümmung, Nullstelle, Wertemenge und Grenzwerte

Der Graph der ln-Funktion lässt sich geometrisch dadurch gewinnen, dass man den Graphen der e-Funktion an der ersten Winkelhalbierenden spiegelt.

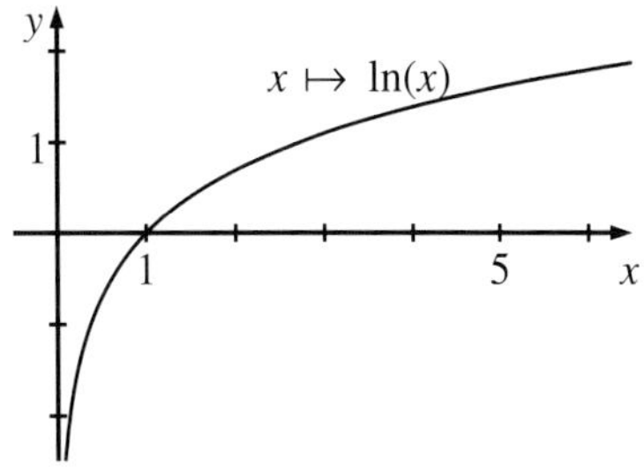

Damit lassen sich die wichtigsten Eigenschaften bereits anschaulich ablesen. Sie sind sollen nachfolgend noch einmal zusammengestellt und begründet werden.

Monotonie:

Für die Ableitung der ln-Funktion gilt $\ln'(x) = \frac{1}{x} > 0$ für alle $x \in \mathbb{R}^+$. Dies bedeutet, dass die ln-Funktion streng monoton wachsend ist.

Krümmung:

Für die zweite Ableitung folgt: $\ln''(x) = -\frac{1}{x^2} < 0$ für alle $x \in \mathbb{R}^+$. Der Graph der ln-Funktion ist somit rechtsgekrümmt.

Nullstelle:

Wir wissen bereits, dass die ln-Funktion die Nullstelle 1 besitzt. Als differenzierbare Funktion ist die ln-Funktion auch stetig. Wegen der strengen Monotonie ist damit 1 die einzige Nullstelle.

Wertemenge und Grenzwerte:

Die ln-Funktion übernimmt als Umkehrfunktion der e-Funktion deren Definitionsmenge $\mathbb{R}$ der als Wertemenge. Da die ln-Funktion in $\mathbb{R}^+$ differenzierbar (und damit stetig) sowie streng monoton wachsend ist, sind die Grenzwerte an den Rändern der Definitonsmenge uneigentlich. Es gilt:

$$\lim_{x \to 0^+} \ln(x) \to -\infty \quad \text{und} \quad \lim_{x \to \infty} \ln(x) \to +\infty .$$

99. Für welchen Punkt des Graphen der ln-Funktion geht die Tangente durch den Punkt $P(0 \mid -1)$?

100. In welchem Punkt hat der Graph der ln-Funktion eine Tangente, die parallel zur ersten Winkelhalbierenden ist.

Ableitung allgemeiner Exponentialfunktionen

Wegen $b^x = \left(\mathrm{e}^{\ln(b)}\right)^x = \mathrm{e}^{\ln(b)\cdot x}$ folgt:

$$\left(b^x\right)' = \left(\mathrm{e}^{\ln(b)\cdot x}\right)' = \left(\mathrm{e}^{\ln(b)\cdot x}\right)\cdot \ln(b) = \ln(b)\cdot b^x\,.$$

Ableitung der allgemeinen Exponentialfunktion

Die allgemeine Exponentialfunktion $f:\mathbb{R}\to\mathbb{R}\,,\ x\mapsto b^x$ mit $b\in\mathbb{R}^+\setminus\{1\}$ ist in $\mathbb{R}$ differenzierbar und es gilt:

$$f'(x) = (b^x)' = \ln(b)\cdot b^x\,.$$

101. Berechnen Sie die Ableitung.

a) $f: x\mapsto 4^x$ b) $f: x\mapsto 7{,}5^x$ c) $f: x\mapsto 100^x$

d) $f: x\mapsto \left(\frac{1}{2}\right)^x$ e) $f: x\mapsto \left(\frac{3}{4}\right)^x$ f) $f: x\mapsto 0{,}25^x$

102. Leiten Sie ab.

a) $f: x\mapsto 2^x$ b) $f: x\mapsto a^x$ c) $f: x\mapsto 10^{-x}$

4.5 Integrale im Zusammenhang mit e- und ln-Funktionen

4.5.1 Integrale zu Exponentialfunktionen

Die e-Funktion stimmt mit allen ihren Ableitungen überein. Aus der Sichtweise der Integralrechnung ist sie damit auch eine Stammfunktion zu sich selbst.

Es ist in vielen Fällen leicht möglich, Stammfunktionsterme zu Funktionen zu finden, die Terme mit e^x enthalten. Wir betrachten hierzu den Fall der Verkettung der e-Funktion mit der linearen Funktion $x \mapsto ax + b$ mit $a \neq 0$.

Gesucht ist eine Stammfunktion zur Funktion mit der Gleichung $f(x) = e^{ax+b}$. Bei der Suche nach einer Stammfunktion ist die Kettenregel im Auge zu behalten. Der Ansatz

$$F(x) = \frac{1}{a} \cdot e^{ax+b}$$

berücksichtigt die innere Ableitung a der linearen Funktion durch den Korrekturfaktor $\frac{1}{a}$. Dieser Ansatz lässt sich durch Ableiten verifizieren:

$$F'(x) = \left(\frac{1}{a} \cdot e^{ax+b}\right)' = \frac{1}{a} \cdot \left(e^{ax+b}\right)' = \frac{1}{a} \cdot \left(e^{ax+b} \cdot a\right) = e^{ax+b}.$$

Stammfunktionen zu Funktionen $f(x) = e^{ax+b}$

Für alle $a \neq 0$ ist $F(x) = \frac{1}{a} \cdot e^{ax+b}$ eine Stammfunktion zu $f(x) = e^{ax+b}$.

In manchen Fällen ist es dabei sinnvoll, zunächst den gegebenen Funktionsterm umzuformen.

Beispiele:

	Funktion	Stammfunktion
1.	$f(x) = e^{1-2x}$	$F(x) = (-\frac{1}{2}) \cdot e^{1-2x} = -\frac{1}{2} \cdot e^{1-2x}$.
2.	$f(x) = 2 \cdot e^{5x+1}$	$F(x) = 2 \cdot (\frac{1}{5} \cdot e^{5x+1}) = \frac{2}{5} \cdot e^{5x+1}$
3.	$f(x) = \frac{2}{(e^x)^2} = 2 \cdot e^{-2x}$	$F(x) = (2 \cdot e^{-2x}) \cdot (-\frac{1}{2}) = \frac{-1}{(e^x)^2}$.

103. Geben Sie eine Stammfunktion zu f an.

a) $f: x \mapsto 1 + 3e^x$ b) $f: x \mapsto \dfrac{1}{2e^x}$ c) $f: x \mapsto e^{3-x}$

d) $f: x \mapsto e^{2x+1}$ e) $f: x \mapsto -e^{1-x}$ f) $f: x \mapsto 1 - e^{2-x}$

104. Ermitteln Sie eine Stammfunktion.

a) $f: x \mapsto -4 + 3 \cdot e^{-x}$ b) $f: x \mapsto e^x + e^{-x}$ c) $f: x \mapsto x^2 + e^{-2x}$

d) $f: x \mapsto \dfrac{2}{e^x}$ e) $f: x \mapsto \dfrac{1}{1-e^x}$

105. Berechnen Sie das bestimmte Integral.

a) $\int\limits_{-1}^{1} e^{-x}\,dx$ b) $\int\limits_{-1}^{2} (1-e^{-x})\,dx$ c) $\int\limits_{2}^{1} 3e^{2x}\,dx$

d) $\int\limits_{0}^{1} e^{\frac{1}{3}x}\,dx$ e) $\int\limits_{2}^{1} (e^x + e^{-x})\,dx$ f) $\int\limits_{2}^{0} (e^x + e^{3x+1})\,dx$

g) $\int\limits_{2}^{\ln 2} (1-e^x)^2\,dx$ h) $\int\limits_{0}^{1} (e^x - e^{-x})^2\,dx$ i) $\int\limits_{2}^{1} \left(x^2 + e^{-x}\right)dx$

106. Berechnen Sie für die Funktion f das Maß der gekennzeichneten Fläche.

a) $f(x) = 2e^{-x} - 1$ b) $f(x) = e^{\frac{1}{2}x-1} + 1$

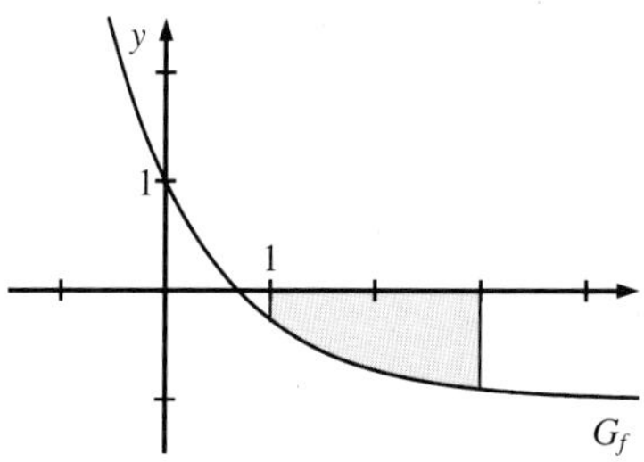

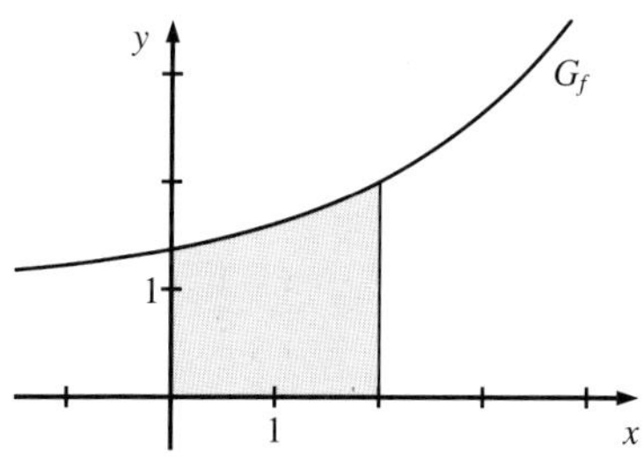

4.5.2 Integrale der Form $\int \frac{1}{ax+b}dx$

Zur Kehrwertfunktion $x \mapsto \frac{1}{x}$ ist für $x > 0$ die ln-Funktion eine Stammfunktion.

Diese Eigenschaft lässt sich für $a \neq 0$ zu einer Integralformel verallgemeinern.

- Für $ax + b > 0$ gilt: $\left(\frac{1}{a} \cdot \ln(ax+b)\right)' = \frac{1}{a} \cdot \frac{1}{ax+b} \cdot a = \frac{1}{ax+b}$.
- Für $ax + b < 0$ gilt: $\left(\frac{1}{a} \cdot \ln(-(ax+b))\right)' = \frac{1}{a} \cdot \frac{1}{-(ax+b)} \cdot (-a) = \frac{1}{ax+b}$.

Beide Fälle lassen sich zusammenfassen.

Integrale der Form $\int \frac{1}{ax+b}dx$

Für alle $a \neq 0$ ist $F(x) = \frac{1}{a} \cdot \ln|ax + b|$ eine Stammfunktion zu $f(x) = \frac{1}{ax+b}$.

107. Geben Sie eine Stammfunktion zu f an.

a) $f: x \mapsto \frac{1}{x+3}$ b) $f: x \mapsto \frac{1}{4x}$

c) $f: x \mapsto \frac{1}{3x-2}$ d) $f: x \mapsto \frac{1}{1-x}$

108. Geben Sie eine Stammfunktion zu f an. Führen Sie zuerst eine Polynomdivision durch.

a) $f: x \mapsto \frac{x^2+x-1}{x}$ b) $f: x \mapsto \frac{x^2+2x-3}{x^2}$

c) $f: x \mapsto \frac{x-1}{x+1}$ d) $f: x \mapsto \frac{x^2-3x+4}{x+2}$

e) $f: x \mapsto \frac{3x^2-2}{x+3}$ f) $f: x \mapsto \frac{-x^2+3x-2}{2x-1}$

109. Berechnen Sie das bestimmte Integral.

a) $\int_0^1 \frac{2}{x+1}dx$ b) $\int_2^3 \frac{3}{x-1}dx$ c) $\int_0^1 \frac{1}{x+5}dx$

d) $\int_1^2 \frac{3x^2-x}{x+1}dx$ e) $\int_1^0 \frac{5x^2-x}{x-2}dx$ f) $\int_1^2 \frac{x^2+x+1}{x+3}dx$

4.5.3 Integrale, die auf ln-Funktionen führen

Bei der Diskussion gebrochenrationaler Funktionen führt eine Polynomdivision im Fall unecht gebrochener Funktionen zur Gleichung der Asymptote.

Zu dem Funktionsterm, der sich nach der Polynomdivision ergibt, lässt sich in vielen Fällen unmittelbar ein Stammfunktionsterm angeben. Er steht daher auch bei Integrationen und Flächenberechnungen im Mittelpunkt.

Beispiel: Gegeben ist die Funktion mit der Gleichung $f(x) = \dfrac{2x-1}{x+1}$.

Polynomdivision:

$$f(x) = \frac{2x-1}{x+1} = 2 - \frac{3}{x+1} .$$

Es liegt eine waagerechte Asymptote vor:

$$f_A(x) = 2 .$$

Eine Stammfunktion zu f ist gegeben durch

$$F(x) = 2x - 3 \cdot \ln|x+1| .$$

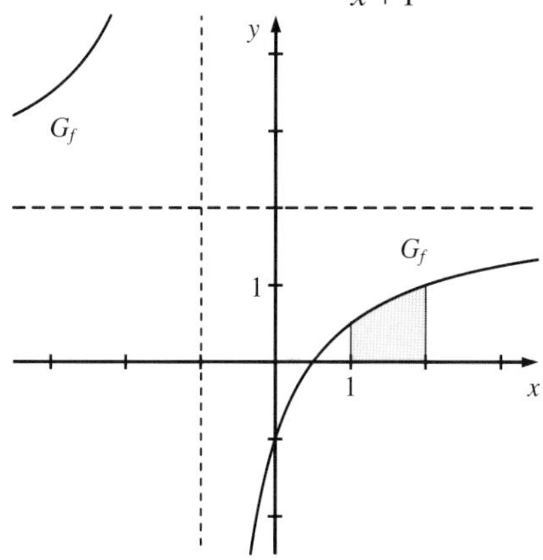

Es gilt:

$$\int_1^2 f(x)\,dx = \int_1^2 \frac{2x-1}{x+1}\,dx = \left[2x - 3 \cdot \ln|x+1|\right]_1^2$$

$$= (4 - 3\ln(3)) - (2 - 3\ln(2)) = 2 - 3\ln(\tfrac{3}{2})$$

Dies ist das Maß der Fläche zwischen G_f und der x-Achse über dem Intervall [1 ; 2].

110. Bestimmen Sie eine Gleichung der Asymptote und geben Sie zur Funktion f eine Stammfunktion F an.

a) $f(x) = \dfrac{x-1}{x}$ b) $f(x) = \dfrac{x-2}{x+2}$ c) $f(x) = \dfrac{3x+1}{x+1}$

111. Berechnen Sie die bestimmten Integrale.

a) $\displaystyle\int_{-3}^{-2} \frac{3x-1}{x+1}\,dx$ b) $\displaystyle\int_0^2 \frac{3x+1}{2x+3}\,dx$

112. Gegeben ist die Funktion f mit der Gleichung $f(x) = \dfrac{5x-2}{3x}$. Berechnen Sie das Maß der Fläche zwischen G_f und der x-Achse über dem Intervall [2 ; 3].

Beispiel: Gegeben ist die Funktion mit der Gleichung $f(x) = \frac{x^2+2x+3}{x+1}$.

Polynomdivision:

$$f(x) = \frac{x^2+2x+3}{x+1}$$

$$= x + 1 + \frac{2}{x+1} .$$

Es liegt eine schiefe Asymptote vor:

$$f_A(x) = x + 1 .$$

Eine Stammfunktion zu f ist gegeben durch

$$F(x) = \frac{1}{2}x^2 + x + 2 \cdot \ln|x+1| .$$

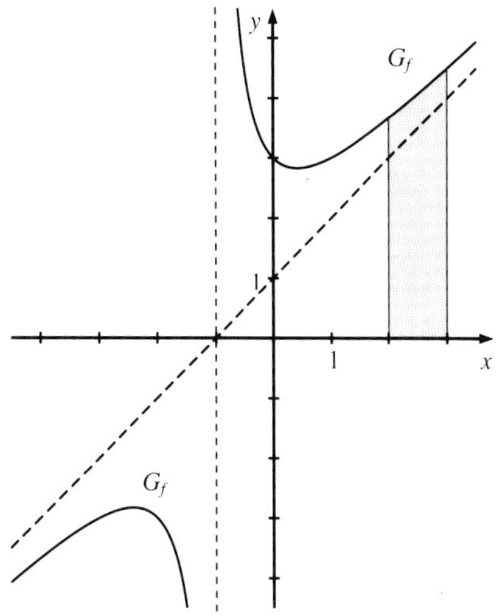

Es gilt:

$$\int_2^3 f(x)\,dx = \left[\tfrac{1}{2}x^2 + x + 2\cdot\ln|x+1|\right]_2^3$$

$$= \frac{9}{2} + 3 + 2\cdot\ln(4) - (2 + 2 + 2\cdot\ln(3)) = \frac{7}{2} + 2\cdot\ln(\frac{4}{3})$$

Dies ist das Maß der Fläche zwischen G_f und der x-Achse über dem Intervall [2 ; 3].

113. Geben Sie zur Funktion f eine Stammfunktion F an.

a) $f(x) = \frac{2x^2-3x-1}{x-1}$ b) $f(x) = \frac{-2x^2-3x+1}{2x-1}$

114. Berechnen Sie die bestimmten Integrale.

a) $\int_0^2 \frac{2x^2-x+5}{2x+3}dx$ b) $\int_{-3}^{-2} \frac{x^2-x}{2-x}dx$

115. Geben Sie zur Funktion f eine Stammfunktion F an.

a) $f(x) = \frac{2x^2-3x-1}{x^2}$ b) $f(x) = \frac{-3x^2-x+1}{x^2}$

116. Gegeben ist die Funktion f mit der Gleichung $f(x) = \frac{3x^2-5x-2}{2x+1}$.

Berechnen Sie das Maß der Fläche zwischen G_f und der x-Achse über dem Intervall [0 ; 2].

117. Gegeben ist die Funktion f mit der Gleichung $f(x) = \dfrac{x^2 - 2x + 2}{x-1}$.

a) Zeigen Sie, dass die Gerade g mit der Gleichung $y = x - 1$ Asymptote des Graphen von f ist.

b) Der Graph von f und die Asymptote schließen mit der x-Achse über dem Intervall $[2\ ;\ k]$ mit $k > 2$ eine Fläche ein.

Prüfen Sie, ob sich für $k \to +\infty$ ein endliches Maß ergibt.

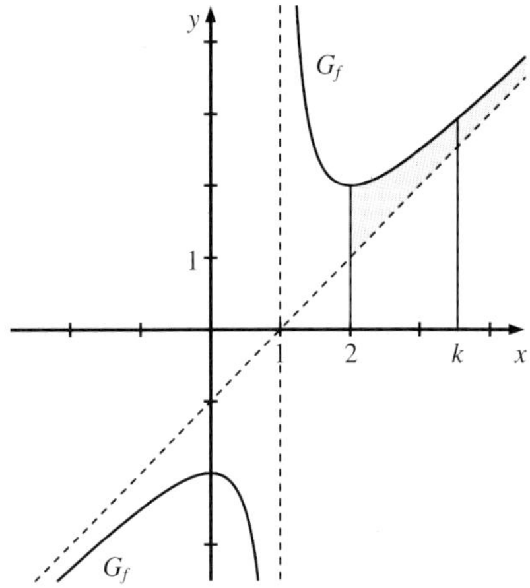

5 Diskussion zusammengesetzter Exponential- und Logarithmusfunktionen

5.1 Regeln von L'Hospital

Grenzwertregel

Zur Berechnung von Grenzwerten unbestimmter Formen $"\frac{0}{0}"$, $"\frac{\infty}{\infty}"$ oder $"0 \cdot \infty"$ können die Regeln von L'Hospital verwendet werden.

Grenzwertregeln von L'Hospital

Seien f und g stetig differenzierbare Funktionen, für die

- entweder $\lim\limits_{x \to \infty} f(x) = \lim\limits_{x \to \infty} g(x) = 0$
- oder $\lim\limits_{x \to \infty} f(x) \to \pm\infty$ und $\lim\limits_{x \to \infty} g(x) \to \pm\infty$

ist. Existiert der Grenzwert $\lim\limits_{x \to \infty} \frac{f'(x)}{g'(x)}$, so existiert auch $\lim\limits_{x \to \infty} \frac{f(x)}{g(x)}$ und es gilt:

$$\lim_{x \to \infty} \frac{f(x)}{g(x)} = \lim_{x \to \infty} \frac{f'(x)}{g'(x)} .$$

Entsprechende Aussagen gelten auch für Grenzwerte $x \to -\infty$ und $x \to x_0$.

Beispiele:

1. Der Grenzwert $\lim\limits_{x \to 0} \frac{e^x - 1}{x}$ führt zur unbestimmten Form vom Typ $"\frac{0}{0}"$.

   Durch Anwenden der Regel von L'Hospital folgt:

   $$\lim_{x \to 0} \frac{e^x - 1}{x} \underset{\text{L'Hospital}}{=} \lim_{x \to 0} \frac{e^x}{1} = e^0 = 1 .$$

2. Der Grenzwert $\lim\limits_{x \to \infty} \frac{x}{e^x}$ führt zu einer unbestimmten Form vom Typ $"\frac{\infty}{\infty}"$.

   Durch Anwenden der Regel von L'Hospital folgt:

   $$\lim_{x \to \infty} \frac{x}{e^x} \underset{\text{L'Hospital}}{=} \lim_{x \to \infty} \frac{1}{e^x} = 0 .$$

3. Der Grenzwert $\lim\limits_{x \to 0^+} \left(x \cdot \ln(x)\right)$ führt zu der unbestimmten Form $''0 \cdot (-\infty)''$.

In diesem Fall erlaubt die Umformung des Produkts in einen Quotienten die Anwendung der Regel von L'Hospital vom Typ $''\frac{\infty}{\infty}''$:

$$\lim_{x \to 0^+} \left(x \cdot \ln(x)\right) = \lim_{x \to 0^+} \frac{\ln(x)}{\frac{1}{x}} \underset{\text{L'Hospital}}{=} \lim_{x \to 0^+} \frac{\frac{1}{x}}{-\frac{1}{x^2}} = \lim_{x \to 0^+} (-x) = 0\,.$$

Zu beachten ist, dass eine derartige Umformung eines Produkts in einen Quotienten zur Anwendung der Regel von L'Hospital nicht immer zum Erfolg führt.

Guillaume François Antoine, Marquis de l'Hospital (1661 - 1704) war ein französischer Mathematiker. Er ist wohl am besten bekannt durch die nach ihm benannten Grenzwertregeln, die aber eigentlich von Bernoulli entdeckt wurden. Er ist der Autor des ersten Lehrbuches über Differenzial- und Integralrechnung, welches 1696 veröffentlicht wurde. Es beinhaltet Schriften seines Lehrers Johann Bernoulli.

Bei den Grenzwerten in den letzten beiden Beispielen konkurriert eine Potenzfunktion mit einer e-Funktion bzw. einer Logarithmusfunktion. Wir wollen weitere Beispiele untersuchen und versuchen eine allgemeine Regel zu formulieren.

Anwendung bei e-Funktionen

Wir wollen Grenzwerte untersuchen, bei denen eine e-Funktion und eine Potenzfunktion miteinander konkurrieren.

- Wir betrachten $f(x) = \frac{e^x}{x^3}$.

  Für $x \to \infty$ ergibt sich ein unbestimmter Ausdruck vom Typ $''\frac{\infty}{\infty}''$.

  Die mehrfache Anwendung der Regel von L'Hospital ergibt:

  $$\lim_{x \to \infty} \frac{e^x}{x^3} \underset{\text{L'Hospital}}{=} = \lim_{x \to \infty} \frac{e^x}{3x^2} \underset{\text{L'Hospital}}{=} \lim_{x \to \infty} \frac{e^x}{6x} \underset{\text{L'Hospital}}{=} \lim_{x \to \infty} \frac{e^x}{6} \to \infty\,.$$

  Die e-Funktion im Zähler dominiert und bestimmt den Grenzwert.

- Für $f(x) = x^2 \cdot e^x$

  Für $x \to -\infty$ ergibt sich ein unbestimmter Ausdruck vom Typ $''\infty \cdot 0''$. Wir formen das Produkt in einen Quotienten um und erhalten den Typ $''\frac{\infty}{\infty}''$

  $$\lim_{x \to -\infty} (x^2 \cdot e^x) = \lim_{x \to -\infty} \frac{x^2}{e^{-x}} \underset{\text{L'Hospital}}{=} \lim_{x \to -\infty} \frac{2x}{-e^{-x}} \underset{\text{L'Hospital}}{=} \lim_{x \to -\infty} \frac{2}{e^{-x}} = \lim_{x \to -\infty} (2e^x) = 0.$$

  Auch in diesem Fall dominiert die e-Funktion.

Die Ergebnisse der Beispiele lassen sich verallgemeinern und in Worten formulieren.

Prioritätsregel für die Grenzwertbildung

Die e-Funktion dominiert bei der Grenzwertbildung für $x \to -\infty$ bzw. für $x \to \infty$ über jede Potenzfunktion.

1. Untersuchen Sie das Verhalten der Funktion f für $x \to \pm\infty$.

a) $f(x) = x^3 \cdot e^x$

b) $f(x) = -x^4 \cdot e^x$

c) $f(x) = x \cdot e^{-x}$

d) $f(x) = x^2 \cdot e^{-x}$

e) $f(x) = (x^2 + x) \cdot e^{-x}$

f) $f(x) = (1 + x)^3 \cdot e^{-x}$

g) $f(x) = (3 - x) \cdot e^{2x}$

h) $f(x) = (x^3 + 5)\, e^{-x}$

i) $f(x) = \dfrac{x^2}{3 \cdot e^x}$

j) $f(x) = \dfrac{x^2 - x^3}{3 \cdot e^x}$

k) $f(x) = \dfrac{x}{e^{2x}}$

l) $f(x) = \dfrac{x^2}{e^{\frac{1}{2}x}}$

m) $f(x) = \dfrac{x^2 + x^3}{e^x}$

n) $f(x) = \dfrac{x^2 \cdot e^x}{e^{2x} - x}$

o) $f(x) = \dfrac{e^x - 1}{x + 2}$

p) $f(x) = \dfrac{x^3}{e^x + 1}$

Anwendung bei ln-Funktionen

Untersucht werden sollen Grenzwerte, bei denen eine Potenzfunktion mit einer Logarithmusfunktion konkurriert.

- Wir betrachten $f(x) = \dfrac{\ln(x)}{x}$.

  Für $x \to \infty$ ergibt sich ein unbestimmter Ausdruck vom Typ $"\frac{\infty}{\infty}"$.

  Nach der Regel von L'Hospital folgt:

$$\lim_{x \to \infty} \frac{\ln(x)}{x} \underset{\text{L'Hospital}}{=} \lim_{x \to \infty} \frac{\frac{1}{x}}{1} = \lim_{x \to \infty} \frac{1}{x} = 0.$$

  Die Potenzfunktion im Nenner dominiert und bestimmt den Grenzwert.

- Wir betrachten $f(x) = x \cdot \ln(x)$.

  Interessiert man sich für den Grenzwert für $x \to 0^+$, so konkurrieren die beiden Faktoren $x \to 0$ und $\ln(x) \to -\infty$ miteinander.

  Die Umformung $f(x) = x \cdot \ln(x) = \dfrac{\ln(x)}{\frac{1}{x}}$ führt zum Typ $"\frac{\infty}{\infty}"$.

  Damit ist die Regel von L'Hospital anwendbar:

$$\lim_{x\to 0^+} (x \cdot \ln(x)) = \lim_{x\to 0^+} \frac{\ln(x)}{\frac{1}{x}} \underset{\text{L'Hospital}}{=} \lim_{x\to 0^+} \frac{\frac{1}{x}}{-\frac{1}{x^2}} = \lim_{x\to 0^+} (-x) = 0^-.$$

  Auch in diesem Fall dominiert die Potenzfunktion.

Ähnlich wie bei der e-Funktion lässt sich eine allgemeine Regel formulieren.

Prioritätsregel für die Grenzwertbildung

Jede Potenzfunktion dominiert bei der Grenzwertbildung für $x \to 0^+$ bzw. für $x \to \infty$ über die ln-Funktion.

2. Bestimmen Sie die Grenzwerte für $x \to 0^+$ und $x \to \infty$.

   a) $f(x) = (x-1) \cdot \ln(x)$
   b) $f(x) = x^2 \cdot \ln(x)$
   c) $f(x) = (x+1)^3 \cdot \ln(x)$
   d) $f(x) = x \cdot (\ln(x))^2$

3. Bestimmen Sie die Grenzwerte.

   a) $\lim\limits_{x\to\infty} \dfrac{x+1}{\ln(x)}$
   b) $\lim\limits_{x\to\infty} \dfrac{x}{\ln(x)^2}$
   c) $\lim\limits_{x\to 0^+} \dfrac{\ln(2x)}{x+1}$
   d) $\lim\limits_{x\to\infty} \dfrac{\ln(x)}{x}$
   e) $\lim\limits_{x\to 0^+} \dfrac{x}{\ln(x)}$
   f) $\lim\limits_{x\to\infty} \dfrac{x+\ln(x)}{2x-1}$

5.2 Produkte, Quotienten und Verkettungen von Funktionen mit e-Funktionen

Produkte von e-Funktionen mit ganzrationalen Funktionen

Wir betrachten als Beispiel die Funktion $f\colon \mathbb{R} \to \mathbb{R},\ x \mapsto \frac{1}{4} \cdot (x^2 - 4) \cdot e^{-x}$.

Wir können uns bereits ohne Anwendung der Differenzialrechnung einen Überblick über den Verlauf des Graphen verschaffen, wenn es uns gelingt, die Nullstellen und die Grenzwerte für $x \to \pm\infty$ zu bestimmen.

Nullstellen:

Der Funktionsterm lässt sich faktorisieren: $f(x) = \frac{1}{4} \cdot (x-2) \cdot (x+2) \cdot e^{-x}$.

Aus der Faktorisierung lassen sich die einfachen Nullstellen $x_1 = -2$ und $x_2 = 2$ ablesen. Zu beachten ist dabei, dass $e^{-x} > 0$ für alle $x \in \mathbb{R}$ gilt.

Grenzwerte:

Für die Grenzwerte für $x \to \pm\infty$ ergibt sich:

- $\lim\limits_{x\to\infty} f(x) = \lim\limits_{x\to\infty} (\frac{1}{4} \cdot (x^2 - 4) \cdot e^{-x}) = 0$ (die e-Funktion dominiert),
- $\lim\limits_{x\to-\infty} f(x) = \lim\limits_{x\to-\infty} (\frac{1}{4} \cdot (x^2 - 4) \cdot e^{-x}) \to +\infty$ (beide Faktoren streben nach $+\infty$).

Skizze des Funktionsgraphen:

Wegen $f(0) = -1$ ergibt sich der Schnittpunkt $S_y(0 \mid -1)$ mit der y-Achse. Mithilfe dieser Informationen lässt sich eine Vorzeichentabelle erstellen. Dabei wird berücksichtigt, dass an den einfachen Nullstellen ein Vorzeichenwechsel auftritt.

x	$-\infty \leftarrow$		-2	0	2		$\to +\infty$
$f(x)$	$+\infty \leftarrow$	$+$	0	$-$	0	$+$	$\to 0$

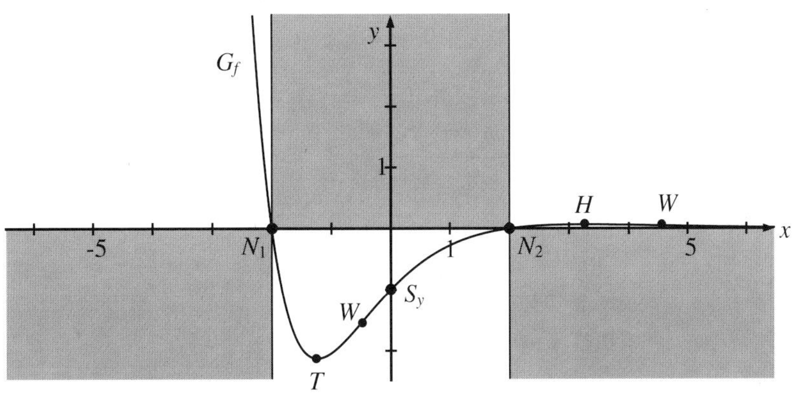

In der Abbildung ist der Graph der Funktion bereits exakt gezeichnet. Eine Skizze auf der Grundlage der Vorzeichentabelle gibt in der Regel nur einen qualitativen Überblick über den Verlauf des Funktionsgraphen. Sie wird beispielsweise nicht die genaue Lage des Hoch- und des Tiefpunkts enthalten.
Wir wollen zum Vergleich die Extrempunkte und die Wendepunkte mithilfe der Differenzialrechnung bestimmen.

Ableitungen:

$$f'(x) = -\frac{1}{4}\cdot(x^2 - 2x - 4)\cdot e^{-x} = -\frac{1}{4}\cdot((x-1)^2 - 5)\cdot e^{-x}$$

$$f''(x) = \frac{1}{4}\cdot(x^2 - 4x - 2)\cdot e^{-x} = \frac{1}{4}\cdot((x-2)^2 - 6)\cdot e^{-x}$$

Bestimmung der relativen Extrempunkte:

- notwendige Bedingung:

$$f'(x) = 0 \iff (x-1)^2 = 5 \iff x_3 = 1 - \sqrt{5} \vee x_4 = 1 + \sqrt{5}$$

- hinreichende Bedingung:

Da $x_3 = 1 - \sqrt{5}$ und $x_4 = 1 + \sqrt{5}$ einfache Nullstellen sind von f' und $f'(0) = 1$ gilt, ergibt sich folgende Vorzeichentabelle:

x		$1-\sqrt{5}$	0	$1+\sqrt{5}$	
$f'(x)$	$-$	0	$+$	0	$-$
		TP		HP	

Zum gleichen Ergebnis kommt man auch, wenn man die zweite Ableitung auswertet:

$$f''(1-\sqrt{5}) = \frac{1}{2}\sqrt{5}\,e^{-1+\sqrt{5}} \approx 3{,}85 > 0 \quad \text{(also Minimumstelle)},$$

$$f''(1+\sqrt{5}) = -\frac{1}{2}\sqrt{5}\,e^{-1-\sqrt{5}} \approx -0{,}04 < 0 \quad \text{(also Maximumstelle)}.$$

Für die Funktionswerte ergibt sich:

$$f(1-\sqrt{5}) = \frac{1}{2}(1 - \sqrt{5})e^{-1+\sqrt{5}} \approx -2{,}13\,,$$

$$f(1+\sqrt{5}) = \frac{1}{2}(1 + \sqrt{5})e^{-1-\sqrt{5}} \approx 0{,}06\,.$$

Näherungsweise ergibt sich damit der Tiefpunkt $T(-1{,}24 \mid -2{,}13)$ und der Hochpunkt $H(3{,}24 \mid 0{,}06)$.

An der Stelle $x_3 = 1 - \sqrt{5}$ nimmt die Funktion f sogar ihr absolutes Minimum an. Dies ergibt sich aus der Stetigkeit von f und der Beachtung der Grenzwerte für $x \to \pm\infty$.

Bestimmung der Wendepunkte:

- notwendige Bedingung:

$$f''(x) = 0 \;\Leftrightarrow\; (x-2)^2 = 6 \;\Leftrightarrow\; x_5 = 2 - \sqrt{6} \;\vee\; x_6 = 2 + \sqrt{6}$$

- hinreichende Bedingung:

Da $x_5 = 2 - \sqrt{6}$ und $x_6 = 2 + \sqrt{6}$ einfache Nullstellen von f'' sind und $f''(0) = -0{,}5$ gilt, ergibt sich folgende Vorzeichentabelle:

x		$2-\sqrt{6}$		0		$2+\sqrt{6}$	
$f''(x)$	+	0		–		0	+
		WP				WP	

In diesem Fall kann auch mithilfe der dritten Ableitung argumentiert werden. Dazu müsste aber die dritte Ableitung nach der Produktregel noch berechnet werden.

Für die Funktionswerte ergibt sich:

$$f(2-\sqrt{6}) = (\frac{3}{2} - \sqrt{6})e^{-2+\sqrt{6}} \approx -1{,}49\,,$$

$$f(2+\sqrt{6}) = (\frac{3}{2} + \sqrt{6})e^{-2-\sqrt{6}} \approx 0{,}05\,.$$

Näherungsweise ergeben sich die beiden Wendepunkte $W_1(-0{,}45 \mid -1{,}49)$ und $W_2(4{,}45 \mid 0{,}05)$.

4. Welche Nullstellen besitzt die Funktion?

a) $f(x) = x \cdot e^x + x$

b) $f(x) = x \cdot e^{-x} - e^{-x}$

c) $f(x) = 27\,e^x - 3x^2 \cdot e^x$

d) $f(x) = x^2 \cdot e^{-2x} - x \cdot e^{-2x} - 2e^{-2x}$

5. Bestimmen Sie die Nullstellen, den Schnittpunkt mit der y-Achse und die Grenzwerte für $x \to \pm\infty$. Erstellen Sie eine Vorzeichentabelle und skizzieren Sie den Graphen der Funktion.

Bestätigen Sie ihre Vermutungen über mögliche Extrem- und Wendepunkte rechnerisch.

a) $f(x) = (x-2) \cdot e^{-x}$

b) $f(x) = \frac{1}{2} \cdot (1 - x^2) \cdot e^x$

6. Die Abbildungen zeigen Graphen von Funktionen der Art $f(x) = a \cdot g(x) \cdot e^{\pm x}$, wobei g eine ganzrationale Funktion und $a \in \mathbb{R}$ ist. Ordnen Sie den Graphen die richtige Funktionsgleichung aus der angegebenen Liste zu.

   Begründen Sie Ihre Auswahl mit möglichst vielen Argumenten.

a)

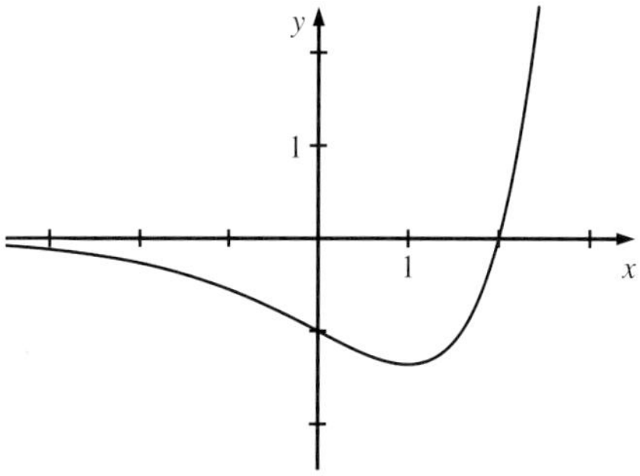

b)

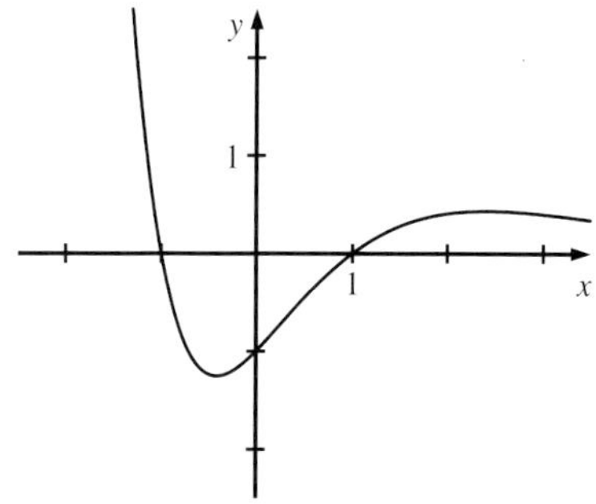

c)

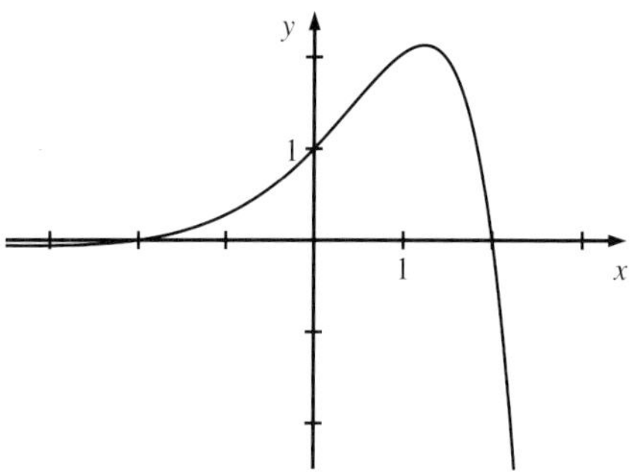

d)

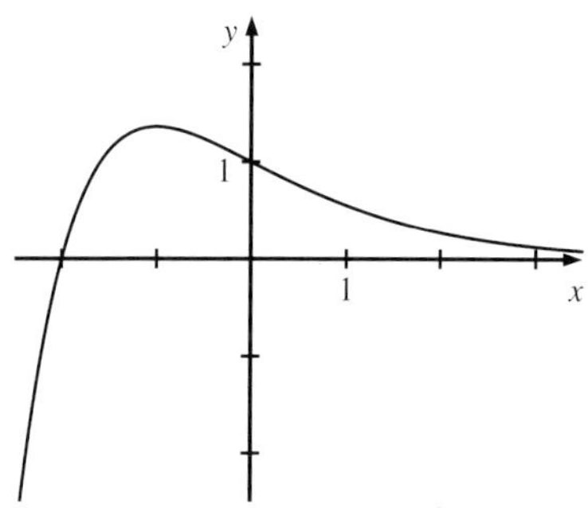

Liste der möglichen Funktionsgleichungen:

① $y = \frac{1}{2}(x-2) \cdot e^{-x}$ ② $y = \frac{1}{2}(x-2) \cdot e^{x}$ ③ $y = \frac{1}{2}(x+2) \cdot e^{x}$ ④ $y = \frac{1}{2}(x+2) \cdot e^{-x}$

⑤ $y = (x^2-1) \cdot e^{-x}$ ⑥ $y = -\frac{1}{4}(x^2-4)\, e^{-x}$ ⑦ $y = -\frac{1}{4}(x^2-4)\, e^{x}$ ⑧ $y = (x^2-1) \cdot e^{x}$

Quotienten von e-Funktionen

Wir betrachten als Beispiel die Funktion $f: D_{\max} \to \mathbb{R}$, $x \mapsto \dfrac{e^x - 2}{e^x + 1}$.

Auch in diesem Fall wollen wir uns zunächst ohne Anwendung der Differenzialrechnung einen Überblick über den Verlauf des Graphen verschaffen.

Nullstellen:

Nullstellen kann nur der Zählerterm liefern: $e^x - 2 = 0 \Leftrightarrow e^x = 2 \Leftrightarrow x = \ln(2)$.

Grenzwerte:

Für die Grenzwerte für $x \to \pm\infty$ ergibt sich:

- $\lim\limits_{x\to\infty} f(x) = \lim\limits_{x\to\infty} \dfrac{e^x - 2}{e^x + 1} \underset{\text{L'Hospital}}{=} \lim\limits_{x\to\infty} \dfrac{e^x}{e^x} = 1$,
- $\lim\limits_{x\to-\infty} f(x) = \lim\limits_{x\to-\infty} \dfrac{e^x - 2}{e^x + 1} = \dfrac{-2}{1} = -2$ (da $e^{-x} \to 0$ für $x \to -\infty$).

Die Geraden mit den Gleichungen $y = 1$ und $y = -2$ sind waagerechte Asymptoten.

Skizze des Funktionsgraphen:

Wegen $f(0) = \dfrac{1-2}{1+1} = -\dfrac{1}{2}$ ergibt sich der Schnittpunkt $S_y(0 \mid -\frac{1}{2})$ mit der y-Achse.

Mithilfe dieser Informationen lässt sich eine Vorzeichentabelle erstellen. Dabei wird berücksichtigt, dass an der einfachen Nullstelle ln(2) ein Vorzeichenwechsel auftritt.

x	$-\infty \leftarrow$	0	ln(2)		$\to +\infty$
$f(x)$	$-2 \leftarrow$	$-$	0	$+$	$\to 1$

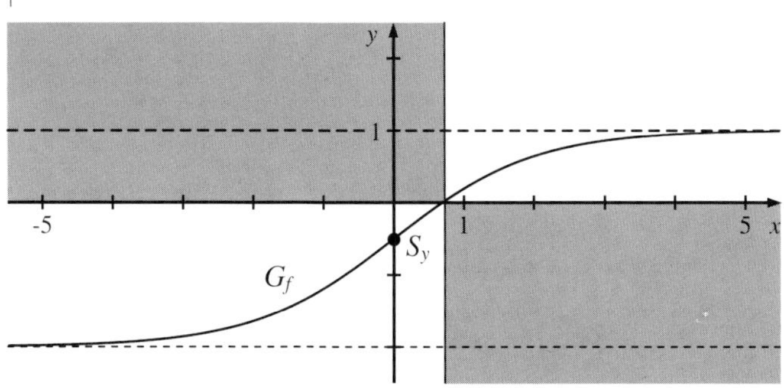

Wir wollen zum Vergleich die Funktion mithilfe der Differenzialrechnung auf relative Extrempunkte und Wendepunkte untersuchen.

Ableitungen:

$$f'(x) = \frac{(e^x+1)e^x - (e^x-2)e^x}{(e^x+1)^2} = \frac{3e^x}{(e^x+1)^2}$$

$$f''(x) = 3 \cdot \frac{(e^x+1)^2 e^x - e^x \cdot 2(e^x+1) \cdot e^x}{(e^x+1)^4} = 3 \cdot \frac{e^{2x} + e^x - 2e^{2x}}{(e^x+1)^3}$$

$$= 3 \cdot \frac{e^x - e^{2x}}{(e^x+1)^3} = 3 \cdot \frac{e^x(1-e^x)}{(e^x+1)^3}$$

Bestimmung der relativen Extrempunkte:

Es gibt keine Nullstellen der ersten Ableitung und damit auch keine relativen Extrempunkte.

Bestimmung der Wendepunkte:

- notwendige Bedingung:

$$f''(x) = 0 \;\Leftrightarrow\; e^x(e^x-1) = 0 \;\Leftrightarrow\; e^x - 1 = 0 \;\Leftrightarrow\; e^x = 1 \;\Leftrightarrow\; x_0 = 0$$

- hinreichende Bedingung:

Da $x_0 = 0$ eine einfache Nullstelle von f'' ist und $f''(1) = 3 \cdot \frac{e(1-e)}{(e+1)^3} < 0$ gilt, ergibt sich die folgende Vorzeichentabelle.

x		0	1
$f''(x)$	+	0	–
		WP	

Wegen $f(0) = -\frac{1}{2}$ ergibt sich der Wendepunkt $W(0 \mid -\frac{1}{2})$.

7. Berechnen Sie die Nullstellen, den Schnittpunkt mit der y-Achse und die Grenzwerte für $x \to \pm\infty$. Erstellen Sie eine Vorzeichentabelle und skizzieren Sie den Graphen der Funktion.

   Bestätigen Sie ihre Vermutungen über mögliche relative Extrempunkte und Wendepunkte rechnerisch.

   a) $f(x) = \frac{e^x}{e^x+4}$ b) $f(x) = \frac{1-e^x}{e^x+1}$

Verkettungen von e-Funktionen mit ganzrationalen Funktionen

Wir betrachten als Beispiel die Funktion $f\colon \mathbb{R} \to \mathbb{R}, x \mapsto 2x \cdot e^{\frac{1}{2}(1-x^2)}$.

Nullstellen:

Es gibt nur die Nullstelle $x_0 = 0$, da $e^{\frac{1}{2}(1-x^2)} > 0$ für alle $x \in \mathbb{R}$ gilt. Dabei handelt es sich um eine einfache Nullstelle mit Vorzeichenwechsel.

Grenzwerte:

Es gilt $e^{\frac{1}{2}(1-x^2)} \to 0$ für $x \to \pm\infty$. Für die Grenzwerte ergibt sich damit:

- $\lim\limits_{x\to\infty} f(x) = \lim\limits_{x\to\infty}(x \cdot e^{\frac{1}{2}(1-x^2)}) = 0^+$ (die e-Funktion dominiert) ,
- $\lim\limits_{x\to-\infty} f(x) = \lim\limits_{x\to-\infty}(x \cdot e^{\frac{1}{2}(1-x^2)}) = 0^-$ (die e-Funktion dominiert) .

Skizze des Funktionsgraphen:

Wegen $f(1) = 2 \cdot e^0 = 2$ lässt sich eine Vorzeichentabelle erstellen. Dabei wird berücksichtigt, dass an der einfachen Nullstelle $x_0 = 0$ ein Vorzeichenwechsel auftritt.

x	$-\infty \leftarrow$		0	1	$\to +\infty$
$f(x)$	$0 \leftarrow$	$-$	0	$+$	$\to 0$

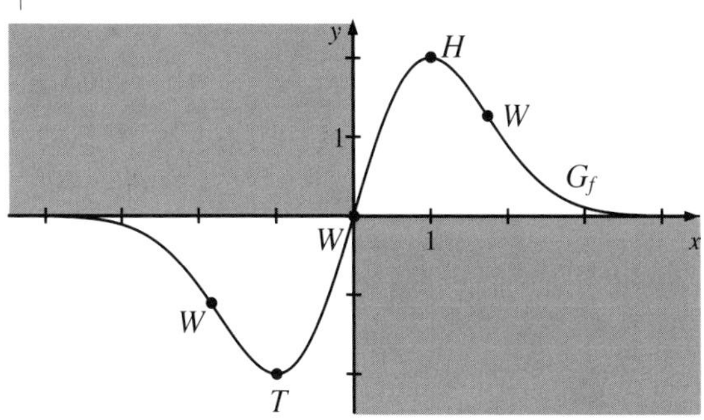

Ableitungen:

$$f'(x) = 2\,(1 \cdot e^{\frac{1}{2}(1-x^2)} + x \cdot e^{\frac{1}{2}(1-x^2)} \cdot (-x)) = 2(1-x^2)\, e^{\frac{1}{2}(1-x^2)}$$

$$f''(x) = 2\,(-2x \cdot e^{\frac{1}{2}(1-x^2)} + (1-x^2) \cdot e^{\frac{1}{2}(1-x^2)} \cdot (-x)) = 2x(x^2-3)\, e^{\frac{1}{2}(1-x^2)}$$

Bestimmung der relativen Extrempunkte:

- notwendige Bedingung:

$$f'(x) = 0 \;\Leftrightarrow\; 1 - x^2 = 0 \;\Leftrightarrow\; x_1 = -1 \;\vee\; x_2 = 1$$

- hinreichende Bedingung:

  Da $x_1 = -1$ und $x_2 = 1$ einfache Nullstellen von f' sind und $f'(0) = 1$ gilt, ergibt sich folgende Vorzeichentabelle:

x		-1		1	
$f'(x)$	$-$	0	$+$	0	$-$
		TP		HP	

  Für die Funktionswerte gilt:

  $$f(-1) = -2 \quad \text{und} \quad f(1) = 2$$

  Damit ergeben sich der Tiefpunkt $T(-1 \mid -2)$ und der Hochpunkt $H(1 \mid 2)$.

An der Stelle $x_1 = -1$ nimmt die Funktion f sogar ihr absolutes Minimum, an der Stelle $x_2 = 1$ ihr absolutes Maximum an.

Bestimmung der Wendepunkte:

- notwendige Bedingung:

  $$f''(x) = 0 \;\Leftrightarrow\; x \cdot (x^2 - 3) = 0 \;\Leftrightarrow\; x_0 = 0 \vee x_3 = -\sqrt{3} \vee x_4 = \sqrt{3}$$

- hinreichende Bedingung:

  Da $x_0 = 0$, $x_3 = -\sqrt{3}$ und $x_4 = \sqrt{3}$ einfache Nullstellen von f'' sind und $f''(1) = -4e < 0$ gilt, erhält man folgende Vorzeichentabelle:

x		$-\sqrt{3}$		0	1	$\sqrt{0,5}$	
$f''(x)$	$+$	0	$-$	0	$+$	0	$-$
		WP		WP		WP	

  Wegen $f(-\sqrt{3}) = -\frac{2\sqrt{3}}{e}$, $f(0) = 0$ und $f(\sqrt{3}) = \frac{2\sqrt{3}}{e}$, ergeben sich die drei Wendepunkte $W_1(-\sqrt{3} \mid -\frac{2\sqrt{3}}{e})$, $W_2(0 \mid 0)$ und $W_3(\sqrt{3} \mid \frac{2\sqrt{3}}{e})$.

8. Erstellen Sie mithilfe der Nullstellen und der Grenzwerte für $x \to \pm\infty$ eine Vorzeichentabelle und skizzieren Sie den Graphen der Funktion.

   Bestätigen Sie ihre Vermutungen über mögliche relative Extrempunkte und Wendepunkte rechnerisch.

   a) $f(x) = 2x \cdot e^{-x^2}$ b) $f(x) = x^2 \cdot e^{1-x}$

5.3 Produkte, Quotienten und Verkettungen von Funktionen mit ln-Funktionen

Produkte von ln-Funktionen mit ganzrationalen Funktionen

Wir betrachten als Beispiel die Funktion $f\colon \mathbb{R}^+ \to \mathbb{R},\ x \mapsto x^3 \cdot (\ln(x) - 1)$.

Wir können uns auch in diesem Fall ohne Anwendung der Differenzialrechnung einen Überblick über den Verlauf des Graphen verschaffen.

Nullstellen:

Die Nullstellen erhält man aus folgender Überlegung:

$$f(x) = 0 \quad \Leftrightarrow \quad x_0 = 0 \notin D_{\max} \ \vee \ \ln(x) = 1 \quad \Leftrightarrow \quad x_1 = \mathrm{e}\,.$$

Grenzwerte:

Für die Grenzwerte für $x \to 0^+$ und $x \to +\infty$ ergibt sich:

- $\lim\limits_{x\to 0^+} f(x) = \lim\limits_{x\to 0^+} (x^3 \cdot (\ln(x) - 1)) = 0^-$ (die Potenzfunktion dominiert) ,
- $\lim\limits_{x\to \infty} f(x) = \lim\limits_{x\to \infty} (x^3 \cdot (\ln(x) - 1)) \to +\infty$ (beide Faktoren streben nach ∞) .

Skizze des Funktionsgraphen:

Mithilfe dieser Informationen lässt und mit $f(1) = -1$ lässt sich eine Vorzeichentabelle erstellen. Dabei wird berücksichtigt, dass an der Stelle $x_1 = \mathrm{e}$ ein Vorzeichenwechsel auftritt.

x	$0^+ \leftarrow$	1	e		$\to +\infty$
$f(x)$	$0 \leftarrow$	$-$	0	$+$	$\to 0$

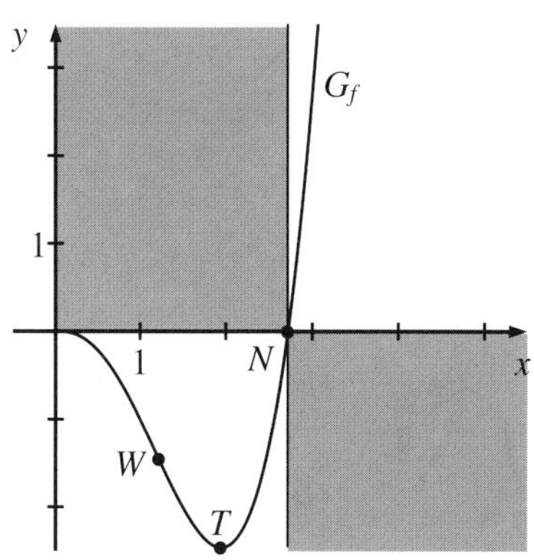

Wir wollen nun die charakteristischen Punkte des Funktionsgraphen mithilfe der Differenzialrechnung bestimmen.

Ableitungen:

$$f'(x) = 3x^2 \cdot (\ln(x) - 1) + x^3 \cdot \frac{1}{x} = x^2 \cdot (3\ln(x) - 2)$$

$$f''(x) = 2x \cdot (3\ln(x) - 2) + x^2 \cdot \frac{3}{x} = x \cdot (6\ln(x) - 1)$$

Bestimmung der relativen Extrempunkte:

- notwendige Bedingung:

  $$f'(x) = 0 \iff 3\ln(x) - 2 = 0 \iff x_2 = e^{\frac{2}{3}} \approx 1{,}95 .$$

  Die Stelle $x_0 = 0$ scheidet aus, da sie nicht zur Definitionsmenge gehört.

- hinreichende Bedingung:

  Da an der Stelle $x_2 = e^{\frac{2}{3}}$ ein Vorzeichenwechsel von f' vorliegt und dabei $f'(1) = -2$ gilt, ergibt sich folgende Vorzeichentabelle für $f'(x)$:

x	0	1	$e^{\frac{2}{3}}$	
$f'(x)$	|	–	0	+
			TP	

  Für den Funktionswert ergibt sich: $f(e^{\frac{2}{3}}) = e^2 \cdot (\frac{2}{3} - 1) = -\frac{1}{3}e^2 \approx -2{,}46$.

  Näherungsweise ergibt sich damit der Tiefpunkt $T(1{,}95 \mid -2{,}46)$.

An der Stelle $x_2 = e^{\frac{2}{3}}$ nimmt die Funktion f sogar ihr absolutes Minimum an.

Bestimmung der Wendepunkte:

- notwendige Bedingung:

  $$f''(x) = 0 \iff 6\ln(x) - 1 = 0 \iff x_3 = e^{\frac{1}{6}} \approx 1{,}18 .$$

  Die Stelle $x_0 = 0$ kommt wiederum nicht in Betracht.

- hinreichende Bedingung:

  Da an der Stelle $x_3 = e^{\frac{1}{6}}$ ein Vorzeichenwechsel von f'' vorliegt und dabei $f''(1) = -1$ gilt, ergibt sich folgende Vorzeichentabelle für $f''(x)$:

x	0	1	$e^{\frac{1}{6}}$	
$f''(x)$	|	–	0	+
			WP	

  Für den Funktionswert folgt: $f(e^{\frac{1}{6}}) = e^{\frac{1}{2}} \cdot (\frac{1}{6} - 1) = -\frac{5}{6}e^{\frac{1}{2}} \approx -1{,}37$.

  Näherungsweise ergibt sich damit der Wendepunkt $W(1{,}18 \mid -1{,}37)$.

Grenzwert von f' für $x \to 0^+$:

Im vorliegenden Fall ist es interessant zu untersuchen, welche Steigung der Funktionsgraph im Grenzfall $x \to 0^+$ besitzt:

$$\lim_{x \to 0^+} f'(x) = \lim_{x \to 0^+} (x^2 \cdot (3\ln(x) - 2)) = 0 \quad \text{(die Potenzfunktion dominiert).}$$

9. Welcher Graph und welche Funktionsgleichung aus der angegebenen Liste gehören zusammen? Begründen Sie Ihre Auswahl mit möglichst vielen Argumenten.

a)

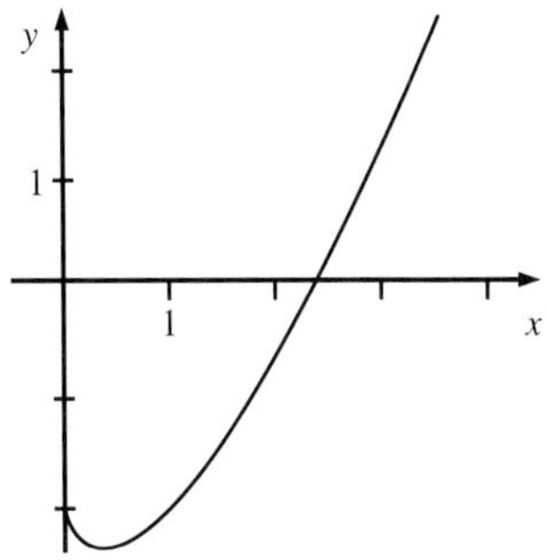

b)

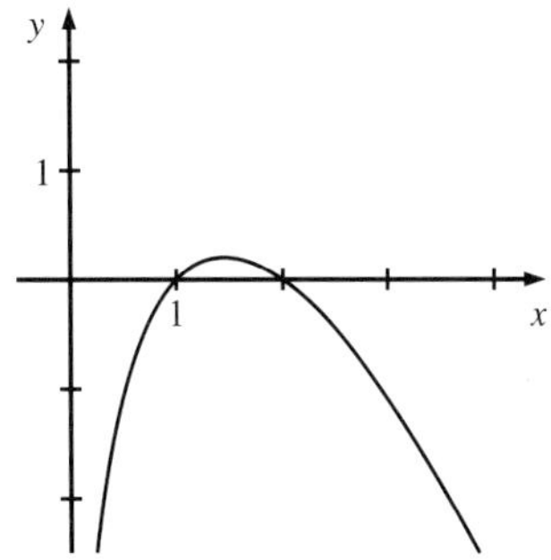

c)

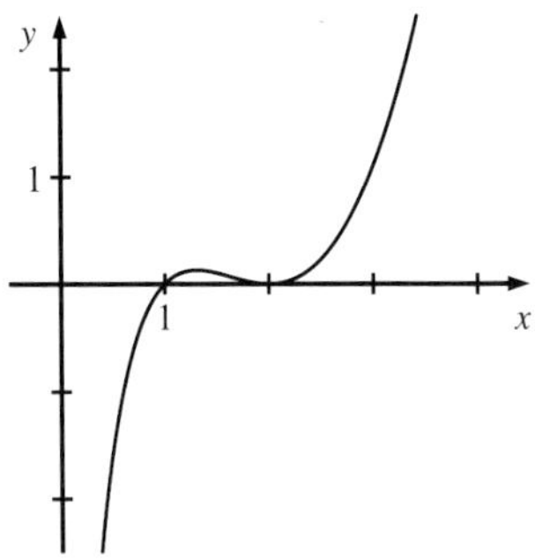

d)

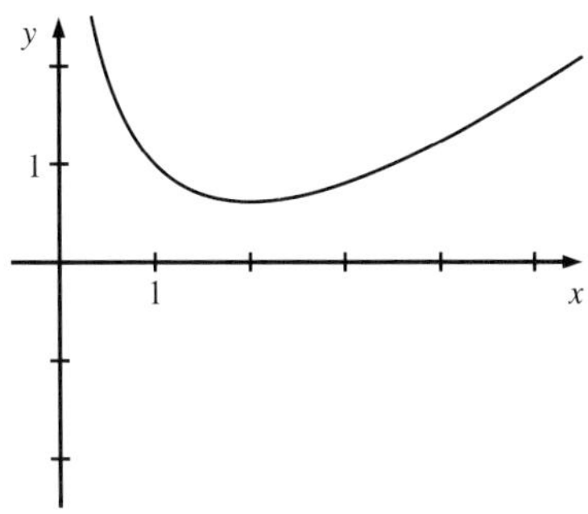

Liste der möglichen Funktionsgleichungen:

① $y = x - 2\ln(x)$ ② $y = (2 - x) \cdot \ln(x)$ ③ $y = (x - 2)^2 \cdot \ln(x)$ ④ $y = (x^2 - 2) \cdot \ln(x)$

⑤ $y = (x^2 - 2) \cdot \ln(x)$ ⑥ $y = x \cdot (\ln(x) - 2)$ ⑦ $y = x \cdot \ln(x) - 2$ ⑧ $y = (x - 2) \cdot \ln(x)$

Quotienten von ln-Funktionen mit ganzrationalen Funktionen

Wir betrachten als Beispiel die Funktion $f\colon D_{\max} \to \mathbb{R}\,,\ x \mapsto \dfrac{\ln(x)-1}{x}$.

Bestimmung von $D_{\max}$:

Für die Definitionsmenge gilt $D_{\max} = \mathbb{R}^+$. Zu beachten ist, dass hierbei die Nullstelle $x_0 = 0$ der Nennerfunktion bereits berücksichtigt ist.

> Die Nullstellen der Funktion im Nenner müssen berücksichtigt werden.

Nullstellen:

Die Nullstelle erhält man aus folgender Überlegung:

$$f(x) = 0 \;\Leftrightarrow\; \ln(x) - 1 = 0 \;\Leftrightarrow\; \ln(x) = 1 \;\Leftrightarrow\; x_1 = \mathrm{e}.$$

Grenzwerte:

Für die Grenzwerte für $x \to 0^+$ und $x \to +\infty$ ergibt sich:

- $\lim\limits_{x\to 0^+} f(x) = \lim\limits_{x\to 0^+} \dfrac{\ln(x)-1}{x} = \lim\limits_{x\to 0^+} \left(\dfrac{1}{x}\cdot(\ln(x)-1)\right) \to -\infty$ (Für $x \to 0^+$ gilt: $\dfrac{1}{x} \to +\infty$ und $(\ln(x)-1) \to -\infty$.)
- $\lim\limits_{x\to\infty} f(x) = \lim\limits_{x\to\infty} \dfrac{\ln(x)-1}{x} = 0$ (die Potenzfunktion im Nenner dominiert).

Skizze des Funktionsgraphen:

Mit diesen Informationen und mit $f(1) = -1$ kann man eine Vorzeichentabelle erstellen. Dabei ist zu berücksichtigen, dass an der Nullstelle $x_1 = \mathrm{e}$ ein Vorzeichenwechsel auftritt.

x	$0^+ \leftarrow$	1	e		$\to +\infty$
$f(x)$	$\infty - \leftarrow$	$-$	0	$+$	$\to 0^+$

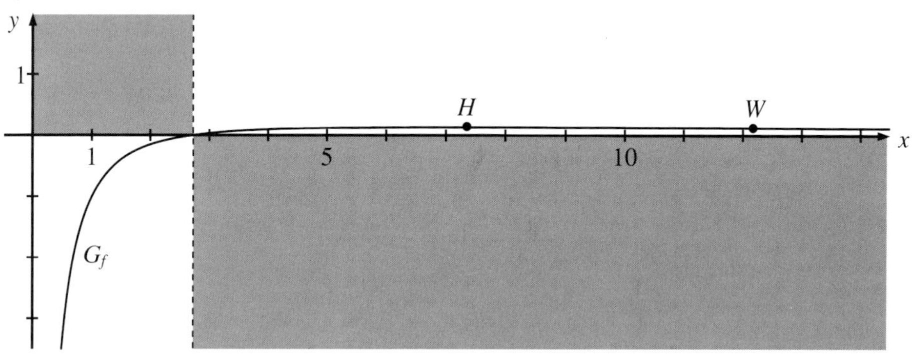

Der dargestellte Verlauf des Funktionsgraphen soll mithilfe der Differenzialrechnung bestätigt werden.

Ableitungen:

$$f'(x) = \frac{x \cdot \frac{1}{x} - 1 \cdot (\ln(x) - 1)}{x^2} = \frac{2 - \ln(x)}{x^2},$$

$$f''(x) == \frac{x^2 \cdot (-\frac{1}{x}) - 2x(2 - \ln(x))}{x^4} = \frac{-x - 4x + 2x\ln(x)}{x^4} = \frac{2\ln(x) - 5}{x^3}.$$

Bestimmung der relativen Extrempunkte:

- notwendige Bedingung:

  $f'(x) = 0 \Leftrightarrow 2 - \ln(x) = 0 \Leftrightarrow \ln(x) = 2 \Leftrightarrow x_2 = e^2 \approx 7{,}39.$

- hinreichende Bedingung:

  Da an der Stelle $x_2 = e^2$ ein Vorzeichenwechsel von f' vorliegt und dabei $f'(1) = 2$ gilt, ergibt sich folgende Vorzeichentabelle:

x	0	1	e^2	
$f'(x)$	|	+	0	−
			HP	

Für den Funktionswert ergibt sich:

$$f(e^2) = \frac{1}{e^2} \approx 0{,}14.$$

Näherungsweise ergibt sich damit der Hochpunkt $H(7{,}39 \mid 0{,}14)$.

An der Stelle $x_2 = e^2$ nimmt die Funktion f sogar ihr absolutes Maximum an.

Bestimmung der Wendepunkte:

- notwendige Bedingung:

  $f''(x) = 0 \Leftrightarrow 2\ln(x) - 5 = 0 \Leftrightarrow \ln(x) = 2{,}5 \Leftrightarrow x_3 = e^{2,5} \approx 12{,}18.$

- hinreichende Bedingung:

  Da an der Stelle $x_3 = e^{2,5}$ ein Vorzeichenwechsel von f'' vorliegt und dabei $f''(1) = -5$ gilt, ergibt sich folgende Vorzeichentabelle für $f''(x)$:

x	0	1	$e^{2,5}$	
$f''(x)$	|	−	0	+
			WP	

Für den Funktionswert ergibt sich:

$$f(e^{2,5}) = \frac{1{,}5}{e^{2,5}} \approx 0{,}12.$$

Näherungsweise ergibt sich damit der Wendepunkt $W(12{,}18 \mid 0{,}12)$.

10. Bestimmen Sie die maximale Definitionsmenge.

a) $f(x) = \frac{\ln(x) - 2}{x + 1}$ b) $f(x) = \frac{\ln(x) + 2}{x - 1}$ c) $f(x) = \frac{\ln(x) + 2}{x^2 - 1}$

d) $f(x) = \frac{\ln(x) + 3}{x^2 - 3x}$ e) $f(x) = \frac{3\ln(x) + 1}{x^2 - x - 2}$ f) $f(x) = \frac{3\ln(x) + 1}{x^2 - 4x + 3}$

11. An welchen Stellen schneidet der Graph der Funktion die x-Achse? Beachten Sie dabei $D_{\max}$.

a) $f(x) = \dfrac{\ln(x)+2}{x-1}$ b) $f(x) = \dfrac{x\ln(x)-x}{x^2-4}$ c) $f(x) = \dfrac{(x^2-x-2)\ln(x)}{x-3}$

12. Ordnen Sie den abgebildeten Graphen die richtige Funktionsgleichung aus der angegebenen Liste zu. Begründen Sie Ihre Auswahl mit möglichst vielen Argumenten.

a)
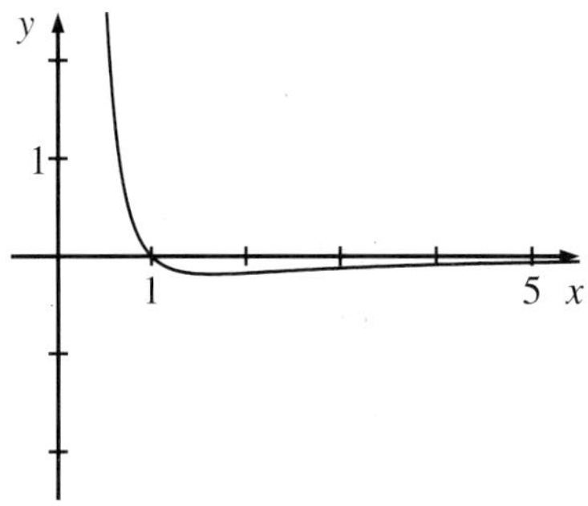

b)
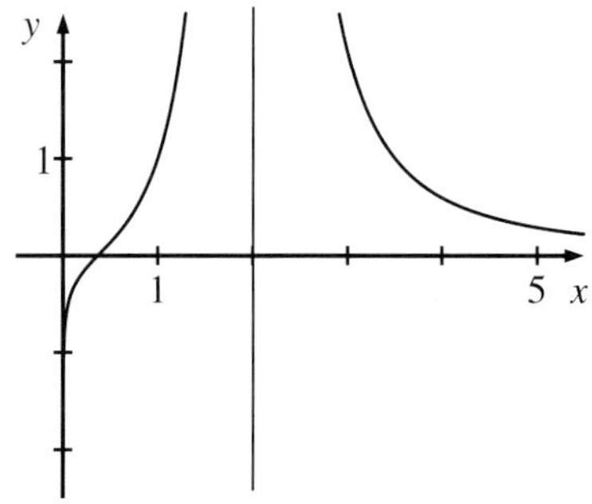

c)
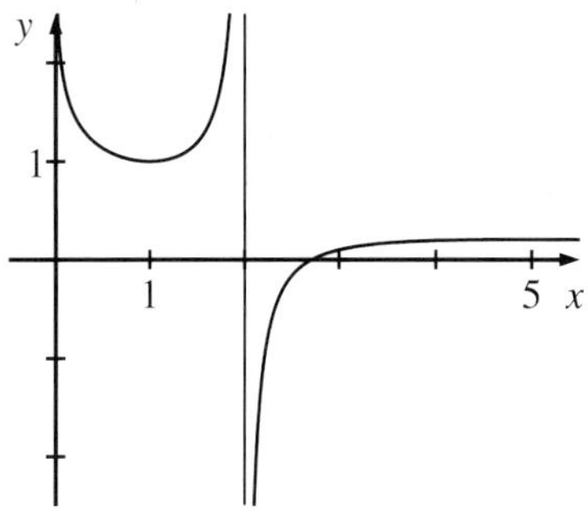

d)
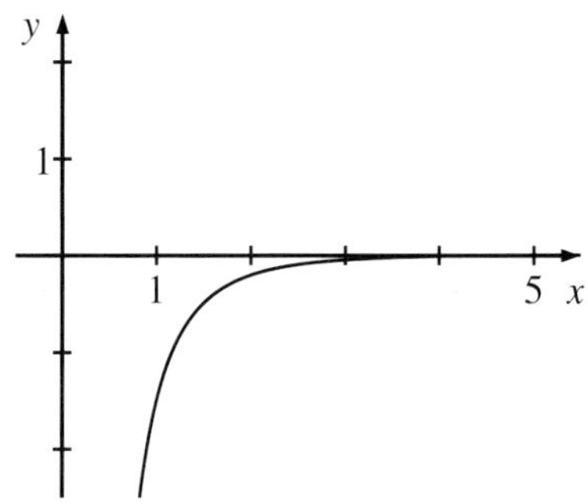

Liste der möglichen Funktionsgleichungen:

① $y = \dfrac{\ln(x)}{x^2}$ ② $y = -\dfrac{\ln(x)-1{,}5}{x^2}$ ③ $y = \dfrac{\ln(x)-1{,}5}{x^2}$ ④ $y = -\dfrac{\ln(x)}{x^2}$

⑤ $y = \dfrac{\ln(x)+1}{(x-2)^2}$ ⑥ $y = \dfrac{\ln(x)-1}{x-2}$ ⑦ $y = \dfrac{\ln(x)-1}{(x-2)^2}$ ⑧ $y = \dfrac{\ln(x)+1}{x-2}$

13. Erstellen Sie eine Skizze des Funktionsgraphen.

a) $f\colon D_{\max} \to \mathbb{R},\ x \mapsto \dfrac{1-2\ln(x)}{x}$ b) $f\colon D_{\max} \to \mathbb{R},\ x \mapsto \dfrac{\ln(x)+1}{x^3}$

Verkettung von ln-Funktionen mit ganzrationalen Funktionen

Wir betrachten als Beispiel die Funktion $f: D_{\max} \to \mathbb{R}$, $x \mapsto \ln(4x - x^2)$. Wir untersuchen die Funktion f auf charakteristische Eigenschaften.

Bestimmung der Definitionsmenge:

> **Definitionsmenge von Funktionen der Art $f(x) = \ln(g(x))$**
>
> Bedingung: $g(x) > 0$.
>
> Das Argument der Logarithmusfunktion muss positiv sein!

Zur Bestimmung der Definitionsmenge ist zu beachten, dass das Argument der Logarithmusfunktion positiv sein muss.

Bezeichnet $g(x) = 4x - x^2$ die ganzrationale Argumentfunktion, so ist die Ungleichung zu betrachten:

$$g(x) > 0 \Leftrightarrow 4x - x^2 > 0 \Leftrightarrow x \cdot (4 - x) > 0 .$$

Diese Produktungleichung lässt sich grafisch lösen. Der Graph von g ist eine nach unten geöffnete Parabel mit den Nullstellen $x_0 = 0$ und $x_1 = 4$.

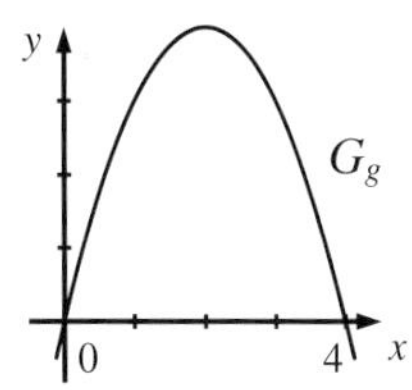

Für die maximale Definitionsmenge folgt $D_{\max} =]0\,;\,4[$.

Nullstellen:

> **Nullstellen von Funktionen der Art $f(x) = \ln(g(x))$**
>
> Bedingung: $g(x) = 1$.
>
> Das Argument der Logarithmusfunktion muss den Wert 1 haben!

Für eine Nullstelle von f muss das Argument der Logarithmusfunktion den Wert 1 besitzen. Im vorliegenden Fall ist folgende Gleichung zu lösen:

$$\begin{aligned} g(x) = 1 \quad &\Leftrightarrow \quad 4x - x^2 = 1 \\ &\Leftrightarrow \quad x^2 - 4x = -1 \\ &\Leftrightarrow \quad x^2 - 4x + 2^2 = -1 + 4 \\ &\Leftrightarrow \quad (x-2)^2 = 3 \\ &\Leftrightarrow \quad x_2 = 2 - \sqrt{3} \ \vee \ x_3 = 2 + \sqrt{3} \end{aligned}$$

Grenzwerte:

Zur Bestimmung der Grenzwerte ist zu beachten, dass die Funktion f die Verkettung der ln-Funktion mit der ganzrationalen Funktion g ist.

Für die ganzrationale Funktion g gilt:

$$g(x) \to 0^+ \text{ für } x \to 0^+ \text{ und } g(x) \to 0^+ \text{ für } x \to 4^-.$$

Wegen Stetigkeit der ln-Funktion überträgt sich dieses Grenzwertverhalten:

- $\lim\limits_{x \to 0^+} f(x) = \lim\limits_{x \to 0^+} \ln(g(x)) \to -\infty \quad (\text{da } g(x) \to 0^+ \text{ für } x \to 0^+)$,
- $\lim\limits_{x \to 4^-} f(x) = \lim\limits_{x \to 4^-} \ln(g(x)) \to -\infty \quad (\text{da } g(x) \to 0^+ \text{ für } x \to 4^-)$.

Ableitungen:

$$f'(x) = \frac{1}{4x - x^2} \cdot (4 - 2x) = \frac{2(2-x)}{4x - x^2} = 2 \cdot \frac{2-x}{4x - x^2} = 2 \cdot \frac{2-x}{x(4-x)},$$

$$f''(x) = 2 \cdot \frac{(4x - x^2) \cdot (-1) - (4-2x)(2-x)}{(4x - x^2)^2} = -2 \cdot \frac{x^2 - 4x + 8}{(4x - x^2)^2}.$$

Bestimmung der relativen Extrempunkte:

- notwendige Bedingung:

  $f'(x) = 0 \;\Leftrightarrow\; 2 - x = 0 \;\Leftrightarrow\; x_4 = 2$.

- hinreichende Bedingung:

  Da an der Stelle $x_4 = 2$ ein Vorzeichenwechsel von f' vorliegt und dabei $f'(1) = \frac{2}{3}$ gilt, ergibt sich folgende Vorzeichentabelle:

x	0	1	2		4
$f'(x)$	|	+	0	−	|
			HP		

  Für den Funktionswert folgt: $f(2) = \ln(4) = 2\ln(2) \approx 1{,}39$.

  Näherungsweise ergibt sich damit der Hochpunkt $H(2 \mid 1{,}39)$.

An der Stelle $x_4 = 2$ nimmt die Funktion f sogar ihr absolutes Maximum an.

Bestimmung der Wendepunkte:

- notwendige Bedingung:

  $f''(x) = 0 \;\Leftrightarrow\; x^2 - 4x + 8 = 0 \;\Leftrightarrow\; (x^2 - 4x + 4) + 4 = 0$

  $\Leftrightarrow\; (x + 4)^2 = -4$

  Diese Gleichung ist unerfüllbar. Es gibt daher keine Wendepunkte.

Graph der Funktion:

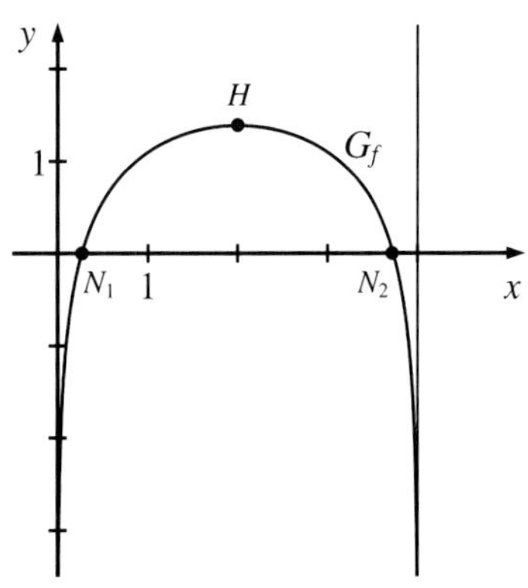

14. Geben Sie die maximale Definitionsmenge an.

a) $f(x) = \ln(3 - x)$ b) $f(x) = \ln(2x - 3)$ c) $f(x) = \ln(x^2 - 1)$

d) $f(x) = \ln(x^2 + x)$ e) $f(x) = \ln(-x^2 + x + 2)$ f) $f(x) = \ln((x - 1)^2)$

15. Welche Nullstellen hat die Funktion? Beachten Sie $D_{\max}$.

a) $f(x) = \ln(2x + 1)$ b) $f(x) = \ln(5 - x^2)$ c) $f(x) = \ln(2x - x^2)$

16. Welcher Graph und welche Funktionsgleichung aus der angegebenen Liste gehören zusammen? Begründen Sie.

a)

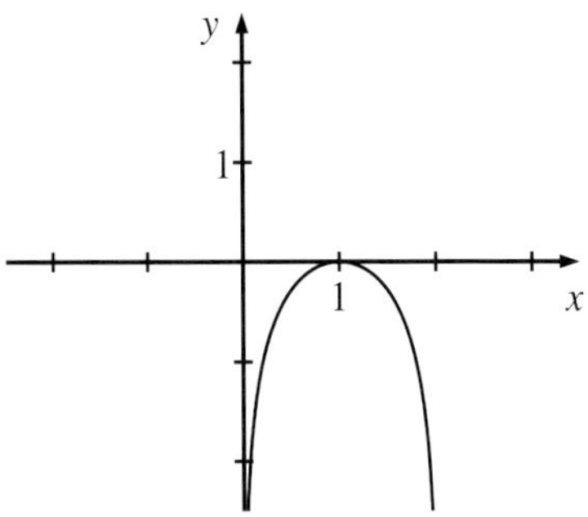

b)

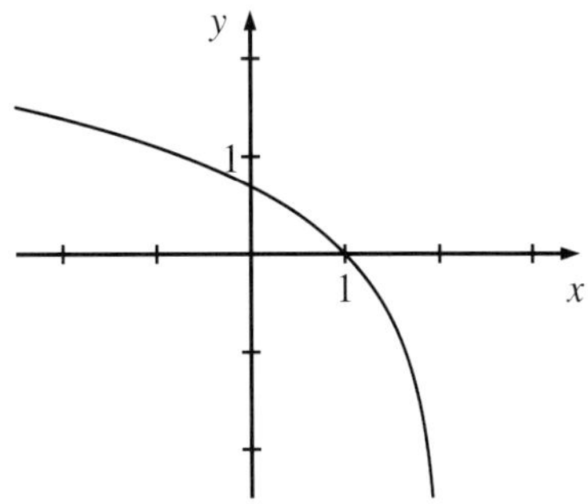

c)

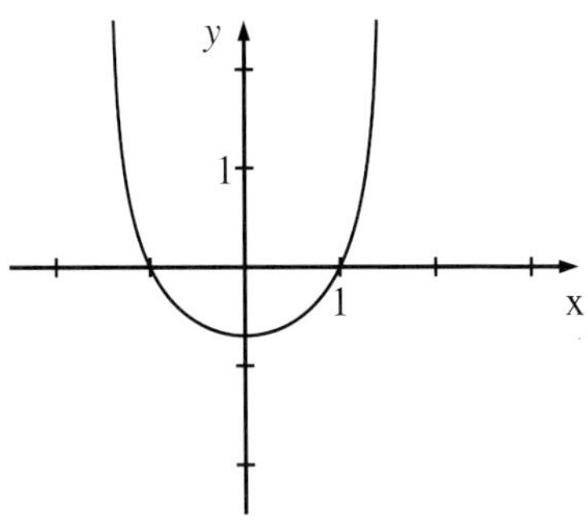

d)

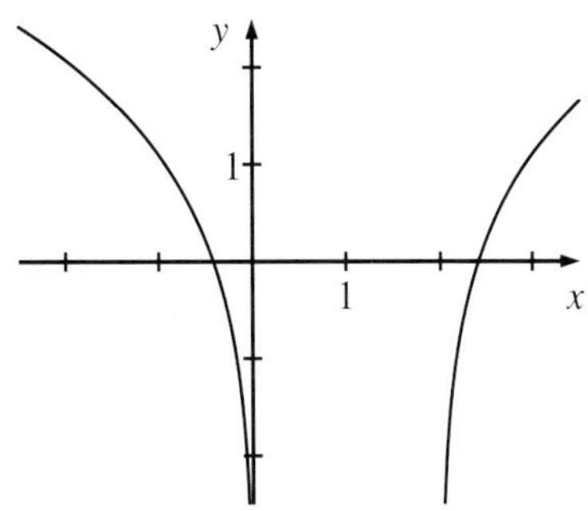

Liste der möglichen Funktionsgleichungen:

① $y = \ln(2 - x^2)$ ② $y = \ln(x - 2)$ ③ $y = \ln(2x - x^2)$ ④ $y = -\ln(2 - x^2)$

⑤ $y = -\ln(2 - x^2)$ ⑥ $y = \ln(x^2 - 2)$ ⑦ $y = \ln(2 - x)$ ⑧ $y = -\ln(x^2 - 2)$

Verkettung von ln-Funktionen mit gebrochenrationalen Funktionen

Wir betrachten als Beispiel die Funktion $f: D_{\max} \to \mathbb{R}$, $x \mapsto \ln(\frac{4x}{4-x})$. Wir untersuchen die Funktion f auf charakteristische Eigenschaften.

Bestimmung der Definitionsmenge:

Zur Bestimmung der Definitionsmenge ist zu beachten, dass das Logarithmusargument positiv sein muss.

Für die gebrochenrationale Funktion g mit der Gleichung $g(x) = \frac{4x}{4-x}$ ist die Ungleichung zu betrachten:

$$g(x) > 0 \iff \frac{4x}{4-x} > 0 .$$

Definitionsmenge von Funktionen der Art $f(x) = \ln(g(x))$

Bedingung: $g(x) > 0$.

Das Argument der Logarithmusfunktion muss positiv sein!

Diese Bruchungleichung lässt sich z. B. mithilfe eines Vorzeichendiagramms wie rechts abgebildet lösen.

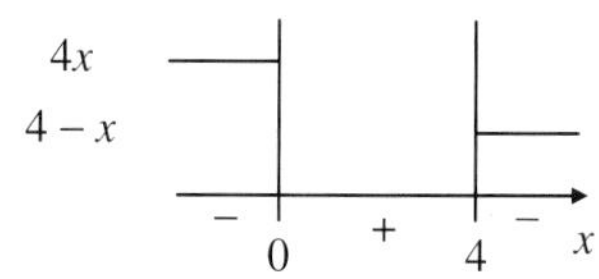

Für die maximale Definitionsmenge folgt $D_{\max} =]0\,;\,4[$.

Nullstellen:

Für eine Nullstelle von f muss das Argument der Logarithmusfunktion den Wert 1 besitzen. Im vorliegenden Fall ist folgende Gleichung zu lösen:

$$g(x) = 1 \iff \frac{4x}{4-x} = 1$$
$$\iff 4x = 4 - x$$
$$\iff 5x = 4$$
$$\iff x_0 = \frac{4}{5}$$

Nullstellen von Funktionen der Art $f(x) = \ln(g(x))$

Bedingung: $g(x) = 1$.

Das Argument der Logarithmusfunktion muss den Wert 1 haben!

Grenzwerte:

Zur Bestimmung der Grenzwerte ist zu beachten, dass die Funktion f die Verkettung der ln-Funktion mit der gebrochenrationalen Funktion g ist.

Für die gebrochenrationale Funktion g gilt:

$$g(x) = \frac{4x}{4-x} \to 0^+ \text{ für } x \to 0^+ \text{ und } g(x) = \frac{4x}{4-x} \to +\infty \text{ für } x \to 4^- .$$

Wegen Stetigkeit der ln-Funktion überträgt sich dieses Grenzwertverhalten:

- $\lim\limits_{x\to 0^+} f(x) = \lim\limits_{x\to 0^+} \ln(g(x)) \to -\infty$ (da $g(x) \to 0^+$ für $x \to 0^+$) ,
- $\lim\limits_{x\to 4^-} f(x) = \lim\limits_{x\to 4^-} \ln(g(x)) \to +\infty$ (da $g(x) \to +\infty$ für $x \to 4^-$) .

Ableitungen:

$$f'(x) = \frac{4-x}{4x} \cdot \frac{(4-x)\cdot 4 - 4x\cdot(-1)}{(4-x)^2} = \frac{4-x}{4x} \cdot \frac{16}{(4-x)^2} = \frac{4}{x\cdot(4-x)} = \frac{4}{4x-x^2}$$

$$f''(x) = \frac{x(4-x)\cdot 0 - 4(4-2x)}{x^2\cdot(4-x)^2} = 8\cdot\frac{x-2}{x^2\cdot(4-x)^2}$$

Bestimmung der relativen Extrempunkte:

f' besitzt keine Nullstelle. Es gibt daher keine Extrema.

Bestimmung der Wendepunkte:

- notwendige Bedingung:

  $f''(x) = 0 \Leftrightarrow x-2=0 \Leftrightarrow x_1 = 2$.

  Da an der Stelle $x_1 = 2$ ein Vorzeichenwechsel von f'' vorliegt und dabei $f''(1) = -\frac{8}{9}$ gilt, ergibt sich folgende Vorzeichentabelle:

x	0	1	2		4
$f''(x)$	|	–	0	+	|
			WP		

Für den Funktionswert ergibt sich:

$$f(2) = \ln(4) \approx 1{,}39 .$$

Damit ergibt sich der Wendepunkt $W(2 \mid \ln(4))$.

Graph der Funktion:

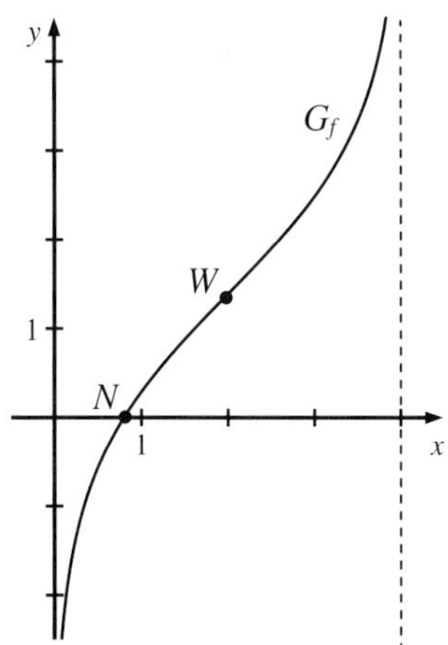

17. Berechnen Sie mithilfe eines Vorzeichendiagramms $D_{\max}$.

a) $f(x) = \ln(\frac{x-1}{2x})$ b) $f(x) = \ln(\frac{x-2}{x+3})$ c) $f(x) = \ln(\frac{x-3}{1-x})$

d) $f(x) = \ln(\frac{4-x^2}{4+x^2})$ e) $f(x) = \ln(\frac{4}{4+x^2})$ f) $f(x) = \ln(\frac{4x-3}{x^3})$

18. Bestimmen Sie die maximale Definitionsmenge sowie die Nullstellen.

a) $f(x) = \ln(\frac{x+2}{3-x})$ b) $f(x) = \ln(\frac{x^2-2}{x})$ c) $f(x) = \ln(\frac{x^2}{x+1})$

19. Ordnen Sie den Graphen die richtige Funktionsgleichung aus der angegebenen Liste zu. Begründen Sie Ihre Auswahl mit möglichst vielen Argumenten.

a)

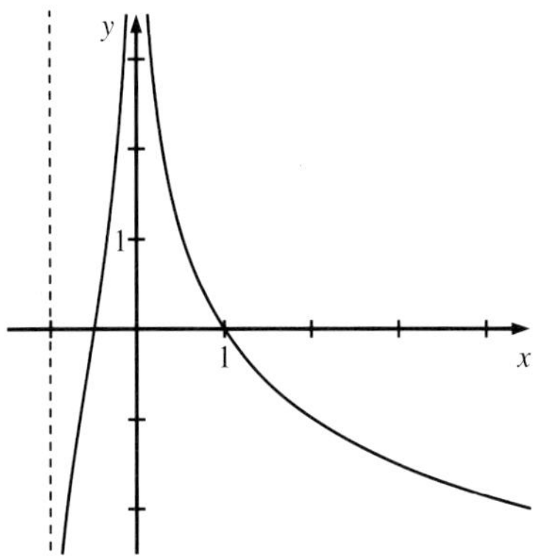

b)

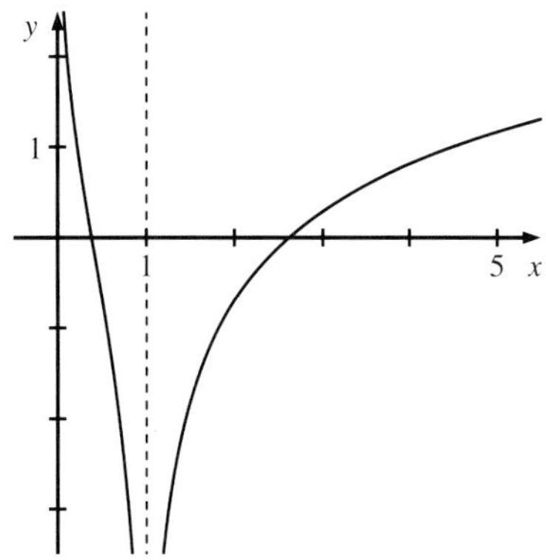

Liste der möglichen Funktionsgleichungen:

① $y = \ln(\frac{x+1}{2x^2})$ ② $y = \ln(\frac{x^2}{x+1})$ ③ $y = \ln(\frac{x}{x^2+1})$ ④ $y = \ln(\frac{(x-1)^2}{x})$

5.4 Diskussion von e-Funktionen

Nachfolgend ist ein Beispiel einer kompletten Kurvendiskussion für eine zusammengesetzte e-Funktion angegeben.

Beispiel: $f(x) = e^{2x} - 2e^x$.

① **Maximale Definitionsmenge**

Es gilt $D_{max} = \mathbb{R}$.

② **Nullstellen der Funktion**

$$f(x) = e^{2x} - 2e^x = e^x \cdot (e^x - 2) = 0 \Leftrightarrow e^x = 0 \vee e^x = 2 \Leftrightarrow x_0 = \ln(2)$$

Die Gleichung $e^x = 0$ ist unerfüllbar, denn es gilt $e^x > 0$ für alle $x \in \mathbb{R}$.

f hat $x_0 = \ln(2)$ als einfache Nullstelle (mit Vorzeichenwechsel.)

③ **Symmetrie**

Der Funktionsgraph ist weder symmetrisch zur y-Achse noch zum Ursprung, da z. B. die Nullstellen nicht symmetrisch auftreten.

④ **Ableitungen**

$$f'(x) = 2e^{2x} - 2e^x = 2e^x \cdot (e^x - 1)$$

$$f''(x) = 4e^{2x} - 2e^x = 2e^x \cdot (2e^x - 1)$$

⑤ **Relative Extrema und Monotonie**

$$f'(x) = 2e^{2x} - 2e^x = 2e^x \cdot (e^x - 1) = 0 \Leftrightarrow e^x = 1 \Leftrightarrow x_1 = 0$$

Mit $f'(1) = 2e \cdot (e - 1) > 0$ und $f(0) = -1$ ergibt sich folgende Vorzeichentabelle:

x		0	
$f'(x)$	−	0	+
$f(x)$	↘	−1	↗

Monotonieverhalten:

G_f ist streng monoton fallend in $]-\infty\,; 0]$.
G_f ist streng monoton wachsend in $[0\,; \infty[$.

Es liegt der Tiefpunkt $T(0 \mid -1)$ vor.

An der Stelle $x_1 = 0$ nimmt die Funktion f sogar ihr absolutes Minimum an.

⑥ **Wendepunkte und Krümmung**

$$f''(x) = 4e^{2x} - 2e^{x} = 2e^{x} \cdot (2e^{x} - 1) = \Leftrightarrow e^{x} = \frac{1}{2} \Leftrightarrow x_2 = -\ln(2)$$

Mit $f''(0) = 2 > 0$ und $f(-\ln(2)) = -\frac{3}{4}$ ergibt sich folgende Vorzeichentabelle:

x		$-\ln(2)$	
$f''(x)$	$-$	0	$+$
$f(x)$	↻	$-\frac{3}{4}$	↺

Krümmungsverhalten:

G_f ist rechtsgekrümmt in $]-\infty\,;-\ln(2)]$.
G_f ist linksgekrümmt $[-\ln(2)\,;\infty\,[$.

Es liegt der Wendepunkt $W(-\ln(2)\,|\,-\frac{3}{4})$ vor.

⑦ **Grenzverhalten für $x \to \pm\infty$**

$$\lim_{x\to-\infty} f(x) = \lim_{x\to-\infty} (e^{x} \cdot (e^{x} - 2)) \to 0 \text{ und}$$

$$\lim_{x\to\infty} f(x) = \lim_{x\to\infty} (e^{x} \cdot (e^{x} - 2)) \to \infty .$$

⑧ **Graph**

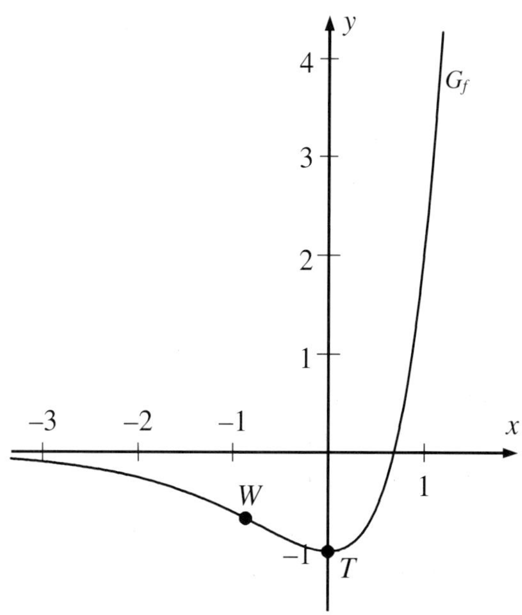

20. Diskutieren Sie die Funktion.

a) $f: x \mapsto x \cdot e^{-x}$ b) $f: x \mapsto x^2 \cdot e^{x}$

c) $f: x \mapsto (3 - x^2) \cdot e^{-x}$

21. Betrachtet werden die beiden Exponentialfunktionen $f: \mathbb{R} \to \mathbb{R}$, $x \mapsto e^{-x}$ und $g: \mathbb{R} \to \mathbb{R}$, $x \mapsto e^{x-1}$.

a) Bestimmen Sie den Schnittpunkt der beiden Graphen.

b) Zeichnen Sie die beiden Graphen in dasselbe Koordinatensystem.

c) Bestimmen Sie den Inhalt der Fläche, die von den beiden Graphen und den positiven Koordinatenachsen begrenzt wird.

22. a) Diskutieren Sie die Funktion $f: D_{\max} \to \mathbb{R}$, $x \mapsto e^{-x} + x + 1$.

b) Berechnen Sie das Maß der Fläche im 1. Quadranten, die vom Graphen der Funktion f und der Geraden mit der Gleichung $y = x + 1$ begrenzt wird.

23. Gegeben ist die Funktion $f: D_{\max} \to \mathbb{R}$, $x \mapsto -e \cdot x \cdot e^{x}$.

a) Diskutieren Sie die Funktion f.

b) Zeichnen Sie den Graphen der Funktion g mit $g(x) = e^{x}$ in das Koordinatensystem aus Teil a). Berechnen Sie den Inhalt der von beiden Graphen im zweiten Quadranten begrenzten Fläche.

24. Gegeben ist die Funktion $f_a: D_{\max} \to \mathbb{R}$, $x \mapsto x \cdot e^{ax}$ mit $a \in \mathbb{R}^*$.

a) Diskutieren Sie die Funktionenschar. Zeichnen Sie die Graphen zu $a = 1$ und $a = -1$ in dasselbe Koordinatensystem.

b) Zeigen Sie, dass $F_a(x) = (\frac{1}{a}x - \frac{1}{a^2})\, e^{ax}$ ein Stammfunktionsterm zu f ist.

c) Berechnen Sie für $a > 0$ den Inhalt der sich ins Unendliche erstreckenden Fläche, die vom Graphen von f_a und der negativen x-Achse berandet wird.

5.5 Diskussion von ln-Funktionen

Nachfolgend ist ein Beispiel einer kompletten Kurvendiskussion für eine zusammengesetzte ln-Funktion angegeben.

Beispiel: $f(x) = (\ln(x))^2$

① **Maximale Definitionsmenge**

Es gilt $D_{\max} = \mathbb{R}^+$.

② **Nullstellen der Funktion**

$$f(x) = 0 \Leftrightarrow \ln(x) = 0 \Leftrightarrow x_0 = 1$$

③ **Symmetrie**

Der Funktionsgraph ist weder symmetrisch zur y-Achse noch zum Ursprung, da schon $D_{\max}$ nicht symmetrisch ist.

④ **Ableitungen**

$$f'(x) = 2\ln(x) \cdot \frac{1}{x} = \frac{2\ln(x)}{x} \quad ; \quad f''(x) = \frac{2 \cdot \frac{1}{x} \cdot x - 2 \cdot \ln(x) \cdot 1}{x^2} = \frac{2 \cdot (1 - \ln(x))}{x^2}$$

⑤ **Relative Extrema und Monotonie**

$$f'(x) = \frac{2\ln(x)}{x} = 0 \Leftrightarrow \ln(x) = 0 \Leftrightarrow x_0 = 1$$

Mit $f'(2) = \ln(2) > 0$ und $f(1) = 0$ ergibt sich die folgende Vorzeichentabelle:

x		1	
$f'(x)$	–	0	+
$f(x)$	↘	0	↗

Monotonieverhalten:

G_f ist streng monoton fallend in $]0\,;\,1]$.
G_f ist streng monoton wachsend in $[1\,;\,\infty[$.

Es liegt der Tiefpunkt $T(1 \mid 0)$ vor.

An der Stelle $x_0 = 1$ nimmt die Funktion f sogar ihr absolutes Minimum an.

⑥ **Wendepunkte und Krümmung**

$$f''(x) = \frac{2 \cdot (1 - \ln(x))}{x^2} = \Leftrightarrow \ln(x) = 1 \Leftrightarrow x_1 = \mathrm{e}$$

Mit $f''(1) = 2 > 0$ und $f(\mathrm{e}) = 1$ ergibt sich die Vorzeichentabelle:

x		e	
$f''(x)$	+	0	–
$f(x)$	↻	1	↺

Krümmungsverhalten:

G_f ist linksgekrümmt in $]0\,;\,\mathrm{e}]$.

G_f ist rechtsgekrümmt $[\mathrm{e}\,;\,\infty\,[$.

Es liegt der Wendepunkt $W(\mathrm{e} \mid 1)$ vor.

⑦ **Grenzverhalten**

$$\lim_{x \to 0^+} f(x) \to \infty \quad ; \quad \lim_{x \to \infty} f(x) \to \infty$$

⑧ **Graph**

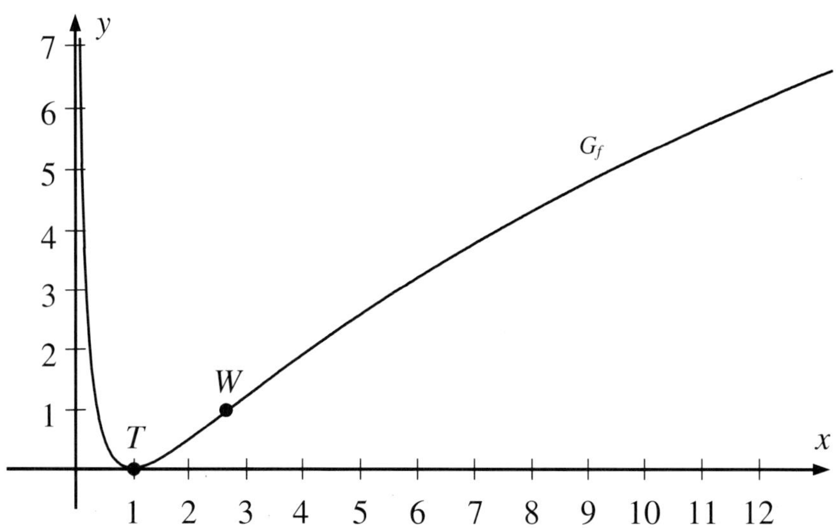

25. Diskutieren Sie die Funktion *f*.

a) $f: x \mapsto x^3 \cdot \ln(x)$

b) $f: x \mapsto x - \ln(1+x)$

c) $f: x \mapsto \dfrac{x}{\ln(x)}$

d) $f: x \mapsto (\ln(x))^2 - \ln(x)$

e) $f: x \mapsto \ln(x^2 - x - 6)$

26. Gegeben ist die Funktionenschar $f_a : D_{\max} \to \mathbb{R}$, $x \mapsto \ln(a - x^2)$ mit $a > 0$.

a) Bestimmen Sie a so, dass der Graph durch $P(0 \mid 2)$ verläuft.

b) Diskutieren Sie die Funktion für den Parameter $a = e^2$.

27. Gegeben ist die Funktion $f: D_{\max} \to \mathbb{R}$, $x \mapsto x \cdot \ln(x)$.

a) Diskutieren Sie die Funktion *f*.

b) Zeigen Sie durch Ableiten, dass $F(x) = \frac{1}{4}x^2 \cdot (2\ln(x) - 1)$ eine Stammfunktion von *f* ist.

c) Der Graph von *f* und die Gerade mit der Gleichung $y = mx$ schließen eine Fläche ein. Bestimmen Sie m so, dass diese Fläche den Inhalt $\frac{1}{4}e^2$ hat.

d) Untersuchen Sie, ob es eine Ursprungsgerade gibt, die den Graphen von *f* senkrecht schneidet.

28. Gegeben ist die Funktionenschar $f_a : D_{\max} \to \mathbb{R}$, $x \mapsto \ln(x^2 + a)$ mit $a > 0$.

a) Bestimmen Sie a so, dass der Graph von f_a an der Stelle $x = 1$ einen Wendepunkt besitzt.

b) Diskutieren Sie die Funktion $f: D_{\max} \to \mathbb{R}$, $x \mapsto \ln(x^2 + 1)$.

c) Wir betrachten in den Wendepunkten die Senkrechten zu den Tangenten. Diese begrenzen zusammen mit der x-Achse eine Dreiecksfläche. Berechnen Sie den Inhalt dieser Fläche.

29. Gegeben ist die Schar $f_a : D_{\max} \to \mathbb{R}$, $x \mapsto -\ln(2 - ae^{-x})$ mit $a \in \mathbb{R}^*$.

a) Bestimmen Sie $D_{\max}$ in Abhängigkeit von a.

b) Bestimmen Sie a so, dass der Graph von f_a durch den Ursprung verläuft.

c) Diskutieren Sie die Funktion $f: D_{\max} \to \mathbb{R}$, $x \mapsto -\ln(2 - e^{-x})$.

5.6 Komplexe Aufgaben

30. Gegeben ist die Funktionenschar $f_a : D_{\max} \to \mathbb{R}\,,\ x \mapsto a\,x^2\,\mathrm{e}^{-x}$ mit $a \in \mathbb{R}^*$.

a) Bestimmen Sie a so, dass an der Stelle $x = 1$ die Steigung $\frac{1}{\mathrm{e}}$ beträgt.

b) Diskutieren Sie die Funktion $f : D_{\max} \to \mathbb{R}\,,\ x \mapsto x^2\,\mathrm{e}^{-x}$

c) Zeigen Sie, dass $F(x) = -(x^2 + 2x + 2)\cdot \mathrm{e}^{-x}$ eine Stammfunktion von f ist.

d) Der Graph schließt mit der positiven x-Achse eine ins Unendliche reichende Fläche ein. Berechnen Sie das Maß dieser Fläche.

e) Das Rechteck im zweiten Quadranten

$$\mathrm{R} = \{(x \mid y) \in \mathbb{R} \times \mathbb{R} \mid -1 \le x \le 0 \text{ und } 0 \le y \le \mathrm{e}\}$$

wird durch den Graphen aus b) in zwei Teile zerlegt.
Berechnen Sie das Maß der oberhalb des Graphen liegenden Teilfläche.

31. Gegeben sind die Funktionenschar $f_a : D_{\max} \to \mathbb{R}\,,\ x \mapsto -2\cdot(x-a)\cdot \mathrm{e}^{-(x-a)}$ mit $a \in \mathbb{R}^*$ und die Funktion $g : D_{\max} \to \mathbb{R}\,,\ x \mapsto 2\cdot \mathrm{e}^{-x-1}$.

a) Geben Sie die maximale Definitionsmenge $D_{\max}$ an und bestimmen Sie die Funktion der Schar, deren Extrempunkt auf der y-Achse liegt.

b) Diskutieren Sie die Funktion $f : D_{\max} \to \mathbb{R}\,,\ x \mapsto -2\cdot(x+1)\cdot \mathrm{e}^{-x-1}$.

c) Die Funktion f besitzt eine Stammfunktion F mit der Funktionsgleichung

$$F(x) = (bx + c)\cdot \mathrm{e}^{-x-1}\,.$$

Bestimmen Sie b und c.

d) Bestimmen Sie die Gleichung der Tangente vom Punkt $P(3 \mid 0)$ an den Graphen der Funktion f.

e) Berechnen Sie den Schnittpunkt $S(x_s \mid y_s)$ der Graphen von f und g und zeichnen Sie den Graphen von g (zu dem bereits vorhandenen Graphen von f) in das Koordinatensystem von Teil b).

f) Die Punkte $A(z \mid g(z))$ und $B(z \mid f(z))$ sind Punkte auf dem Graphen von g bzw. von f, wobei $z \ge x_s$. Bestimmen Sie z so, dass die Länge der Strecke [AB] maximal ist.

32. Gegeben ist die Funktionenschar

$$f_a : \mathbb{R} \to \mathbb{R} \, , \; x \mapsto a \cdot (ax+1) \cdot \mathrm{e}^{-ax} \quad \text{mit } a \in \mathbb{R}^+ .$$

a) Zeigen Sie, dass für den Funktionsterm der 2. Ableitung gilt:

$$f_a''(x) = a^3 \cdot (ax-1) \cdot \mathrm{e}^{-ax} .$$

b) Bestimmen Sie a so, dass die Funktion an der Stelle 1 einen Wendepunkt besitzt.

c) Diskutieren Sie die Funktion $f : \mathbb{R} \to \mathbb{R} \, , \; x \mapsto (x+1) \cdot \mathrm{e}^{-x}$.

d) Die Funktion f besitzt eine Stammfunktion F mit der Funktionsgleichung

$$F(x) = -(x+k) \cdot \mathrm{e}^{-x} \; .$$

Bestimmen Sie k.

e) Der Graph der Funktion schließt mit der x-Achse eine ins Unendliche reichende Fläche ein. Untersuchen Sie, ob diese Fläche ein endliches Maß besitzt, und geben Sie es gegebenenfalls an.

f) Bestimmen Sie eine Gleichung der Wendetangente t von f_a. Die Wendetangente bildet mit den Koordinatenachsen ein Dreieck. Bestimmen Sie den Flächeninhalt dieses Dreiecks.

g) Der Schnittpunkt N_a von f_a mit der x-Achse, der Wendepunkt W_a und der Schnittpunkt S_a der Wendetangenten mit der x-Achse bilden ein Dreieck. Zeigen Sie, dass dieses Dreieck gleichschenklig ist, und bestimmen Sie a so, dass das Dreieck rechtwinklig ist.

33. Gegeben ist die Funktionenschar

$$f_a : D_{\max} \to \mathbb{R} \, , \; x \mapsto \frac{1}{1 - a \cdot \ln(x)} \quad \text{mit } a \in \mathbb{R} \setminus \{0\} .$$

a) Bestimmen Sie die Definitionsmenge der Funktion f_a in Abhängigkeit von a.

b) Bestimmen Sie die Funktion der Schar f_a, die ihre Definitionslücke an der Stelle e besitzt.

c) Diskutieren Sie die Funktion $f : D_{\max} \to \mathbb{R} \, , \; x \mapsto \dfrac{1}{1 - \ln(x)}$.

Untersuchen Sie dabei zusätzlich auch $\lim\limits_{x \to 0^+} f'(x)$.

(*Zur Kontrolle:* $f''(x) = \dfrac{1+\ln(x)}{x^2(1-\ln(x))^3}$.)

d) Zeigen Sie, dass die Graphen der Schar f_a genau einen gemeinsamen Punkt besitzen.

e) Vom Ursprung aus wird an jeden Graphen der Schar f_a die Tangente gelegt. Bestimmen Sie die Berührpunkte in Abhängigkeit von a.

34. Gegeben ist die Funktionenschar $f_a : D_{max} \to \mathbb{R}$; $x \mapsto \dfrac{x^2 - a^2 + 9}{2 \cdot (x-a)}$ mit $a \in \mathbb{R}$.

a) Zeigen Sie, dass alle Graphen der Schar zwei waagerechte Tangenten besitzen.

b) Für welche a haben die Graphen der Schar zwei Nullstellen?

c) Bestimmen Sie $a > 0$ so, dass der Graph der zugehörigen Funktion an der Stelle 4 eine Nullstelle hat.

d) Diskutieren Sie die Funktion $f : D_{max} \to \mathbb{R}$; $x \mapsto \dfrac{x^2 - 16}{2 \cdot (x-5)}$.

(Zur Kontrolle : $f''(x) = \dfrac{9}{(x-5)^3}$) (Zeichnung: 1 LE = 0,5cm)

e) Berechnen Sie den Inhalt der Fläche, den der Graph der Funktion f gemäß d) mit der x-Achse einschließt.

35. Gegeben ist die Funktionenschar

$$f_a : D_{max} \to \mathbb{R} \text{ , } x \mapsto \ln(a \cdot (x^2 - 4x + 5)) \text{ mit } a \in \mathbb{R}^+ .$$

a) Zeigen Sie, dass für alle $a > 0$ der maximale Definitionsbereich $\mathbb{R}$ ist.

b) Bestimmen Sie den Parameter a so, dass der Graph der Funktion f_a die y-Achse im Punkt $P(0 \mid \ln(5))$ schneidet.

c) Begründen Sie, dass alle Scharkurven f_a sich vom Graphen der Funktion $f : \mathbb{R} \to \mathbb{R}$, $x \mapsto \ln(x^2 - 4x + 5)$ lediglich durch eine Verschiebung in y-Richtung unterscheiden.

d) Diskutieren Sie die Funktion $f : \mathbb{R} \to \mathbb{R}$, $x \mapsto \ln(x^2 - 4x + 5)$.

$$\left[\text{Zur Kontrolle: } f''(x) = -2 \cdot \frac{x^2 - 4x + 3}{(x^2 - 4x + 5)^2} \right]$$

e) Die Maßzahl der Fläche A, die im 1. Quadranten von G_f und den Koordinatenachsen eingeschlossen wird, beträgt $\mu(A) \approx 1{,}43317$. (Nachweis nicht erforderlich!)

Zeigen Sie, dass die Maßzahl der Fläche, die die Wendetangente im Wendepunkt $W_1(1 \mid \ln(2))$ mit den Koordinatenachsen einschließt, eine gute Näherung für $\mu(A)$ ist.

f) Zeichnen Sie - unter Berücksichtigung von Teil c) dieser Aufgabe - den Graphen derjenigen Funktion f_a , der den Koordinatenursprung O(0|0) enthält, in das vorhandene Schaubild von f.

Geben Sie eine Gleichung dieser Funktion und den zugehörigen Parameter a an.

36. Gegeben ist die Funktionenschar $f_k : D_{\max} \to \mathbb{R},\ x \mapsto \dfrac{kx^2 + 2x + 1}{x - 1}$ $(k \in \mathbb{R})$.

a) Untersuchen Sie die Funktionen der Schar auf Polstellen und behebbare Definitionslücken.

b) Bestätigen Sie, dass für den Funktionsterm der 2. Ableitung jeder Scharfunktion gilt:

$$f_k''(x) = \frac{2k + 6}{(x-1)^3} \quad x \in D\ .$$

c) Zeigen Sie, dass alle Funktionen der Schar genau einen Punkt gemeinsam haben.

d) Zeigen Sie, dass keine Funktion der Schar einen Wendepunkt besitzt.

e) Untersuchen Sie für $k \geq 0$ die Funktionen der Schar auf Maximum- und Minimumstellen und geben Sie für $k = 1$ die Extrempunkte an.

f) Bestimmen Sie für jede Funktion der Schar ihre Asymptote und geben Sie an, ob das Schaubild sich dieser Asymptote von oben oder von unten nähert.
Welche Funktion der Schar hat eine zur x-Achse parallele Asymptote?

g) Bestimmen Sie die Funktion der Schar, welche die x-Achse berührt.
Geben Sie die Koordinaten des Berührpunktes an.

h) Skizzieren Sie mithilfe der Informationen aus den vorhergehenden Aufgabenteilen ohne weitere Diskussion das Schaubild von f_1.

i) Der Graph von f_1 und die Gerade g: $y = -3x - 1$ schließen mit den Koordinatenachsen im 3. Quadranten eine Fläche ein.
Berechnen Sie die Maßzahl des Flächeninhaltes.

5.7 Wachstums- und Zerfallsprozesse

In der Natur treten kontinuierliche (stetige) Wachstums- und Zerfallsprozesse auf. Die mathematische Erfassung solcher Prozesse erfolgt mithilfe einer Wachstums- oder Zerfallsfunktion f, deren Werte von der Zeit t abhängen. Dabei ist $f(t)$ der momentane Bestand zum Zeitpunkt t.

Zu kontinuierlichen Wachstums- und Zerfallsprozessen gehören Funktionen der Form

$$f(t) = a \cdot \mathrm{e}^{\lambda \cdot t} \quad \text{oder} \quad f(t) = a \cdot \mathrm{e}^{-\lambda \cdot t}$$

mit $\lambda > 0$ und $a \in \mathbb{R}$.

Dabei ist $f(0) = a$ der Bestand zum Zeitpunkt $t = 0$. Die Funktionsgleichungen lassen sich dann auch schreiben in der Form:

$$f(t) = f(0) \cdot \mathrm{e}^{\lambda \cdot t} \quad \text{oder} \quad f(t) = f(0) \cdot \mathrm{e}^{-\lambda \cdot t}.$$

Da die Konstante λ unmittelbar keine anschauliche Vorstellung über die Veränderung des Bestands vermittelt, wird statt λ oft die Verdopplungszeit T_V bzw. die Halbwertszeit T_H angegeben.

Für die Verdopplungszeit T_V ergibt sich:

$$\begin{aligned} f(t + T_V) = 2 \cdot f(t) \quad \Leftrightarrow \quad f(0) \cdot \mathrm{e}^{\lambda \cdot (t+T_V)} &= 2 \cdot f(0) \cdot \mathrm{e}^{\lambda \cdot t} \\ \Leftrightarrow \quad \mathrm{e}^{\lambda \cdot t} \cdot \mathrm{e}^{\lambda \cdot T_V} &= 2 \cdot \mathrm{e}^{\lambda \cdot t} \\ \Leftrightarrow \quad \mathrm{e}^{\lambda \cdot T_V} &= 2 \\ \Leftrightarrow \quad T_V &= \frac{\ln(2)}{\lambda} \end{aligned}$$

Der Bestand verdoppelt sich jeweils in der Zeit $T_V = \dfrac{\ln(2)}{\lambda}$.

Für die Halbwertszeit T_H folgt analog:

$$\begin{aligned} f(t + T_H) = \frac{1}{2} \cdot f(t) \quad \Leftrightarrow \quad f(0) \cdot \mathrm{e}^{-\lambda \cdot (t+T_H)} &= \frac{1}{2} \cdot f(0) \cdot \mathrm{e}^{-\lambda \cdot t} \\ \Leftrightarrow \quad \mathrm{e}^{-\lambda \cdot t} \cdot \mathrm{e}^{-\lambda \cdot T_H} &= \frac{1}{2} \cdot \mathrm{e}^{-\lambda \cdot t} \\ \Leftrightarrow \quad \mathrm{e}^{-\lambda \cdot T_H} &= \frac{1}{2} \\ \Leftrightarrow \quad -\lambda \cdot T_H &= -\ln(2) \\ \Leftrightarrow \quad T_H &= \frac{\ln(2)}{\lambda} \end{aligned}$$

Der Bestand halbiert sich jeweils in der Zeit $T_H = \dfrac{\ln(2)}{\lambda}$.

Kontinuierliche Wachstums- und Zerfallsprozesse

Zu einem kontinuierlichen Wachstums- und Zerfallsprozess gehören Funktionen der Form

- Wachstum: $f(t) = f(0) \cdot e^{\lambda \cdot t}$ mit der Verdopplungszeit $T_V = \dfrac{\ln(2)}{\lambda}$,
- Zerfall: $f(t) = f(0) \cdot e^{-\lambda \cdot t}$ mit der Halbwertzeit $T_H = \dfrac{\ln(2)}{\lambda}$.

Die Konstante $\lambda > 0$ heißt **Wachstums-** bzw. **Zerfallskonstante**.

37. Eine Bakterienkultur von 4000 Individuen wurde um 9 Uhr sich selbst überlassen; um 13.30 Uhr umfasste sie bereits 37950 Bakterien.
    a) Benutzen Sie das Modell des kontinuierlichen Wachstums und stellen Sie eine Wachstumsfunktion auf.
    b) Berechnen Sie den Bakterienbestand um 11.00 Uhr und um 16.00 Uhr.
    c) Zu welchem Zeitpunkt hat sich der anfängliche Bestand verdoppelt?

38. Ein radioaktives Isotop des Radiums hat eine Halbwertszeit von 1620 Jahren. Nach dem Modell des kontinuierlichen Zerfalls gilt:

    $$N(t) = N_0 \cdot e^{-\lambda \cdot t} .$$

    Dabei ist $N(t)$ die Anzahl der zum Zeitpunkt t (in Jahren) vorhandenen radioaktiven Radiumkerne, N_0 die Anzahl der Kerne zum Zeitpunkt $t = 0$ und λ die Zerfallskonstante.
    a) Berechnen Sie die Zerfallskonstante λ.
    b) Nach welcher Zeit hat sich die Anzahl der pro Zeiteinheit zerfallenden Radiumatome um 10% verringert?

39. Die **barometrische Höhenformel** $p(h) = p_0 \cdot e^{-k \cdot h}$ beschreibt die Änderung des Luftdruckes mit der Höhe, wenn man konstante Temperatur voraussetzt.

    Dabei ist $p(h)$ der in hPa (= Hektopascal) gemessene Luftdruck in der Höhe h, $p_0 = 1013$ hPa der Luftdruck am Erdboden und k die Abnahmekonstante.
    a) Berechnen Sie die Konstante k, wenn bekannt ist, dass der Luftdruck bei einem Aufstieg von 1000m um 11% abgenommen hat.
    b) Wie hoch ist der Luftdruck in Höhen von 100m und 2000m über der Erdoberfläche?
    c) In welcher Höhe ist der Luftdruck auf die Hälfte von p_0 gefallen?

40. Die radioaktive Substanz Radon hat die Zerfallskonstante $\lambda = 2{,}1 \cdot 10^{-3}\mathrm{s}^{-1}$.

a) Berechnen Sie die Halbwertszeit von Radon.

b) Nach welcher Zeit sind 99% der ursprünglich vorhandenen radioaktiven Radonkerne zerfallen?

c) Wie viel Prozent der Kerne zerfallen in 100 Tagen?

41. Für die von einer Hefekultur bedeckte Fläche gilt nach dem Modell des kontinuierlichen Wachstums

$$A(t) = A_0 \cdot e^{\lambda \cdot t} \ .$$

Dabei ist $A(t)$ die zum Zeitpunkt t (in Minuten) und A_0 die zum Beobachtungsbeginn bedeckte Fläche (in cm^2) und λ die Wachstumskonstante.

Zwei Stunden nach dem Ansetzen bedeckt eine Hefekultur eine Fläche von $350\,\mathrm{cm}^2$ und wächst zu diesem Zeitpunkt um $14\,\mathrm{cm}^2$ je Minute.

a) Welche Fläche bedeckte die Kultur am Anfang, als sie angesetzt wurde?

b) In welcher Zeit verdoppelt sich jeweils die bedeckte Fläche?

42. Röntgenstrahlung wird durch Blei absorbiert. Dabei ist die Intensitätsabnahme $I'(x)$ pro mm Bleischicht proportional zur noch vorhandenen Intensität $I(x)$.

a) Geben Sie die Funktion $I(x)$ an, wobei x die Dicke der Bleischicht (in mm) bedeutet.

b) Durch eine 5 mm dicke Bleischürze werden 99% absorbiert. Welcher Anteil wird durch eine halb so dicke Schürze absorbiert?

5.8 Anwendungsorientierte Fragestellungen

43. Eine Firma beabsichtigt, ein neues Produkt auf den Markt zu bringen. Im Planungszeitraum wird ein maximaler Produktionsausstoß von 15 Mengeneinheiten (ME) erwartet.
Zur Erstellung einer Wirtschaftlichkeitsprognose werden die variablen Kosten an drei „Stützstellen" in Geldeinheiten (GE) ermittelt.

Stückzahl x in ME	Variable Kosten K_V in GE
6	378
10	910
12	1404

Die fixen Kosten betragen 81 GE. Um einen Gewinn zu erzielen, wird von einem Verkaufspreis in der Höhe von 90 GE je Stück ausgegangen.
Die Funktion K_V für die variablen Kosten soll durch eine ganzrationale Funktion vom Grade 3 in der Form $K_V(x) = a\,x^3 + b\,x^2 + c\,x$ beschrieben werden.
Für die Gesamtkosten-Funktion gilt dann:

$$K(x) = K_V(x) + 81 = a\,x^3 + b\,x^2 + c\,x + 81.$$

a) Bestätigen Sie, dass die Kostenfunktion folgende Gleichung besitzt:

$$K(x) = x^3 - 9x^2 + 81x + 81.$$

b) Die Erlösfunktion hat die Gleichung $E(x) = 90x$. Welche Gleichung ergibt sich damit für die Gewinnfunktion $G(x)$?

c) In der folgenden Abbildung sind die Graphen von K, E und G dargestellt. Ordnen Sie die Graphen den entsprechenden Funktionen zu.

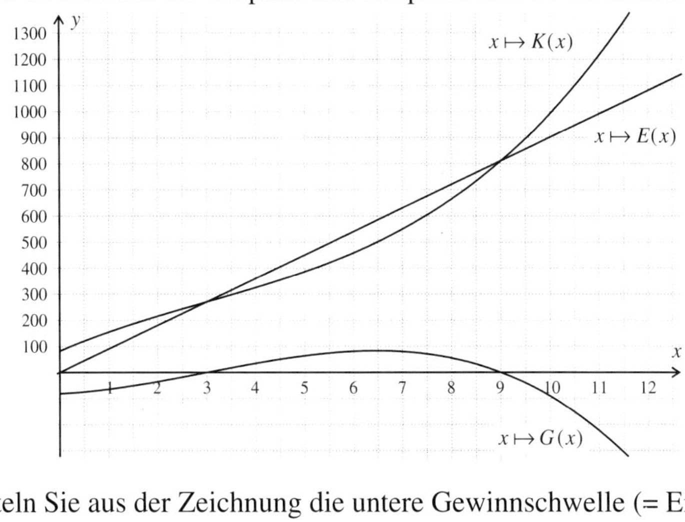

d) Ermitteln Sie aus der Zeichnung die untere Gewinnschwelle (= Eintritt in die Gewinnzone), die obere Gewinnschwelle (= Austritt aus der Gewinnzone) und die Stelle mit dem maximalen Gewinn.
Wie groß ist der maximale Gewinn?

44. Gegeben sind die Funktionen $f(x) = x^3 - 8x^2 + 25x + 14$ und $g(x) = 20x$.

a) Diskutieren Sie die Funktion f. Zeichnen Sie die Graphen von f und g über dem Intervall $[-2, 10]$ in ein gemeinsames Koordinatensystem. (Einheit auf der y-Achse: 1 cm ≙ 10 LE).

b) Betrachten Sie die Differenzfunktion $d(x) = g(x) - f(x)$ und berechnen Sie deren Ableitung.

c) Skizzieren Sie den Graphen der Differenzfunktion d.

d) In der Wirtschaftslehre kann die Funktion f die **Kostenfunktion** und g die **Erlösfunktion** eines Unternehmens darstellen.

- In welchem Bereich muss die Anzahl x der Produktionseinheiten liegen, damit das Unternehmen keinen Verlust macht?
- Welche Bedeutung haben die lokalen Extremstellen der Funktion d?
- Welche Bedeutung hat $f(0)$?

45. Der Verlauf des Trageseils einer Hängebrücke ist in guter Näherung eine Kettenlinie.
Eine Kettenlinie in allgemeiner Form ist der Graph der Funktion

$$f_{a,k}: \mathbb{R} \to \mathbb{R}, x \mapsto \frac{a}{2k}(e^{kx} + e^{-kx}) \text{ mit } a, k \in \mathbb{R}^+.$$

Dabei wird angenommen, dass der Koordinatenursprung in der Brückenmitte auf der Fahrbahn liegt.

a) Begründen Sie, dass die Funktion $f_{a,k}$ symmetrisch ist.

b) Begründen Sie, dass die Funktion $f_{a,k}$ ein absolutes Minimum besitzt, und geben Sie das Minimum in allgemeiner Form an.

c) Die vielleicht berühmteste Hängebrücke der Welt ist die Golden-Gate-Bridge in San Franzisko.

Für die Golden-Gate-Bridge ergibt sich in guter Näherung die folgende Funktionsgleichung:

$$f: \mathbb{R} \to \mathbb{R}, \quad x \mapsto 1{,}5 \cdot (e^{0{,}0072x} + e^{-0{,}0072x}).$$

Beantworten Sie folgende Frage, wenn bekannt ist, dass der Abstand der beiden Stützpfeiler1280 m beträgt:

- In welcher Höhe befindet sich das Trageseil im tiefsten Punkt über der Fahrbahn?
- Welche Höhe besitzen die Stützpfeiler über der Fahrbahn?

d) Welches Gefälle haben die Tragseile in den Aufhängepunkten der Stützpfeiler?

46. Die Anzahl N der Bakterien in einer Kultur wird in Abhängigkeit von der Zeit t für $t \geq 0$ beschrieben durch die Funktionsgleichung

$$N(t) = \frac{400}{1+3\mathrm{e}^{-t}} \quad (t \text{ in Stunden}).$$

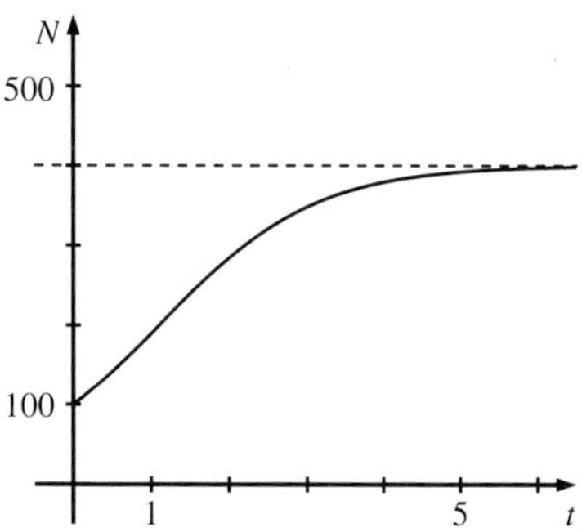

a) Zeigen Sie, dass $N(t)$ auch in der Form

$$N(t) = \frac{400\mathrm{e}^{t}}{\mathrm{e}^{t}+3}$$

dargestellt werden kann.

b) Zeigen Sie: $\ddot{N}(t) = 1200\,\dfrac{\mathrm{e}^{t}(3-\mathrm{e}^{t})}{(\mathrm{e}^{t}+3)^{3}}$.

c) Bestimmen Sie die Anzahl der Bakterien zum Beobachtungsbeginn und nach sehr langer Zeit.

d) Berechnen Sie den Zeitpunkt, zu dem 300 Bakterien vorhanden sind.

e) Begründen Sie rechnerisch, dass die Anzahl der Bakterien im Beobachtungszeitraum ständig zunimmt.

f) Zu welchem Zeitpunkt ist das Wachstum der Bakterien am stärksten?

47. Die Größe einer Hefekultur (in cm^2) wird beschrieben in Abhängigkeit von der Zeit t (in Stunden) durch die Funktionsgleichung

$$A: \mathbb{R}_0^+ \rightarrow \mathbb{R}, \; t \mapsto a \cdot (2-\mathrm{e}^{-kt}).$$

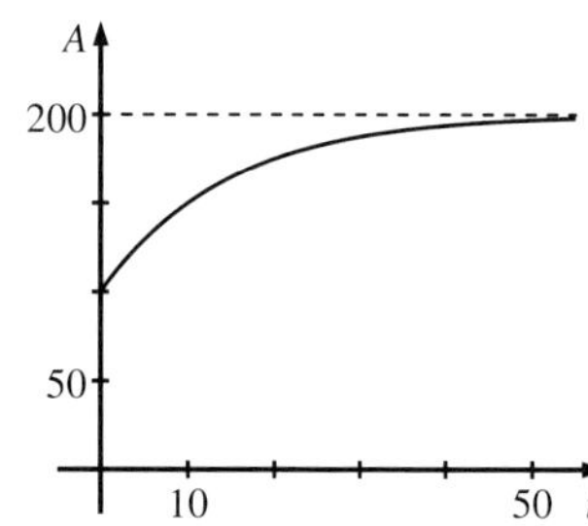

a) Zum Beobachtungsbeginn beträgt die Größe der Kultur 100 cm^2, 10 Stunden später sind es 150 cm^2.
Berechnen Sie aus diesen Informationen die Werte der Konstanten a und k.

b) Die Abbildung zeigt den Graphen der Funktion

$$A: \mathbb{R}_0^+ \rightarrow \mathbb{R}, \; t \mapsto 100 \cdot (2-\mathrm{e}^{-0{,}1 \cdot \ln(2) \cdot t}).$$

Bestätigen Sie rechnerisch das Grenzwert-, Monotonie- sowie das Krümmungsverhalten der Funktion A.

c) Betrachtet wird die Funktion Z mit der Gleichung: $Z(t) = A(t) - A(0)$.
- Welche Bedeutung hat Z in dem Sachzusammenhang?
- Berechnen Sie die Zeit t, für die der Wert von Z drei Viertel des Anfangswerts $A(0)$ beträgt.

6

Vektoren im $\mathbb{R}^2$ und im $\mathbb{R}^3$

6.1 Punkte im Koordinatensystem

Die Punkte einer Ebene lassen sich in einem kartesischen Koordinatensystem durch Zahlenpaare erfassen.
Den Punkten einer Ebene sind umkehrbar eindeutig Paare reeller Zahlen zugeordnet:

$$P \leftrightarrow (p_1 | p_2).$$

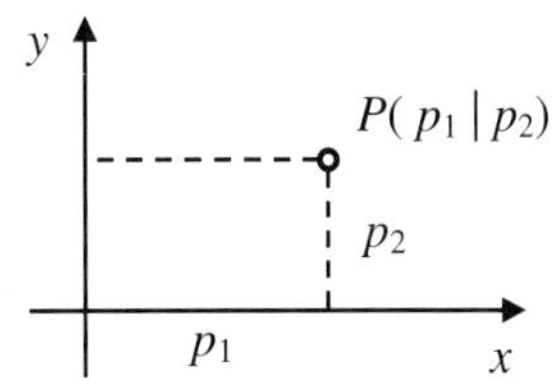

Um Punkte im Anschauungsraum darzustellen, verwendet man ein räumliches Koordinatensystem.

Die Achsen werden mit *x, y,* und *z* oder vielfach auch mit x_1, x_2 und x_3 bezeichnet.

Jedem Punkt des Anschauungsraums wird durch das Koordinatensystem ein Zahlentripel zugeordnet:

$$P \leftrightarrow (p_1 | p_2 | p_3).$$

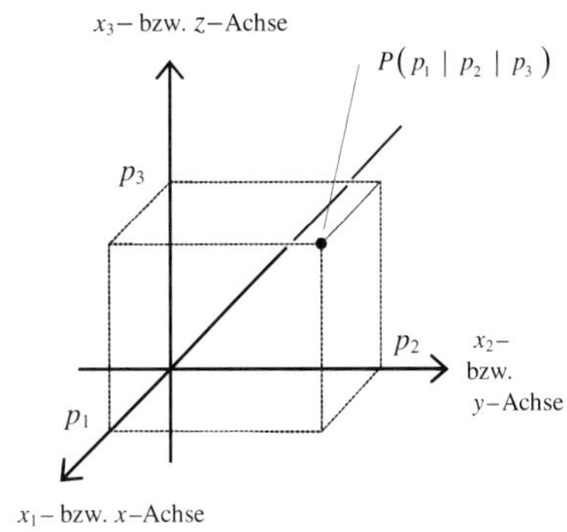

1. Lesen Sie die Koordinaten der Punkte *A, B, C, D, E, F* und *G* ab.

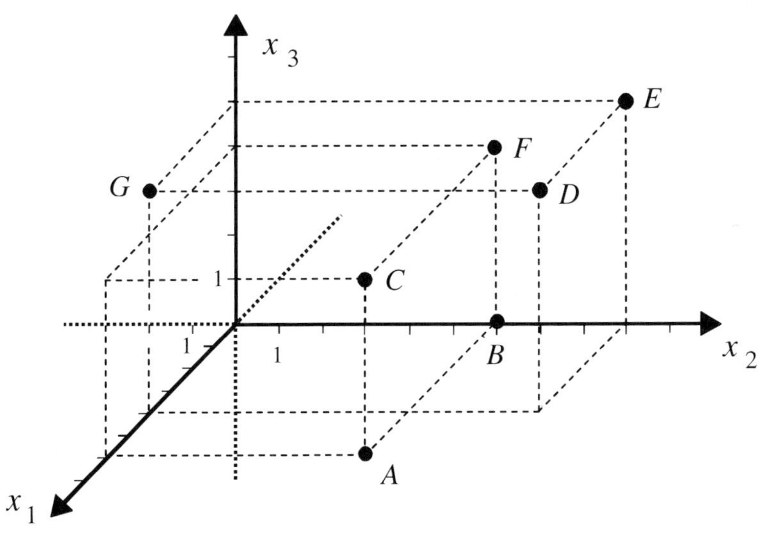

2. Lesen Sie für den Quader die Koordinaten der Eckpunkte ab.

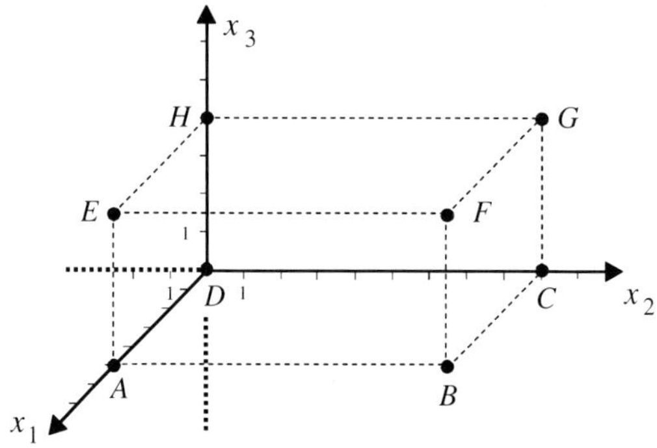

3. Beschreiben Sie die besondere Lage der Geraden g_1, g_2, g_3 und g_4. Geben Sie die betreffenden Geraden auch als Punktmengen an.

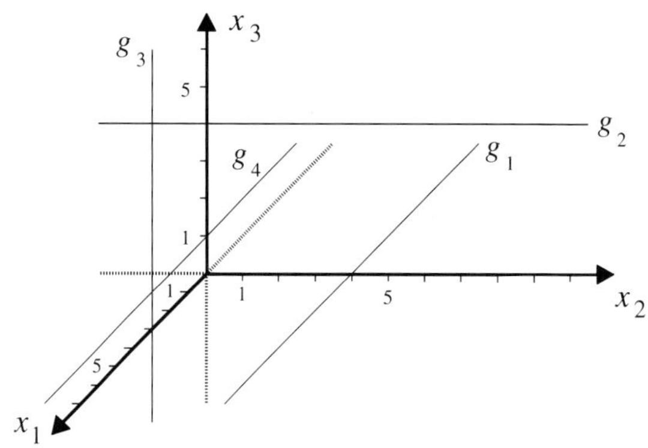

4. Beschreiben Sie die besondere Lage der Ebenen E_1, E_2 und E_3.

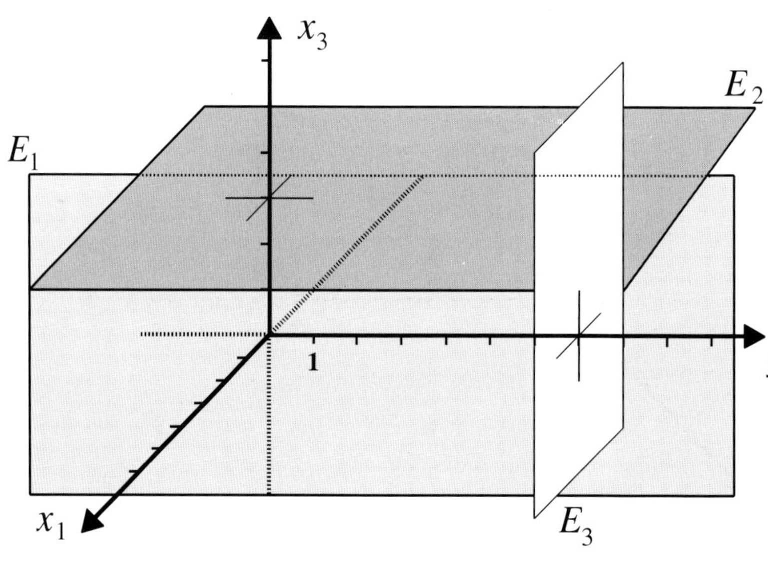

5. Geben Sie Bedingungen für die Koordinaten der Punkte der Mengen im $\mathbb{R}^3$ an.

   a) M ist die x_1-Achse.
   b) M ist die Parallele zur x_1-Achse durch $P(0 \mid 1 \mid 2)$.
   c) M ist die Senkrechte zur x_1-x_2-Ebene durch $P(2 \mid 3 \mid 1)$.
   d) M ist die x_2- x_3-Ebene.
   e) M ist die Parallelebene zur x_1-x_2-Ebene durch $P(0 \mid 0 \mid 3)$.
   f) M ist die Ebene senkrecht zur x_2-Achse durch $P(0 \mid -2 \mid 0)$.

6. Welche Koordinaten haben alle Punkte, die

   a) auf der x_2-Achse liegen,
   b) in der x_1-x_2-Ebene liegen,
   c) auf einer Geraden parallel zur x_3-Achse liegen,
   d) in einer Ebene parallel zur x_2-x_3-Ebene liegen,
   e) weniger als vier Längeneinheiten vom Ursprung entfernt sind?

7. Gegeben ist der Punkt $P(2 \mid 3 \mid 1)$. Bestimmen Sie die Koordinaten des Bildpunkts bei einer Spiegelung

   a) an der x_1-x_2-Ebene,
   b) an der x_1-x_3-Ebene,
   c) an der x_2-Achse,
   d) am Ursprung.

6.2 Translationen als Vektoren

6.2.1 Translationen und Vektorbegriff

Durch eine Parallelverschiebung oder **Translation** wird jedem Punkt der Ebene oder des Raums ein Bildpunkt zugeordnet.

Die Punkte A und P werden durch dieselbe Translation in die Punkte B bzw. Q verschoben.

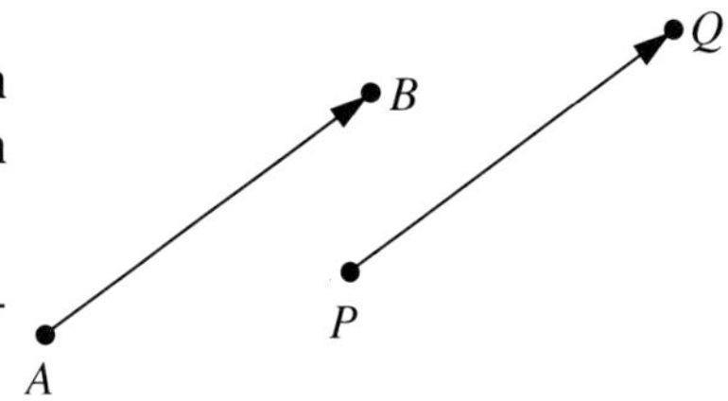

Jede Translation ist bereits durch **einen** ihrer Verschiebungspfeile eindeutig bestimmt. Jeder Pfeil ist ein **Repräsentant** der betreffenden Translation.

> **Vektorbegriff**
>
> Die Menge aller Pfeile einer Translation wird als Verschiebungsvektor oder kurz als **Vektor** bezeichnet.

Unter einem Vektor versteht man also die Menge aller Pfeile, die gleich lang, zueinander parallel und gleichgerichtet sind.

8. Betrachten Sie die Verschiebungspfeile.

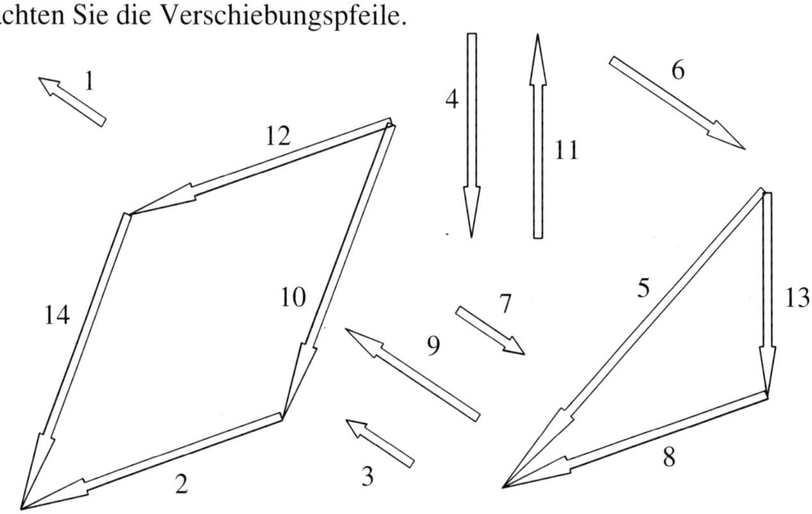

a) Welche Verschiebungspfeile besitzen dieselbe Länge? Gehören sie zu derselben Translation?
b) Welche Verschiebungspfeile besitzen dieselbe Richtung? Gehören sie zu derselben Translation?
c) Welche der Verschiebungspfeile gehören zu derselben Translation?
d) Welcher Zusammenhang besteht zwischen den Pfeilen 3 und 7 ?

6.2.2 Koordinatendarstellung von Vektoren

In einem ebenen Koordinatensystem betrachten wir eine Translation $\vec{a}$, die bei einem Punkt $P(p_1 \mid p_2)$ den

$$\begin{Bmatrix} x_1 - \text{Wert} \\ x_2 - \text{Wert} \end{Bmatrix} \text{ um } \begin{Bmatrix} a_1 \\ a_2 \end{Bmatrix} \text{ ändert.}$$

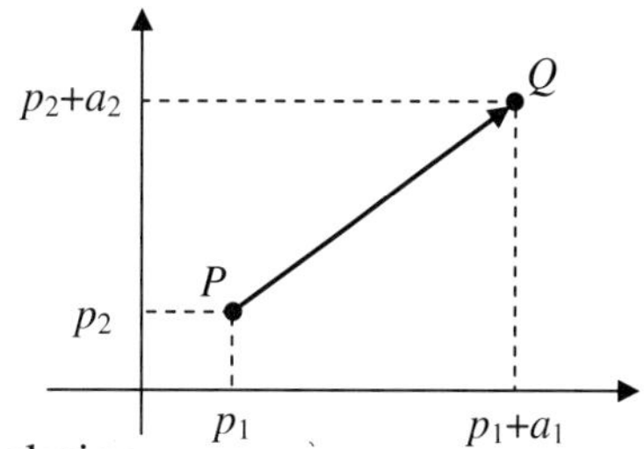

Wir schreiben dafür in Kurzform $\begin{pmatrix} a_1 \\ a_2 \end{pmatrix}$.

Die Zahlen a_1 und a_2 heißen **Koordinaten** der Translation.

Es gilt also: $\vec{a} : (p_1 \mid p_2) \mapsto (p_1 + a_1 \mid p_2 + a_2)$.

In einem räumlichen Koordinatensystem ist analog

$\begin{pmatrix} a_1 \\ a_2 \\ a_3 \end{pmatrix}$ der Verschiebungsvektor, der den $\begin{Bmatrix} x_1 - \text{Wert} \\ x_2 - \text{Wert} \\ x_3 - \text{Wert} \end{Bmatrix}$ eines Punkts um $\begin{Bmatrix} a_1 \\ a_2 \\ a_3 \end{Bmatrix}$

ändert.

Es gilt sinngemäß: $\vec{a} : (p_1 \mid p_2 \mid p_3) \mapsto (p_1 + a_1 \mid p_2 + a_2 \mid p_3 + a_3)$.

Zur besseren Unterscheidung vereinbart man, Punktkoordinaten nebeneinander und Translationskoordinaten untereinander zu schreiben.

Die Menge der Translationen in der Ebene wird mit $\mathbb{R}^2$, die Menge der Translationen im Raum mit $\mathbb{R}^3$ bezeichnet.

Am Beispiel eines räumlichen Koordinatensystems sollen wichtige Begriffe erläutert werden. Sie können sinngemäß auf ein ebenes Koordinatensystem übertragen werden.

- **Verbindungsvektor zweier Punkte**

  Sind $P(p_1 \mid p_2 \mid p_3)$ und $Q(q_1 \mid q_2 \mid q_3)$ zwei Punkte, so ist der Vektor, der P in Q überführt, gegeben durch

$$\overrightarrow{PQ} = \begin{pmatrix} q_1 - p_1 \\ q_2 - p_2 \\ q_3 - p_3 \end{pmatrix}.$$

- **Nullvektor**

  Der Vektor, der jeden Punkt auf sich selbst abbildet, heißt **Nullvektor** $\vec{o}$.

  Es gilt $\vec{o} = \begin{pmatrix} 0 \\ 0 \\ 0 \end{pmatrix}$.

- **Gegenvektor**

  Der Vektor $-\vec{a} = \begin{pmatrix} -a_1 \\ -a_2 \\ -a_3 \end{pmatrix}$ heißt **Gegenvektor** zu $\vec{a} = \begin{pmatrix} a_1 \\ a_2 \\ a_3 \end{pmatrix}$.

9. Bestimmen Sie zu P den Bildpunkt Q bei Verschiebung um den Vektor $\vec{a}$.

   a) $P(0\,|\,-2)$ und $\vec{a} = \begin{pmatrix} 3 \\ 4 \end{pmatrix}$. b) $P(-3\,|\,-2)$ und $\vec{a} = \begin{pmatrix} -3 \\ 2 \end{pmatrix}$.

   c) $P(1\,|\,2\,|\,3)$ und $\vec{a} = \begin{pmatrix} 1 \\ -2 \\ 1 \end{pmatrix}$. d) $P(-1\,|\,-1\,|\,0)$ und $\vec{a} = \begin{pmatrix} 1 \\ 2 \\ 1 \end{pmatrix}$.

10. Bestimmen Sie den Vektor $\vec{a}$, der den Punkt P in den Punkt Q verschiebt.

    a) $P(1\,|\,-2)$; $Q(-1\,|\,-2)$ b) $P(-7\,|\,-3)$; $Q(-1\,|\,-3)$

    c) $P(-1\,|\,0\,|\,0)$; $Q(1\,|\,-1\,|\,3)$ d) $P(2\,|\,-1\,|\,0)$; $Q(1\,|\,-1\,|\,3)$

    e) $P(0\,|\,0\,|\,0)$; $Q(3\,|\,-1\,|\,-2)$ f) $P(1\,|\,-1\,|\,2)$; $Q(1\,|\,-1\,|\,2)$

11. Bestimmen Sie zum Punkt Q und zum Vektor $\vec{a}$ den Urbildpunkt P.

    a) $Q(0\,|\,-1)$ und $\vec{a} = \begin{pmatrix} -3 \\ 2 \end{pmatrix}$. b) $Q(-1\,|\,-5)$ und $\vec{a} = \begin{pmatrix} -1 \\ -3 \end{pmatrix}$.

    c) $Q(2\,|\,-1\,|\,0)$ und $\vec{a} = \begin{pmatrix} 0 \\ -1 \\ 3 \end{pmatrix}$. d) $Q(-3\,|\,1\,|\,-1)$ und $\vec{a} = \begin{pmatrix} 0 \\ 0 \\ 1 \end{pmatrix}$.

12. Bestimmen Sie $a, b, c \in \mathbb{R}$ so, dass Q der Bildpunkt von P bei der Translation $\vec{a}$ ist.

a) $P(a \mid 2 \mid c)$, $Q(1 \mid b \mid 3)$ und $\vec{a} = \begin{pmatrix} c \\ -2 \\ c \end{pmatrix}$.

b) $P(a \mid 2b \mid 3)$, $Q(2b \mid 1 \mid c)$ und $\vec{a} = \begin{pmatrix} 2c \\ 2a \\ 1 \end{pmatrix}$.

13. Geben Sie den Bildpunkt X' von $X(x_1 \mid x_2 \mid x_3)$ bei folgenden Abbildungen an.

a) Translation um 2 in x_3-Richtung.
b) Projektion auf die x_2-x_3-Ebene.
c) Projektion auf die Parallelebene zur x_1-x_2-Ebene durch $P(0 \mid 0 \mid 1)$.
d) Projektion auf die x_3-Achse.
e) Spiegelung an der x_1-x_2-Ebene.
f) Spiegelung an der Parallelebene zur x_1-x_2-Ebene durch $P(0 \mid 0 \mid 3)$.
g) Spiegelung an der x_1-Achse.
h) Spiegelung am Koordinatenursprung.

Hinweis: Die Projektion in eine Ebene (auf eine Gerade) ordnet jedem Punkt X den Fußpunkt des Lotes von X auf die Ebene (Gerade) zu.

6.2.3 Summe von Vektoren

Definition der Addition

Die Hintereinanderausführung zweier Translationen $\vec{a}$ und $\vec{b}$ ist wieder eine Translation: Sie wird als Summe $\vec{a} + \vec{b}$ bezeichnet.

Zeichnerisch gewinnt man einen Pfeil zu $\vec{a} + \vec{b}$, indem man an den Endpunkt eines Pfeils zu $\vec{a}$ den Anfangspunkt eines Pfeils zu $\vec{b}$ zeichnet.

Der Summenvektor $\vec{a} + \vec{b}$ lässt sich dann als Diagonalenvektor des von $\vec{a}$ und von $\vec{b}$ aufgespannten Parallelogramms darstellen.

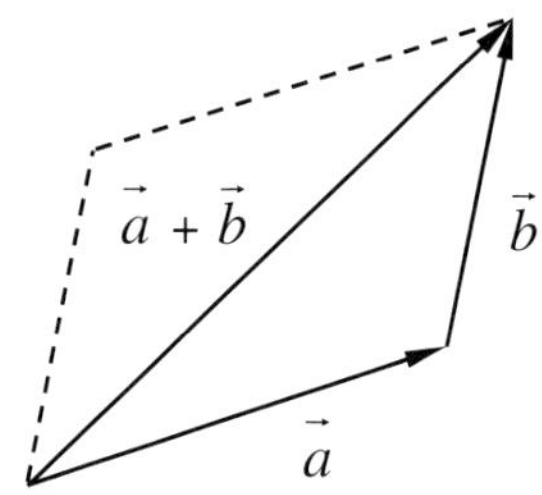

Die Koordinatendarstellung des Summenvektors $\vec{a} + \vec{b}$ ergibt sich aus folgender Überlegung, die für den $\mathbb{R}^2$ durchgeführt wird.

Eine Verschiebung

um $\begin{cases} a_1 \text{ in } x_1\text{-Richtung} \\ a_2 \text{ in } x_2\text{-Richtung} \end{cases}$ gefolgt von einer Verschiebung um $\begin{cases} b_1 \text{ in } x_1\text{-Richtung} \\ b_2 \text{ in } x_2\text{-Richtung} \end{cases}$

ergibt insgesamt eine Verschiebung um $\begin{cases} a_1 + b_1 \text{ in } x_1\text{-Richtung} \\ a_2 + b_2 \text{ in } x_2\text{-Richtung} \end{cases}$.

Die gleichen Überlegungen gelten sinngemäß auch für den $\mathbb{R}^3$.

Summe von Vektoren

Vektoren des $\mathbb{R}^2$ und des $\mathbb{R}^3$ in Koordinatenform werden addiert, indem man die entsprechenden Koordinaten addiert:

$$\vec{a} + \vec{b} = \begin{pmatrix} a_1 \\ a_2 \end{pmatrix} + \begin{pmatrix} b_1 \\ b_2 \end{pmatrix} = \begin{pmatrix} a_1 + b_1 \\ a_2 + b_2 \end{pmatrix} \text{ bzw. } \vec{a} + \vec{b} = \begin{pmatrix} a_1 \\ a_2 \\ a_3 \end{pmatrix} + \begin{pmatrix} b_1 \\ b_2 \\ b_3 \end{pmatrix} = \begin{pmatrix} a_1 + b_1 \\ a_2 + b_2 \\ a_3 + b_3 \end{pmatrix}.$$

Die Vektoraddition erfolgt also rechnerisch in beiden Fällen koordinatenweise.

14. a) Zeichnen Sie Repräsentanten der Vektoren wie in der folgenden Abbildung und ergänzen Sie in Ihrer Zeichnung Verschiebungspfeile zu den Vektoren:

$$\vec{b} + \vec{a}, \ \vec{c} + \vec{d}, \ \vec{r} + \vec{s} \text{ und } \vec{u} + \vec{v}.$$

b) Welcher Verschiebungspfeil gehört zu $\vec{x} + \vec{y}$?

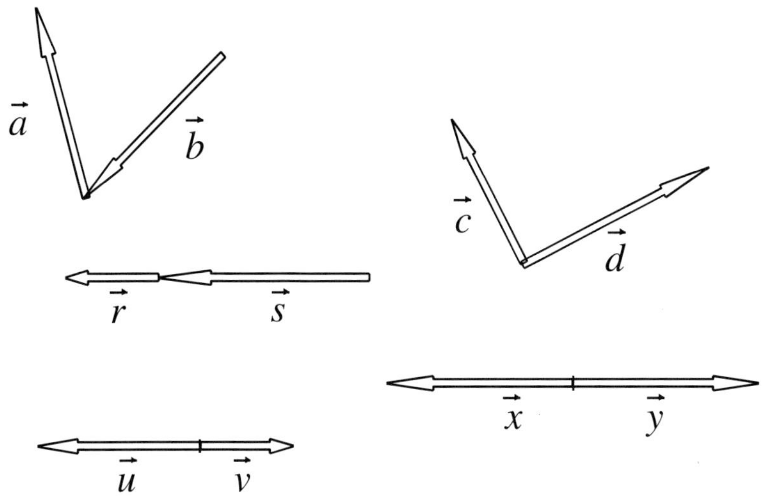

15. Berechnen Sie die Summe $\vec{a} + \vec{b} + \vec{c}$ der Vektoren.

a) $\vec{a} = \begin{pmatrix} 0 \\ -2 \end{pmatrix}$ $\quad \vec{b} = \begin{pmatrix} -3 \\ -1 \end{pmatrix}$ $\quad \vec{c} = \begin{pmatrix} -1 \\ -3 \end{pmatrix}$

b) $\vec{a} = \begin{pmatrix} -1 \\ -5 \end{pmatrix}$ $\quad \vec{b} = \begin{pmatrix} 3 \\ -2 \end{pmatrix}$ $\quad \vec{c} = \begin{pmatrix} 0 \\ 0 \end{pmatrix}$

16. Berechnen Sie die Summe $\vec{a} + \vec{b} + \vec{c}$ der Vektoren.

a) $\vec{a} = \begin{pmatrix} 1 \\ -2 \\ -5 \end{pmatrix}$ $\quad \vec{b} = \begin{pmatrix} -3 \\ 0 \\ -3 \end{pmatrix}$ $\quad \vec{c} = \begin{pmatrix} 3 \\ 1 \\ 0 \end{pmatrix}$

b) $\vec{a} = \begin{pmatrix} 2p \\ -p \\ -p \end{pmatrix}$ $\quad \vec{b} = \begin{pmatrix} -p \\ 3p \\ 0 \end{pmatrix}$ $\quad \vec{c} = \begin{pmatrix} -p \\ -2p \\ p \end{pmatrix}$

Eigenschaften der Vektoraddition

Aufgrund der koordinatenweisen Definition der Addition von Vektoren übertragen sich die Rechenregeln für reelle Zahlen auf die Vektoraddition.

So gilt z. B.

$$\vec{a} + \vec{b} = \begin{pmatrix} a_1 \\ a_2 \\ a_3 \end{pmatrix} + \begin{pmatrix} b_1 \\ b_2 \\ b_3 \end{pmatrix} = \begin{pmatrix} a_1 + b_1 \\ a_2 + b_2 \\ a_3 + b_3 \end{pmatrix} = \begin{pmatrix} b_1 + a_1 \\ b_2 + a_2 \\ b_3 + a_3 \end{pmatrix} = \begin{pmatrix} b_1 \\ b_2 \\ b_3 \end{pmatrix} + \begin{pmatrix} a_1 \\ a_2 \\ a_3 \end{pmatrix} = \vec{b} + \vec{a} \,,$$

d. h. die Vektoraddition ist kommutativ. In gleicher Weise erhält man die folgenden Rechenregeln für die Vektoraddition.

Eigenschaften der Vektoraddition

Für alle Vektoren $\vec{a}$, $\vec{b}$, $\vec{c}$ der Ebene oder des Raumes gilt:

- $\vec{a} + \vec{b} = \vec{b} + \vec{a}$ Kommutativgesetz,
- $(\vec{a} + \vec{b}) + \vec{c} = \vec{a} + (\vec{b} + \vec{c})$ Assoziativgesetz,
- $\vec{a} + \vec{o} = \vec{a}$ neutrales Element,
- $\vec{a} + (-\vec{a}) = \vec{o}$ inverses Element.

17. a) Drücken Sie die im Bild rechts dargestellten Vektoren $\vec{x}$ und $\vec{y}$ durch die beiden Vektoren $\vec{a}$ und $\vec{b}$ aus.
    b) Welche Eigenschaft der Summe von Vektoren ist in dieser Abbildung veranschaulicht?

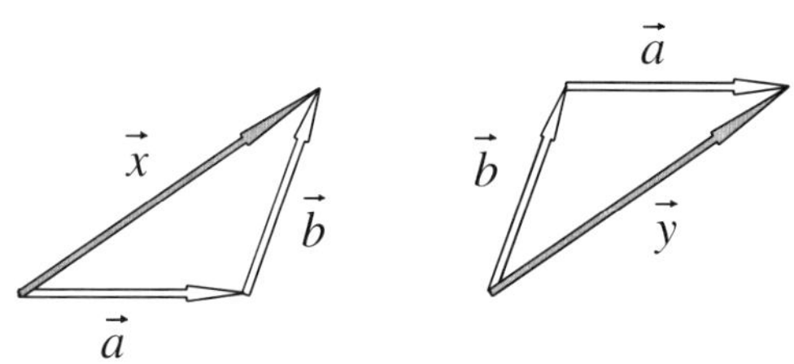

18. a) Drücken Sie in dem Bild rechts die dargestellten Vektoren $\vec{u}$ und $\vec{v}$ durch die Vektoren $\vec{a}$, $\vec{b}$ und $\vec{c}$ aus.
    b) Drücken Sie $\vec{w}$ unter Verwendung von $\vec{u}$ und auch von $\vec{v}$ aus.
    c) Welche Eigenschaft der Summe von Vektoren wird veranschaulicht?

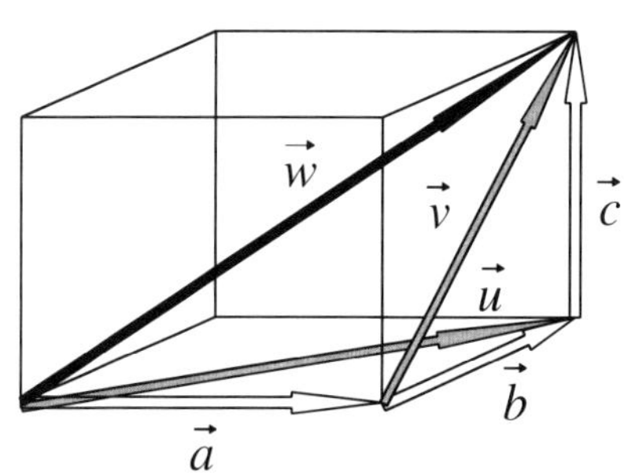

19. Zeichnen Sie eine Vektorkette wie in der Abbildung.

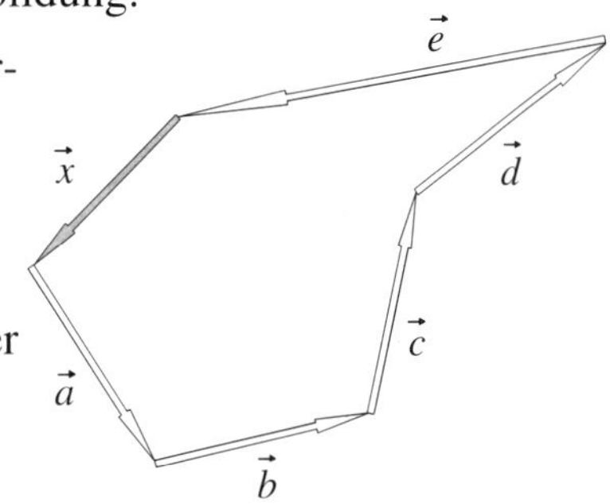

a) Ergänzen Sie in Ihrer Zeichnung Verschiebungspfeile zu:
   - $(\vec{a} + \vec{b}) + \vec{c}$,
   - $\vec{b} + (\vec{c} + \vec{d}) + \vec{e}$.

b) Wie lässt sich folgender Vektor kürzer schreiben:
$$\vec{a} + \vec{b} + \vec{c} + \vec{d} + \vec{e} + \vec{x}\ ?$$

c) Welcher Zusammenhang besteht zwischen den Vektoren
$$\vec{a} + \vec{b} + \vec{c} + \vec{d} + \vec{e} \quad \text{und} \quad \vec{x}\ ?$$

Definition der Subtraktion

Man definiert die Subtraktion von Translationen als Umkehrung ihrer Addition.

Differenz von Vektoren

Die Differenz zweier Vektoren $\vec{a}$ und $\vec{b}$ wird gebildet, indem man zu $\vec{a}$ den Gegenvektor von $\vec{b}$ addiert:
$$\vec{a} - \vec{b} = \vec{a} + (-\vec{b}).$$

Ein Pfeil der Translation $\vec{a} - \vec{b}$ lässt sich in einfacher Weise auch zeichnerisch bestimmen.

Im Bild rechts sind Pfeile der Translationen $\vec{a}$ und $-\vec{b}$ additiv aneinander gelegt. Zusätzlich ist ein Pfeil der Translation $\vec{b}$ eingezeichnet.

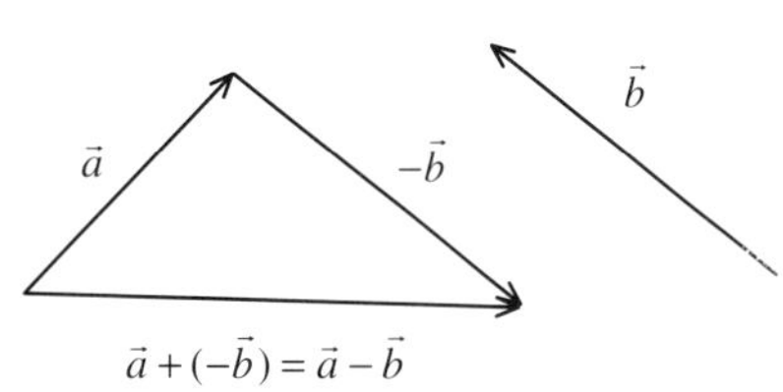

Man kann einen Pfeil der Translation $\vec{a} - \vec{b}$ zeichnerisch auch dadurch bestimmen, dass man zwei Pfeile der Translationen $\vec{a}$ und $\vec{b}$ mit ihren Anfangspunkten aneinander legt.

Dann ist der Pfeil, der von der Spitze des Pfeils $\vec{b}$ bis zur Spitze des Pfeils $\vec{a}$ zeigt, ein Pfeil der Translation $\vec{a} - \vec{b}$.

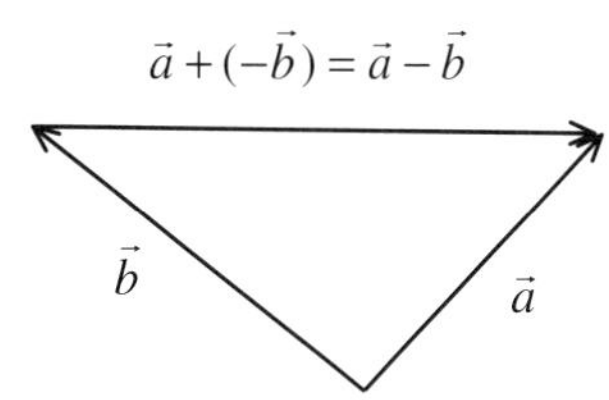

Translationen lassen sich benutzen, um die Form geometrischer Figuren durch möglichst wenige Bestimmungsstücke festzulegen und weitere Beziehungen in einfacher Weise auszudrücken.

Beispiel 1: Dreieck

Die Form eines Dreiecks ABC ist durch die Translationen $\vec{a}$ und $\vec{b}$ vollständig festgelegt.

Es gilt: $\overrightarrow{BC} = -\vec{a} + \vec{b} = \vec{b} - \vec{a}$.

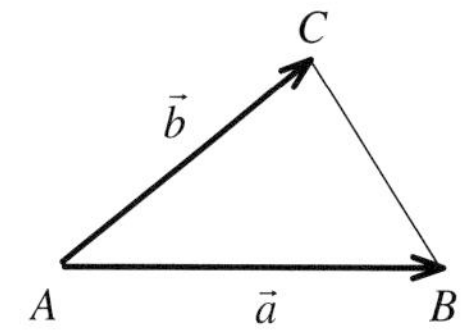

Beispiel 2: Parallelogramm

Die Form eines Parallelogramms $ABCD$ ist durch die Translationen $\vec{a}$ und $\vec{b}$ vollständig festgelegt.

Es gilt:

$\overrightarrow{DC} = \vec{a}$; $\overrightarrow{CD} = -\vec{a}$; $\overrightarrow{BC} = \vec{b}$; $\overrightarrow{CB} = -\vec{b}$

$\overrightarrow{AC} = \vec{a} + \vec{b}$; $\overrightarrow{DB} = \vec{a} - \vec{b}$

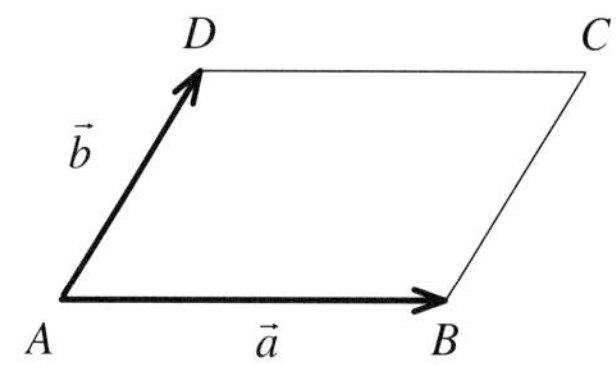

20. Zeichnen Sie Repräsentanten der Vektoren wie in der Abbildung rechts.

a) Ergänzen Sie dann in Ihrer Zeichnung die beiden Verschiebungspfeile zu $\vec{b} - \vec{a}$ und $\vec{c} - \vec{d}$.

b) Welcher Verschiebungspfeil gehört zu $\vec{r} - \vec{s} - \vec{t}$?

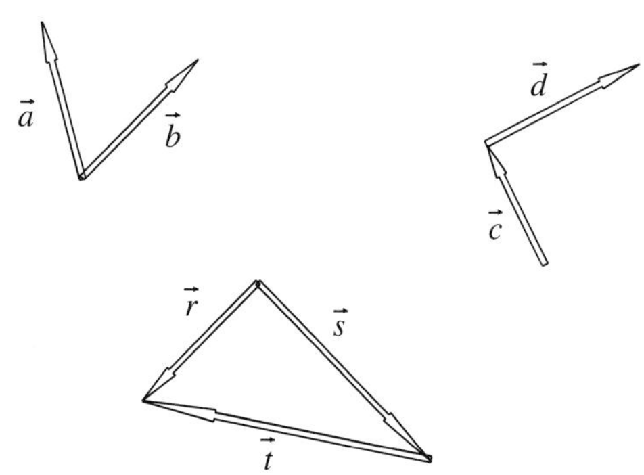

21. Gegeben sind die Vektoren

$$\vec{a} = \begin{pmatrix} 1 \\ -2 \end{pmatrix}, \quad \vec{b} = \begin{pmatrix} -3 \\ 2 \end{pmatrix} \quad \text{und} \quad \vec{c} = \begin{pmatrix} -4 \\ -3 \end{pmatrix}.$$

Berechnen Sie die Vektoren.

a) $\vec{a} - \vec{b} - \vec{c}$

b) $\vec{a} - (\vec{b} - \vec{a}) + \vec{c}$

22. Gegeben sind die Vektoren

$$\vec{a} = \begin{pmatrix} 1 \\ 4 \\ 1 \end{pmatrix}, \quad \vec{b} = \begin{pmatrix} -1 \\ 0 \\ -3 \end{pmatrix}, \quad \vec{c} = \begin{pmatrix} -3 \\ 2 \\ -3 \end{pmatrix} \text{ und } \vec{0} = \begin{pmatrix} 0 \\ 0 \\ 0 \end{pmatrix}.$$

Berechnen Sie die Vektoren.

a) $\vec{a} - \vec{b} - \vec{c}$

b) $\vec{c} - (\vec{b} - \vec{c}) + \vec{a}$

c) $\vec{a} - (\vec{0} - \vec{c})$

d) $\vec{0} - (-\vec{b} - \vec{a}) + \vec{b}$

23. Berechnen Sie den Vektor $\vec{x}$.

a) $\vec{x} + \begin{pmatrix} 1 \\ 2 \\ 6 \end{pmatrix} = \begin{pmatrix} -1 \\ 3 \\ -2 \end{pmatrix}$

b) $\vec{x} + \begin{pmatrix} -2 \\ 0 \\ 3 \end{pmatrix} = \begin{pmatrix} 0 \\ 0 \\ 0 \end{pmatrix}$

c) $\begin{pmatrix} 0 \\ 3 \\ 5 \end{pmatrix} - \vec{x} = \begin{pmatrix} -4 \\ -1 \\ 3 \end{pmatrix}$

6.2.4 S-Multiplikation

Definition der S-Multiplikation

Der Vektor $\vec{a} + \vec{a} + \vec{a}$ kann durch einen Pfeil dargestellt werden, der die gleiche Richtung wie $\vec{a}$, aber die dreifache Länge hat.

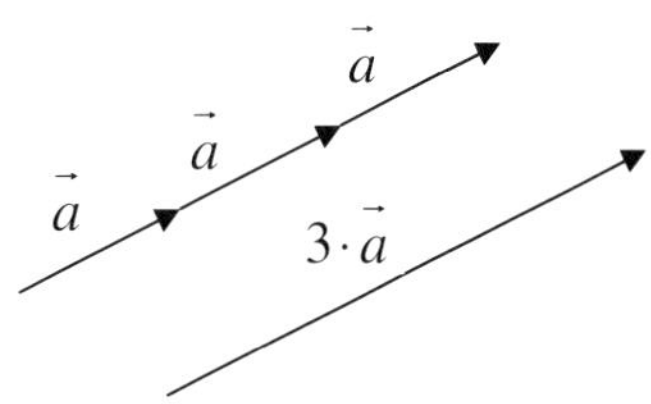

Anstelle von $\vec{a} + \vec{a} + \vec{a}$ schreibt man kurz $3 \cdot \vec{a}$.

Wenn wir diese Schreibweise auf die Koordinatendarstellung übertragen, ergibt sich für den Fall eines räumlichen Koordinatensystems:

$$3 \cdot \begin{pmatrix} a_1 \\ a_2 \\ a_3 \end{pmatrix} = \begin{pmatrix} a_1 \\ a_2 \\ a_3 \end{pmatrix} + \begin{pmatrix} a_1 \\ a_2 \\ a_3 \end{pmatrix} + \begin{pmatrix} a_1 \\ a_2 \\ a_3 \end{pmatrix} = \begin{pmatrix} a_1 + a_1 + a_1 \\ a_2 + a_2 + a_2 \\ a_3 + a_3 + a_3 \end{pmatrix} = \begin{pmatrix} 3a_1 \\ 3a_2 \\ 3a_3 \end{pmatrix}.$$

Diese Erklärung der Vervielfachung einer Translation mithilfe der Addition von Translationen ist in dieser Weise nur sinnvoll, wenn der Vervielfacher eine natürliche Zahl ist. Eine Übertragung auf beliebige reelle Zahlen bereitet jedoch keine Schwierigkeiten.

S-Multiplikation

Ein Vektor wird mit einer reellen Zahl vervielfacht, indem man jede Koordinate mit dieser Zahl multipliziert:

$$\alpha \cdot \vec{a} = \alpha \cdot \begin{pmatrix} a_1 \\ a_2 \end{pmatrix} = \begin{pmatrix} \alpha \cdot a_1 \\ \alpha \cdot a_2 \end{pmatrix} \quad \text{bzw.} \quad \alpha \cdot \vec{a} = \alpha \cdot \begin{pmatrix} a_1 \\ a_2 \\ a_3 \end{pmatrix} = \begin{pmatrix} \alpha \cdot a_1 \\ \alpha \cdot a_2 \\ \alpha \cdot a_3 \end{pmatrix}.$$

$\alpha \cdot \vec{a}$ oder kurz $\alpha\vec{a}$ wird als **Produkt der reellen Zahl α mit der Translation** $\vec{a}$ bezeichnet.

Die Multiplikation einer reellen Zahl mit einer Translation nennt man **S-Multiplikation**.

Der Buchstabe S im Namen S-Multiplikation steht für Skalar (reine Zahl).

Geometrische Deutung der Multiplikation einer Zahl mit einer Translation $\vec{a}$:

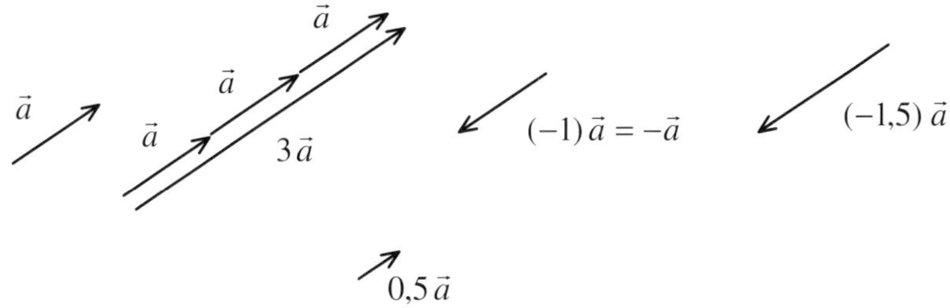

Allgemein kann man für eine Zahl $\alpha \in \mathbb{R}$ und einen Vektor $\vec{a} \in \mathbb{R}^3$ feststellen:

Ein Verschiebungspfeil zu $\alpha \cdot \vec{a}$ ist $|\alpha|$-mal so lang wie ein Verschiebungspfeil von $\vec{a}$ und zu diesem

- gleichsinnig parallel, falls $\alpha > 0$,
- gegensinnig parallel, falls $\alpha < 0$.

Für den trivialen Fall $\alpha = 0$ ergibt sich der Nullvektor.

24. a) Drücken Sie die Vektoren $\vec{a}$, $\vec{b}$, $\vec{c}$ und $\vec{d}$ als Vielfache der Vektoren $\vec{x}$ und $\vec{y}$ aus.

    b) Stellen Sie die beiden Vektoren $\vec{t}$ und $\vec{w}$ mit Hilfe von Vielfachen der Vektoren $\vec{x}$ und $\vec{y}$ dar.

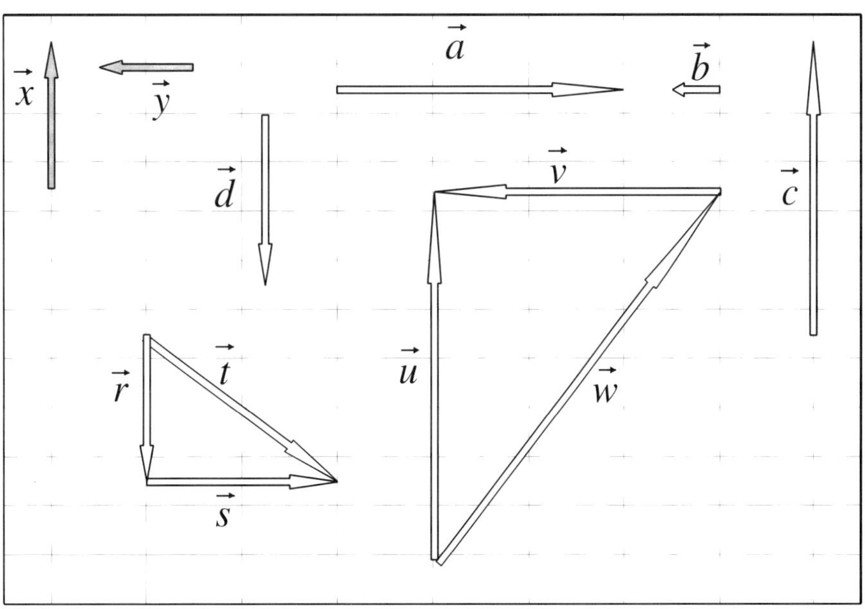

25. Gegeben sind die Vektoren $\vec{a} = \begin{pmatrix} 3 \\ -4 \\ 0 \end{pmatrix}$ und $\vec{b} = \begin{pmatrix} -2 \\ 1 \\ -1 \end{pmatrix}$. Berechnen Sie.

a) $-\vec{a}$ b) $-\vec{b}$ c) $2 \cdot \vec{a}$

d) $-2 \cdot \vec{a}$ e) $-3 \cdot \vec{a}$ f) $-4 \cdot \vec{b}$

g) $\frac{1}{2} \cdot \vec{b}$ h) $3 \cdot \vec{0}$ i) $-4 \cdot \vec{0}$

j) $-5 \cdot \vec{a}$ k) $3 \cdot (-\vec{b})$ l) $0 \cdot (-\vec{b})$

26. Gegeben sind die Vektoren $\vec{a} = \begin{pmatrix} -2 \\ -1 \\ 0 \end{pmatrix}$ und $\vec{b} = \begin{pmatrix} 2 \\ 0 \\ -1 \end{pmatrix}$.

Berechnen Sie den Vektor.

a) $3 \cdot \vec{a} + 3 \cdot \vec{b}$ b) $-2 \cdot \vec{a} + 3 \cdot \vec{a}$ c) $-5 \cdot \vec{b} + 3 \cdot \vec{b}$

d) $\vec{b} - 2 \cdot \vec{b}$ e) $3 \cdot \vec{b} + \vec{a} - 2 \cdot \vec{b}$ f) $4 \cdot \vec{a} - 3 \cdot \vec{b} - 2 \cdot \vec{a}$

g) $2 \cdot \vec{a} - 5 \cdot \vec{a} + \vec{b}$ h) $3 \cdot \vec{a} + 2 \cdot \vec{b} - 4 \cdot \vec{a}$ i) $6 \cdot \vec{a} - 2 \cdot \vec{b} + \vec{a} - \vec{a}$

27. a) Bestimmen Sie $\lambda \in \mathbb{R}$ und $u, v \in \mathbb{R}$ so, dass gilt: $\lambda \cdot \begin{pmatrix} u \\ 1 \\ -3 \end{pmatrix} = \begin{pmatrix} -2 \\ 2 \\ v \end{pmatrix}$.

b) Prüfen Sie, ob es $\lambda \in \mathbb{R}$ und $u, v \in \mathbb{R}$ gibt, sodass gilt:

$$\lambda \cdot \begin{pmatrix} 0 \\ 1 \\ -u \end{pmatrix} = \begin{pmatrix} 4 \\ 3u \\ -v \end{pmatrix}.$$

Eigenschaften der S-Multiplikation

Da die Summe von Vektoren und auch die S-Multiplikation einer reellen Zahl mit einem Vektor koordinatenweise erklärt sind, übertragen sich die Rechenregeln für reelle Zahlen sinngemäß.

Eigenschaften der S-Multiplikation

Für alle Vektoren $\vec{a}$ und $\vec{b}$ der Ebene oder des Raums und reelle Zahlen α, β gilt:

- $\alpha \cdot (\vec{a} + \vec{b}) = \alpha \cdot \vec{a} + \alpha \cdot \vec{b}$ 1. Distributivgesetz,
- $(\alpha + \beta) \cdot \vec{a} = \alpha \cdot \vec{a} + \beta \cdot \vec{a}$ 2. Distributivgesetz,
- $\alpha \cdot (\beta \cdot \vec{a}) = (\alpha \cdot \beta) \cdot \vec{a}$ Assoziativgesetz,
- $1 \cdot \vec{a} = \vec{a}$ neutrales Element.

Beim Rechnen mit Vektoren treten die Zeichen „+“ und „·“ in verschiedenen Bedeutungen auf:

- „+“ kann für die Vektoraddition und Addition in $\mathbb{R}$ stehen,
- „·“ kann für die S-Multiplikation und Multiplikation in $\mathbb{R}$ stehen.

28. Gegeben sind die Vektoren $\vec{a} = \begin{pmatrix} 2 \\ -4 \\ 1 \end{pmatrix}$ und $\vec{b} = \begin{pmatrix} -2 \\ 1 \\ -1 \end{pmatrix}$.

Berechnen Sie unter Beachtung der Rechengesetze für die S-Multiplikation folgende Translationen möglichst geschickt.

a) $3\vec{a} + 3\vec{b}$	b) $-3\vec{b} + 3\vec{a}$	c) $-5\vec{b} + 2\vec{b}$
d) $\vec{b} - 2\vec{b}$	e) $\vec{b} + \vec{a} - 2\vec{b}$	f) $4\vec{a} - 2\vec{b} - 2\vec{a}$
g) $2\vec{a} - 5\vec{a} + 2\vec{b}$	h) $3\vec{a} - \vec{b} - 2\vec{a} + \vec{b}$	i) $2\vec{a} + 4\vec{a} - 2\vec{a}$
j) $4\vec{a} - 3\vec{a} - \vec{a}$	k) $3 \cdot (-\vec{b})$	l) $6\vec{a} - 2\vec{b} - 5\vec{a}$

29. Gegeben sind $\vec{a} = \begin{pmatrix} 2 \\ 1 \\ 0 \end{pmatrix}$, $\vec{b} = \begin{pmatrix} -1 \\ 1 \\ 2 \end{pmatrix}$, $\vec{c} = \begin{pmatrix} 0 \\ 3 \\ 1 \end{pmatrix}$ und $\vec{d} = \begin{pmatrix} 5 \\ 10 \\ 1 \end{pmatrix}$.

a) Berechnen Sie die Vektorterme.

α) $2\,\vec{a} - \vec{b} + 3\,\vec{c}$ β) $\frac{5}{9}\,\vec{a} + \frac{1}{9}\,\vec{b} - \frac{2}{9}\,\vec{c}$

γ) $-\vec{a} + \frac{1}{2}\,\vec{b} - \frac{3}{2}\,\vec{c} + \frac{1}{2}\,\vec{d}$ δ) $\frac{\vec{a} - 2\,\vec{b}}{3} - \frac{2\,\vec{c} + \vec{d}}{2}$

b) Berechnen Sie den Vektor $\vec{x}$.

α) $\vec{a} + 2\,\vec{x} = \vec{b}$ β) $\vec{b} + \vec{d} - 5\,\vec{x} = 2\,\vec{a} + 3\,\vec{c}$

c) Prüfen Sie, ob es einen Skalar λ so gibt, dass gilt:

α) $\lambda\,\vec{a} - \vec{d} = \vec{b} - 3\,\vec{c}$, β) $\lambda\,\vec{a} + \vec{b} = \vec{d} - \lambda\,\vec{c}$.

30. Man bezeichnet die drei Vektoren $\vec{e}_1 = \begin{pmatrix} 1 \\ 0 \\ 0 \end{pmatrix}$, $\vec{e}_2 = \begin{pmatrix} 0 \\ 1 \\ 0 \end{pmatrix}$ und $\vec{e}_3 = \begin{pmatrix} 0 \\ 0 \\ 1 \end{pmatrix}$ als Einheitsvektoren des Raums.

a) Berechnen Sie: $7\,\vec{e}_1 - 4\,\vec{e}_2 + \frac{2}{5}\,\vec{e}_3$.

b) Schreiben Sie den Vektor $\begin{pmatrix} 6 \\ 1 \\ -8 \end{pmatrix}$ in der Form $\lambda_1\,\vec{e}_1 + \lambda_2\,\vec{e}_2 + \lambda_3\,\vec{e}_3$.

c) Zeigen Sie: Jeder Vektor $\vec{a} = \begin{pmatrix} a_1 \\ a_2 \\ a_3 \end{pmatrix}$ des Raums ist mithilfe der Einheitsvektoren $\vec{e}_1$, $\vec{e}_2$ und $\vec{e}_3$ darstellbar in der Form $\lambda_1\,\vec{e}_1 + \lambda_2\,\vec{e}_2 + \lambda_3\,\vec{e}_3$.

31. Vereinfachen Sie den Vektorterm.

a) $3\,(\vec{a} - \vec{b}) + 2\,\vec{b}$ b) $2\,(-\vec{a}) - 2\,\vec{a}$ c) $-2\,(\vec{a} - \vec{b}) - 2\,\vec{a}$

d) $-2\,(-\vec{a})$ e) $(-2)\,\vec{a} + 2\,\vec{a}$ f) $-\frac{1}{2}\,(-\vec{a}) - \vec{a}$

32. Vereinfachen Sie für Vektoren $\vec{a}$, $\vec{b}$ des $\mathbb{R}^3$ und $\lambda \in \mathbb{R}$ die Vektorterme.

a) $(-2)\,\vec{a} - (-\vec{a}) + (-5)\,\vec{a} - 3\,(2\vec{a})$

b) $(3\,\vec{a} + 5\,\vec{b}) - (\vec{b} - 7\,\vec{a}) - (\vec{a} + 4\,\vec{b})$

c) $\frac{1}{3}\,(\vec{a} - 4\,\vec{b}) - \frac{4}{3}\,(\frac{1}{2}\vec{b} - 2\vec{a})$

d) $\frac{\vec{a} - 2\vec{b}}{3} + \frac{2\vec{a} + \vec{b}}{2} - \frac{5\vec{a} - 4\vec{b}}{6}$

e) $\frac{7\,(\lambda\,\vec{a}) + \lambda\,(-3\,\vec{a}) - (2\,\lambda)\,\vec{a}}{2}$

f) $(1-\lambda)\,\vec{b} + (2-\lambda)\,(\vec{a} - \vec{b}) - \vec{a}$

g) $(1+\lambda)^2\,(\vec{a} + \vec{b}) - (1-\lambda)^2\,(\vec{a} - \vec{b}) - 2\,\vec{b}$

h) $\frac{\vec{a}+\vec{b}}{1+\lambda} - \frac{\vec{a}-\vec{b}}{1-\lambda} - \frac{2\vec{b}}{1-\lambda^2}$ mit $|\lambda| \neq 1$

33. Lösen Sie die Vektorgleichung nach $\vec{x}$ auf.

a) $\vec{a} - (\vec{b} - \vec{x}) = \vec{a} + \vec{b}$

b) $(\vec{a} - \vec{b}) + \vec{x} = (\vec{b} - \vec{a}) - \vec{x}$

c) $\sqrt{3}\,\vec{b} - 3\,(\sqrt{2}\,\vec{a} - \vec{x}) = 3\sqrt{\frac{1}{3}}\,\vec{b}$

d) $2\,(\vec{x} - \vec{a}) = 5\,\vec{x} - (\vec{x} - \vec{a})$

e) $\vec{x} - (\vec{a} - \vec{x}) - (\vec{a} - \vec{b} - \vec{x}) = \vec{a} - 2\,\vec{b}$

f) $\frac{\vec{x} - \vec{a}}{2} - \frac{\vec{x} - \vec{b}}{3} = \frac{\vec{b} - \vec{a}}{2}$

34. Welche der Gleichungen oder Umformungen sind falsch?
Geben Sie gegebenenfalls den Fehler an.

a) $\vec{a} - 3 = \vec{b}$

b) $2\,\vec{c} + 5\,\vec{c} = 7$

c) $\frac{\vec{a}+\vec{b}}{2} + \frac{\vec{a}-\vec{b}}{2} = \vec{a}$

d) $0 \cdot \vec{a} = 0$

e) $\mu\,\vec{c} = \vec{a} - \vec{b} \Rightarrow \mu = \frac{\vec{a} - \vec{b}}{\vec{c}}$

f) $\vec{a} \cdot \vec{x} = \vec{b} \Rightarrow \vec{x} = \frac{\vec{b}}{\vec{a}}$

g) $\lambda\,\vec{a} = \mu\,\vec{a} \Rightarrow \lambda = \mu$

h) $(1+\lambda^2)\,\vec{c} = \vec{a} + \vec{b} \Rightarrow \vec{c} = \frac{\vec{a}+\vec{b}}{1+\lambda^2}$

35. Es seien $\vec{a}, \vec{b}, \vec{c} \in \mathbb{R}^3$ Vektoren und $\lambda, \mu, \nu \in \mathbb{R}$ Skalare. Lösen Sie die Vektorgleichungen nach dem Vektor $\vec{x}$ auf.
Geben Sie jeweils eine Bedingung an, unter der dies möglich ist.

a) $\lambda(\vec{x} - \vec{a}) + \mu(\vec{x} - \vec{b}) + \nu(\vec{x} - \vec{c}) = \vec{o}$

b) $3(\lambda\vec{x} - \vec{a}) - 2(\mu\vec{x} + \vec{b}) + 4(\nu\vec{x} - \vec{c}) = \vec{o}$

c) $\lambda(\mu(\nu(\vec{x} - \vec{c}) - \vec{b}) - \vec{a}) = 2\lambda\mu\nu\vec{x}$

d) $\lambda^2(\vec{x} - \vec{a}) + \mu^2(\vec{x} + \vec{b}) = 2\lambda\mu(\vec{c} - \vec{x})$

6.2.5 Ortsvektoren

In einem Koordinatensystem gibt es zu jedem Punkt P genau eine Translation, die den Ursprung O in den Punkt P abbildet, nämlich die Translation $\overrightarrow{OP}$.

Umgekehrt legt jede Translation durch einen Verschiebungspfeil, der im Punkt O des Koordinatensystems beginnt, genau einen Punkt fest.

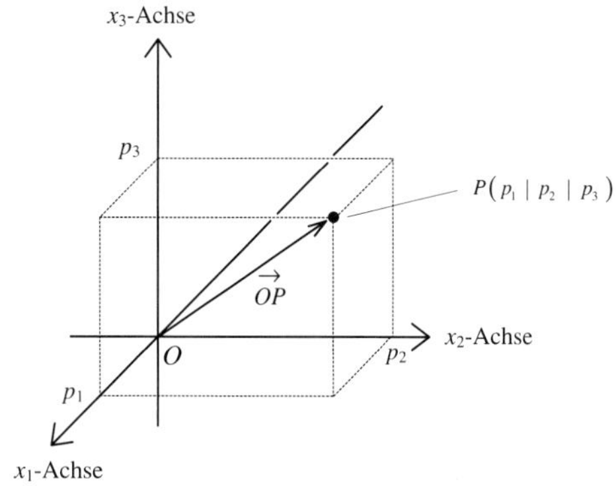

Ortsvektor eines Punkts

Die Translation, die den Ursprung O in den Punkt P abbildet, heißt **Ortsvektor** von P, kurz: $\overrightarrow{OP}$ oder $\vec{p}$.

Durch die Angabe des Ortsvektors wird jedem Punkt der Ebene umkehrbar eindeutig ein (Translations-)Vektor des $\mathbb{R}^2$ zugeordnet. Gleiches gilt auch für die Punkte des Raums und die Vektoren des $\mathbb{R}^3$.

Für den Ortsvektor des Punkts $P(p_1 \mid p_2 \mid p_3)$ gilt

$$\overrightarrow{OP} = \begin{pmatrix} p_1 - 0 \\ p_2 - 0 \\ p_3 - 0 \end{pmatrix} = \begin{pmatrix} p_1 \\ p_2 \\ p_3 \end{pmatrix} = \vec{p},$$

d. h. der Punkt P und sein Ortsvektor $\vec{p}$ haben dieselben Koordinaten. Man kann daher die Koordinaten eines Punkts bestimmen, indem man die Koordinaten seines Ortsvektors berechnet.

Zu beachten ist, dass durch eine Translation allein die Lage eines Punkts nicht festgelegt ist. Dies wird erst durch die Angabe eines Bezugspunkts erreicht, der im Zusammenhang mit der Bezeichnung Ortsvektor immer der Ursprung des Koordinatensystems ist.

Der Verbindungsvektor $\overrightarrow{PQ}$ zweier Punkte P und Q kann mithilfe der Ortsvektoren $\vec{p}$ und $\vec{q}$ der beiden Punkte dargestellt werden:

$$\overrightarrow{PQ} = -\overrightarrow{OP} + \overrightarrow{OQ} = -\vec{p} + \vec{q} = \vec{q} - \vec{p}.$$

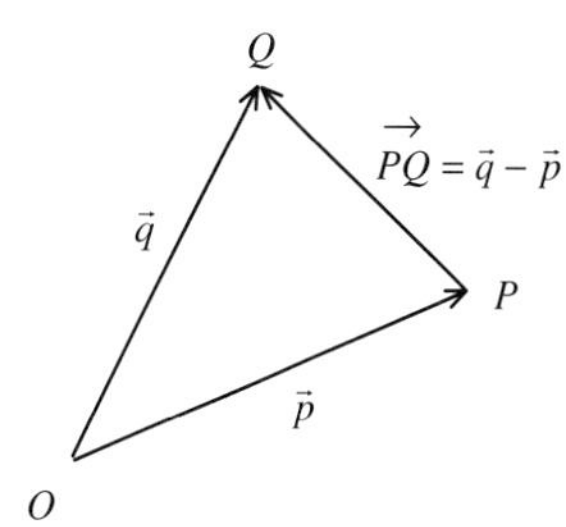

Besondere Ortsvektoren

- **Mittelpunkt einer Strecke**

  Gegeben sind zwei Punkte *A* und *B*. Gesucht ist der Ortsvektor $\vec{m}$ des Mittelpunkts *M* der Strecke [*AB*].

  Anstelle des direkten Weges von *O* nach *M* kann man auch z. B. den Weg über den Punkt *A* nehmen:

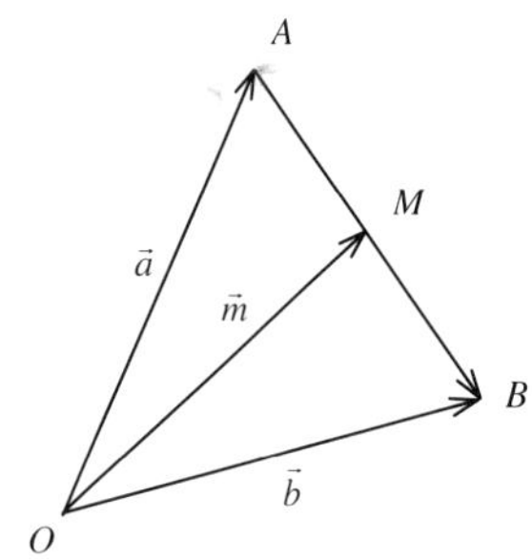

$$\vec{m} = \vec{a} + \frac{1}{2}\,\overrightarrow{AB} = \vec{a} + \frac{1}{2}\,(\vec{b} - \vec{a})$$

$$= \vec{a} + \frac{1}{2}\,\vec{b} - \frac{1}{2}\,\vec{a} = \frac{1}{2}\,\vec{a} + \frac{1}{2}\,\vec{b}\,.$$

Ortsvektor des Mittelpunkts *M* einer Strecke [*AB*]: $\vec{m} = \frac{1}{2}(\vec{a} + \vec{b})$

- **Spiegelpunkt**

  Gegeben sind zwei Punkte *P* und *Z* des Anschauungsraums. Gesucht ist der Ortsvektor $\vec{p}\,'$ des Spiegelpunkts *P′* von *P* bezüglich *Z*.

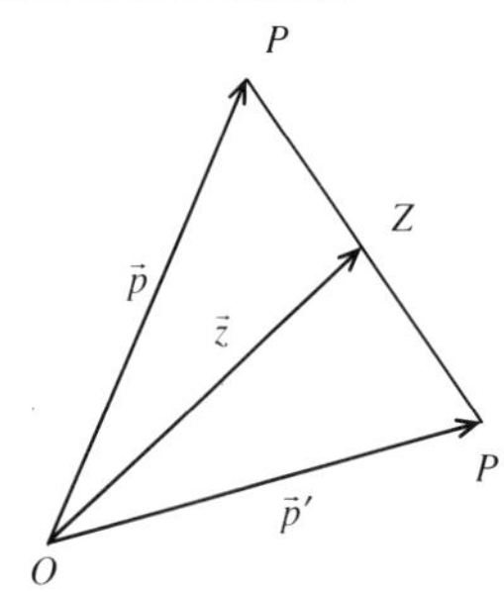

$$\vec{p}\,' = \vec{p} + \overrightarrow{PP'} = \vec{p} + 2\,\overrightarrow{PZ} = \vec{p} + 2(\vec{z} - \vec{p})$$

$$= 2\vec{z} - \vec{p}\,.$$

Ortsvektor des Spiegelpunkts bezüglich eines Punkts *Z*: $\vec{p}\,' = 2\vec{z} - \vec{p}$

- **Dreiecksschwerpunkt**

  Gegeben sind die Eckpunkte *A*, *B*, *C* eines Dreiecks. Gesucht ist der Ortsvektor des Schwerpunkts *S*.

  Die Seitenhalbierenden eines Dreiecks schneiden sich im **Schwerpunkt** S. Dieser teilt die Seitenhalbierenden im Verhältnis 2 : 1 (jeweils von der Ecke aus gemessen).

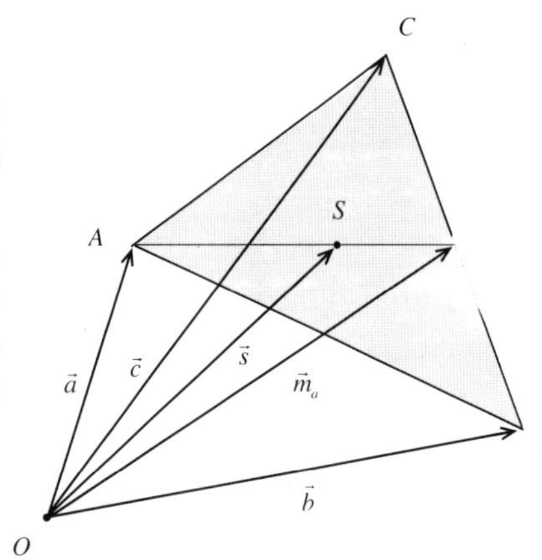

$$\vec{s} = \overrightarrow{OA} + \overrightarrow{AS} = \vec{a} + \frac{2}{3}\,\overrightarrow{AM_a}$$

$$= \vec{a} + \frac{2}{3}(\vec{m}_a - \vec{a}) = \vec{a} + \frac{2}{3}\,(\frac{1}{2}\,(\vec{b} + \vec{c}) - \vec{a}) = \vec{a} + \frac{1}{3}\vec{b} + \frac{1}{3}\vec{c} - \frac{2}{3}\vec{a}\,.$$

Ortsvektor des Schwerpunkts *S* eines Dreiecks *ABC*: $\vec{s} = \frac{1}{3}(\vec{a} + \vec{b} + \vec{c})$

36. a) Gegeben sind die Punkte $A(1 \mid -4 \mid -3)$ und $B(7 \mid 2 \mid -4)$. Berechnen Sie die Vektoren $\overrightarrow{AB}$ und $\overrightarrow{BA}$.
    b) Gegeben sind die vier Punkte $A(3 \mid -1 \mid -2)$, $B(-2 \mid 1 \mid -3)$, $C(-1 \mid 5 \mid 0)$ und $D(9 \mid 1 \mid 2)$. Untersuchen Sie die Strecken $[AB]$ und $[CD]$ auf Parallelität.

37. Berechnen Sie den Mittelpunkt M der Strecke $[AB]$ für die Punkte.
    a) $A(-5 \mid 1 \mid 3)$ und $B(1 \mid -1 \mid 3)$ b) $A(0 \mid 2 \mid 1)$ und $B(-4 \mid 2 \mid 5)$
    c) $A(1 \mid 2 \mid -3)$ und $B(-3 \mid 2 \mid -1)$

38. Ein Dreieck besitzt die Eckpunkte $A(0 \mid 1 \mid 2)$, $B(-1 \mid 3 \mid -5)$ und $C(-2 \mid -1 \mid 4)$.

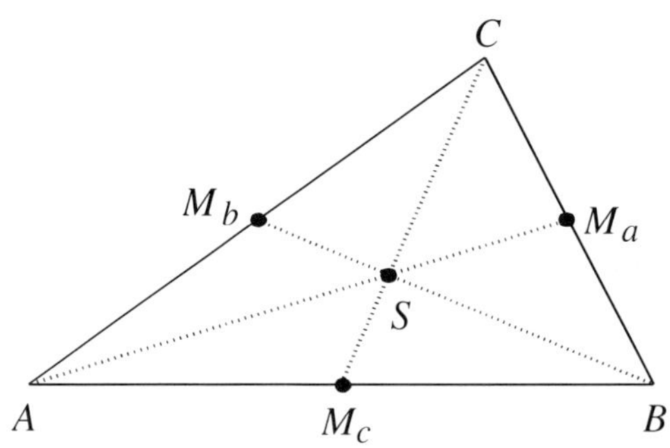

a) Berechnen Sie die Koordinaten der Mittelpunkte M_a, M_b und M_c der Dreiecksseiten.
b) Welche Koordinaten hat der Schwerpunkt S?

39. Gegeben sind die Punkte $A(1 \mid 4 \mid 0)$, $B(-2 \mid 6 \mid -3)$ und $D(-5 \mid -1 \mid 3)$.

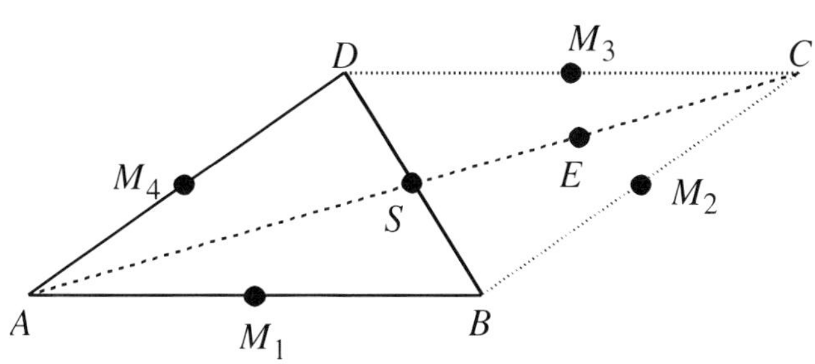

a) Bestimmen Sie den Punkt C so, dass ein Parallelogramm entsteht.
b) Berechnen Sie die Seitenmittelpunkte M_1, M_2, M_3 und M_4 und den Diagonalenschnittpunkt S.
c) Der Punkt E halbiert die Strecke $[SC]$. Bestimmen Sie seine Koordinaten.

40. Von einem Parallelogramm $ABCD$ sind die Punkte $C(1 \mid -1 \mid 2)$, $D(0 \mid 4 \mid -3)$ und $S(-0{,}5 \mid 1 \mid 3)$ bekannt (siehe Abbildung zu Aufgabe 39).

    Berechnen Sie die Koordinaten von A und B.

41. Gegeben sind die Punkte $A(8 \mid 1 \mid 2)$, $B(-1 \mid 2 \mid 1)$ und $C(-1 \mid 0 \mid -3)$. Zeigen Sie, dass der Schwerpunkt des Dreiecks ABC in der x_1-x_2-Ebene liegt.

42. Von einem Dreieck ABC sind die Eckpunkte $A(2{,}5 \mid -0{,}5 \mid 1)$, $B(-1 \mid 4{,}5 \mid -1)$ und der Schwerpunkt $S(-0{,}5 \mid 1 \mid 3)$ gegeben. Berechnen Sie die Koordinaten des Eckpunkts C.

43. Ein Dreieck hat die Eckpunkte $A(t \mid -2t \mid -2t)$, $B(-1 \mid 3+t \mid -4)$ und $C(-2 \mid t \mid 4)$ mit $t \in \mathbb{R}$.

    a) Prüfen Sie, ob es Zahlen $t \in \mathbb{R}$ so gibt, dass der Punkt $M_1(1 \mid 1 \mid 1)$ oder $M_2(2 \mid -1 \mid -7)$ der Mittelpunkt der Strecke $[AB]$ ist.

    b) Prüfen Sie, ob es Zahlen $t \in \mathbb{R}$ so gibt, dass $S_1(-1 \mid 1 \mid 0)$ oder $S_2(-1 \mid 2 \mid 0)$ der Schwerpunkt vom Dreieck ABC ist.

44. Untersuchen Sie, ob das Viereck $ABCD$ ein Parallelogramm ist.

    a) $A(-3 \mid 1 \mid 4)$, $B(3 \mid -2 \mid -5)$, $C(3 \mid 2 \mid 1)$, $D(1 \mid 3 \mid 4)$.

    b) $A(1 \mid 2 \mid 1)$, $B(3 \mid 5 \mid -1)$, $C(1 \mid 5 \mid 2)$, $D(-1 \mid 2 \mid 4)$.

7 Matrizen

7.1 Matrix als Zahlenschema

Eine Elektronikhandelskette bietet in ihren Filialen drei verschiedene Modelle von Digitalkameras eines bestimmten Herstellers an. Die folgende Tabelle zeigt den Lieferumfang für den Monat November an die Filialen in Augsburg, München, Nürnberg und Regensburg.

Filiale \ Modell	D4000	D5000	D6000
Augsburg	40	20	10
München	70	50	35
Nürnberg	40	30	15
Regensburg	30	25	15

Bei wirtschaftlichen Berechnungen mithilfe elektronischer Datenverarbeitung ist bekannt, welche Zeile für die jeweilige Filiale und welche Spalte für das jeweilige Modell steht. Interessant sind nur die Verkaufzahlen. Man verzichtet daher auf die Angabe des Modelltyps und der Filialen und notiert die Tabelle in Form eines Kurzschemas:

$$\begin{pmatrix} 40 & 20 & 10 \\ 70 & 50 & 35 \\ 40 & \boxed{30} & 15 \\ 30 & 25 & 15 \end{pmatrix} \longleftarrow \text{dritte Zeile}$$

↑ zweite Spalte

Das hervorgehobene Element wird mit a_{32} bezeichnet.

Es hat den Wert 30 und gibt an, dass 30 Kameras des Typs D5000 nach Nürnberg geliefert werden.

Eine solches Zahlenschema bezeichnet man als **Matrix**. Die obige Matrix besteht aus 4 Zeilen und 3 Spalten. Man bezeichnet sie daher als (4×3)-Matrix.

Matrix

Ein Zahlenschema A aus Zahlen $a_{ij} \in \mathbb{R}$ mit m Zeilen und n Spalten heißt **(m×n)-Matrix**.

Eine Matrix heißt **quadratisch**, wenn sie genauso viele Zeilen wie Spalten besitzt, d. h. wenn $m = n$ gilt.

$$A = \begin{pmatrix} a_{11} & a_{11} & \cdots & a_{1n} \\ a_{21} & a_{22} & \cdots & a_{2n} \\ \vdots & \vdots & & \vdots \\ a_{m1} & a_{m2} & \cdots & a_{mn} \end{pmatrix}$$

$(m, n \in \mathbb{N}^*)$

1. Gegeben sind die Matrizen

$$A = \begin{pmatrix} 1 & 0 & 2 & -1 \\ -2 & -3 & 0 & 5 \\ 4 & 3 & -1 & 0 \end{pmatrix} \quad \text{und} \quad B = \begin{pmatrix} -1 & 0 & 0 & 0 \\ 0 & -2 & 0 & -3 \\ 1 & 1 & -3 & 4 \\ 2 & -1 & 5 & -4 \end{pmatrix}.$$

   a) Geben Sie den Typ der Matrix A an und lesen Sie die beiden Matrixelemente a_{23} und a_{32} ab.

   b) Welche Besonderheit liegt bei der Matrix B vor. Wie heißen die beiden Matrixelemente b_{24} und b_{42}?

2. Notieren Sie in Matrixschreibweise eine (4×3)-Matrix mit folgenden Elementen:

$$\begin{cases} a_{11} = 1 \;;\; a_{32} = -1 \;;\; a_{13} = -2 \;;\; a_{33} = 5 \;;\; a_{23} = 2 \;;\; a_{31} = 3 \;; \\ \text{alle anderen Matrixelemente sind 0.} \end{cases}$$

3. Bestimmen Sie eine $(m \times n)$-Matrix mit folgenden Eigenschaften:

   a) $m = 3$ und $n = 3$ $\quad a_{ij} = 1$ für $i = j$ und $a_{ij} = 0$ für $i \neq j$,

   b) $m = 4$ und $n = 2$ $\quad a_{ij} = i + j$,

   c) $m = 4$ und $n = 5$ $\quad a_{ij} = i - j$.

4. Eine Firma stellt drei verschiedene Produkte A, B und C her. Die Produkte durchlaufen während ihrer Herstellung drei verschiedene Werkstätten, eine Schreiner-, eine Schlosser- und eine Kunststoffwerkstatt. Dabei wird zur Herstellung eines Stücks dieser Produkte jeweils eine bestimmte Anzahl von Arbeitsstunden in den einzelnen Werkstätten benötigt:

Schreinerei :	6 h für Teil A,	2 h für Teil B,	
Schlosserei :	4 h für Teil A,	3 h für Teil B,	3 h für Teil C,
Kunststoffwerkstatt		1 h für Teil B,	3 h für Teil C.

Stellen Sie die für die Produktion benötigten Arbeitsstunden in den drei Teilbetrieben in Tabellenform und als Matrix dar.

7.2 Addieren und Vervielfachen von Matrizen

Matrizenaddition

Wegen des Weihnachtsgeschäftes erhöht die Handelskette im Monat Dezember die Stückzahlen für die einzelnen Digitalkameras. Die Lieferungen für den Weihnachtsmonat werden durch folgende Matrix beschrieben:

$$B = \begin{pmatrix} 70 & 35 & 20 \\ 90 & 65 & 50 \\ 50 & 40 & 25 \\ 40 & 35 & 20 \end{pmatrix}.$$

Die Gesamtzahl der in den Monaten November und Dezember gelieferten Kameras kann als Summe der zugehörigen Matrizen berechnet werden:

$$A + B = \begin{pmatrix} 40 & 20 & 10 \\ 70 & 50 & 35 \\ 40 & 30 & 15 \\ 30 & 25 & 15 \end{pmatrix} + \begin{pmatrix} 70 & 35 & 20 \\ 90 & 65 & 50 \\ 50 & 40 & 25 \\ 40 & 35 & 20 \end{pmatrix} = \begin{pmatrix} 110 & 55 & 30 \\ 160 & 115 & 85 \\ 90 & 70 & 40 \\ 70 & 60 & 35 \end{pmatrix}.$$

Wie bei Vektoren erfolgt die Addition elementweise.

Addition von Matrizen

Zwei $(m{\times}n)$-Matrizen $A = (a_{ij})$ und $B = (b_{ij})$ werden addiert, in dem man die Matrizenelemente mit gleichem Index addiert.

Die Matrixelemente c_{ij} der Summenmatrix $C = A + B$ ergeben sich als

$$c_{ij} = a_{ij} + b_{ij} \ .$$

Die beiden Matrizen, die addiert werden sollen, müssen vom gleichen Typ sein, d. h. die Anzahl der Zeilen und Spalten muss bei den Matrizen übereinstimmen.

Wie die Vektoraddition ist die Matrizenaddition kommutativ und assoziativ:

- $A + B = B + A$,
- $A + (B + C) = (A + B) + C$.

In gleicher Weise berechnet man die **Differenz zweier Matrizen** elementweise.

5. Gegeben sind die Matrizen

$$A = \begin{pmatrix} 1 & 0 & 1 & -1 \\ -1 & -4 & 2 & 5 \\ 5 & 3 & -1 & 0 \end{pmatrix} \quad \text{und} \quad B = \begin{pmatrix} -3 & 0 & -3 & -1 \\ -2 & -3 & 0 & 2 \\ 1 & 0 & -1 & 1 \end{pmatrix}.$$

Berechnen Sie $A + B$ und $B - A$.

Multiplikation einer Matrix mit einer reellen Zahl

In den Monaten Januar bis Oktober wurden die Filialen mit denselben Stückzahlen beliefert wie im Monat November.

Die Gesamtzahl der von Januar bis November gelieferten Stücke ergibt sich, indem man die Matrix A mit dem Faktor 11 multipliziert.

$$11 \cdot A = 11 \cdot \begin{pmatrix} 40 & 20 & 10 \\ 70 & 50 & 35 \\ 40 & 30 & 15 \\ 30 & 25 & 15 \end{pmatrix} = \begin{pmatrix} 11\cdot 40 & 11\cdot 20 & 11\cdot 10 \\ 11\cdot 70 & 11\cdot 50 & 11\cdot 35 \\ 11\cdot 40 & 11\cdot 30 & 11\cdot 15 \\ 11\cdot 30 & 11\cdot 25 & 11\cdot 15 \end{pmatrix} = \begin{pmatrix} 440 & 220 & 110 \\ 770 & 550 & 385 \\ 440 & 330 & 165 \\ 330 & 275 & 165 \end{pmatrix}.$$

Wie bei Vektoren erfolgt das Vervielfachen einer Matrix elementweise.

Multiplikation einer Matrix mit einer reellen Zahl

Eine $(m\times n)$-Matrix $A = (a_{ij})$ wird mit einer reellen Zahl λ multipliziert, in dem man alle Matrizenelemente mit der Zahl λ multipliziert.

Die Matrixelemente c_{ij} der Ergebnismatrix $C = \lambda \cdot A$ ergeben sich als

$$c_{ij} = \lambda \cdot a_{ij}.$$

6. Gegeben sind die Matrizen

$$A = \begin{pmatrix} 3 & 2 & 0 \\ 0 & 2 & 3 \\ 1 & 5 & 2 \end{pmatrix}, \quad B = \begin{pmatrix} 3 & 1 & 1 \\ 1 & 5 & 0 \\ 5 & 0 & 2 \end{pmatrix} \text{ und } C = \begin{pmatrix} 0 & 2 & 1 \\ 1 & 0 & 3 \\ 2 & 1 & 0 \end{pmatrix}.$$

Berechnen Sie.

a) $3 \cdot A$ b) $-2 \cdot B$ c) $3 \cdot A - 2 \cdot B$

d) $C - 2 \cdot A + B$ e) $C - 2 \cdot (A + B)$ f) $3 \cdot (A + B) - 2 \cdot C$

7.3 Multiplikation einer Matrix mit einem Vektor

Multiplikationsregel

Ein Großdiscounter will für Silvester unterschiedliche Sortimente an Feuerwerkskörpern anbieten. Die unterschiedlichen Sortimente zeigt die Tabelle.

	Sortiment 1	Sortiment 2	Sortiment 3
Böller	5	10	20
Knallfrösche	12	15	10
Wunderkerzen	10	0	9
Leuchtraketen	0	5	12

Zu dieser Tabelle gehört die Matrix $M = \begin{pmatrix} 5 & 10 & 20 \\ 12 & 15 & 10 \\ 10 & 0 & 9 \\ 0 & 5 & 12 \end{pmatrix}$.

Eine Filiale ordert 15-mal das Sortiment 1, 20-mal das Sortiment 2 und 25-mal das Sortiment 3.

Eine solche Bestellung wird oft auch mithilfe eines Bestellvektors $\vec{b}$ beschrieben.

$$\vec{b} = \begin{pmatrix} 15 \\ 20 \\ 25 \end{pmatrix}$$

Interessiert man sich dafür, wie viele der unterschiedlichen Feuerwerkskörper für die Bestellung gebraucht werden, so ist folgende Rechnung durchzuführen:

$$\begin{aligned} \text{Böller:} \quad & 5 \cdot 15 + 10 \cdot 20 + 20 \cdot 25 = 775 \\ \text{Knallfrösche:} \quad & 12 \cdot 15 + 15 \cdot 20 + 10 \cdot 25 = 730 \\ \text{Wunderkerzen:} \quad & 10 \cdot 15 + 0 \cdot 20 + 9 \cdot 25 = 375 \\ \text{Leuchtraketen:} \quad & 0 \cdot 15 + 5 \cdot 20 + 12 \cdot 25 = 400 \end{aligned} \qquad \vec{c} = \begin{pmatrix} 775 \\ 730 \\ 375 \\ 400 \end{pmatrix}$$

Man kann den Ergebnisvektor $\vec{c}$ formal als Produkt der Matrix M mit dem Bestellvektor $\vec{b}$ auffassen:

$$M \cdot \vec{b} = \begin{pmatrix} 5 & 10 & 20 \\ 12 & 15 & 10 \\ 10 & 0 & 9 \\ 0 & 5 & 12 \end{pmatrix} \cdot \begin{pmatrix} 15 \\ 20 \\ 25 \end{pmatrix} = \begin{pmatrix} 775 \\ 730 \\ 375 \\ 400 \end{pmatrix} = \vec{c}\,.$$

Das Rechenverfahren zur Multiplikation einer Matrix mit einem Vektor lässt sich durch ein Schema verdeutlichen.

$$\underbrace{\begin{pmatrix} 15 \\ 20 \\ 25 \end{pmatrix}}_{\vec{b}}$$

$$\text{3. Zeile} \longrightarrow \underbrace{\begin{pmatrix} 5 & 10 & 20 \\ 12 & 15 & 10 \\ 10 & 0 & 9 \\ 0 & 5 & 12 \end{pmatrix}}_{A} \longrightarrow \underbrace{\begin{pmatrix} 775 \\ 730 \\ 375 \\ 400 \end{pmatrix}}_{\vec{c}} \qquad 375 = 10 \cdot 15 + 0 \cdot 20 + 9 \cdot 25$$

Multiplikation einer Matrix mit einem Vektor

Eine (m×n)-Matrix $A = (a_{ij})$ wird mit einem Vektor und $\vec{b}$ (mit n Koordinaten) multipliziert, in dem man jede Zeile der Matrix A mit dem Vektor $\vec{b}$ multipliziert.

$$\begin{pmatrix} a_{11} & a_{12} & \dots & a_{1n} \\ a_{21} & a_{22} & \dots & a_{2n} \\ \vdots & \vdots & & \vdots \\ a_{m1} & a_{m2} & \dots & a_{mn} \end{pmatrix} \cdot \begin{pmatrix} b_1 \\ b_2 \\ \vdots \\ b_n \end{pmatrix} = \begin{pmatrix} a_{11} \cdot b_1 + a_{12} \cdot b_2 + \ldots + a_{1n} \cdot b_n \\ a_{21} \cdot b_1 + a_{22} \cdot b_2 + \ldots + a_{2n} \cdot b_n \\ \vdots \\ a_{m1} \cdot b_1 + a_{m2} \cdot b_2 + \ldots + a_{mn} \cdot b_n \end{pmatrix}$$

Das Produkt $A \cdot \vec{b}$ ist ein Vektor mit m Koordinaten.

Die Multiplikation einer Matrix A mit einem Vektor $\vec{b}$ ist nur dann möglich, wenn die Anzahl der Spalten von A mit der Anzahl der Koordinaten von $\vec{b}$ übereinstimmt.

7. Berechnen Sie die Produkte der Matrix M mit den Vektoren $\vec{u}$, $\vec{v}$ und $\vec{w}$.

$$M = \begin{pmatrix} 3 & 2 & 1 \\ 1 & 4 & 3 \\ 5 & 5 & 2 \end{pmatrix}, \quad \vec{u} = \begin{pmatrix} 5 \\ 4 \\ 2 \end{pmatrix}, \quad \vec{v} = \begin{pmatrix} -1 \\ 0 \\ -2 \end{pmatrix} \text{ und } \vec{w} = \begin{pmatrix} 3 \\ 5 \\ 0 \end{pmatrix}.$$

8. Berechnen Sie: $\begin{pmatrix} 1 & 3 & 3 & 2 \\ 2 & 6 & 9 & 5 \\ -1 & -3 & 3 & 0 \end{pmatrix} \cdot \begin{pmatrix} 4 \\ 0 \\ 1 \\ 1 \end{pmatrix}$.

9. Berechnen Sie.

a) $\begin{pmatrix} 1 & 0 & 0 \\ 0 & 1 & 0 \\ 0 & 0 & 1 \end{pmatrix} \cdot \begin{pmatrix} 2 \\ -3 \\ 5 \end{pmatrix}$

b) $\begin{pmatrix} 0 & 0 & 1 \\ -1 & 1 & 0 \\ 0 & 0 & 0 \end{pmatrix} \cdot \begin{pmatrix} x_1 \\ x_2 \\ x_3 \end{pmatrix}$

10. Bei einer Ausschreibung bieten drei Firmen A, B, und C Tische, Stühle und Aktenschränke nach folgenden Preislisten an.

	Tisch	Stuhl	Schrank
Firma A	600 €	175 €	375 €
Firma B	490 €	210 €	420 €
Firma C	505 €	185 €	390 €

a) Welches Angebot ist das günstigste, wenn 12 Tische, 15 Stühle und 20 Aktenschränke angeschafft werden sollen?

b) Geben Sie ein Beispiel für eine Anschaffungsliste an, bei der die Firma A am günstigsten ist.

11. Die Herstellung von Waren A, B und C erfolgt an verschiedenen Standorten X-Stadt, Y-Stadt und Z-Stadt.
Die Grafik zeigt den Arbeitsstundenbedarf der einzelnen Standorte X, Y und Z für die Waren.

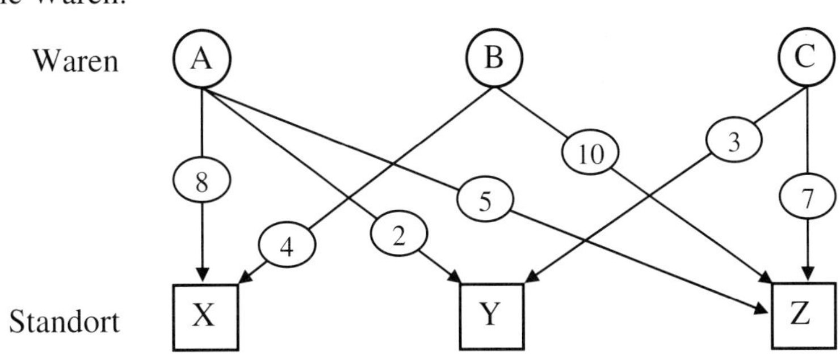

Mit welchen Arbeitszeiten sind die Standorte einzuplanen, wenn 100 Stück der Ware A, 50 Stück von B und 200 Stück von C benötigt werden?

Rechenregeln

Für die Multiplikation einer Matrix mit einem Vektor gelten Rechenregeln, die dem von den reellen Zahlen her bekannten Distributivgesetz sehr ähnlich sind.

Die Rechenregeln lassen sich auf die Definition der Addition bzw. Subtraktion von Matrizen sowie auf entsprechenden Rechenoperationen in der Menge der reellen Zahlen zurückführen. Auf die rechnerische Durchführung der einzelnen Nachweise soll an dieser Stelle verzichtet werden.

Gesetzmäßigkeiten der Multiplikation von Matrizen

Unter der Voraussetzung, dass die Produkte der Matrizen mit den Vektoren bildbar sind, gilt für Matrizen A, B und für Vektoren $\vec{x}$, $\vec{y}$:

1. $(A \pm B) \cdot \vec{x} = A \cdot \vec{x} \pm B \cdot \vec{x}$,
2. $A \cdot (\vec{x} \pm \vec{y}) = A \cdot \vec{x} \pm A \cdot \vec{y}$.

12. Gegeben sind die Matrizen $A = \begin{pmatrix} 1 & 1 & 0 \\ 2 & 3 & -1 \end{pmatrix}$ und $B = \begin{pmatrix} 0 & -3 & 1 \\ 2 & 1 & 0 \end{pmatrix}$ sowie die Vektoren $\vec{x} = \begin{pmatrix} 1 \\ -1 \\ 2 \end{pmatrix}$ und $\vec{y} = \begin{pmatrix} 1 \\ 0 \\ 1 \end{pmatrix}$.

    Berechnen Sie die folgenden Produkte auf zwei Arten:

    a) $A \cdot \vec{x} - B \cdot \vec{x}$ b) $A \cdot (\vec{x} + \vec{y})$

13. Gegeben sind die Matrizen $A = \begin{pmatrix} 3 & 0 & 1 \\ 2 & -1 & -1 \\ 0 & 2 & 3 \end{pmatrix}$ und $B = \begin{pmatrix} 2 & 0 & 1 \\ 2 & -2 & -1 \\ 0 & 2 & 2 \end{pmatrix}$ sowie der Vektoren $\vec{x} = \begin{pmatrix} 1 \\ 2 \\ 3 \end{pmatrix}$.

    Bilden Sie die Produkte $A \cdot \vec{x} - B \cdot \vec{x}$ und $(A - B) \cdot \vec{x}$ und vergleichen Sie. Welches der Produkte ist besonders einfach zu bilden?

Einheitsmatrix

Die Zahl 1 ist das neutrale Element der Multiplikation in der Menge $\mathbb{R}$, denn für alle Zahlen $a \in \mathbb{R}$ gilt $1 \cdot a = a$.

Dieser Sachverhalt lässt sich auf die Multiplikation von Matrizen übertragen.

Wir betrachten als Beispiel den Vektor $\vec{x} = \begin{pmatrix} x_1 \\ x_2 \\ x_3 \end{pmatrix}$ (mit 3 Koordinaten) und bilden das Produkt mit der quadratischen (3×3)-Matrix $E_3 = \begin{pmatrix} 1 & 0 & 0 \\ 0 & 1 & 0 \\ 0 & 0 & 1 \end{pmatrix}$:

$$E_3 \cdot \vec{x} = \begin{pmatrix} 1 & 0 & 0 \\ 0 & 1 & 0 \\ 0 & 0 & 1 \end{pmatrix} \cdot \begin{pmatrix} x_1 \\ x_2 \\ x_3 \end{pmatrix} = \begin{pmatrix} x_1 \\ x_2 \\ x_3 \end{pmatrix} = \vec{x} \,.$$

Die Matrix E_3 verhält sich neutral bezüglich der Multiplikation mit dem Vektor $\vec{x}$. Man bezeichnet sie als Einheitsmatrix.

Einheitsmatrix

Die quadratische $(n \times n)$-Matrix $E_n = \begin{pmatrix} 1 & 0 & \cdots & 0 \\ 0 & 1 & & \\ \vdots & & \ddots & \\ 0 & & \ldots & 1 \end{pmatrix}$, bei der auf der Diagonalen die Zahl 1, sonst die Zahl 0 steht, heißt **Einheitsmatrix** (vom Typ n).

Die Einheitsmatrix verhält sich neutral bezüglich der Multiplikation mit einem Vektor $\vec{x}$ (mit n Koordinaten):

$$E_n \cdot \vec{x} = \vec{x} \,.$$

14. Gegeben sind $E = \begin{pmatrix} 1 & 0 & 0 \\ 0 & 1 & 0 \\ 0 & 0 & 1 \end{pmatrix}$ und $T = \begin{pmatrix} 2 & 1 & 4 \\ 2 & 2 & -1 \\ 0 & 3 & 2 \end{pmatrix}$ sowie $\vec{x} = \begin{pmatrix} -2 \\ -1 \\ 1 \end{pmatrix}$.

    Berechnen Sie die Matrix $E - T$ und bilden Sie das Produkt $(E - T) \cdot \vec{x}$.

Anwendungen

In einer Kleinstadt konkurrieren drei Supermärkte A, B und C um einen als konstant angenommenen Kundenstamm.

Durch eine längerfristige Befragung wurde das Wechselverhalten der Kunden von Monat zu Monat untersucht. Das Ergebnis ist rechts in einem **Verflechtungsdiagramm** (auch Gozintograph genannt) dargestellt.

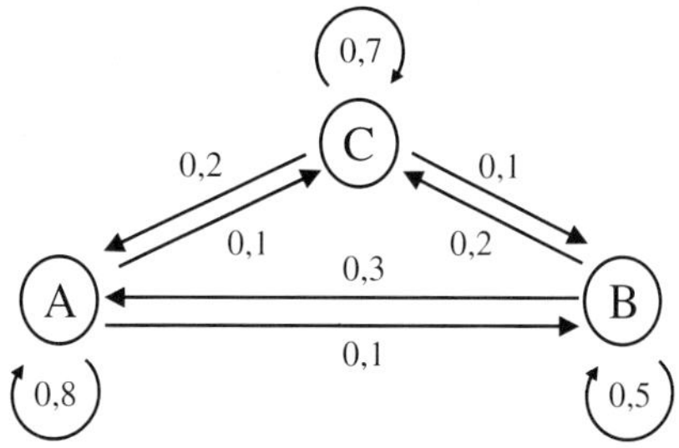

Der Grafik ist z. B. zu entnehmen, dass von den derzeitigen Kunden des Marktes A in dem folgenden Monat 80% wieder in A kaufen, jedoch jeweils 10% zu den Märkten B und C wechseln.

Die grafische Darstellung kann in die nebenstehende Tabelle übertragen werden.

In den Zeilen ist der Zufluss an Kunden, in den Spalten die Abgabe von Kunden an die Konkurrenz notiert.

Zufluss \ Abfluss	A	B	C
A	0,8	0,3	0,2
B	0,1	0,5	0,1
C	0,1	0,2	0,7

- B gibt z. B. 30% seiner Kunden an A und 20% an C ab.
- B erhält aber auch 10% der Kunden von A und 10% der Kunden von C.

Zu der Tabelle gehört die nebenstehende Matrixdarstellung, die man als **Übergangsmatrix** bezeichnet.

$$M = \begin{pmatrix} 0{,}8 & 0{,}3 & 0{,}2 \\ 0{,}1 & 0{,}5 & 0{,}1 \\ 0{,}1 & 0{,}2 & 0{,}7 \end{pmatrix}$$

Mit ihrer Hilfe lässt sich die Veränderung des Kundenverhaltens von Monat zu Monat berechnen.

Zu Beginn der Untersuchung haben die Supermärkte folgende Marktanteile pro Monat:

A: 40% ; B: 20% ; C: 40% .

$$\vec{b}_0 = \begin{pmatrix} 0{,}4 \\ 0{,}2 \\ 0{,}4 \end{pmatrix}$$

Dieser Ausgangszustand kann durch einen Bestandsvektor $\vec{b}_0$ beschrieben werden.

Der prozentuelle Kundenanteil der einzelnen Märkte zum Beginn des nächsten Monats ergibt sich dann als

$$\vec{b}_1 = M \cdot \vec{b}_0 = \begin{pmatrix} 0{,}8 & 0{,}3 & 0{,}2 \\ 0{,}1 & 0{,}5 & 0{,}1 \\ 0{,}1 & 0{,}2 & 0{,}7 \end{pmatrix} \cdot \begin{pmatrix} 0{,}4 \\ 0{,}2 \\ 0{,}4 \end{pmatrix} = \begin{pmatrix} 0{,}46 \\ 0{,}18 \\ 0{,}36 \end{pmatrix}.$$

Der Markt A hat nach einem Monat seinen Anteil auf 46% gesteigert.

Unter der Voraussetzung, dass das Wechselverhalten der Kunden stabil ist, ergibt sich für den prozentualen Kundenanteil zum Beginn eines weiteren Monats:

$$\vec{b}_2 = M \cdot \vec{b}_1 = \begin{pmatrix} 0{,}8 & 0{,}3 & 0{,}2 \\ 0{,}1 & 0{,}5 & 0{,}1 \\ 0{,}1 & 0{,}2 & 0{,}7 \end{pmatrix} \cdot \begin{pmatrix} 0{,}46 \\ 0{,}18 \\ 0{,}36 \end{pmatrix} = \begin{pmatrix} 0{,}494 \\ 0{,}172 \\ 0{,}334 \end{pmatrix}.$$

Entsprechend lassen sich die Bestellvektoren für die weiteren Monate berechnen.

15. Der Vorschlag eines Politikers zu einer umfassenden Steuerreform sieht vor, die Steuerzahler nur noch drei Einkommensgruppen (**N**iedrig, **M**ittel, **H**och) zuzuordnen und innerhalb dieser Gruppen einheitlich zu besteuern.

    Jeweils zur Mitte des Jahres erfolgt eine neue Einordnung abhängig vom Einkommen des Vorjahres.

    Für einen Landkreis mit 100 000 Erwerbstätigen hat man über einen längeren Zeitraum untersucht, welche Verschiebungen zwischen den Gruppen auftreten.
    Das nebenstehende Diagramm gibt für jede Einkommensgruppe an, welche Anteile dieser Gruppe bei der Neueinstufung zur Jahresmitte die Gruppe wechseln bzw. in ihrer derzeitigen Gruppe bleiben.

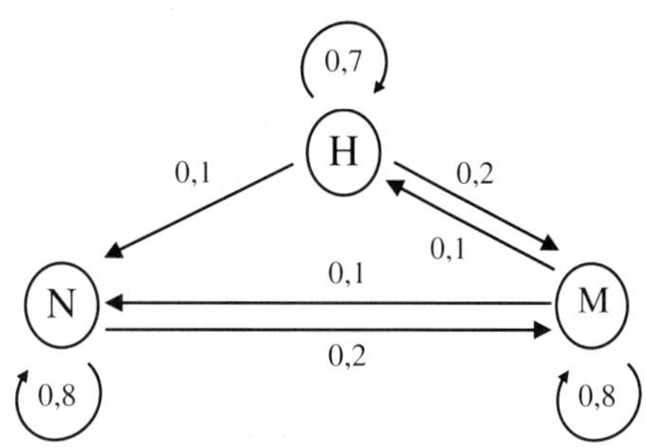

    a) Beschreiben Sie den Wechsel zwischen den Einkommensgruppen in Form einer Tabelle und geben Sie die zugehörige Übergangmatrix an.
    b) Berechnen Sie die prozentualen Anteile in den einzelnen Einkommensgruppen nach einem und nach zwei Jahren, wenn zum Beginn folgende Verteilung vorlag:
        - Niedrige Gruppe: 35 000 Erwerbstätige,
        - Mittlere Gruppe: 50 000 Erwerbstätige,
        - Hohe Gruppe: 15 000 Erwerbstätige.

16. Ein Meinungsforschungsinstitut macht vor einer Landtagswahl aufgrund einer repräsentativen Umfrage eine Prognose über die Einstellung der Wahlberechtigten zur Regierung.

Die Prognose, die jeweils zum Beginn eines jeden Monats veröffentlicht wird, gibt an, welcher Anteil der Wahlberechtigten mit der Regierung zufrieden (Z), unzufrieden (U) oder aber neutral (N) eingestellt ist.

Die Tabelle rechts beschreibt den Austausch zwischen den einzelnen Gruppen.

Zum Beginn der Umfrage äußern sich von 1500 Befragten 450 zufrieden, 500 unzufrieden, die restlichen neutral.

		Abgang		
		Z	U	N
Zugang	Z	0,8	0,2	0,2
	U	0,1	0,6	0,2
	N	0,1	0,2	0,6

a) Stellen Sie die Tabelle in Form eines Gozintographen dar.

b) Geben Sie zu der Tabelle die zugehörige Übergangsmatrix an.

c) Berechnen Sie die Zahl der Wahlberechtigten in den einzelnen Gruppen nach zwei Monaten, wenn man voraussetzt, dass die Übergangsmatrix über diesen Zeitraum gültig ist.

17. In einer Stadt mit 40 000 Telefonanschlüssen haben vier Telekommunikationsgesellschaften *Tele*1 bis *Tele*4 den Festnetzbetrieb unter sich aufgeteilt.

Es soll angenommen werden, dass ein Wechsel der Gesellschaft nur zum Quartalsbeginn möglich sein soll und durch das nachstehende Diagramm beschrieben wird.

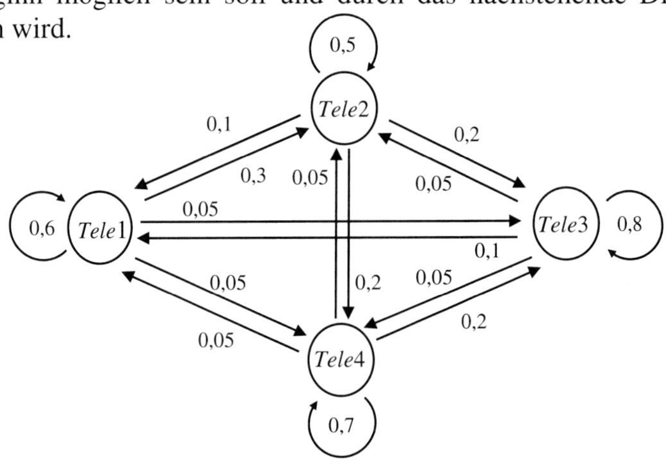

a) Geben Sie eine Tabelle und die Übergangmatrix M für den Austausch der Telefongesellschaften unter sich an.

b) Berechnen Sie die prozentuale Kundenverteilung nach einem und nach zwei Quartalen, wenn zum Beginn des Beobachtungszeitraums jede Gesellschaft gleich viele Kunden unter Vertrag hatte.

8

Lineare Unabhängigkeit

8.1 Lineare Gleichungssysteme

8.1.1 Systeme mit zwei Variablen

Allgemeine Schreibweise linearer Funktion

Durch $a \cdot x_1 + b \cdot x_2 = c$ mit $a, b, c \in \mathbb{R}$ ist die allgemeine Form einer linearen Gleichung mit zwei Variablen gegeben. Für die Lösungsvariablen x_1 und x_2 setzen wir dabei die Menge $\mathbb{R}$ als Grundmenge voraus.

Die grafische Darstellung der Lösungsmenge in einem Koordinatensystem ergibt eine Gerade. Wir bezeichnen die Koordinatenachsen als x_1-Achse (statt x-Achse) und als x_2-Achse (statt y-Achse). Zum Zeichnen der Geraden kann man die Gleichung in die Form $x_2 = m \cdot x_1 + t$ überführen. Man kann aber auch zwei Punkte bestimmen; dazu eignen sich besonders die Schnittpunkte mit den Koordinatenachsen.

Beispiel: $2x_1 + x_2 = 3$.

Schnittpunkt mit der x_1-Achse:

Aus $x_2 = 0$ folgt $x_1 = 1{,}5$:

$X_1(1{,}5 \mid 0)$.

Schnittpunkt mit der $x2$-Achse:

Aus $x_1 = 0$ folgt $x_2 = 3$:

$X_2(0 \mid 3)$.

Mit diesen Punkten lässt sich die Gerade zeichnen.

Man kann aber auch die Geradengleichung in die Form

$$x_2 = -2x_1 + 3 \ .$$

umwandeln und dann zeichnen.

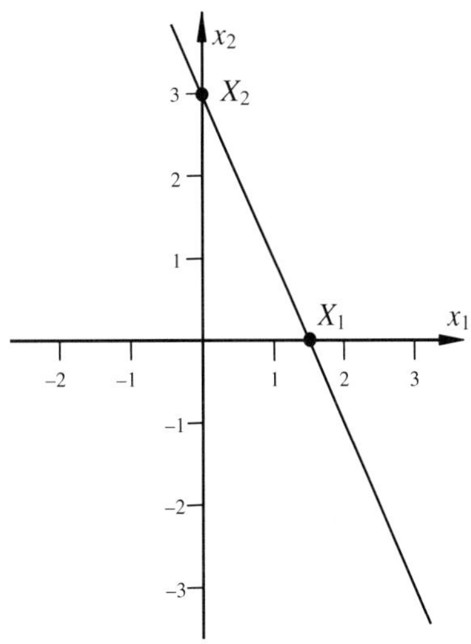

1. Wandeln Sie die linearen Gleichungen in die Form $x_2 = m \cdot x_1 + t$ um und zeichnen Sie die Geraden in ein gemeinsames Koordinatensystem.

   a) $x_1 + x_2 = 3$ b) $x_1 + 2x_2 = 12$ c) $2x_1 - 3x_2 = 12$

2. Bestimmen Sie die Achsenschnittpunkte. Zeichnen Sie je drei Geraden in ein gemeinsames Koordinatensystem.

   a) $x_1 + x_2 = 3$ b) $x_1 + 2x_2 = 12$ c) $2x_1 - 3x_2 = 12$

   d) $4x_1 - 2x_2 = 8$ e) $-5x_2 - 10x_1 = 20$ f) $7x_1 - 3x_2 = -5$

Grafische Lösung linearer Gleichungssysteme

Verknüpft man zwei lineare Gleichungen mit zwei Variablen logisch durch die Konjunktion „**und**", so erhält man ein lineares Gleichungssystem mit zwei Variablen.

Lineares Gleichungssystem mit zwei Variablen

Die Aussageform $\begin{cases} a_1 \cdot x_1 + b_1 \cdot x_2 = c_1 \\ a_2 \cdot x_1 + b_2 \cdot x_2 = c_2 \end{cases}$ wird als lineares Gleichungssystem mit zwei Variablen bezeichnet. Die Zahlen a_1, a_2, b_1, $b_2 \in \mathbb{R}$ heißen **Koeffizienten**, die Zahlen c_1, $c_2 \in \mathbb{R}$ **Absolutglieder** des Systems.

Als Grundmenge für die Lösungsvariablen x_1 und x_2 wählen wir die Menge $\mathbb{R}$.

Wir schreiben die linearen Gleichungen untereinander. Durch die Klammer soll angedeutet werden, dass die beiden Gleichungen logisch durch die Konjunktion „**und**" verknüpft sind. Wenn nötig werden die Gleichungen mit römischen Zahlzeichen nummeriert.

Die Bestimmung der Lösungsmenge eines solchen Systems entspricht grafisch der Bestimmung des Schnittpunkts zweier Geraden.

Beispiel: Gegeben ist das Gleichungssystem

$$\begin{cases} -2 \cdot x_1 + x_2 = 1 \\ x_1 - 2x_2 = -5 \end{cases}.$$

Zum Zeichnen der zugehörigen Geraden werden die Gleichungen nach x_2 aufgelöst:

$g: \; x_2 = 2x_1 + 1$

$h: \; x_2 = \frac{1}{2}x_1 + \frac{5}{2}$

Die Geraden sind im Bild rechts dargestellt.

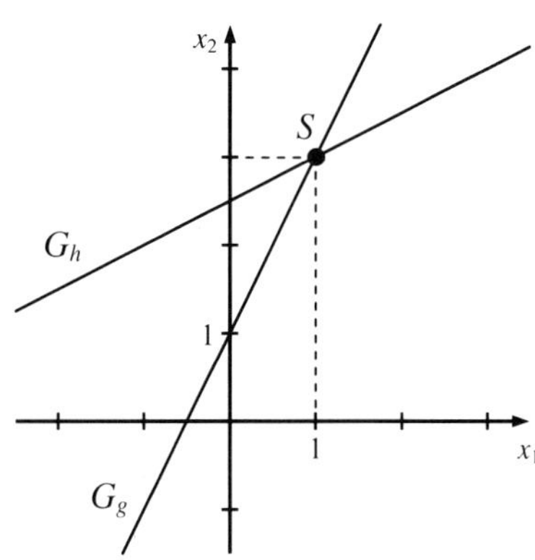

Aus der grafischen Darstellung ergibt sich als Schnittpunkt der Geraden der Punkt $S(1 \mid 3)$.

Das Gleichungssystem wird daher gelöst durch $x_1 = 1$ und $x_2 = 3$. Die Lösungsmenge ist $L = \{ (1 \mid 3) \}$.

3. Wandeln Sie die linearen Gleichungen in die Form $x_2 = m\,x_1 + t$ um, zeichnen Sie die zugehörigen Geraden und lesen Sie den Schnittpunkt ab.

a) $\begin{cases} 2x_1 + 2x_2 = 6 \\ 3x_1 - x_2 = 1 \end{cases}$ b) $\begin{cases} 3x_1 - 2x_2 = 4 \\ 4x_1 + x_2 = 9 \end{cases}$ c) $\begin{cases} -x_1 + 3x_2 = 4 \\ 2x_1 - x_2 = -3 \end{cases}$

4. Lesen Sie aus der Zeichnung die Gleichungen der beiden Geraden und den Schnittpunkt ab. Formen Sie die Gleichungen um und geben Sie das zugehörige lineare Gleichungssystem an.

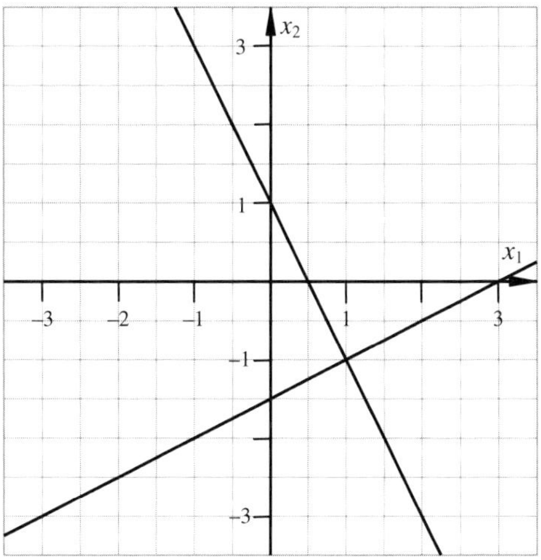

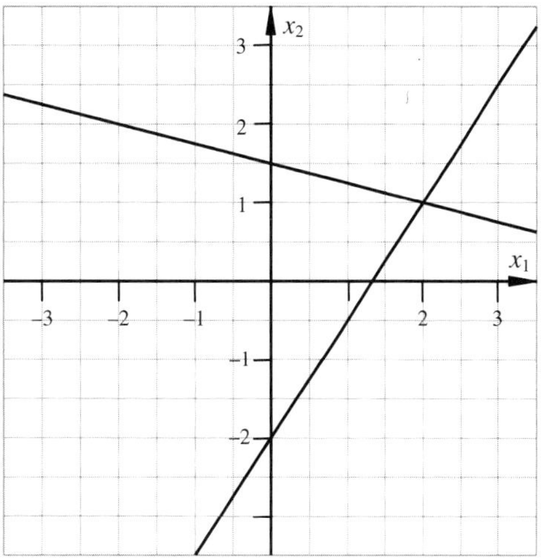

5. Zeichnen Sie die Geraden mithilfe der Achsenschnittpunkte und lesen Sie den Schnittpunkt ab.
Bestimmen Sie den Schnittpunkt zur Kontrolle auch rechnerisch, indem Sie die einzelnen Gleichungen nach x_2 auflösen und dann wie gewohnt das Gleichsetzungsverfahren anwenden.

a) $\begin{cases} x_1 - x_2 = 2 \\ x_1 + x_2 = 4 \end{cases}$ b) $\begin{cases} x_1 + x_2 = 5 \\ 2x_1 - x_2 = 1 \end{cases}$ c) $\begin{cases} 2x_1 + 3x_2 = 6 \\ 3x_1 - 2x_2 = 9 \end{cases}$

Das Additionsverfahren

Bei der Schnittpunktsbestimmung war das Umwandeln der linearen Gleichungen in Normalform recht mühselig. Einfacher ist das Anwenden des Additionsverfahrens.

Lösung nach dem Additionsverfahren. $\begin{cases} 3x_1 - 6x_2 = -9 & \mid \cdot 2 \\ 2x_1 - 5x_2 = 2 & \mid \cdot (-3) \end{cases}$

①	Multiplizieren Sie die Gleichungen so mit passenden Zahlen, dass die Koeffizienten bei einer Variablen Gegenzahlen sind.	Multiplizierte Gleichungen: $6x_1 - 12x_2 = -18$ $-6x_1 + 15x_2 = -6$
②	Addieren Sie die linken und rechten Seiten der beiden Gleichungen. Hierbei fällt eine Variable weg.	Addition der Gleichungen: $3x_2 = -24$
③	Lösen Sie die entstandene Gleichung.	Lösung: $x_2 = -8$
④	Setzen Sie die Lösung in eine der Ausgangsgleichungen ein und berechnen Sie die noch fehlende Variable.	Einsetzen: $2x_1 - 5 \cdot (-8) = 2$ $\Leftrightarrow 2x_1 + 40 = 2$ $\Leftrightarrow 2x_1 = -38$ $\Leftrightarrow x_1 = -19$
⑤	Geben Sie die Lösungsmenge an.	Lösungsmenge: $L = \{ (-19 \mid -8) \}$

6. Lösen Sie nach dem Additionsverfahren.

a) $\begin{cases} 2x_1 + 2x_2 = -16 \\ 2x_1 - 2x_2 = 4 \end{cases}$ b) $\begin{cases} 2x_1 - 4x_2 = 2 \\ 2x_1 + 4x_2 = 10 \end{cases}$ c) $\begin{cases} 2x_1 + 5x_2 = 3 \\ x_1 - 5x_2 = 9 \end{cases}$

7. Verwenden Sie das Additionsverfahren.

a) $\begin{cases} 3x_1 + x_2 = 6 \\ -x_1 + 3x_2 = 8 \end{cases}$ b) $\begin{cases} 7x_1 - 5x_2 = 43 \\ x_1 - 3x_2 = 13 \end{cases}$ c) $\begin{cases} 15x_1 - 4x_2 = 7 \\ 4x_1 - x_2 = 1 \end{cases}$

d) $\begin{cases} 10x_1 + 3x_2 = 0 \\ -5x_1 + 2x_2 = 7 \end{cases}$ e) $\begin{cases} 3x_1 + 4x_2 = 2 \\ -8x_1 + 12x_2 = 23 \end{cases}$ f) $\begin{cases} 4x_1 + 3x_2 = 3 \\ 3x_1 - 5x_2 = -34 \end{cases}$

8. Lösen Sie nach dem Additionsverfahren.

a) $\begin{cases} \frac{1}{2}x_1 - \frac{1}{3}x_2 = 1 \\ \frac{1}{4}x_1 - \frac{4}{3}x_2 = -10 \end{cases}$ b) $\begin{cases} \frac{2}{5}x_1 - \frac{1}{2}x_2 = \frac{7}{4} \\ -\frac{2}{5}x_1 + \frac{1}{3}x_2 = -1 \end{cases}$ c) $\begin{cases} -0{,}3x_1 + 2x_2 = -0{,}2 \\ 0{,}4x_1 - 3x_2 = 0{,}1 \end{cases}$

Allgemeingültige und unlösbare Systeme

Beim Lösen linearer Gleichungssysteme mit zwei Variablen können auch die Sonderfälle unlösbarer oder allgemeingültiger Systeme auftreten.

unlösbares System	allgemeingültiges System
$\begin{cases} -x_1 + x_2 = -1 \\ x_1 - x_2 = 2 \end{cases} \Leftrightarrow \begin{cases} x_2 = x_1 - 1 \\ x_2 = x_1 - 2 \end{cases}$	$\begin{cases} 4x_1 + 2x_2 = 2 \\ -2x_1 - x_2 = -1 \end{cases} \Leftrightarrow \begin{cases} x_2 = -2x_1 + 1 \\ x_2 = -2x_1 + 1 \end{cases}$
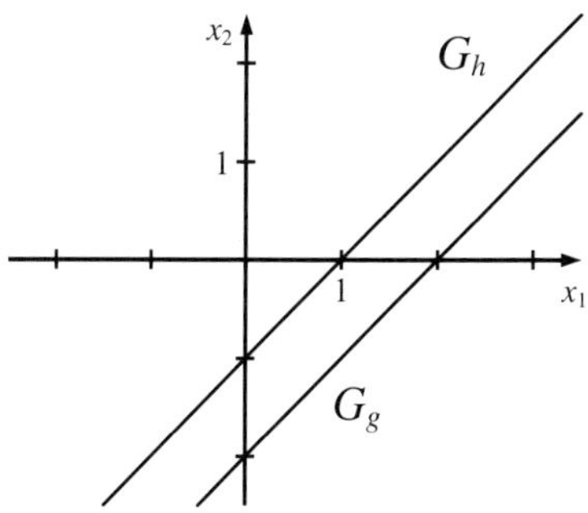	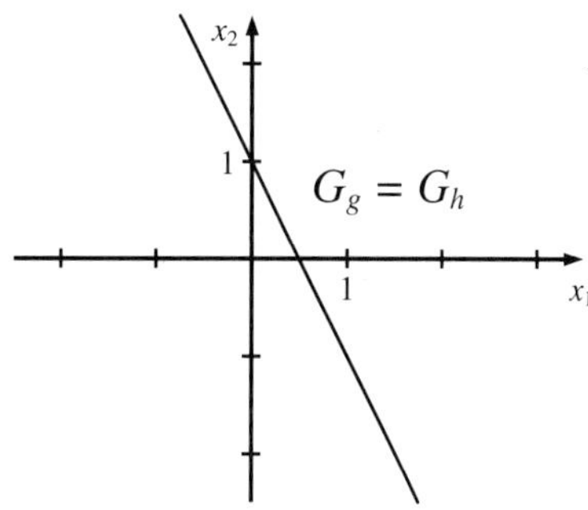
Die zugehörigen Geraden sind parallel und verschieden.	Die zugehörigen Geraden sind identisch.

9. a) Lösen Sie nach dem Additionsverfahren: $\begin{cases} -x_1 + x_2 = 1 \\ -2x_1 + 2x_2 = 6 \end{cases}$.

   Was fällt Ihnen auf?

   b) Bringen Sie beide Gleichungen auf die Normalform $x_2 = mx_1 + t$ und zeichnen Sie die Geraden in ein Koordinatensystem.

   Wie verlaufen die zugehörigen Geraden?

10. a) Lösen Sie nach dem Additionsverfahren: $\begin{cases} -x_1 - x_2 = -1 \\ 5x_1 + 5x_2 = 5 \end{cases}$.

   Was fällt Ihnen auf?

   b) Bringen Sie beide Gleichungen auf die Normalform $x_2 = mx_1 + t$ und zeichnen Sie die Geraden in ein Koordinatensystem.

   Wie verlaufen die zugehörigen Geraden?

11. Lösen Sie die Gleichungssysteme. Prüfen Sie, ob es sich um unlösbare oder allgemeingültige Systeme handelt.

a) $\begin{cases} -2x_1 + 3x_2 = 4 \\ x_1 - 1{,}5x_2 = -2 \end{cases}$ b) $\begin{cases} 0{,}5x_1 + 0{,}75x_2 = 5 \\ 2x_1 + 3x_2 = 12 \end{cases}$ c) $\begin{cases} 2x_1 + 3x_2 = 0 \\ x_1 + 1{,}5x_2 = 0 \end{cases}$

8.1.2 Der gaußsche Algorithmus

Wir betrachten ein Gleichungssystem bestehend aus drei linearen Gleichungen mit drei Variablen:

$$\begin{cases} a_{11}\cdot x_1 + a_{12}\cdot x_2 + a_{13}\cdot x_3 = b_1 \\ a_{21}\cdot x_1 + a_{22}\cdot x_2 + a_{23}\cdot x_3 = b_2 \\ a_{31}\cdot x_1 + a_{32}\cdot x_2 + a_{33}\cdot x_3 = b_3 \end{cases}.$$

Carl Friedrich Gauß

Ein derartiges Gleichungssystem kann mithilfe des gaußschen Algorithmus gelöst werden. Der Grundgedanke dieses Lösungsverfahrens, das auf den deutschen Mathematiker Carl Friedrich Gauß (1777 - 1855) zurückgeht, soll an einem Beispiel beschrieben werden.

Das nebenstehende Gleichungssystem soll so umgeformt werden, dass die Koeffizienten unterhalb der **Hauptdiagonalen** den Wert null haben.

Hauptdiagonale

$$\begin{array}{rcrcrcr} 2x_1 & + & x_2 & + & 4x_3 & = & 11 \\ 3x_1 & - & 4x_2 & - & x_3 & = & -3 \\ 4x_1 & + & 3x_2 & + & x_3 & = & 9 \end{array}$$

Erste Null (bei $3x_1$), Zweite Null (bei $4x_1$), Dritte Null (bei $3x_2$)

$$\begin{cases} 2x_1 + x_2 + 4x_3 = 11 & \text{(I)} & \\ 3x_1 - 4x_2 - x_3 = -3 & \text{(II)} & 2\cdot(\text{II}) - 3\cdot(\text{I}) \\ 4x_1 + 3x_2 + x_3 = 9 & \text{(III)} & (\text{III}) - 2\cdot(\text{I}) \end{cases}$$

$$\Leftrightarrow \begin{cases} 2x_1 + x_2 + 4x_3 = 11 & \text{(I}'\text{)} & \\ -11x_2 - 14x_3 = -39 & \text{(II}'\text{)} & \\ x_2 - 7x_3 = -13 & \text{(III}'\text{)} & 11\cdot(\text{III}') + (\text{II}') \end{cases}$$

$$\Leftrightarrow \begin{cases} 2x_1 + y_2 + 4x_3 = 11 & \text{(I}''\text{)} \\ -11y_2 - 14x_3 = -39 & \text{(II}''\text{)} \\ -91x_3 = -182 & \text{(III}''\text{)} \end{cases}$$

Man erhält die Lösungen des Systems durch „Rückwärtseinsetzen“:

Aus (III″) folgt: $x_3 = 2$,

Einsetzen in (II″): $-11x_2 - 14\cdot\mathbf{2} = -39 \Leftrightarrow -11x_2 = -11 \Leftrightarrow x_2 = 1$,

Einsetzen in (I″): $2x_1 + \mathbf{1} + 4\cdot\mathbf{2} = 11 \Leftrightarrow 2x_1 = 2 \Leftrightarrow x_1 = 1$.

Dieses System ist eindeutig lösbar mit der Lösungsmenge $L = \{\,(1\mid 1\mid 2)\,\}$.

Beim Lösen von Gleichungssystemen verwendet man vielfach eine verkürzte Schreibweise, bei der man nur noch die Koeffizienten bei den Variablen notiert, die Variablen selbst jedoch nicht mehr aufschreibt.

Dies erspart einerseits Schreibarbeit und zeigt andererseits deutlicher, welche Koeffizienten den Wert null haben. Die Vorgehensweise soll an einem Beispiel erläutert werden.

Beispiel: Gelöst werden soll das System $\begin{cases} 3x_1 - 6x_2 - 2x_3 = -2 \\ 2x_1 + 4x_2 + 3x_3 = 1 \\ -5x_1 + 8x_2 + 2x_3 = 4 \end{cases}$.

Durch Weglassen der Variablen erhalten wir die so genannte **erweiterte Koeffizientenmatrix**, auf die der gaußsche Algorithmus in der beschriebenen Form angewandt werden kann:

$$\left(\begin{array}{ccc|c} 3 & -6 & -2 & -2 \\ 2 & 4 & 3 & 1 \\ -5 & 8 & 2 & 4 \end{array}\right) \begin{array}{l} \text{(I)} \\ \text{(II)} \\ \text{(III)} \end{array} \left| \begin{array}{l} \\ 3\cdot\text{(II)} - 2\cdot\text{(I)} \\ 3\cdot\text{(III)} + 5\cdot\text{(I)} \end{array}\right.$$

$$\Leftrightarrow \left(\begin{array}{ccc|c} 3 & -6 & -2 & -2 \\ 0 & 24 & 13 & 7 \\ 0 & -6 & -4 & 2 \end{array}\right) \begin{array}{l} \text{(I')} \\ \text{(II')} \\ \text{(III')} \end{array} \left| \begin{array}{l} \\ \\ 4\cdot\text{(III')} + \text{(II')} \end{array}\right.$$

$$\Leftrightarrow \left(\begin{array}{ccc|c} 3 & -6 & -2 & -2 \\ 0 & 24 & 13 & 7 \\ 0 & 0 & -3 & 15 \end{array}\right) \begin{array}{l} \text{(I'')} \\ \text{(II'')} \\ \text{(III'')} \end{array}$$

Beim „Rückwärtseinsetzen“ kehren wir wieder zur Schreibweise mit den Variablen zurück:

Aus (III") folgt: $x_3 = -5$,

Einsetzen in (II"): $24x_2 + 13 \cdot (\mathbf{-5}) = 7 \Leftrightarrow 24x_2 = 72 \Leftrightarrow x_2 = 3$,

Einsetzen in (I"): $3x + (-6) \cdot \mathbf{3} + (-2) \cdot (\mathbf{-5}) = -2 \Leftrightarrow 3x_1 = 6 \Leftrightarrow x_1 = 2$.

Dieses System ist eindeutig lösbar mit der Lösungsmenge $L = \{\ (2 \mid 3 \mid -5)\ \}$

In beiden Beispielen konnte das lineare Gleichungssystem mithilfe des gaußschen Algorithmus in eine Form gebracht werden, aus der man die Lösungen ablesen oder durch einfaches Umformen bestimmen konnte. Es ergab sich jeweils eine **Dreiecksgestalt** oder **Dreiecksform**, in der alle Koeffizienten unterhalb der „Diagonalen“ gleich Null sind.

In beiden Fällen war das System eindeutig lösbar.

In manchen Fällen lassen sich rechnerische Vereinfachungen erreichen, indem man in dem Ausgangssystem Zeilen oder Spalten geschickt vertauscht.

Beim Tauschen zweier Zeilen oder zweier Spalten des Systems bleibt die Lösungsmenge des Gleichungssystems unverändert, denn ein

- **Zeilentausch** bedeutet nur, dass die Reihenfolge der Gleichungen geändert wird,
- **Spaltentausch** bedeutet, dass die Reihenfolge, in der die Variablen auftreten, verändert wird.

Das folgende Beispiel demonstriert den Rechenvorteil.

Beispiel: Gelöst werden soll das System $\begin{cases} x_1 - 3x_2 - 2x_3 = -1 \\ 2x_1 - 2x_2 \qquad\quad = 4 \\ 3x_1 + 2x_2 \qquad\quad = 1 \end{cases}$.

Wir bilden die erweiterte Koeffizientenmatrix und tauschen im ersten Schritt die 1. mit der 3. Spalte.

$$\left(\begin{array}{ccc|c} 1 & -3 & -2 & -1 \\ 2 & -2 & 0 & 4 \\ 3 & 2 & 0 & 1 \end{array}\right) \begin{array}{c} \text{(I)} \\ \text{(II)} \\ \text{(III)} \end{array} \quad \text{Tausch von Spalte 1 und 3}$$

$$\Leftrightarrow \left(\begin{array}{ccc|c} -2 & -3 & 1 & -1 \\ 0 & -2 & 2 & 4 \\ 0 & 2 & 3 & 1 \end{array}\right) \begin{array}{c} \text{(I}'\text{)} \\ \text{(II}'\text{)} \\ \text{(III}'\text{)} \end{array} \quad \begin{array}{c} \\ \\ \text{(III}'\text{)+(II}'\text{)} \end{array}$$

$$\Leftrightarrow \left(\begin{array}{ccc|c} -2 & -3 & 1 & -1 \\ 0 & -2 & 2 & 4 \\ 0 & 0 & 5 & 5 \end{array}\right) \begin{array}{c} \text{(I}''\text{)} \\ \text{(II}''\text{)} \\ \text{(III}''\text{)} \end{array}$$

Beim „Rückwärtseinsetzen" müssen wir berücksichtigen, dass durch den Spaltentausch die Variablen x und z getauscht wurden:

Aus (III") folgt: $x_1 = 1$,

Einsetzen in (II"): $-2x_2 + 2 \cdot \mathbf{1} = 4 \Leftrightarrow -2x_2 = 2 \Leftrightarrow x_2 = -1$,

Einsetzen in (I"): $-2x_3 + (-3) \cdot (\mathbf{-1}) + 1 \cdot \mathbf{1} = -1 \Leftrightarrow -2x_3 = -5 \Leftrightarrow x_3 = 2{,}5$

Das System ist eindeutig lösbar mit der Lösungsmenge $L = \{ (1 \mid -1 \mid 2{,}5) \}$.

12. Prüfen Sie, ob das Zahlentripel $(1 \mid -2 \mid 2)$ das Gleichungssystem löst.

a) $\begin{cases} 2x_1 - x_2 + x_3 = 6 \\ 3x_1 + 2x_2 - x_3 = -3 \\ -x_1 + x_2 + 2x_3 = 1 \end{cases}$ b) $\begin{cases} 2x_1 + x_2 = 0 \\ 5x_1 - 2x_3 = 1 \\ x_2 - x_3 = 0 \end{cases}$ c) $\begin{cases} x_1 = 1 \\ x_1 + x_2 = 3 \\ x_1 - x_2 - x_3 = 4 \end{cases}$

13. Geben Sie ohne größere Rechnung die Lösungen an.

a) $\begin{cases} x_1 + x_2 + x_3 = 1 \\ x_2 + x_3 = 2 \\ x_3 = 3 \end{cases}$ b) $\begin{cases} x_1 = 2 \\ 2x_1 + x_2 = -3 \\ x_1 - 2x_2 - 3x_3 = 4 \end{cases}$ c) $\begin{cases} 3x_1 + 5x_2 + x_3 = 7 \\ 2x_2 - x_3 = 4 \\ -x_3 = -2 \end{cases}$

14. Lösen Sie mithilfe des gaußschen Algorithmus.

a) $\begin{cases} 2x_1 - x_2 + 3x_3 = 1 \\ x_2 + 2x_3 = 0 \\ x_2 - x_3 = 3 \end{cases}$ b) $\begin{cases} x_1 + x_2 - x_3 = 8 \\ -x_1 + x_2 - x_3 = 2 \\ -x_2 + 3x_3 = 3 \end{cases}$ c) $\begin{cases} x_1 + x_2 + x_3 = 9 \\ x_1 - x_2 + x_3 = 3 \\ x_1 + x_2 - x_3 = 1 \end{cases}$

d) $\begin{cases} x_1 - 2x_2 + x_3 = -1 \\ -2x_1 + x_2 - x_3 = 0 \\ 3x_1 - 2x_2 + 2x_3 = 1 \end{cases}$ e) $\begin{cases} 3x_1 + 2x_2 - 4x_3 = 9 \\ x_1 + 5x_2 + 3x_3 = 16 \\ 2x_1 + 6x_2 + x_3 = 19 \end{cases}$ f) $\begin{cases} 6x_1 - x_2 + 2x_3 = 0 \\ 3x_1 + 8x_2 - 3x_3 = 0 \\ -x_1 + 3x_2 - 5x_3 = 0 \end{cases}$

g) $\begin{cases} 3x_1 - 2x_2 + 5x_3 = 13 \\ x_1 - 3x_2 - 4x_3 = 1 \\ 5x_1 + 6x_2 - x_3 = 3 \end{cases}$ h) $\begin{cases} 2x_1 - x_2 - 3x_3 = 1 \\ 3x_1 + 3x_2 + 4x_3 = 5 \\ 3x_1 + x_2 - x_3 = 1 \end{cases}$ i) $\begin{cases} 2x_1 + 2x_2 - 4x_3 = 2 \\ -4x_1 - 3x_2 + 2x_3 = 2 \\ 5x_1 + x_2 + 3x_3 = 3 \end{cases}$

15. Bestimmen Sie die Lösungsmenge.

a) $\begin{cases} -x_1 - x_2 + 2x_3 = 3 \\ 3x_1 + x_2 + 2x_3 = 11 \\ -x_1 - x_2 + 4x_3 = 9 \end{cases}$ b) $\begin{cases} x_1 - x_2 - x_3 = 4 \\ 3x_1 - x_2 + x_3 = 5 \\ 3x_1 - x_2 - 5x_3 = 5 \end{cases}$ c) $\begin{cases} -x_1 + x_2 + 2x_3 = 0 \\ x_1 - 3x_2 + 4x_3 = 0 \\ 2x_1 - 4x_2 + 3x_3 = 0 \end{cases}$

d) $\begin{cases} 4x_1 + x_2 - x_3 = 1 \\ x_1 + 4x_2 + 4x_3 = 1 \\ x_1 + x_2 + x_3 = 1 \end{cases}$ e) $\begin{cases} x_1 + 4x_2 + x_3 = 7 \\ 3x_1 + 2x_2 + 4x_3 = -1 \\ 2x_1 + 5x_2 + 4x_3 = 4 \end{cases}$ f) $\begin{cases} 4x_1 + 2x_2 - 7x_3 = -3 \\ 3x_1 - 5x_2 + 6x_3 = -1 \\ 5x_1 + 3x_2 - 4x_3 = 13 \end{cases}$

8.1.3 Lösbarkeit linearer Gleichungssysteme

Nicht lösbare Systeme

Bei Anwendung des gaußschen Algorithmus kann auch folgender Fall eintreten:

$$\begin{cases} 2x_1 - x_2 + 3x_3 = 6 & \text{(I)} \\ -x_1 + 4x_2 - x_3 = -6 & \text{(II)} \\ x_1 + 10x_2 + 3x_3 = 1 & \text{(III)} \end{cases} \quad \begin{array}{|l} \\ 2\cdot\text{(II)} + \text{(I)} \\ \text{(III)} + \text{(II)} \end{array}$$

$$\Leftrightarrow \begin{cases} 2x_1 - x_2 + 3x_3 = 6 & \text{(I')} \\ 7x_2 + x_3 = -6 & \text{(II')} \\ 14x_2 + 2x_3 = -5 & \text{(III')} \end{cases} \quad \begin{array}{|l} \\ \\ \text{(III')} - 2\cdot\text{(II')} \end{array}$$

$$\Leftrightarrow \begin{cases} 2x_1 - x_2 + 3x_3 = 6 \\ 7x_2 + x_3 = -6 \\ 0\cdot x_3 = 7 \end{cases}.$$

Die dritte Gleichung des umgeformten Systems ist unerfüllbar. Das gesamte System ist daher unlösbar, d. h. es gilt $L = \{\ \}$.

In der Koeffizientenschreibweise lautet das letzte System: $\left(\begin{array}{ccc|c} 2 & -1 & 3 & 6 \\ 0 & -7 & 1 & -6 \\ 0 & 0 & 0 & 7 \end{array}\right)$.

Man erkennt in dieser Schreibweise die Unlösbarkeit des Systems daran, dass in der letzten Zeile die Koeffizienten aller Variablen null sind, das absolute Glied aber von Null verschieden ist.

16. Lösen Sie mithilfe des gaußschen Algorithmus.

a) $\begin{cases} x_1 + x_2 - 2x_3 = 4 \\ 4x_1 - 2x_2 - 2x_3 = 3 \\ -5x_1 + 4x_2 + x_3 = 1 \end{cases}$ b) $\begin{cases} x_1 + 2x_2 - x_3 = 1 \\ x_1 - x_2 = 1 \\ x_1 + x_2 - x_3 = 1 \end{cases}$ c) $\begin{cases} 3x_1 + 9x_2 - 3x_3 = 15 \\ -8x_1 - 19x_2 + 3x_3 = 3 \\ 2x_1 + x_2 + 3x_3 = 0 \end{cases}$

Nicht eindeutig lösbare Systeme

Das folgende Gleichungssystem liefert einen weiteren Sonderfall.

$$\begin{cases} x_1 - x_2 + 2x_3 = 1 & \text{(I)} \\ 2x_1 - 3x_2 + 3x_3 = 2 & \text{(II)} \\ x_1 - 2x_2 + x_3 = 1 & \text{(III)} \end{cases} \quad \begin{array}{|l} \\ \text{(II)} - 2\cdot\text{(I)} \\ \text{(III)} - \text{(I)} \end{array}$$

$$\Leftrightarrow \begin{cases} x_1 - x_2 + 2x_3 = 1 & \text{(I}'\text{)} \\ - x_2 - x_3 = 0 & \text{(II}'\text{)} \\ - x_2 - x_3 = 0 & \text{(III}'\text{)} \end{cases} \quad \begin{array}{|l} \\ \\ \text{(III}'\text{)} - \text{(II}'\text{)} \end{array}$$

$$\Leftrightarrow \begin{cases} x_1 - x_2 + 2x_3 = 1 \\ x_2 + x_3 = 0 \\ 0 \cdot x_3 = 0 \end{cases} .$$

Die dritte Gleichung des umgeformten Systems ist allgemeingültig. Eine Variable ist frei wählbar.

Wir wählen $x_3 = t$. Dann ergibt sich $x_2 = -t$ sowie $x_1 = -3t + 1$.

Das System ist nicht eindeutig lösbar. Es hat unendlich viele Lösungen:

$$L = \{\ (-3t + 1 \mid -t \mid t) \mid t \in \mathbb{R}\ \} .$$

Für $t = 1$ erhält man z. B. das spezielle Lösungstripel $(-2 \mid -1 \mid 1)$.

Das Ausgangssystem ist äquivalent zu dem System $\begin{cases} x_1 - x_2 + 2x_3 = 1 \\ x_2 + x_3 = 0 \end{cases}$, also einem linearen Gleichungssystem mit drei Variablen, aber nur zwei Gleichungen. Man spricht von einem **unterbestimmten Gleichungssystem** (in diesem Fall **einfach** unterbestimmt).

Auch die folgende Äquivalenzumformung führt zu einem nicht eindeutig lösbaren System:

$$\begin{cases} x_1 + x_2 - 2x_3 = -1 & \text{(I)} \\ -2x_1 - 2x_2 + 4x_3 = 2 & \text{(II)} \\ 3x_1 + 3x_2 - 6x_3 = -3 & \text{(III)} \end{cases} \quad \begin{array}{|l} \\ \text{(II)} + 2\cdot\text{(I)} \\ \text{(III)} - 3\cdot\text{(I)} \end{array}$$

$$\Leftrightarrow \begin{cases} x_1 + x_2 - 2x_3 = -1 \\ 0\cdot x_1 + 0\cdot x_2 + 0\cdot x_3 = 0 \\ 0\cdot x_1 + 0\cdot x_2 + 0\cdot x_3 = 0 \end{cases} .$$

In diesem Fall sind sogar zwei Gleichungen allgemeingültig, d. h. sogar zwei der drei Variablen können frei gewählt werden.

Wir wählen $x_3 = t$ und $x_2 = s$. Dann ergibt sich $x_1 = -s + 2t - 1$.
Das System hat unendlich viele Lösungen: $L = \{\ (-s + 2t - 1 \mid s \mid t\ ) \mid s, t \in \mathbb{R}\ \}$.
Für $s = 1$ und $t = 0$ erhält man z. B. das spezielle Lösungstripel $(-2 \mid 1 \mid 0)$.

Das Ausgangssystem ist äquivalent zu dem System $\{\ x_1 + x_2 - 2x_3 = -1$, also einem linearen Gleichungssystem mit drei Variablen aber nur einer Gleichung.

Auch in diesem Fall liegt ein **unterbestimmtes Gleichungssystem** vor. Man spricht in diesem Fall von einem **zweifach** unterbestimmten System.

17. Lösen Sie mithilfe des gaußschen Algorithmus.

a) $\begin{cases} x_1 + x_2 - x_3 = 0 \\ x_1 - 2x_3 = 0 \\ x_2 + x_3 = 0 \end{cases}$ b) $\begin{cases} x_1 + x_3 = 0 \\ x_1 + x_3 = 0 \\ x_2 + x_3 = 1 \end{cases}$ c) $\begin{cases} x_1 + x_2 - 2x_3 = 1 \\ x_1 - 2x_2 + x_3 = 2 \\ 2x_1 - x_2 - x_3 = 3 \end{cases}$

d) $\begin{cases} 3x_1 - 2x_2 + x_3 = 3 \\ 2x_1 + x_2 - 4x_3 = 2 \\ x_1 + 2x_2 - 5x_3 = 1 \end{cases}$ e) $\begin{cases} 2x_1 + 2x_2 - 2x_3 = -2 \\ -x_1 - x_2 + x_3 = 1 \\ x_1 + x_2 - x_3 = -1 \end{cases}$

Überbestimmte Systeme

Bei dem System $\begin{cases} x_1 - 2x_2 = 4 \\ x_1 - x_2 = 1 \\ -x_1 + 3x_2 = -2 \end{cases}$ handelt es sich um ein **überbestimmtes** lineares Gleichungssystem, es besteht aus drei Gleichungen für nur zwei Variablen.

Wir betrachten nur das System aus den ersten beiden Gleichungen:

$$\begin{cases} x_1 - 2x_2 = 4 & \text{(I)} \\ x_1 - x_2 = 1 & \text{(II)} \end{cases} \Bigg| \; \text{(II)} - \text{(I)} \quad \Leftrightarrow \quad \begin{cases} x_1 - 2x_2 = 4 \\ x_2 = -3 \end{cases}$$

Man erhält für dieses System die Lösungen $x_1 = -2$ und $x_2 = -3$.

Diese Lösungen müssen aber auch die bisher nicht betrachtete dritte Gleichung erfüllen. Macht man in der dritten Gleichung des Ausgangssystems die Probe, so ergibt sich:

$$-(-2) + 3 \cdot (-3) = -7 \neq -2 \, .$$

Man erhält eine falsche Aussage, das System ist daher nicht lösbar.

18. Lösen Sie das Gleichungssystem.

a) $\begin{cases} 2x_1 - 5x_2 = 9 \\ -10x_1 + 25x_2 = 4 \\ 4x_1 + 2x_2 = 6 \end{cases}$ b) $\begin{cases} 2x_1 - 5x_2 = 9 \\ -3x_1 + x_2 = -7 \\ 4x_1 + 2x_2 = 6 \end{cases}$ c) $\begin{cases} 2x_1 - 5x_2 = 9 \\ -3x_1 + x_2 = -7 \\ 4x_1 + 2x_2 = 5 \end{cases}$

d) $\begin{cases} 2x_1 + 3x_2 = -5 \\ -3x_1 - 5x_2 = 8 \\ 3x_1 + 4x_2 = -7 \end{cases}$ e) $\begin{cases} 2x_1 - 3x_2 = 3 \\ 5x_1 - 7{,}5x_2 = -4 \\ -6x_1v + 9x_2 = 7 \end{cases}$ f) $\begin{cases} 2x_1 - 3x_2 = 7 \\ 5x_1 - 7{,}5x_2 = 17{,}5 \\ -6x_1 + 9x_2 = -21 \end{cases}$

8.1.4 Homogene Gleichungssysteme

Ein lineares Gleichungssystem, bei dem die Konstanten auf den rechten Seiten der Gleichungen alle den Wert 0 haben, bezeichnet man als **homogenes** Gleichungssystem.

$$\begin{cases} a_1 \cdot x_1 + b_1 \cdot x_2 + c_1 \cdot x_3 = 0 \\ a_2 \cdot x_1 + b_2 \cdot x_2 + c_2 \cdot x_3 = 0 \\ a_3 \cdot x_1 + b_3 \cdot x_2 + c_3 \cdot x_3 = 0 \end{cases} \quad \text{oder kürzer} \quad \left(\begin{array}{ccc|c} a_1 & b_1 & c_1 & 0 \\ a_2 & b_2 & c_2 & 0 \\ a_3 & b_3 & c_3 & 0 \end{array}\right).$$

Ein solches homogenes System besitzt mindestens eine Lösung, nämlich die aus lauter Nullen bestehende **triviale Lösung**. Die triviale Lösung ergibt sich in dem Fall, dass das homogene System eindeutig lösbar ist.

Es bleibt daher die Frage, ob es neben dieser trivialen Lösung noch weitere Lösungen gibt. Die können nur dann auftreten, wenn das Gleichungssystem unterbestimmt ist. Die Berechnung nichttrivialer Lösungen führt man in der Praxis mit dem gaußschen Algorithmus durch.

Beispiel: Gegeben ist das Gleichungssystem $\begin{cases} x_1 - x_2 + x_3 = 0 \\ x_1 \qquad + 2x_3 = 0 \\ \qquad x_2 + x_3 = 0 \end{cases}$

Der gaußsche Algorithmus ergibt:

$$\left\{\begin{array}{l|l} x_1 - x_2 + x_3 = 0 & \\ x_1 \qquad + 2x_3 = 0 & (\mathrm{II})-(\mathrm{I}) \\ \qquad x_2 + x_3 = 0 & \end{array}\right. \Leftrightarrow \left\{\begin{array}{l|l} x_1 - x_2 + x_3 = 0 & \\ \qquad x_2 + x_3 = 0 & \\ \qquad x_2 + x_3 = 0 & (\mathrm{III})-(\mathrm{II}) \end{array}\right.$$

$$\Leftrightarrow \begin{cases} x_1 - x_2 + x_3 = 0 \\ \qquad x_2 + x_3 = 0 \\ \qquad\quad 0 \cdot x_3 = 0 \end{cases}$$

Eine Variable ist frei wählbar.

Wählt man $x_3 = t$, so folgt $x_2 = -t$ und $x_1 = -2t$.

Lösungsmenge: $L = \{(-2t \mid -t \mid t) \mid t \in \mathbb{R}\}$.

Für z. B. $t = 1$ ergibt sich die nichttriviale Lösung $(-2 \mid -1 \mid 1)$.

In der Lösungsmenge ist auch die triviale Lösung $(0 \mid 0 \mid 0)$ für $t = 0$ enthalten.

19. Lösen Sie das Gleichungssystem.

a) $\begin{cases} x_1 + x_3 = 0 \\ x_2 - x_3 = 0 \\ x_1 + x_2 = 0 \end{cases}$ b) $\begin{cases} x_1 + x_2 + x_3 = 0 \\ 2x_1 + x_2 - x_3 = 0 \\ 3x_1 + x_2 - x_3 = 0 \end{cases}$ c) $\begin{cases} x_1 - 4x_3 = 0 \\ x_2 - 4x_3 = 0 \\ x_1 - 4x_3 = 0 \end{cases}$

d) $\begin{cases} 3x_1 + x_2 + x_3 = 0 \\ x_1 + 4x_2 - x_3 = 0 \\ 4x_1 + 5x_2 = 0 \end{cases}$ e) $\begin{cases} x_1 + x_2 + x_3 = 0 \\ 2x_1 - 3x_2 - 5x_3 = 0 \end{cases}$ f) $\begin{cases} 2x_1 + 3x_2 - 4x_3 = 0 \\ 2x_1 - 3x_2 - 4x_3 = 0 \end{cases}$

20. Für welches $k \in \mathbb{R}$ ist das System nur trivial lösbar?

a) $\begin{cases} 4x_1 - 2x_2 + kx_3 = 0 \\ 12x_1 + 3x_3 = 0 \\ -8x_1 + 4x_2 - 8x_3 = 0 \end{cases}$ b) $\begin{cases} kx_1 + 2x_2 + x_3 = 0 \\ 2x_1 + kx_2 - x_3 = 0 \\ x_2 - x_3 = 0 \end{cases}$ c) $\begin{cases} kx_1 + 2kx_2 = 0 \\ x_1 + x_2 + 3kx_3 = 0 \\ kx_2 + x_3 = 0 \end{cases}$

8.1.5 Matrixschreibweise für lineare Gleichungssysteme

Das lineare Gleichungssystem $\begin{cases} 2x_1 - x_2 - x_3 = 1 \\ x_1 + 2x_2 + x_3 = 0 \\ -3x_1 + 3x_2 + 2x_3 = 1 \end{cases}$ lässt sich in der Matrixschreibweise $\begin{pmatrix} 2 & -1 & -1 \\ 1 & 2 & 1 \\ -3 & 3 & 2 \end{pmatrix} \cdot \begin{pmatrix} x_1 \\ x_2 \\ x_3 \end{pmatrix} = \begin{pmatrix} 1 \\ 0 \\ 1 \end{pmatrix}$ darstellen.

Die Gleichung $M \cdot \vec{x} = \vec{b}$ ist die Kurzschreibweise für ein lineares Gleichungssystem mit dem Lösungsvektor $\vec{x}$.

Bei der Lösung mithilfe des gaußschen Algorithmus notiert man vielfach in Anlehnung an diese Schreibweise nur die Koeffizienten der Lösungsvariablen.

$$\left(\begin{array}{ccc|c} 2 & -1 & -1 & 1 \\ 1 & 2 & 1 & 0 \\ -3 & 3 & 2 & 1 \end{array}\right) \underset{\substack{2II - I \\ III + 3II}}{\Leftrightarrow} \left(\begin{array}{ccc|c} 2 & -1 & -1 & 1 \\ 0 & 5 & 3 & -1 \\ 0 & 9 & 5 & 1 \end{array}\right) \underset{5III - 9II}{\Leftrightarrow} \left(\begin{array}{ccc|c} 2 & -1 & -1 & 1 \\ 0 & 5 & 3 & -1 \\ 0 & 0 & -2 & 14 \end{array}\right)$$

Rückwärtseinsetzen ergibt:

$$-2x_3 = 14 \Leftrightarrow x_3 = -7$$
$$5x_2 + 3 \cdot (-7) = -1 \Leftrightarrow x_2 = 4$$
$$2x_1 + (-1) \cdot 4 + (-1) \cdot (-7) = 1 \Leftrightarrow x_1 = -1$$

21. Geben Sie das Gleichungssystem zur Bestimmung von $\vec{x}$ an, das sich aus der Matrixschreibweise $M \cdot \vec{x} = \vec{b}$ ergibt.

$$M = \begin{pmatrix} 1 & 2 & -1 \\ 3 & 0 & 2 \\ -2 & 5 & 0 \end{pmatrix}, \quad \vec{x} = \begin{pmatrix} x_1 \\ x_2 \\ x_3 \end{pmatrix} \text{ und } \vec{b} = \begin{pmatrix} 1 \\ 1 \\ 1 \end{pmatrix}.$$

Lösen Sie das Gleichungssystem mit dem gaußschen Algorithmus.

22. Lösen Sie das Gleichungssystem $M \cdot \vec{x} = \vec{b}$ für

$$M = \begin{pmatrix} 1 & 1 & 1 \\ 1 & -1 & 3 \\ 3 & 1 & 6 \end{pmatrix}, \quad \vec{x} = \begin{pmatrix} x_1 \\ x_2 \\ x_3 \end{pmatrix} \text{ und } \vec{b} = \begin{pmatrix} 8 \\ 6 \\ 21 \end{pmatrix}.$$

23. Lösen Sie das Gleichungssystem $M \cdot \vec{x} = \vec{0}$ für

$$M = \begin{pmatrix} 4 & 1 & -8 \\ -1 & 5 & 2 \\ 3 & 2 & -6 \end{pmatrix}, \quad \vec{x} = \begin{pmatrix} x_1 \\ x_2 \\ x_3 \end{pmatrix} \text{ und } \vec{b} = \begin{pmatrix} 0 \\ 0 \\ 0 \end{pmatrix}.$$

8.1.6 Anwendungen linearer Gleichungssysteme

Anwendungen in der Wirtschaft

24. In drei Teilgebieten eines Betriebes wird je ein Produkt gefertigt. Die zugehörige Matrix M gibt die Verflechtung der drei Teilbetriebe unter sich und mit dem Markt an.

    Berechnen Sie den Vektor $\vec{x}$ für die erforderliche Gesamtproduktion aus der Gleichung $M \cdot \vec{x} = \vec{b}$ wenn der Konsumvektor $\vec{b}$ für die externe Nachfrage nach den drei Produkten steht:

$$M = \begin{pmatrix} 0{,}6 & -0{,}2 & -0{,}2 \\ -0{,}1 & 0{,}8 & -0{,}1 \\ -0{,}4 & -0{,}1 & 1 \end{pmatrix} \quad \text{und} \quad \vec{b} = \begin{pmatrix} 1800 \\ 6700 \\ 800 \end{pmatrix}.$$

25. In einer Firma werden vier Arten A, B, C und D von Produkten in drei verschiedenen Betrieben gefertigt. Die Tabelle gibt Auskunft über die Arbeitsstunden pro Werkstück:

	A	B	C	D
Betrieb 1	2	6	0	2
Betrieb 2	6	8	5	1
Betrieb 3	0	1	2	3

Kurz vor den Werksferien stellt der Firmenleiter fest, wie viele Arbeitsstunden noch bis zu den Ferien in den Betrieben geleistet werden können.

In Betrieb 1 sind es noch 54, in Betrieb 2 noch 72 und in Betrieb noch 49 Stunden.

Wie viele Stücke der Produkte A, B, C und D kann der Firmenleiter noch in Auftrag geben, wenn keine unfertigen Werkstücke liegen bleiben und die Arbeitsstunden voll ausgenutzt werden sollen?

a) Stellen Sie zunächst das zugehörige Gleichungssystem auf.

b) Welche Besonderheit weist dieses Gleichungssystem auf?

c) Geben Sie die allgemeine Lösung des Gleichungssystems an.

d) Geben Sie alle konkreten Lösungen an, die das praktische Problem sinnvoll lösen.

Rätselhaftes

26. **Zahlenrätsel**

   a) Gesucht ist eine Zahl. Subtrahiert man sie von einer zweiten Zahl, so erhält man 297; addiert man dagegen die beiden Zahlen, so entsteht 767.

   b) Eine dreistellige Zahl hat die Quersumme 15. Das Doppelte der mittleren Ziffer ist dreimal so groß wie die Summe der beiden anderen Ziffern. Streicht man die erste Ziffer, so entsteht eine Zahl, die fünfmal so groß ist wie die Zahl, die durch Streichen der letzten Ziffer entsteht.

   c) Eine dreistellige Zahl hat die Quersumme 11. Ihre Einerziffer ist um 3 kleiner als die Zehnerziffer. Durch Vertauschen der ersten und dritten Ziffer ergibt sich eine um 198 kleinere Zahl.

27. **Altersaufgaben**

   a) Herr Ludwig ist 15 Jahre älter als seine beiden Söhne zusammen. Vor 7 Jahren war er sechsmal so alt wie der ältere und zehnmal so alt wie der jüngere. Wie alt sind Vater und Söhne?

   b) Petra erzählt: „Dieses Jahr feiert unsere Familie ein dreifaches Jubiläum. Meine Mutter und ich sind zusammen 50 Jahre alt, mein Vater und ich sind zusammen 55 Jahre alt, und meine Eltern sind zusammen 75 Jahre alt.“

   c) Drei Brüder sind zusammen 45 Jahre alt. Vor vier Jahren war der Jüngste halb so alt wie der Älteste damals, in vier Jahren ist er ¾-mal so alt wie der Mittlere dann ist.

28. **Das Problem der 100 Vögel** (China, 475 n. Chr.).

   Ein Hahn kostet 5 Geldstücke, eine Henne 3 Geldstücke und drei Küken ein Geldstück. Sie sollen für 100 Geldstücke 100 Tiere kaufen. Wie viele Möglichkeiten haben Sie?

29. Ein Tourist erzählt, dass die englische Währung vor der Einführung des metrischen Systems recht kompliziert gewesen ist. Er sei dreimal auf der Bank gewesen, um sich ein *Pfund Sterling* in Kleingeld wechseln zu lassen. Das erste Mal habe er 2 *Crown*, 9 *Shilling* und 12 *Pence* erhalten; beim nächsten Mal 1 *Crown*, 13 *Shilling* und 24 *Pence* und beim dritten Mal 3 *Crown*, 2 *Shilling* und 36 *Pence*.

   Wie viel Pence hatte ein Pfund? Wie viel Shilling hatte ein Crown? Heute hat ein Pfund Sterling 100 Pence.

8.2 Linearkombinationen

8.2.1 Begriff der Linearkombination

Der Vektor $\vec{x}$ in der nebenstehenden Zeichnung ergibt sich aus der Summe des Zweifachen des Vektors $\vec{a}$ und des Dreifachen des Vektors $\vec{b}$:

$$\vec{x} = 2 \cdot \vec{a} + 3 \cdot \vec{b} .$$

Man sagt, dass $\vec{x}$ eine Linearkombination der Vektoren $\vec{a}$ und $\vec{b}$ ist.

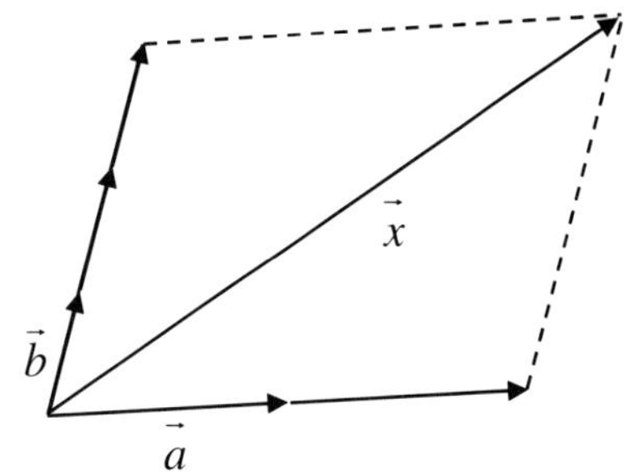

Linearkombination

Sind $\vec{a}_1, \vec{a}_2, \ldots, \vec{a}_n$ Vektoren des $\mathbb{R}^2$ oder des $\mathbb{R}^3$ und $\lambda_1, \lambda_2, \ldots, \lambda_n$ reelle Zahlen, dann heißt der Vektor $\vec{x}$ mit

$$\vec{x} = \lambda_1 \cdot \vec{a}_1 + \lambda_2 \cdot \vec{a}_2 + \ldots + \lambda_n \cdot \vec{a}_n$$

Linearkombination der Vektoren $\vec{a}_1, \vec{a}_2, \ldots, \vec{a}_n$.

30. Das Viereck *ABCD* in der Abbildung rechts wird durch die Vektoren $\vec{a}$, $\vec{b}$ und $\vec{c}$ erzeugt.

    a) Drücken Sie durch $\vec{a}$, $\vec{b}$ und $\vec{c}$ aus:

    $$\overrightarrow{AC} \;,\; \overrightarrow{AD} \;,\; \overrightarrow{BD} .$$

    b) Berechnen Sie:

    $$\overrightarrow{AB} + \overrightarrow{BC} + \overrightarrow{CD} + \overrightarrow{DA} .$$

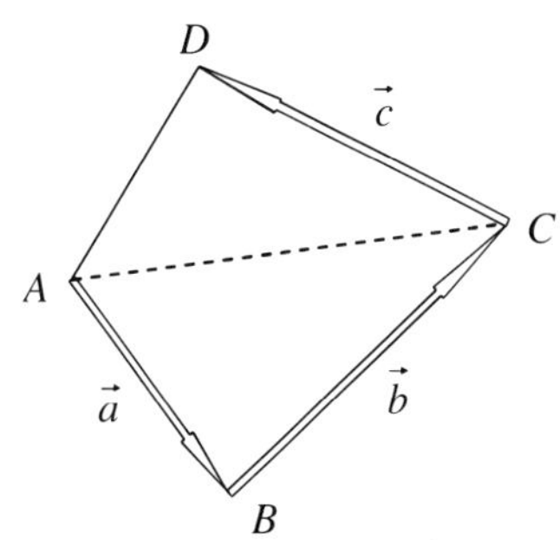

31. Gegeben ist ein Spat, der durch die Vektoren $\vec{a}$, $\vec{b}$ und $\vec{c}$ erzeugt wird.

    a) Schreiben Sie als Linearkombination der Vektoren $\vec{a}$, $\vec{b}$ und $\vec{c}$:

    $$\overrightarrow{AC} \;,\; \overrightarrow{BE} \;,\; \overrightarrow{BG} \;,\; \overrightarrow{AB} \;,\; \overrightarrow{HB} .$$

    b) Berechnen Sie:

    $$\overrightarrow{BC} + \overrightarrow{CD} + \overrightarrow{DA} ,$$

    $$\overrightarrow{AD} + \overrightarrow{DC} + \overrightarrow{CG} + \overrightarrow{GF} ,$$

    $$\overrightarrow{DH} + \overrightarrow{HE} + \overrightarrow{EB} + \overrightarrow{BC} + \overrightarrow{CF} .$$

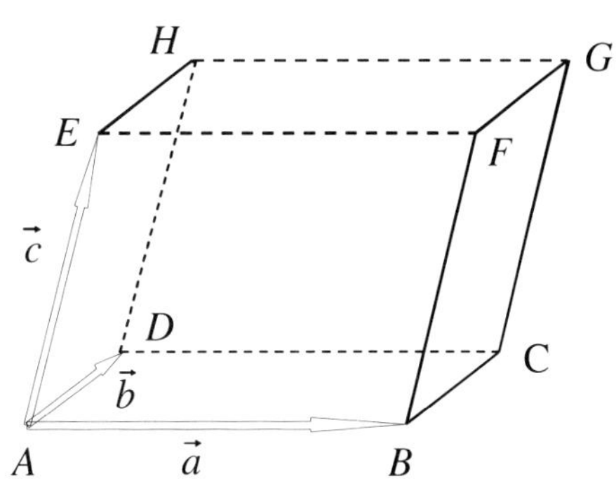

32. Gegeben ist ein Parallelogramm *ABCD*, das durch die Vektoren $\vec{a}$ und $\vec{b}$ erzeugt wird.

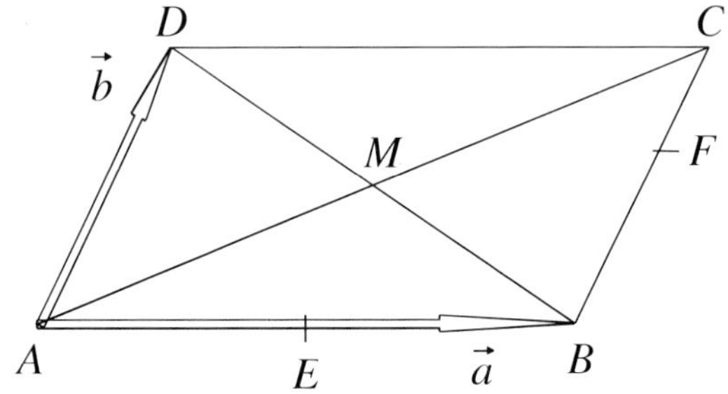

E halbiert die Seite $\overline{AB}$, *F* teilt die Seite $\overline{BC}$ im Verhältnis 2 : 1 und *M* ist der Schnittpunkt der Diagonalen.

Drücken Sie durch die Vektoren $\vec{a}$ und $\vec{b}$ aus:

$$\overrightarrow{AM}\ ,\ \overrightarrow{MD}\ ,\ \overrightarrow{DE}\ ,\ \overrightarrow{AF}\ ,\ \overrightarrow{ED}\ ,\ \overrightarrow{EM}\ ,\ \overrightarrow{MF}\ .$$

33. Gegeben ist ein Quader.
Stellen Sie die Vektoren

$\overrightarrow{AE}$, $\overrightarrow{AG}$, $\overrightarrow{BD}$, $\overrightarrow{BE}$, $\overrightarrow{CA}$

$\overrightarrow{CG}$, $\overrightarrow{EC}$, $\overrightarrow{FA}$, $\overrightarrow{HB}$

als Linearkombination folgender Vektoren dar:

a) $\vec{a}$, $\vec{b}$ und $\vec{c}$,

b) $\vec{a}$, $\vec{b}$ und $\vec{d}$.

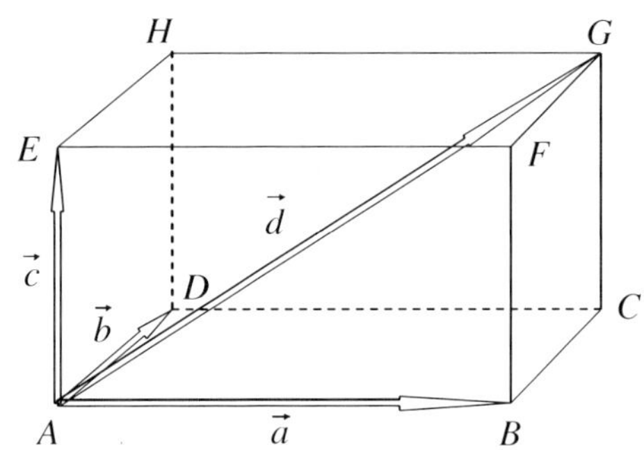

34. Eine Pyramide mit rechteckiger Grundfläche wird durch die Vektoren $\vec{a}$, $\vec{b}$ und $\vec{c}$ erzeugt. *M* ist der Mittelpunkt des Rechtecks *ABCD*, *S* der Schwerpunkt des Dreiecks *BCE*.

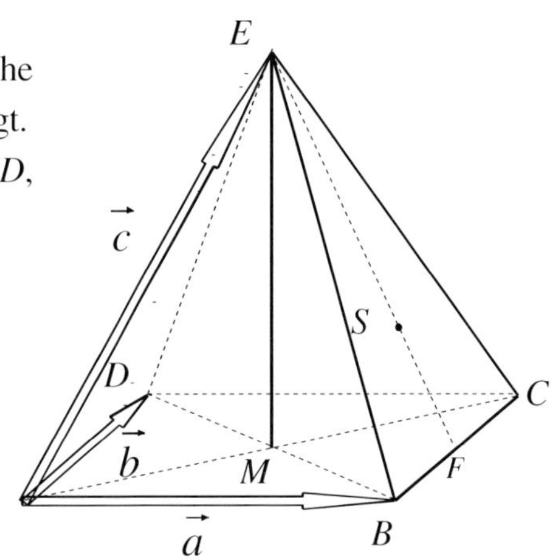

Stellen Sie die Vektoren $\overrightarrow{FS}$, $\overrightarrow{EM}$, $\overrightarrow{ES}$ und $\overrightarrow{DS}$ als Linearkombination der Vektoren $\vec{a}$, $\vec{b}$ und $\vec{c}$ dar.

8.2.2 Rechnerische Bestimmung von Linearkombinationen

Die Frage, ob sich ein Vektor $\vec{x}$ als Linearkombination vorgegebener Vektoren $\vec{a}_1, \vec{a}_2, \ldots, \vec{a}_n$ darstellen lässt, führt zu dem Ansatz

$$\vec{x} = \lambda_1 \cdot \vec{a}_1 + \lambda_2 \cdot \vec{a}_2 + \ldots + \lambda_n \cdot \vec{a}_n .$$

Gesucht sind also Zahlen $\lambda_1, \lambda_2, \ldots, \lambda_n$, welche diese Vektorgleichung erfüllen. Man erhält ein lineares Gleichungssystem, das eindeutig oder mehrdeutig lösbar, aber auch nicht lösbar sein kann.

Beispiel 1: Gegeben sind Vektoren $\vec{a} = \begin{pmatrix} 1 \\ 0 \\ 1 \end{pmatrix}, \vec{b} = \begin{pmatrix} 0 \\ 1 \\ 1 \end{pmatrix}, \vec{c} = \begin{pmatrix} 1 \\ 1 \\ -1 \end{pmatrix}$ des $\mathbb{R}^3$.

Die folgenden Vektoren lassen sich durch geschicktes Probieren unmittelbar als Linearkombination der Vektoren $\vec{a}$, $\vec{b}$ und $\vec{c}$ angeben.

- $\begin{pmatrix} 1 \\ 1 \\ 2 \end{pmatrix} = \begin{pmatrix} 1 \\ 0 \\ 1 \end{pmatrix} + \begin{pmatrix} 0 \\ 1 \\ 1 \end{pmatrix} = \vec{a} + \vec{b} = 1 \cdot \vec{a} + 1 \cdot \vec{b} + 0 \cdot \vec{c}$
- $\begin{pmatrix} 0 \\ 0 \\ 3 \end{pmatrix} = \begin{pmatrix} 1 \\ 0 \\ 1 \end{pmatrix} + \begin{pmatrix} 0 \\ 1 \\ 1 \end{pmatrix} - \begin{pmatrix} 1 \\ 1 \\ -1 \end{pmatrix} = \vec{a} + \vec{b} - \vec{c} = 1 \cdot \vec{a} + 1 \cdot \vec{b} + (-1) \cdot \vec{c}$
- $\begin{pmatrix} 0 \\ 0 \\ 0 \end{pmatrix} = 0 \cdot \vec{a} + 0 \cdot \vec{b} + 0 \cdot \vec{c}$ (triviale Linearkombination)

Beispiel 2: Gegeben sind Vektoren $\vec{a} = \begin{pmatrix} 1 \\ 0 \\ 1 \end{pmatrix}, \vec{b} = \begin{pmatrix} 0 \\ 1 \\ 1 \end{pmatrix}, \vec{c} = \begin{pmatrix} 1 \\ 1 \\ -1 \end{pmatrix}$ des $\mathbb{R}^3$.

Der Vektor $\begin{pmatrix} 0 \\ 1 \\ 4 \end{pmatrix}$ soll als Linearkombination von $\vec{a}$, $\vec{b}$ und $\vec{c}$ dargestellt werden. Da Raten hier kaum möglich ist, macht man den Ansatz einer Vektorgleichung mit unbekannten Koeffizienten $\lambda_1, \lambda_2, \lambda_3$:

$$\lambda_1 \cdot \begin{pmatrix} 1 \\ 0 \\ 1 \end{pmatrix} + \lambda_2 \cdot \begin{pmatrix} 0 \\ 1 \\ 1 \end{pmatrix} + \lambda_3 \cdot \begin{pmatrix} 1 \\ 1 \\ -1 \end{pmatrix} = \begin{pmatrix} 0 \\ 1 \\ 4 \end{pmatrix}.$$

Dieser Ansatz führt zu dem linearen Gleichungssystem

$$\begin{pmatrix} \lambda_1 & & +\lambda_3 = 0 \\ & \lambda_2 & +\lambda_3 = 1 \\ \lambda_1 + & \lambda_2 & -\lambda_3 = 4 \end{pmatrix} \text{ oder in Matrixschreibweise } \begin{pmatrix} 1 & 0 & 1 \\ 0 & 1 & 1 \\ 1 & 1 & -1 \end{pmatrix} \cdot \begin{pmatrix} \lambda_1 \\ \lambda_2 \\ \lambda_3 \end{pmatrix} = \begin{pmatrix} 0 \\ 1 \\ 4 \end{pmatrix}.$$

Dieses Gleichungssystem kann mithilfe des gaußschen Algorithmus gelöst werden.

$$\begin{matrix} \text{I} \\ \text{II} \\ \text{III} \end{matrix} \left(\begin{array}{ccc|c} 1 & 0 & 1 & 0 \\ 0 & 1 & 1 & 1 \\ 1 & 1 & -1 & 4 \end{array}\right) \Leftrightarrow \begin{matrix} \text{I}' \\ \text{II}' \\ \text{III}' \end{matrix} \left(\begin{array}{ccc|c} 1 & 0 & 1 & 0 \\ 0 & 1 & 1 & 1 \\ 0 & 1 & -2 & 4 \end{array}\right) \begin{matrix} \text{(I)} \\ \text{(II)} \\ \text{(III − I)} \end{matrix} \Leftrightarrow \begin{matrix} \text{I}'' \\ \text{II}'' \\ \text{III}'' \end{matrix} \left(\begin{array}{ccc|c} 1 & 0 & 1 & 0 \\ 0 & 1 & 1 & 1 \\ 0 & 0 & -3 & 3 \end{array}\right) \begin{matrix} \text{(I')} \\ \text{(II')} \\ \text{(III' − II')} \end{matrix}$$

Das System ist eindeutig lösbar. Als Lösungen erhält man $\lambda_3 = -1$, $\lambda_2 = 2$ und $\lambda_3 = 1$ und damit die Linearkombination

$$1 \cdot \begin{pmatrix} 1 \\ 0 \\ 1 \end{pmatrix} + 2 \cdot \begin{pmatrix} 0 \\ 1 \\ 1 \end{pmatrix} + (-1) \cdot \begin{pmatrix} 1 \\ 1 \\ -1 \end{pmatrix} = \begin{pmatrix} 0 \\ 1 \\ 4 \end{pmatrix}.$$

Beispiel 3: Gegeben sind Vektoren $\vec{a} = \begin{pmatrix} -1 \\ 1 \\ 1 \end{pmatrix}$, $\vec{b} = \begin{pmatrix} 1 \\ 0 \\ 2 \end{pmatrix}$, $\vec{c} = \begin{pmatrix} -2 \\ 1 \\ -1 \end{pmatrix}$ des $\mathbb{R}^3$.

Es soll überprüft werden, ob sich die Vektoren $\vec{u} = \begin{pmatrix} 3 \\ -1 \\ 2 \end{pmatrix}$ und $\vec{v} = \begin{pmatrix} 5 \\ -2 \\ 4 \end{pmatrix}$ als Linearkombination der Vektoren $\vec{a}$, $\vec{b}$ und $\vec{c}$ darstellen lassen.

Untersuchung für den Vektor $\vec{u}$:

Ansatz: $\lambda_1 \cdot \begin{pmatrix} -1 \\ 1 \\ 1 \end{pmatrix} + \lambda_2 \cdot \begin{pmatrix} 1 \\ 0 \\ 2 \end{pmatrix} + \lambda_3 \cdot \begin{pmatrix} -2 \\ 1 \\ -1 \end{pmatrix} = \begin{pmatrix} 3 \\ -1 \\ 2 \end{pmatrix}$.

$$\begin{matrix} \text{I} \\ \text{II} \\ \text{III} \end{matrix} \left(\begin{array}{ccc|c} -1 & 1 & -2 & 3 \\ 1 & 0 & 1 & -1 \\ 1 & 2 & -1 & 2 \end{array}\right) \Leftrightarrow \begin{matrix} \text{I}' \\ \text{II}' \\ \text{III}' \end{matrix} \left(\begin{array}{ccc|c} -1 & 1 & -2 & 3 \\ 0 & 1 & -1 & 2 \\ 0 & 3 & -3 & 5 \end{array}\right) \begin{matrix} \text{(I)} \\ \text{(II+I)} \\ \text{(III+I)} \end{matrix} \Leftrightarrow \begin{matrix} \text{I}'' \\ \text{II}'' \\ \text{III}'' \end{matrix} \left(\begin{array}{ccc|c} -1 & 1 & -2 & 3 \\ 0 & 1 & -1 & 2 \\ 0 & 0 & 0 & -1 \end{array}\right) \begin{matrix} \text{(I')} \\ \text{(II')} \\ \text{(III' − 3II')} \end{matrix}$$

Das Gleichungssystem ist nicht lösbar, da die letzte Gleichung unerfüllbar ist.

Der Vektor $\vec{u}$ lässt sich somit nicht als Linearkombination der Vektoren $\vec{a}$, $\vec{b}$ und $\vec{c}$ darstellen.

Untersuchung für den Vektor $\vec{v}$:

Ansatz: $\lambda_1 \cdot \begin{pmatrix} -1 \\ 1 \\ 1 \end{pmatrix} + \lambda_2 \cdot \begin{pmatrix} 1 \\ 0 \\ 2 \end{pmatrix} + \lambda_3 \cdot \begin{pmatrix} -2 \\ 1 \\ -1 \end{pmatrix} = \begin{pmatrix} 5 \\ -2 \\ 4 \end{pmatrix}$.

$$\begin{matrix} \text{I} \\ \text{II} \\ \text{III} \end{matrix} \left(\begin{array}{ccc|c} -1 & 1 & -2 & 5 \\ 1 & 0 & 1 & -2 \\ 1 & 2 & -1 & 4 \end{array}\right) \Leftrightarrow \begin{matrix} \text{I}' \\ \text{II}' \\ \text{III}' \end{matrix} \left(\begin{array}{ccc|c} -1 & 1 & -2 & 5 \\ 0 & 1 & -1 & 3 \\ 0 & 3 & -3 & 9 \end{array}\right) \begin{matrix} (\text{I}) \\ (\text{II+I}) \\ (\text{III+I}) \end{matrix} \Leftrightarrow \begin{matrix} \text{I}'' \\ \text{II}'' \\ \text{III}'' \end{matrix} \left(\begin{array}{ccc|c} -1 & 1 & -2 & 5 \\ 0 & 1 & -1 & 3 \\ 0 & 0 & 0 & 0 \end{array}\right) \begin{matrix} (\text{I}') \\ (\text{II}') \\ (\text{III}' - 3\text{II}') \end{matrix}$$

Das Gleichungssystem ist unterbestimmt, da die letzte Gleichung allgemeingültig ist. Eine Variable ist frei wählbar.

Wählt man z. B. $\lambda_3 = t$, so ergibt sich $\lambda_2 = t + 3$ und $\lambda_1 = -t - 2$.
Die Lösungsmenge ist $L = \{ (-t - 2 \mid t + 3 \mid t) \mid t \in \mathbb{R} \}$.

Man erhält unendlich viele Lösungen, die als Lösungsgesamtheit mithilfe des Parameters t dargestellt werden können.

Der Vektor $\vec{v}$ lässt sich nicht eindeutig als Linearkombination der Vektoren $\vec{a}$, $\vec{b}$ und $\vec{c}$ darstellen.

Für $t = 0$ ergibt sich:

$$\begin{pmatrix} 5 \\ -2 \\ 4 \end{pmatrix} = (-2) \cdot \begin{pmatrix} -1 \\ 1 \\ 1 \end{pmatrix} + 3 \cdot \begin{pmatrix} 1 \\ 0 \\ 2 \end{pmatrix} + 0 \cdot \begin{pmatrix} -2 \\ 1 \\ -1 \end{pmatrix}.$$

Für $t = -1$ ergibt sich:

$$\begin{pmatrix} 5 \\ -2 \\ 4 \end{pmatrix} = (-1) \cdot \begin{pmatrix} -1 \\ 1 \\ 1 \end{pmatrix} + 2 \cdot \begin{pmatrix} 1 \\ 0 \\ 2 \end{pmatrix} + (-1) \cdot \begin{pmatrix} -2 \\ 1 \\ -1 \end{pmatrix}.$$

35. Gegeben sind die Vektoren $\vec{a} = \begin{pmatrix} 1 \\ 1 \\ 1 \end{pmatrix}$, $\vec{b} = \begin{pmatrix} 2 \\ -1 \\ 1 \end{pmatrix}$ und $\vec{c} = \begin{pmatrix} -1 \\ 2 \\ 1 \end{pmatrix}$ des $\mathbb{R}^3$.

Stellen Sie die Vektoren als Linearkombination von $\vec{a}$, $\vec{b}$ und $\vec{c}$ dar.

a) $\vec{r} = \begin{pmatrix} 2 \\ 2 \\ 3 \end{pmatrix}$ b) $\vec{s} = \begin{pmatrix} -2 \\ 1 \\ -1 \end{pmatrix}$ c) $\vec{t} = \begin{pmatrix} 4 \\ 4 \\ 4 \end{pmatrix}$

d) $\vec{u} = \begin{pmatrix} 0 \\ 0 \\ 0 \end{pmatrix}$ e) $\vec{v} = \begin{pmatrix} 4 \\ -2 \\ 1 \end{pmatrix}$ f) $\vec{w} = \begin{pmatrix} 0 \\ 0 \\ -1 \end{pmatrix}$

g) $\vec{x} = \begin{pmatrix} 5 \\ -1 \\ 2 \end{pmatrix}$ h) $\vec{y} = \begin{pmatrix} -2 \\ 7 \\ 2 \end{pmatrix}$ i) $\vec{z} = \begin{pmatrix} -8 \\ 7 \\ -2 \end{pmatrix}$

Hinweis: In manchen Fällen lässt sich die Linearkombination erraten.

36. Gegeben sind $\vec{a}_1 = \begin{pmatrix} 1 \\ 1 \\ 1 \end{pmatrix}$, $\vec{a}_2 = \begin{pmatrix} 1 \\ 2 \\ 3 \end{pmatrix}$, $\vec{a}_3 = \begin{pmatrix} 2 \\ -1 \\ 1 \end{pmatrix}$ und $\vec{a}_4 = \begin{pmatrix} -1 \\ 0 \\ 1 \end{pmatrix}$.

Stellen Sie den Vektor $\vec{x} = \begin{pmatrix} -1 \\ -4 \\ -7 \end{pmatrix}$ sowohl als Linearkombination von $\vec{a}_1$, $\vec{a}_2$ und $\vec{a}_3$ als auch von $\vec{a}_1$, $\vec{a}_2$ und $\vec{a}_4$ dar. Sind diese Darstellungen eindeutig?

37. Stellen Sie als Linearkombination von $\vec{a} = \begin{pmatrix} 4 \\ 7 \\ 2 \end{pmatrix}$ und $\vec{b} = \begin{pmatrix} 1 \\ 3 \\ 5 \end{pmatrix}$ dar.

a) $\vec{x} = \begin{pmatrix} 4 \\ 7 \\ 2 \end{pmatrix}$ b) $\vec{y} = \begin{pmatrix} 10 \\ 15 \\ -4 \end{pmatrix}$ c) $\vec{z} = \begin{pmatrix} 6 \\ 8 \\ -6 \end{pmatrix}$

38. Gegeben sind die Vektoren $\vec{a} = \begin{pmatrix} 1 \\ 2 \\ 1 \end{pmatrix}$ und $\vec{b} = \begin{pmatrix} 2 \\ -1 \\ 0 \end{pmatrix}$. Prüfen Sie, ob folgende Vektoren als Linearkombination von $\vec{a}$ und $\vec{b}$ darstellbar sind.

a) $\vec{x} = \begin{pmatrix} 2 \\ 4 \\ 2 \end{pmatrix}$ b) $\vec{y} = \begin{pmatrix} 1 \\ 7 \\ 3 \end{pmatrix}$ c) $\vec{z} = \begin{pmatrix} 3 \\ 1 \\ 0 \end{pmatrix}$

39. Gegeben sind die Vektoren $\vec{a} = \begin{pmatrix} 1 \\ 0 \\ 1 \end{pmatrix}$, $\vec{b} = \begin{pmatrix} 0 \\ 1 \\ 1 \end{pmatrix}$ und $\vec{c} = \begin{pmatrix} 1 \\ -1 \\ 0 \end{pmatrix}$.

a) Untersuchen Sie, ob $\vec{u} = \begin{pmatrix} 1 \\ 0 \\ 0 \end{pmatrix}$ Linearkombination von $\vec{a}$, $\vec{b}$, $\vec{c}$ ist.

b) Zeigen Sie: $\vec{v} = \begin{pmatrix} 4 \\ -5 \\ -1 \end{pmatrix}$ ist als Linearkombination von $\vec{a}$, $\vec{b}$, $\vec{c}$ darstellbar.

Zeigen Sie, dass die Darstellung nicht eindeutig ist.

c) Auf welche triviale Art ist der Nullvektor $\vec{o}$ als Linearkombination der Vektoren $\vec{a}$, $\vec{b}$, $\vec{c}$ darstellbar? Untersuchen Sie, ob sich $\vec{o}$ noch auf andere Arten als Linearkombination von $\vec{a}$, $\vec{b}$, $\vec{c}$ darstellen lässt.

d) Zeigen Sie anhand eines selbst gewählten Beispiels, dass die Darstellung eines Vektors als Linearkombination von vorgegebenen Vektoren nicht eindeutig sein muss.

40. Gegeben sind die Vektoren $\vec{a}$, $\vec{b}$, und $\vec{c}$ des Raums. Prüfen Sie, ob

a) $\vec{o}$ Linearkombination der Vektoren $\vec{a}$, $\vec{b}$, $\vec{c}$ ist,

b) $\vec{a}$ Linearkombination der Vektoren $\vec{a}$, $\vec{b}$, $\vec{c}$ ist,

c) $\vec{a}$ Linearkombination der Vektoren $\vec{a} + \vec{b}$ und $\vec{a} - \vec{b}$ ist,

d) $\vec{c}$ Linearkombination der Vektoren $\vec{a}$, $\vec{a} - \vec{b}$, $\vec{a} + \vec{b} + \vec{c}$ ist.

41. Prüfen Sie, ob es $t \in \mathbb{R}$ so gibt, dass $\vec{x}$ Linearkombination von $\vec{a}$ und $\vec{b}$ ist.

a) $\vec{x} = \begin{pmatrix} 0 \\ t \\ -t+3 \end{pmatrix}$ $\vec{a} = \begin{pmatrix} 1 \\ 0 \\ 1 \end{pmatrix}$ $\vec{b} = \begin{pmatrix} -1 \\ 1 \\ 1 \end{pmatrix}$

b) $\vec{x} = \begin{pmatrix} -1 \\ 0 \\ 1 \end{pmatrix}$ $\vec{a} = \begin{pmatrix} t \\ 1 \\ 0 \end{pmatrix}$ $\vec{b} = \begin{pmatrix} -2 \\ t \\ 1 \end{pmatrix}$

c) $\vec{x} = \begin{pmatrix} t \\ 1 \\ 1 \end{pmatrix}$ $\vec{a} = \begin{pmatrix} 0 \\ -1 \\ 1 \end{pmatrix}$ $\vec{b} = \begin{pmatrix} 1 \\ -1 \\ t \end{pmatrix}$

42. Prüfen Sie, ob es $t \in \mathbb{R}$ so gibt, dass der Vektor $\vec{x}$ Linearkombination der Vektoren $\vec{a}$, $\vec{b}$ und $\vec{c}$ ist.

a) $\vec{x} = \begin{pmatrix} 1 \\ 1 \\ 0 \end{pmatrix}$ $\vec{a} = \begin{pmatrix} 1 \\ 0 \\ 0 \end{pmatrix}$ $\vec{b} = \begin{pmatrix} t-1 \\ 1 \\ 1 \end{pmatrix}$ $\vec{c} = \begin{pmatrix} t \\ t \\ 1 \end{pmatrix}$

b) $\vec{x} = \begin{pmatrix} 1 \\ 0 \\ 1 \end{pmatrix}$ $\vec{a} = \begin{pmatrix} 1 \\ 0 \\ -2 \end{pmatrix}$ $\vec{b} = \begin{pmatrix} 0 \\ -1 \\ t-2 \end{pmatrix}$ $\vec{c} = \begin{pmatrix} -2 \\ -t \\ 3 \end{pmatrix}$

43. Prüfen Sie, ob jeder Vektor des $\mathbb{R}^3$ als Linearkombination der folgenden Vektoren darstellbar ist.

Hinweis: Die Aufgabe ist ohne größere Rechnung lösbar.

a) $\vec{r_1} = \begin{pmatrix} 0 \\ 1 \\ 1 \end{pmatrix}$ $\vec{r_2} = \begin{pmatrix} 0 \\ 0 \\ 1 \end{pmatrix}$

b) $\vec{s_1} = \begin{pmatrix} 1 \\ 0 \\ 0 \end{pmatrix}$ $\vec{s_2} = \begin{pmatrix} 1 \\ 1 \\ 0 \end{pmatrix}$ $\vec{s_3} = \begin{pmatrix} 1 \\ 0 \\ 1 \end{pmatrix}$

c) $\vec{t_1} = \begin{pmatrix} 1 \\ 0 \\ 0 \end{pmatrix}$ $\vec{t_2} = \begin{pmatrix} 1 \\ 1 \\ 0 \end{pmatrix}$ $\vec{t_3} = \begin{pmatrix} 1 \\ 0 \\ 1 \end{pmatrix}$ $\vec{t_4} = \begin{pmatrix} 1 \\ 1 \\ 1 \end{pmatrix}$

44. Prüfen Sie, ob ein beliebiger Vektor $\vec{x} \in \mathbb{R}^3$ als Linearkombination der drei Vektoren

$$\vec{a} = \begin{pmatrix} 1 \\ 0 \\ 1 \end{pmatrix} \qquad \vec{b} = \begin{pmatrix} 1 \\ 1 \\ 0 \end{pmatrix} \qquad \vec{c} = \begin{pmatrix} 1 \\ 1 \\ 1 \end{pmatrix}$$

darstellbar ist.

8.3 Lineare Abhängigkeit und Unabhängigkeit

8.3.1 Definition der linearen Unabhängigkeit

Linearkombinationen des Nullvektors spielen in der analytischen Geometrie eine besondere Rolle. Die Vektorgleichung

$$\lambda_1 \cdot \vec{a}_1 + \lambda_2 \cdot \vec{a}_2 + \ldots + \lambda_n \cdot \vec{a}_n = \vec{o}$$

besitzt stets die triviale Lösung $\lambda_1 = \lambda_2 = \ldots = \lambda_n = 0$. Es stellt sich lediglich die Frage, ob es neben dieser **trivialen Darstellung** des Nullvektors auch noch weitere nichttriviale Darstellungen gibt.

Beispiel 1: Gegeben sind Vektoren $\vec{a} = \begin{pmatrix} 1 \\ 1 \\ 0 \end{pmatrix}$, $\vec{b} = \begin{pmatrix} 0 \\ 1 \\ 1 \end{pmatrix}$, $\vec{c} = \begin{pmatrix} 0 \\ 0 \\ 1 \end{pmatrix}$.

Es soll überprüft werden, auf welche Art sich der Nullvektor als Linearkombination der Vektoren $\vec{a}$, $\vec{b}$ und $\vec{c}$ darstellen lässt.

Ansatz: $\lambda_1 \cdot \begin{pmatrix} 1 \\ 1 \\ 0 \end{pmatrix} + \lambda_2 \cdot \begin{pmatrix} 0 \\ 1 \\ 1 \end{pmatrix} + \lambda_3 \cdot \begin{pmatrix} 0 \\ 0 \\ 1 \end{pmatrix} = \begin{pmatrix} 0 \\ 0 \\ 0 \end{pmatrix}$.

Dieser Ansatz führt zu dem linearen Gleichungssystem:

$$\begin{matrix} \text{I} \\ \text{II} \\ \text{III} \end{matrix} \left(\begin{array}{ccc|c} 1 & 0 & 0 & 0 \\ 1 & 1 & 0 & 0 \\ 0 & 1 & 1 & 0 \end{array}\right) \Leftrightarrow \begin{matrix} \text{I}' \\ \text{II}' \\ \text{III}' \end{matrix} \left(\begin{array}{ccc|c} 1 & 0 & 0 & 0 \\ 0 & 1 & 0 & 0 \\ 0 & 1 & 1 & 0 \end{array}\right) \begin{matrix} (\text{I}) \\ (\text{II} - \text{I}) \\ (\text{III}) \end{matrix} \Leftrightarrow \begin{matrix} \text{I}'' \\ \text{II}'' \\ \text{III}'' \end{matrix} \left(\begin{array}{ccc|c} 1 & 0 & 0 & 0 \\ 0 & 1 & 0 & 0 \\ 0 & 0 & 1 & 0 \end{array}\right) \begin{matrix} (\text{I}') \\ (\text{II}') \\ (\text{III}' - \text{II}') \end{matrix}$$

Als Lösungen erhält man $\lambda_3 = 0$, $\lambda_2 = 0$ und $\lambda_1 = 0$.

Das System ist **eindeutig** und damit nur **trivial** lösbar. Der Nullvektor ist also in diesem Fall nur als triviale Linearkombination der Vektoren $\vec{a}$, $\vec{b}$ und $\vec{c}$ darstellbar:

$$\lambda_1 \cdot \begin{pmatrix} 1 \\ 1 \\ 0 \end{pmatrix} + \lambda_2 \cdot \begin{pmatrix} 0 \\ 1 \\ 1 \end{pmatrix} + \lambda_3 \cdot \begin{pmatrix} 0 \\ 0 \\ 1 \end{pmatrix} = \begin{pmatrix} 0 \\ 0 \\ 0 \end{pmatrix} \Rightarrow \lambda_1 = \lambda_2 = \lambda_3 = 0 .$$

Beispiel 2: Gegeben sind Vektoren $\vec{a} = \begin{pmatrix} 1 \\ 1 \\ 0 \end{pmatrix}$, $\vec{b} = \begin{pmatrix} -1 \\ 0 \\ 1 \end{pmatrix}$, $\vec{c} = \begin{pmatrix} 1 \\ 2 \\ 1 \end{pmatrix}$.

Es soll auch hier geprüft werden, auf welche Art sich der Nullvektor als Linearkombination der Vektoren $\vec{a}$, $\vec{b}$ und $\vec{c}$ darstellen lässt.

Ansatz: $\lambda_1 \cdot \begin{pmatrix} 1 \\ 1 \\ 0 \end{pmatrix} + \lambda_2 \cdot \begin{pmatrix} -1 \\ 0 \\ 1 \end{pmatrix} + \lambda_3 \cdot \begin{pmatrix} 1 \\ 2 \\ 1 \end{pmatrix} = \begin{pmatrix} 0 \\ 0 \\ 0 \end{pmatrix}$.

Dieser Ansatz führt zu dem linearen Gleichungssystem:

$$\begin{matrix} \text{I} \\ \text{II} \\ \text{III} \end{matrix} \left(\begin{array}{ccc|c} 1 & -1 & 1 & 0 \\ 1 & 0 & 2 & 0 \\ 0 & 1 & 1 & 0 \end{array}\right) \Leftrightarrow \begin{matrix} \text{I}' \\ \text{II}' \\ \text{III}' \end{matrix} \left(\begin{array}{ccc|c} 1 & -1 & 1 & 0 \\ 0 & 1 & 1 & 0 \\ 0 & 1 & 1 & 0 \end{array}\right) \begin{matrix} (\text{I}) \\ (\text{II}-\text{I}) \\ (\text{III}) \end{matrix} \Leftrightarrow \begin{matrix} \text{I}'' \\ \text{II}'' \\ \text{III}'' \end{matrix} \left(\begin{array}{ccc|c} 1 & -1 & 1 & 0 \\ 0 & 1 & 1 & 0 \\ 0 & 0 & 0 & 0 \end{array}\right) \begin{matrix} (\text{I}') \\ (\text{II}') \\ (\text{III}'-\text{II}') \end{matrix}$$

Das Gleichungssystem ist unterbestimmt. Eine Variable ist frei wählbar.
Wählt man z. B. $\lambda_3 = t$, so ergibt sich $\lambda_2 = -t$ und $\lambda_1 = -2t$.
Die Lösungsmenge ist $L = \{\ (-2t \mid -t \mid t) \mid t \in \mathbb{R}\ \}$.

Das System hat **unendlich viele Lösungen**, es ist **mehrdeutig lösbar**. Allerdings gehört die triviale Lösung $(0 \mid 0 \mid 0)$ auch dazu, wenn man $t = 0$ wählt.

Der Nullvektor kann in diesem Fall durch **unendlich viele** Linearkombinationen der Vektoren $\vec{a}$, $\vec{b}$ und $\vec{c}$ dargestellt werden.
Für $t = 1$ ergibt sich die folgende **nichttriviale Darstellung**:

$$(-2) \cdot \vec{a} + (-1) \cdot \vec{b} + 1 \cdot \vec{c} = (-2) \cdot \begin{pmatrix} 1 \\ 1 \\ 0 \end{pmatrix} + (-1) \cdot \begin{pmatrix} -1 \\ 0 \\ 1 \end{pmatrix} + 1 \cdot \begin{pmatrix} 1 \\ 2 \\ 1 \end{pmatrix} = \begin{pmatrix} 0 \\ 0 \\ 0 \end{pmatrix}.$$

Mithilfe der letzten Gleichung lässt sich z. B. der Vektor $\vec{b}$ als Linearkombination der Vektoren $\vec{a}$ und $\vec{c}$ darstellen:

$$\vec{b} = -2 \cdot \vec{a} + 1 \cdot \vec{c} = (-2) \cdot \begin{pmatrix} 1 \\ 1 \\ 0 \end{pmatrix} + \begin{pmatrix} 1 \\ 2 \\ 1 \end{pmatrix}.$$

Im zweiten Beispiel hängt der Vektor $\vec{b}$ von den Vektoren $\vec{a}$ und $\vec{c}$ ab. Man nennt die Vektoren $\vec{a}$, $\vec{b}$ und $\vec{c}$ daher **linear abhängig**.

Im ersten Beispiel lässt sich dagegen keiner der Vektoren $\vec{a}$, $\vec{b}$ und $\vec{c}$ als Linearkombination der beiden anderen darstellen. Die drei Vektoren $\vec{a}$, $\vec{b}$ und $\vec{c}$ heißen deshalb **linear unabhängig**.

Allgemein definiert man diese Begriffe wie folgt.

Lineare Abhängigkeit und Unabhängigkeit

Die Vektoren $\vec{a}_1$, $\vec{a}_2$, . . . , $\vec{a}_n$ heißen **linear abhängig**, wenn es für den Nullvektor eine nichttriviale Linearkombination gibt, d. h. wenn die Vektorgleichung

$$\lambda_1 \cdot \vec{a}_1 + \lambda_2 \cdot \vec{a}_2 + \ldots + \lambda_n \cdot \vec{a}_n = \vec{o}$$

eine Lösung hat, bei der mindestens eine der Zahlen λ_1, λ_2, . . . , λ_n verschieden von Null ist.

Besitzt die Vektorgleichung nur die triviale Lösung $\lambda_1 = \lambda_2 = \ldots = \lambda_n = 0$, so heißen die Vektoren **linear unabhängig**.

45. Untersuchen Sie die Vektoren des $\mathbb{R}^2$ auf lineare Abhängigkeit.

a) $\vec{a} = \begin{pmatrix} 7 \\ 4 \end{pmatrix}$ und $\vec{b} = \begin{pmatrix} 2 \\ 5 \end{pmatrix}$. b) $\vec{a} = \begin{pmatrix} 9 \\ 2 \end{pmatrix}$ und $\vec{b} = \begin{pmatrix} 3 \\ 6 \end{pmatrix}$.

c) $\vec{a} = \begin{pmatrix} 2 \\ 1{,}5 \end{pmatrix}$ und $\vec{b} = \begin{pmatrix} -6 \\ 4{,}5 \end{pmatrix}$. d) $\vec{a} = \begin{pmatrix} -1{,}5 \\ 3{,}2 \end{pmatrix}$ und $\vec{b} = \begin{pmatrix} 7{,}5 \\ -16 \end{pmatrix}$.

46. Untersuchen Sie die Vektoren auf lineare Abhängigkeit.

a) $\vec{a} = \begin{pmatrix} 3 \\ -5 \end{pmatrix}$, $\vec{b} = \begin{pmatrix} 0 \\ 1 \end{pmatrix}$ und $\vec{c} = \begin{pmatrix} 1 \\ 0 \end{pmatrix}$.

b) $\vec{a} = \begin{pmatrix} 4 \\ 5 \end{pmatrix}$, $\vec{b} = \begin{pmatrix} 1 \\ 3 \end{pmatrix}$ und $\vec{c} = \begin{pmatrix} 3 \\ 2 \end{pmatrix}$.

c) $\vec{a} = \begin{pmatrix} 7 \\ 1 \end{pmatrix}$, $\vec{b} = \begin{pmatrix} 4 \\ 3 \end{pmatrix}$ und $\vec{c} = \begin{pmatrix} 2 \\ 5 \end{pmatrix}$.

47. Untersuchen Sie, ob die Vektoren des $\mathbb{R}^3$ linear abhängig sind. Geben Sie gegebenenfalls eine nichttriviale Darstellung des Nullvektors an.

a) $\begin{pmatrix} 1 \\ 0 \\ 1 \end{pmatrix}, \begin{pmatrix} 0 \\ 1 \\ 0 \end{pmatrix}$

b) $\begin{pmatrix} 2 \\ -4 \\ 6 \end{pmatrix}, \begin{pmatrix} -3 \\ 6 \\ -9 \end{pmatrix}$

c) $\begin{pmatrix} 1 \\ 0 \\ 1 \end{pmatrix}, \begin{pmatrix} 0 \\ 1 \\ 1 \end{pmatrix}, \begin{pmatrix} 1 \\ -1 \\ 0 \end{pmatrix}$

d) $\begin{pmatrix} 1 \\ 1 \\ 0 \end{pmatrix}, \begin{pmatrix} 1 \\ 0 \\ 1 \end{pmatrix}, \begin{pmatrix} 0 \\ 1 \\ 1 \end{pmatrix}$

e) $\begin{pmatrix} 1 \\ 2 \\ 3 \end{pmatrix}, \begin{pmatrix} 1 \\ 0 \\ 1 \end{pmatrix}, \begin{pmatrix} -1 \\ 3 \\ -4 \end{pmatrix}$

f) $\begin{pmatrix} 1 \\ 0 \\ 1 \end{pmatrix}, \begin{pmatrix} 0 \\ 1 \\ 0 \end{pmatrix}, \begin{pmatrix} -4 \\ -4 \\ -4 \end{pmatrix}$

g) $\begin{pmatrix} -1 \\ -3 \\ 5 \end{pmatrix}, \begin{pmatrix} 1 \\ 1 \\ 1 \end{pmatrix}, \begin{pmatrix} 0 \\ 0 \\ 0 \end{pmatrix}$

h) $\begin{pmatrix} 9 \\ 6 \\ 3 \end{pmatrix}$

i) $\begin{pmatrix} 1 \\ 0 \\ 0 \end{pmatrix}, \begin{pmatrix} 0 \\ 1 \\ 0 \end{pmatrix}, \begin{pmatrix} 0 \\ 0 \\ 1 \end{pmatrix}, \begin{pmatrix} 1 \\ 2 \\ 3 \end{pmatrix}$

48. Für welche $k \in \mathbb{R}$ sind die Vektoren linear abhängig?

a) $\vec{a} = \begin{pmatrix} 4 \\ 12 \\ -8 \end{pmatrix}, \quad \vec{b} = \begin{pmatrix} -2 \\ 0 \\ 4 \end{pmatrix}$ und $\vec{c} = \begin{pmatrix} k \\ 3 \\ -8 \end{pmatrix}$.

b) $\vec{a} = \begin{pmatrix} k \\ 2 \\ 0 \end{pmatrix}, \quad \vec{b} = \begin{pmatrix} 2 \\ k \\ 1 \end{pmatrix}$ und $\vec{c} = \begin{pmatrix} 1 \\ -1 \\ -1 \end{pmatrix}$.

49. Bestimmen Sie $t \in \mathbb{R}$ so, dass die Vektoren linear unabhängig sind.

a) $\vec{a} = \begin{pmatrix} 1 \\ 0 \\ 2 \end{pmatrix}, \quad \vec{b} = \begin{pmatrix} 2 \\ 1 \\ 0 \end{pmatrix}$ und $\vec{c} = \begin{pmatrix} 1 \\ 0 \\ t \end{pmatrix}$.

b) $\vec{a} = \begin{pmatrix} 1-t \\ 1+t \\ 0 \end{pmatrix}, \quad \vec{b} = \begin{pmatrix} -1-t \\ 1-t \\ 0 \end{pmatrix}$ und $\vec{c} = \begin{pmatrix} 0 \\ 0 \\ 1+t^2 \end{pmatrix}$.

8.3.2 Geometrische Deutung der linearen Abhängigkeit

Von zwei Vektoren:

Wir betrachten zwei linear abhängige Vektoren $\vec{a}, \vec{b} \in \mathbb{R}^3$. Dann gibt es eine Darstellung der Form

$$\lambda_1 \cdot \vec{a} + \lambda_2 \cdot \vec{b} = \vec{o} \text{ mit Zahlen } \lambda_1, \lambda_2 \in \mathbb{R}, \text{ die nicht beide Null sind.}$$

Gilt z. B. $\lambda_1 \neq 0$, so kann man diese Gleichung nach $\vec{a}$ auflösen: $\vec{a} = -\frac{\lambda_2}{\lambda_1}\vec{b}$,

d. h. der Vektor $\vec{a}$ ist ein Vielfaches von $\vec{b}$.

Anschaulich bedeutet dies, dass die zugehörigen Verschiebungspfeile zueinander parallel sind. Man bezeichnet die Vektoren in diesem Fall auch als **kollinear**.

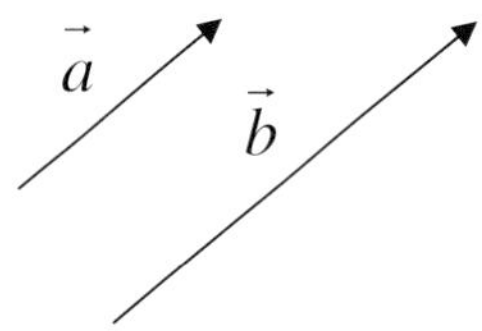

kollineare Vektoren

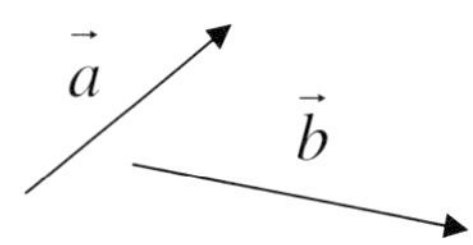

nicht kollineare Vektoren

Von drei Vektoren:

Wir betrachten drei linear abhängige Vektoren $\vec{a}, \vec{b}, \vec{c} \in \mathbb{R}^3$. Dann gibt es eine Darstellung der Form

$$\lambda_1 \cdot \vec{a} + \lambda_2 \cdot \vec{b} + \lambda_3 \cdot \vec{c} = \vec{o} \text{ mit Zahlen } \lambda_1, \lambda_2, \lambda_3 \in \mathbb{R}, \text{ die nicht alle Null sind.}$$

Gilt z. B. $\lambda_1 \neq 0$, so lässt sich die Gleichung nach $\vec{a}$ auflösen: $\vec{a} = -\frac{\lambda_2}{\lambda_1}\vec{b} - \frac{\lambda_3}{\lambda_1}\vec{c}$.

Der Vektor $\vec{a}$ lässt sich als Linearkombination von $\vec{b}$ und $\vec{c}$ darstellen.

Sind $\vec{a}, \vec{b}, \vec{c} \in \mathbb{R}^3$ linear abhängige, vom Nullvektor verschiedene Vektoren, so bedeutet dies anschaulich, dass es zugehörige Verschiebungspfeile gibt, die in einer Ebene liegen.

Man bezeichnet in diesem Fall die Vektoren auch als **komplanar**.

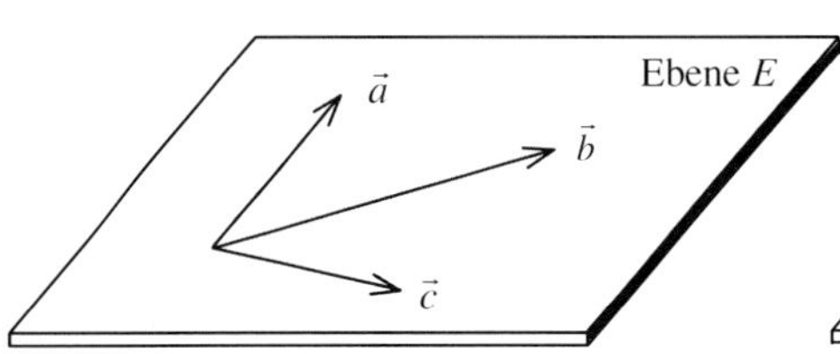

komplanare Vektoren

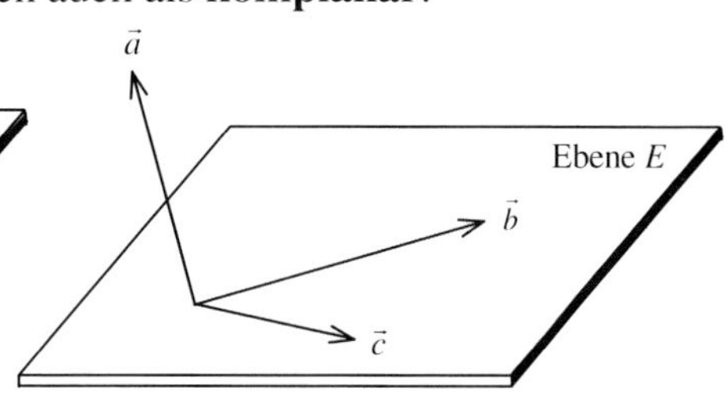

nicht komplanare Vektoren

50. Gegeben ist ein Parallelogramm *ABCD*. *M* ist der Diagonalenschnittpunkt, *E* der Mittelpunkt von $[AB]$ und *F* teilt die Strecke $[BC]$ im Verhältnis 2 : 1 .

Lesen Sie aus der Zeichnung ab, welche der Vektoren linear abhängig sind, und geben Sie eine nichttriviale Darstellung des Nullvektors an.

a) $\overrightarrow{AE}$; $\overrightarrow{CD}$

b) $\overrightarrow{AC}$; $\overrightarrow{BD}$

c) $\overrightarrow{ME}$; $\overrightarrow{FC}$

d) $\overrightarrow{AC}$; $\overrightarrow{EF}$

e) $\overrightarrow{AB}$; $\overrightarrow{BC}$; $\overrightarrow{CD}$

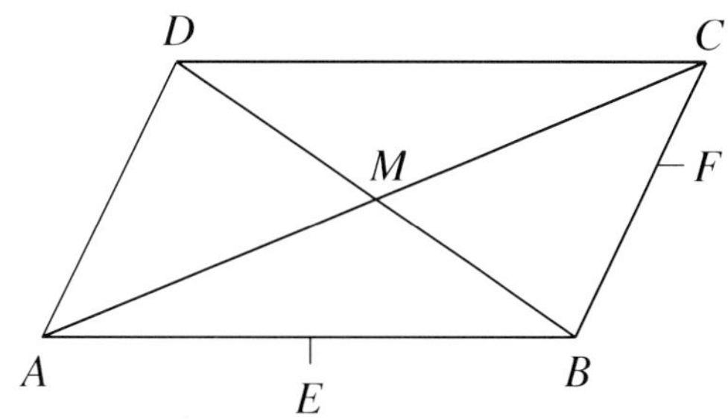

51. Gegeben ist ein Quader.

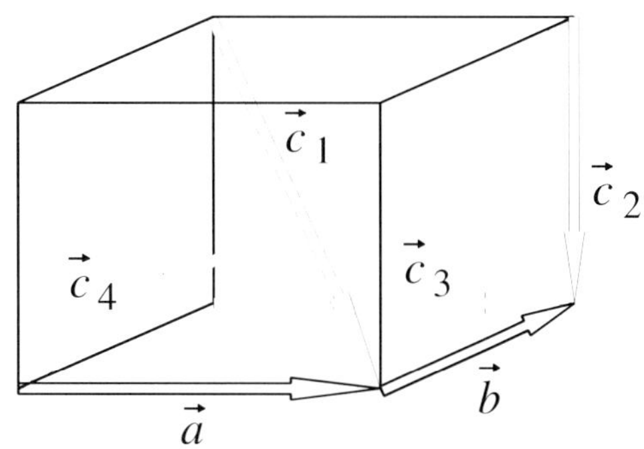

Lesen Sie aus der Zeichnung ab, welche der Vektortripel $\vec{a}$, $\vec{b}$, $\vec{c}_i$ mit $i \in \{1, 2, 3, 4\}$ linear abhängig sind.

Geben Sie gegebenenfalls eine nichttriviale Darstellung des Nullvektors an.

52. Gegeben sind Vektoren $\vec{a}$, $\vec{b}$, $\vec{c}_i$ mit $i \in \{1, 2, 3, 4\}$.

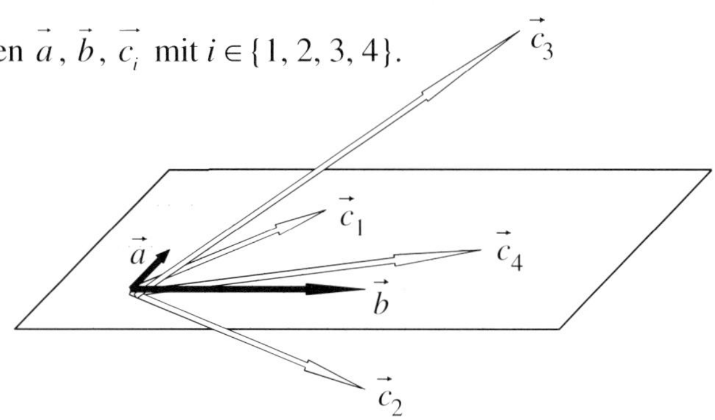

a) Lesen Sie aus der Abbildung ab, welche der Vektorentripel $\vec{a}$, $\vec{b}$, $\vec{c}_i$ mit $i \in \{1, 2, 3, 4\}$ linear abhängig sind. Geben Sie gegebenenfalls eine nichttriviale Darstellung des Nullvektors an.

b) Formulieren Sie eine Regel.

53. Gegeben ist ein Spat.

Lesen Sie ab, welche der Vektoren linear unabhängig sind.

a) $\overrightarrow{AC}$; $\overrightarrow{HF}$

b) $\overrightarrow{BD}$; $\overrightarrow{BH}$

c) $\overrightarrow{AB}$; $\overrightarrow{AD}$; $\overrightarrow{AE}$

d) $\overrightarrow{AC}$; $\overrightarrow{EF}$; $\overrightarrow{HG}$

e) $\overrightarrow{AG}$; $\overrightarrow{DH}$; $\overrightarrow{EG}$

f) $\overrightarrow{AF}$; $\overrightarrow{BE}$; $\overrightarrow{DE}$

g) $\overrightarrow{CE}$; $\overrightarrow{FD}$; $\overrightarrow{AB}$

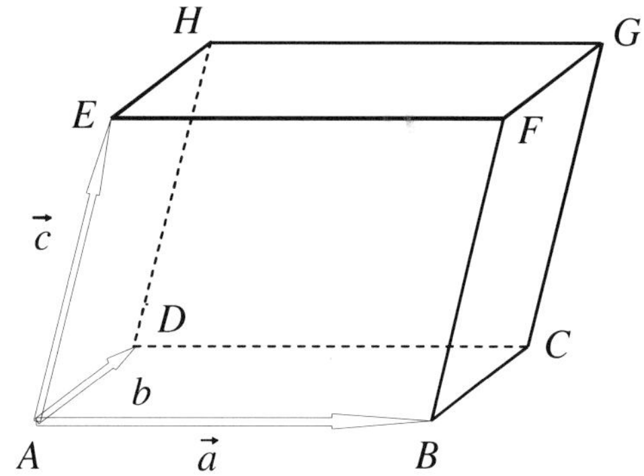

54. Bestimmen Sie den Parameter $k \in \mathbb{R}$ ohne große Rechnung so, dass die Vektoren linear abhängig sind.

a) $\begin{pmatrix} 1 \\ k \\ 3 \end{pmatrix}, \begin{pmatrix} 2 \\ 4 \\ 6 \end{pmatrix}$

b) $\begin{pmatrix} 1 \\ 0 \\ k \end{pmatrix}, \begin{pmatrix} -1 \\ 0 \\ 1 \end{pmatrix}$

c) $\begin{pmatrix} 2 \\ -1 \\ 3 \end{pmatrix}, \begin{pmatrix} -2/3 \\ k \\ -1 \end{pmatrix}$

d) $\begin{pmatrix} 2 \\ k \\ -3 \end{pmatrix}, \begin{pmatrix} -2 \\ -k \\ 3 \end{pmatrix}$

e) $\begin{pmatrix} -k \\ k \\ -1 \end{pmatrix}, \begin{pmatrix} k \\ k \\ 1 \end{pmatrix}$

f) $\begin{pmatrix} 1 \\ 7 \\ 5 \end{pmatrix}, \begin{pmatrix} k \\ 0 \\ k \end{pmatrix}$

8.3.3 Linearkombinationen aus linear unabhängigen Vektoren

Gegeben sind zwei linear unabhängige Vektoren $\vec{a}$ und $\vec{b}$. Es stellt sich die Frage, ob z. B. auch die Linearkombinationen $\vec{a} + 3\vec{b}$ und $\vec{a} - \vec{b}$ dieser Vektoren linear unabhängig sind.

Zur Untersuchung dieser Frage macht man den Ansatz:

$$\alpha \cdot (\vec{a} + 3\vec{b}) + \beta \cdot (\vec{a} - \vec{b}) = \vec{o} \,.$$

Durch Umsortieren nach Anteilen der Ausgangsvektoren ergibt sich:

$$(\alpha + \beta) \cdot \vec{a} + (3\alpha - \beta) \cdot \vec{b} = \vec{o} \,.$$

Aus der Voraussetzung der linearen Unabhängigkeit von $\vec{a}$ und $\vec{b}$ ergeben sich die Gleichungen

$$\alpha + \beta = 0 \text{ und } 3\alpha - \beta = 0 \,.$$

Es folgt $\alpha = \beta = 0$ und damit die lineare Unabhängigkeit von $\vec{a} + 3\vec{b}$ und $\vec{a} - \vec{b}$.

55. Seien $\vec{a}$ und $\vec{b}$ linear unabhängige Vektoren des $\mathbb{R}^3$. Untersuchen Sie die Vektoren auf lineare Unabhängigkeit.

a) $\vec{a} + \vec{b}$ und $\vec{a} - \vec{b}$.
b) $\vec{a} + 3\vec{b}$ und $2\vec{a} + 5\vec{b}$.
c) $\vec{a}$, $\vec{b}$ und $-\vec{a}$.
d) $\vec{a}$, $\vec{b}$ und $\vec{o}$.

56. Seien $\vec{a}$, $\vec{b}$ und $\vec{c}$ linear unabhängige Vektoren des $\mathbb{R}^3$. Untersuchen Sie die Vektoren auf lineare Unabhängigkeit.

a) $\vec{a}$ und $\vec{b}$.
b) $\vec{a}$, $\vec{b}$ und $\vec{a} - \vec{b}$.
c) $\vec{a}$, $\vec{a} - \vec{b}$ und $\vec{a} + \vec{b} - \vec{c}$.
d) $\vec{a}$, $\vec{b}$, $\vec{c}$ und $\vec{o}$.
e) $\vec{a}$, $\vec{b}$, $\vec{c}$ und $-\vec{a} - 3\vec{b} + 7\vec{c}$.

57. Seien $\vec{a}$, $\vec{b}$ und $\vec{c}$ linear unabhängige Vektoren des $\mathbb{R}^3$. Untersuchen Sie, ob die Vektoren linear unabhängig sind.

a) $\vec{a} - \vec{b}$, $\vec{b} - \vec{c}$ und $\vec{c} - \vec{a}$.

b) $2\vec{a} - \vec{b}$, $\vec{b} - 3\vec{c}$ und $3\vec{a} - 2\vec{c}$.

c) $\vec{a} + \vec{b}$, $\vec{a} - \vec{b}$ und $\vec{c}$.

d) $\vec{a} + \vec{b} - \vec{c}$, $\vec{a} - \vec{b} + \vec{c}$ und $-\vec{a} - \vec{b} + \vec{c}$.

e) $\vec{a} + 2\vec{b} - 3\vec{c}$, $\vec{b} - \vec{a}$, $-\vec{a} - 5\vec{b} + 7\vec{c}$ und $\vec{a} - \vec{b}$.

8.4 Basis und Dimension

Begriffsbildungen

Sind $\vec{b}_1$, $\vec{b}_2$ und $\vec{b}_3$ drei linear unabhängige Vektoren des $\mathbb{R}^3$, so lässt sich jeder Vektor $\vec{x} \in \mathbb{R}^3$ eindeutig als Linearkombination der Vektoren $\vec{b}_1$, $\vec{b}_2$ und $\vec{b}_3$ darstellen in der Form

$$\vec{x} = x_1 \cdot \vec{b}_1 + x_2 \cdot \vec{b}_2 + x_3 \cdot \vec{b}_3 .$$

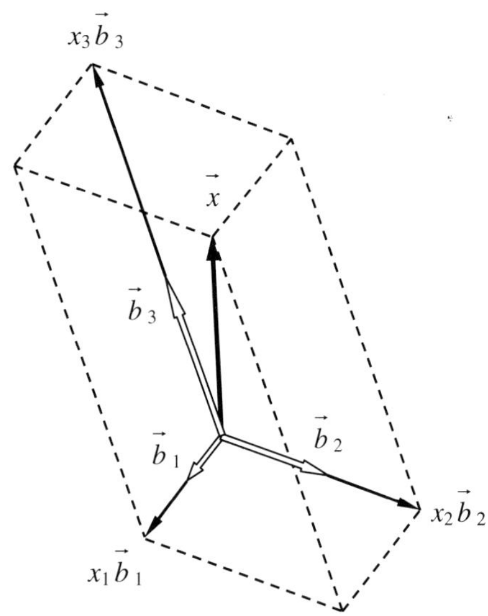

Im $\mathbb{R}^3$ sind mindestens drei Vektoren notwendig, um einen beliebigen Vektor aus diesen Vektoren darstellen zu können.

Andererseits sind aber im Fall des $\mathbb{R}^3$ drei lineare unabhängige Vektoren auch ausreichend. Im $\mathbb{R}^3$ sind vier oder mehr Vektoren stets linear abhängig.

Die gleichen Überlegungen gelten sinngemäß für den $\mathbb{R}^2$. Dies führt zu folgender Begriffsbildung.

Basis

Jede Menge linear unabhängiger Vektoren, aus denen sich jeder Vektor des Raums $\mathbb{R}^3$ bzw. der Ebene $\mathbb{R}^2$ erzeugen lässt, bildet eine **Basis** des $\mathbb{R}^3$ bzw. des $\mathbb{R}^2$.

Die Ebene $\mathbb{R}^2$ und auch der Raum $\mathbb{R}^3$ besitzen verschiedene Basen. So ist beispielsweise jedes Paar linear unabhängiger Vektoren des $\mathbb{R}^2$ eine Basis des $\mathbb{R}^2$, jedes Tripel linear unabhängiger Vektoren des $\mathbb{R}^3$ eine Basis des $\mathbb{R}^3$. Je zwei Basen des $\mathbb{R}^2$ bzw. des $\mathbb{R}^3$ bestehen aus der gleichen Zahl von Vektoren, was wir hier allerdings nicht allgemein nachweisen können.

Für die gemeinsame Anzahl der Basisvektoren verwendet man einen eigenen Begriff.

Dimension

Die Anzahl der Vektoren einer Basis heißt **Dimension**.

Die Ebene ist demnach zweidimensional, der Anschauungsraum dreidimensional.

58. Entscheiden und begründen Sie, ob die Vektoren eine Basis des $\mathbb{R}^2$ bilden.

a) $\vec{a} = \begin{pmatrix} 1 \\ -1 \end{pmatrix}$, $\vec{b} = \begin{pmatrix} 1 \\ 1 \end{pmatrix}$ b) $\vec{a} = \begin{pmatrix} -1 \\ 0 \end{pmatrix}$, $\vec{b} = \begin{pmatrix} 4 \\ 3 \end{pmatrix}$

c) $\vec{a} = \begin{pmatrix} 2 \\ -1 \end{pmatrix}$, $\vec{b} = \begin{pmatrix} -8 \\ 4 \end{pmatrix}$ d) $\vec{a} = \begin{pmatrix} 1 \\ 0 \end{pmatrix}$, $\vec{b} = \begin{pmatrix} 0 \\ 1 \end{pmatrix}$, $\vec{c} = \begin{pmatrix} 5 \\ -3 \end{pmatrix}$

59. Prüfen Sie, ob die Vektoren eine Basis des $\mathbb{R}^3$ bilden.

a) $\vec{a} = \begin{pmatrix} 1 \\ 1 \\ 3 \end{pmatrix}$, $\vec{b} = \begin{pmatrix} 2 \\ 1 \\ 1 \end{pmatrix}$ und $\vec{c} = \begin{pmatrix} 1 \\ -1 \\ 1 \end{pmatrix}$.

b) $\vec{a} = \begin{pmatrix} 2 \\ 1 \\ 6 \end{pmatrix}$, $\vec{b} = \begin{pmatrix} -1 \\ 4 \\ -2 \end{pmatrix}$ und $\vec{c} = \begin{pmatrix} 3 \\ -3 \\ 5 \end{pmatrix}$.

c) $\vec{a} = \begin{pmatrix} 1 \\ 1 \\ 2 \end{pmatrix}$, $\vec{b} = \begin{pmatrix} 2 \\ 1 \\ 3 \end{pmatrix}$ und $\vec{c} = \begin{pmatrix} -1 \\ 0 \\ -1 \end{pmatrix}$.

60. Bestimmen Sie k so, dass die Vektoren eine Basis des $\mathbb{R}^3$ bilden.

a) $\vec{a} = \begin{pmatrix} 1 \\ 0 \\ 1 \end{pmatrix}$, $\vec{b} = \begin{pmatrix} 2 \\ 0 \\ 1 \end{pmatrix}$ und $\vec{c} = \begin{pmatrix} k \\ 1 \\ 0 \end{pmatrix}$.

b) $\vec{a} = \begin{pmatrix} 2 \\ 1 \\ 0 \end{pmatrix}$, $\vec{b} = \begin{pmatrix} 1 \\ 3 \\ 0 \end{pmatrix}$ und $\vec{c} = \begin{pmatrix} 4 \\ 1 \\ k \end{pmatrix}$.

Koordinatendarstellung bezüglich einer Basis

Wir betrachten eine Basis $B = \{\vec{b}_1, \vec{b}_2, \vec{b}_3\}$ des $\mathbb{R}^3$. Ein beliebiger Vektor $\vec{x}$ des $\mathbb{R}^3$ ist dann eindeutig darstellbar in der Form

$$\vec{x} = x_1 \cdot \vec{b}_1 + x_2 \cdot \vec{b}_2 + x_3 \cdot \vec{b}_3 \qquad (x_1, x_2, x_3 \in \mathbb{R}).$$

Die reellen Zahlen x_1, x_2 und x_3 nennt man **Koordinaten** des Vektors $\vec{x}$ bezüglich der Basis B.

Beispiel: Die Menge $B = \left\{ \begin{pmatrix} 1 \\ 1 \\ 0 \end{pmatrix}, \begin{pmatrix} 1 \\ 0 \\ 1 \end{pmatrix}, \begin{pmatrix} 1 \\ 1 \\ 1 \end{pmatrix} \right\}$ ist eine Basis des $\mathbb{R}^3$.

Gesucht sind die Koordinaten des Vektors $\vec{x} = \begin{pmatrix} 1 \\ 2 \\ 3 \end{pmatrix}$ bezüglich der Basis B.

Der Ansatz $\begin{pmatrix} 1 \\ 2 \\ 3 \end{pmatrix} = x_1 \cdot \begin{pmatrix} 1 \\ 1 \\ 0 \end{pmatrix} + x_2 \cdot \begin{pmatrix} 1 \\ 0 \\ 1 \end{pmatrix} + x_3 \cdot \begin{pmatrix} 1 \\ 1 \\ 1 \end{pmatrix}$ führt zu einem linearen Gleichungssystem:

$$\begin{pmatrix} x_1 + x_2 + x_3 = 1 \\ x_1 + x_3 = 2 \\ x_2 + x_3 = 3 \end{pmatrix} \Bigg| \; (\text{II}) - (\text{I}) \Leftrightarrow \begin{pmatrix} x_1 + x_2 + x_3 = 1 \\ -x_2 = 1 \\ x_2 + x_3 = 3 \end{pmatrix}$$

Hieraus folgt $x_2 = -1$, $x_3 = 4$ und $x_1 = -2$. Damit gilt

$$\begin{pmatrix} 1 \\ 2 \\ 3 \end{pmatrix} = (-2) \cdot \begin{pmatrix} 1 \\ 1 \\ 0 \end{pmatrix} + (-1) \cdot \begin{pmatrix} 1 \\ 0 \\ 1 \end{pmatrix} + 4 \cdot \begin{pmatrix} 1 \\ 1 \\ 1 \end{pmatrix}$$

Bezüglich unterschiedlicher Basen besitzt ein Vektor im Allgemeinen auch unterschiedliche Koordinaten.

61. Gegeben ist die Basis $\left\{ \begin{pmatrix} 1 \\ 1 \end{pmatrix}, \begin{pmatrix} 1 \\ -1 \end{pmatrix} \right\}$ des $\mathbb{R}^2$. Bestimmen Sie die Koordinaten der Vektoren bezüglich dieser Basis. Lösen Sie die Aufgabe zuerst zeichnerisch und dann auch rechnerisch.

a) $\vec{a} = \begin{pmatrix} 5 \\ 1 \end{pmatrix}$ b) $\vec{b} = \begin{pmatrix} -2 \\ 0 \end{pmatrix}$

62. Gegeben ist die Basis $\left\{ \begin{pmatrix} 1 \\ 1 \\ 0 \end{pmatrix}, \begin{pmatrix} 1 \\ 0 \\ 1 \end{pmatrix}, \begin{pmatrix} 0 \\ 1 \\ 1 \end{pmatrix} \right\}$ des $\mathbb{R}^3$.

Bestimmen Sie die Koordinaten der Vektoren bezüglich dieser Basis.

a) $\vec{a} = \begin{pmatrix} 3 \\ 1 \\ 0 \end{pmatrix}$ b) $\vec{b} = \begin{pmatrix} 1 \\ 3 \\ -4 \end{pmatrix}$

Standardbasis

Eine besonders einfache Basis des $\mathbb{R}^3$ ist gegeben durch $\{\vec{e}_1, \vec{e}_2, \vec{e}_3\}$ mit

$$\vec{e}_1 = \begin{pmatrix} 1 \\ 0 \\ 0 \end{pmatrix}, \quad \vec{e}_2 = \begin{pmatrix} 0 \\ 1 \\ 0 \end{pmatrix} \text{ und } \vec{e}_3 = \begin{pmatrix} 0 \\ 0 \\ 1 \end{pmatrix}.$$

Die Koordinatendarstellung eines beliebigen Vektors $\vec{x} \in \mathbb{R}^3$ bezüglich dieser Basis ist besonders einfach:

$$\vec{x} = \begin{pmatrix} x_1 \\ x_2 \\ x_3 \end{pmatrix} = \begin{pmatrix} x_1 \\ 0 \\ 0 \end{pmatrix} + \begin{pmatrix} 0 \\ x_2 \\ 0 \end{pmatrix} + \begin{pmatrix} 0 \\ 0 \\ x_3 \end{pmatrix} = x_1 \cdot \begin{pmatrix} 1 \\ 0 \\ 0 \end{pmatrix} + x_2 \cdot \begin{pmatrix} 0 \\ 1 \\ 0 \end{pmatrix} + x_3 \cdot \begin{pmatrix} 0 \\ 0 \\ 1 \end{pmatrix}.$$

Man bezeichnet die Basis $\{\vec{e}_1, \vec{e}_2, \vec{e}_3\}$ als **Standardbasis** oder **kanonische Basis** des Anschauungsraums $\mathbb{R}^3$.

Die gleichen Überlegungen gelten sinngemäß auch für die Ebene $\mathbb{R}^2$. Entsprechend nennt man die Menge $\{\vec{e}_1, \vec{e}_2\}$ mit

$$\vec{e}_1 = \begin{pmatrix} 1 \\ 0 \end{pmatrix} \text{ und } \vec{e}_2 = \begin{pmatrix} 0 \\ 1 \end{pmatrix}$$

Standardbasis oder **kanonische Basis** der Ebene $\mathbb{R}^2$.

Die Vektoren $\vec{e}_1$, $\vec{e}_2$ und $\vec{e}_3$ der Standardbasis des dreidimensionalen Anschauungsraums $\mathbb{R}^3$ bilden zusammen mit dem festen Punkt O (Ursprung) das uns bereits aus dem Abschnitt 6 bekannte Koordinatensystem.

Dabei besitzen die drei Basisvektoren $\vec{e}_1$, $\vec{e}_2$ und $\vec{e}_3$ die Länge 1 und stehen paarweise aufeinander senkrecht.

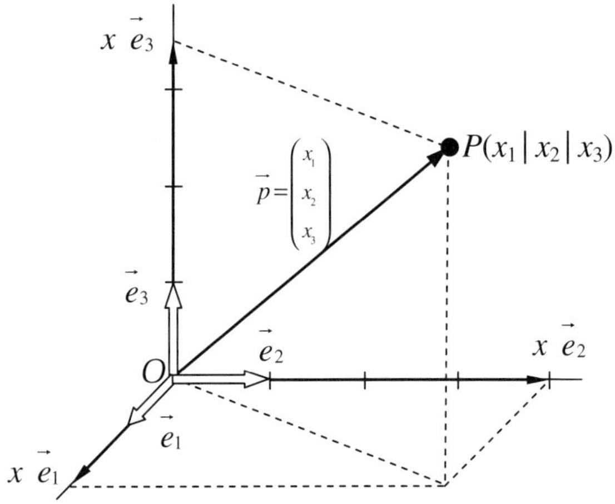

Man spricht von einem **kartesischen Koordinatensystem**, benannt nach dem französischen Philosophen, Naturwissenschaftler und Mathematiker René DESCARTES (1596 - 1650).

1637 publizierte er im holländischen Leiden anonym sein « *Discours de la méthode pour bien conduire sa raison et chercher la vérité dans les sciences* ».

René DESCARTES

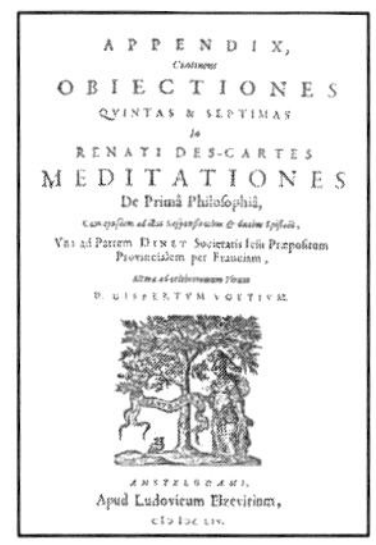
APPENDIX,
Continens
OBIECTIONES
QVINTAS & SEPTIMAS
in
RENATI DES-CARTES
MEDITATIONES
De Primâ Philosophiâ,
Provincialem per Franciam,
Apud Ludovicum Elzevirium,

Lateinische Erstausgabe des DISCOURS

Wir werden in den folgenden Abschnitten bei den Betrachtungen über den dreidimensionalen Anschauungsraum immer die Standardbasis und das zugehörige kartesische Koordinatensystem zugrunde legen.

63. Gegeben sind die Vektoren $\vec{a} = \begin{pmatrix} 3 \\ 0 \\ 1 \end{pmatrix}$, $\vec{b} = \begin{pmatrix} 1 \\ -1 \\ 0 \end{pmatrix}$ und $\vec{c} = \begin{pmatrix} 1 \\ 1 \\ 1 \end{pmatrix}$.

 a) Begründen Sie, dass $B = \{\vec{a}, \vec{b}, \vec{c}\}$ eine Basis des $\mathbb{R}^3$ ist.

 b) Stellen Sie die Vektoren $\vec{e}_1 = \begin{pmatrix} 1 \\ 0 \\ 0 \end{pmatrix}$, $\vec{e}_2 = \begin{pmatrix} 0 \\ 1 \\ 0 \end{pmatrix}$ und $\vec{e}_3 = \begin{pmatrix} 0 \\ 0 \\ 1 \end{pmatrix}$ als Linearkombination der Vektoren aus B dar.

 c) Verwenden Sie das Ergebnis aus b), um die Koordinaten folgender Vektoren bezüglich der Basis B zu berechnen:

$$\vec{x} = \begin{pmatrix} 1 \\ 2 \\ 3 \end{pmatrix} \text{ und } \vec{y} = \begin{pmatrix} 3 \\ -1 \\ 5 \end{pmatrix}.$$

Das Leontief-Modell

9

Wassily Leontief

*5. August 1906 in St. Petersburg

†5. Februar 1999 in New York

Lebensdaten

- Leontief wuchs in St. Petersburg auf, wo sein Vater Professor für Wirtschaftswissenschaften war.
- 1921 begann er sein Studium der Philosophie und Soziologie an der Universität Leningrad.
- Später studierte Leontief auch Wirtschaftswissenschaften und machte 1925 seinen Abschluss.
- Anschließend ging er an die Humboldt-Universität in Berlin und erhielt für seine Dissertation *Wirtschaft als Kreislauf* die Doktorwürde.
- Im Jahr 1931 siedelt er in die USA über. Er wird 1938 amerikanischer Staatsbürger.
- 1939 erhielt Leontief eine Berufung als außerordentlicher Professor nach Harvard.

In seinem Buch *Input-Output Economics* begründete Leontief die Input-Output-Analyse. Darin stellte er in Tabellenform die Güter- und Leistungsströme einer Volkswirtschaft mit statistischen Zahlen dar.

Wassily Leontief erhielt für seine Arbeiten 1973 den Nobelpreis für Wirtschaftswissenschaft.

9.1 Beschreibung des Leontief-Modells

Das Leontief-Modell soll anhand eines einfachen Beispiels beschrieben werden, welches die prinzipiellen Zusammenhänge aufzeigt. Reale Produktionsprozesse sind wesentlich komplexer.

In einem Landkreis liegt die Energieversorgung im Form von Gas (G) und Strom (S) sowie der öffentliche Nahverkehr (V) in den Händen der Stadtwerke der Kreisstadt.

Die Energieträger Gas und Strom und die Dienstleistung Nahverkehr werden nicht nur an die Endverbraucher abgeben. Es soll weiter berücksichtigt werden, dass auch jeder der Teilbetriebe der Stadtwerke Güter benötigen kann, die von ihm selbst oder einem der anderen Betriebe produziert werden.

Verflechtungsdiagramm

In der nebenstehenden Abbildung sind die wechselseitige Beeinflussung der einzelnen Teilbetriebe untereinander und auch die Abgabe an die Endverbraucher für den Zeitraum einer Woche in Werteeinheiten (WE) dargestellt.

Die Zahlenwerte sind fiktiv gewählt.

Das Verflechtungsdiagramm enthält auch die Abgabezahlen der einzelnen Teilbetriebe an die Endverbraucher sowie die Gesamtproduktion.

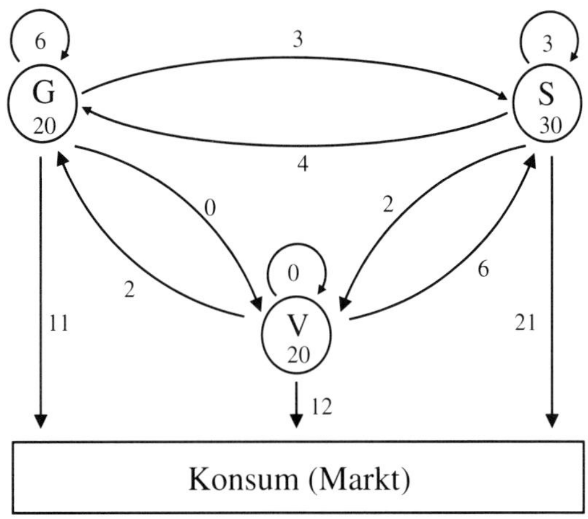

Darstellung als Tabelle

Das Verflechtungsdiagramm kann in eine Tabelle übertragen werden.

Herstellung (von) \ Abgabe (an)	Gas	Strom	Verkehr	Markt	Gesamt
Gas	6	3	0	11	20
Strom	4	3	2	21	30
Verkehr	2	6	0	12	20

In allgemeiner Notation hat eine Verflechtungstabelle folgendes Aussehen:

Output →

Input ↓

von \ an	Sektor 1	Sektor 2	Sektor 3	Markt	Gesamt
Sektor 1	x_{11}	x_{12}	x_{13}	y_1	x_1
Sektor 2	x_{21}	x_{22}	x_{23}	y_2	x_2
Sektor 3	x_{31}	x_{32}	x_{33}	y_3	x_3

Das Tabellenelement x_{ij} kann interpretiert werden als: „*von Sektor i an Sektor j*".

Die Begriffe Input und Output sollen durch folgende Beispiele erläutert werden:

- Der Gesamtinput in S1 von den Sektoren S1, S2 und S3 beträgt: $x_{11} + x_{21} + x_{31}$.
- Der Gesamtoutput von Sektor S1 beträgt: $x_1 = x_{11} + x_{12} + x_{13} + y_1$.

Darstellung in Matrixform

Die obige Tabelle kann in die Sprache der linearen Algebra übersetzt werden.

- Die Koeffizienten $x_{11}, \ldots, x_{33}$ beschreiben die Wechselwirkung der jeweiligen Sektoren untereinander. Sie werden zur **Verflechtungsmatrix** zusammengefasst:

$$A = \begin{pmatrix} x_{11} & x_{12} & x_{13} \\ x_{21} & x_{22} & x_{23} \\ x_{31} & x_{32} & x_{33} \end{pmatrix}.$$

- Der Vektor $\vec{y} = \begin{pmatrix} y_1 \\ y_2 \\ y_3 \end{pmatrix}$ beschreibt den Endverbrauch (**externe Nachfrage**).

  Er wird als **Konsumvektor, Nachfragevektor** oder auch als **Marktvektor** bezeichnet.

  Seine Koordinaten geben den Output des jeweiligen Sektors an den Markt an. Da jeder Output an den Markt auch eine Erhöhung der innerbetrieblichen Produktion bedeutet, hängen die Koeffizienten x_{ij} von den Koordinaten des Vektors $\vec{y}$ ab.

- Die Vektor $\vec{x} = \begin{pmatrix} x_1 \\ x_2 \\ x_3 \end{pmatrix}$ heißt **Produktionsvektor**.

  Seine Koordinaten berechnen sich als Summe der gesamten Produktion eines jeden Sektors, z. B. $x_1 = x_{11} + x_{12} + x_{13} + y_1$.

Für das anfangs betrachtete Beispiel gilt:

$$A = \begin{pmatrix} 6 & 3 & 0 \\ 4 & 3 & 2 \\ 2 & 6 & 0 \end{pmatrix} \quad ; \quad \vec{y} = \begin{pmatrix} 11 \\ 21 \\ 12 \end{pmatrix} \text{ und } \vec{x} = \begin{pmatrix} 20 \\ 30 \\ 20 \end{pmatrix}.$$

1. Die gegenseitige Verflechtung dreier Sektoren S_1, S_2 und S_3 einer Volkswirtschaft sind gemäß dem folgenden Verflechtungsdiagramm untereinander und mit dem Markt verflochten.

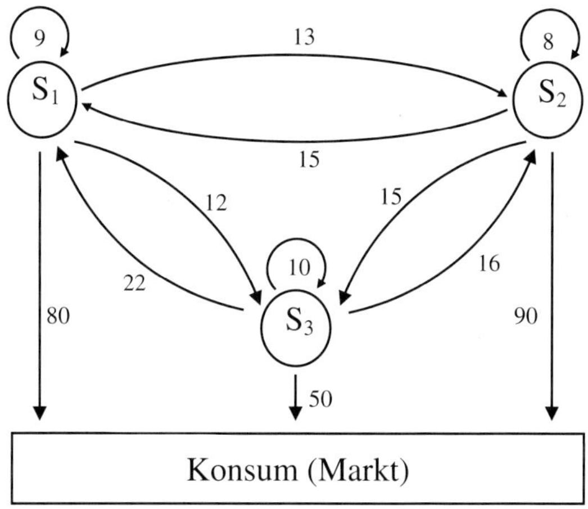

   a) Wie viele Einheiten werden von den einzelnen Sektoren insgesamt produziert?
   b) Erstellen Sie eine vollständige Verflechtungstabelle mit Input, Output, Marktabgabe und Gesamtproduktion.

2. Die Teilbetriebe A, B und C einer Fabrik sind untereinander und mit dem Markt verflochten. Die Verflechtung wird durch folgende Tabelle beschrieben.

Output →

Input ↓

von \ an	A	B	C	Markt	Gesamt
A	12	*a*	0	18	35
B	10	5	8	*b*	48
C	15	20	10	20	*c*

   a) Bestimmen Sie die fehlenden Angaben in der Tabelle.
   b) Stellen Sie die Verflechtung der Betriebe untereinander und mit dem Markt in Form eines Verflechtungsdiagramms dar.

Übergang zur technologischen Matrix

Verändert sich die externe Nachfrage $\vec{y}$, so muss die Produktion $\vec{x}$ diesen Veränderungen so angepasst werden, dass die Nachfrage erfüllt werden kann und sich das System dabei selbst erhält.

Gesucht ist eine allgemeine Beziehung zwischen dem Konsumvektor $\vec{y}$ und dem Produktionsvektor $\vec{x}$.

Der Konsumvektor $\vec{y}$ berechnet sich wie folgt:

$$\vec{x} = \begin{pmatrix} x_1 \\ x_2 \\ x_3 \end{pmatrix} = \begin{pmatrix} x_{11} + x_{12} + x_{13} + y_1 \\ x_{21} + x_{22} + x_{23} + y_2 \\ x_{31} + x_{32} + x_{33} + y_3 \end{pmatrix} = \begin{pmatrix} x_{11} + x_{12} + x_{13} \\ x_{21} + x_{22} + x_{23} \\ x_{31} + x_{32} + x_{33} \end{pmatrix} + \begin{pmatrix} y_1 \\ y_2 \\ y_3 \end{pmatrix}.$$

Der erste Vektor kann formal als Produkt einer Matrix mit einem Vektor so umgeschrieben werden, dass dabei die Verflechtungsmatrix A auftritt:

$$\vec{x} = \begin{pmatrix} x_1 \\ x_2 \\ x_3 \end{pmatrix} = \underbrace{\begin{pmatrix} x_{11} & x_{12} & x_{13} \\ x_{21} & x_{22} & x_{23} \\ x_{31} & x_{32} & x_{33} \end{pmatrix}}_{\text{Matrix } A} \cdot \begin{pmatrix} 1 \\ 1 \\ 1 \end{pmatrix} + \begin{pmatrix} y_1 \\ y_2 \\ y_3 \end{pmatrix}.$$

Dies lässt sich umschreiben zu:

$$\vec{x} = \begin{pmatrix} x_1 \\ x_2 \\ x_3 \end{pmatrix} = \underbrace{\begin{pmatrix} \frac{x_{11}}{x_1} & \frac{x_{12}}{x_2} & \frac{x_{13}}{x_3} \\ \frac{x_{21}}{x_1} & \frac{x_{22}}{x_2} & \frac{x_{23}}{x_3} \\ \frac{x_{31}}{x_1} & \frac{x_{32}}{x_2} & \frac{x_{33}}{x_3} \end{pmatrix}}_{\text{Matrix } T} \cdot \begin{pmatrix} x_1 \\ x_2 \\ x_3 \end{pmatrix} + \begin{pmatrix} y_1 \\ y_2 \\ y_3 \end{pmatrix}.$$

Die Matrix T heißt **technologische Matrix** oder **Input-Matrix**. Sie gibt den für den Produktionsprozess notwendigen Input an. Die Koeffizienten von T werden als **Produktionskoeffizienten** bezeichnet.

Die Elemente der Matrix T geben an, wie viele Einheiten von einem Sektor für jede Einheit eines anderen Sektors bereitzustellen sind, damit der wechselseitige interne Bedarf gedeckt wird.

$\frac{x_{23}}{x_3}$: Dieser Koeffizient gibt z. B. an, wie viele Einheiten aus dem Sektor 2 benötigt werden, um eine Einheit aus dem Sektor 3 zu erzeugen.

Im betrachteten Beispiel ergibt sich aus $A = \begin{pmatrix} 6 & 3 & 0 \\ 4 & 3 & 2 \\ 2 & 6 & 0 \end{pmatrix}$ und $\vec{x} = \begin{pmatrix} 20 \\ 30 \\ 20 \end{pmatrix}$:

$$T = \begin{pmatrix} \frac{6}{20} & \frac{3}{30} & 0 \\ \frac{4}{20} & \frac{3}{30} & \frac{2}{20} \\ \frac{2}{20} & \frac{6}{30} & 0 \end{pmatrix} = \begin{pmatrix} 0{,}3 & 0{,}1 & 0 \\ 0{,}2 & 0{,}1 & 0{,}1 \\ 0{,}1 & 0{,}2 & 0 \end{pmatrix} \text{ (Input-Matrix)}.$$

3. Drei Sektoren einer Volkswirtschaft sind nach dem Leontief-Modell untereinander und mit dem Markt verflochten.

   Die gegenseitige Verflechtung und die Gesamtproduktion werden durch folgende Tabelle beschrieben.

von \ an	S_1	S_2	S_3	Gesamt
S_1	50	25	0	200
S_2	15	20	30	100
S_3	45	0	15	150

   a) Berechnen Sie den Konsumvektor.
   b) Bestimmen Sie die Input-Matrix.

4. Drei Sektoren einer Volkswirtschaft sind nach dem Leontief-Modell untereinander und mit dem Markt verflochten.

   Die Input-Matrix T, der Produktionsvektor $\vec{x}$ und der Konsumvektor $\vec{y}$ sind gegeben durch:

$$T = \begin{pmatrix} 0{,}3 & 0{,}2 & 0 \\ 0{,}1 & 0{,}3 & 0{,}2 \\ a & 0{,}1 & 0{,}4 \end{pmatrix}, \quad \vec{x} = \begin{pmatrix} b \\ 60 \\ 100 \end{pmatrix}, \quad \vec{y} = \begin{pmatrix} 30 \\ 20 \\ c \end{pmatrix}.$$

   Erläutern Sie die Bedeutung der Koordinaten a, b und c.

Grundgleichung zum Leontief-Modell

Zwischen dem Konsumvektor $\vec{y}$, dem Produktionsvektor $\vec{x}$ und der Input-Matrix T besteht der Zusammenhang:

$$\vec{x} = T \cdot \vec{x} + \vec{y} \quad \Leftrightarrow \quad \vec{x} - T \cdot \vec{x} = \vec{y} \quad .$$

Unter Verwendung der Einheitsmatrix E kann dies geschrieben werden als

$$E \cdot \vec{x} - T \cdot \vec{x} = \vec{y} \quad \text{oder} \quad (E - T) \cdot \vec{x} = \vec{y} \quad .$$

Diese Vektorgleichung führt zu einem linearen Gleichungssystem für die gesuchten Koordinaten x_1, x_2 und x_3 des Produktionsvektors $\vec{x}$. Die externe Nachfrage $\vec{y}$ kann genau dann erfüllt werden, wenn das System lösbar ist und die Lösungen positiv sind. Als Lösungsverfahren bietet sich der gaußsche Algorithmus an.

Grundgleichung zum Leontief-Modell

Wird für mehrere Sektoren eines Betriebs oder einer Volkswirtschaft die gegenseitige Verflechtung durch die Input-Matrix T beschrieben, so besteht zwischen dem Vektor $\vec{x}$ der Gesamtproduktion und dem Nachfragevektor $\vec{y}$ der Zusammenhang

$$(E - T) \cdot \vec{x} = \vec{y} \, ,$$

wobei E die Einheitsmatrix ist.

5. Drei Teilbetriebe A, B und C eines Werks sind nach dem Leontief-Modell untereinander und mit dem Markt verflochten. Die Input-Matrix ist

$$T = \begin{pmatrix} 0{,}3 & 0{,}2 & 0 \\ 0{,}25 & 0{,}1 & 0{,}15 \\ 0{,}2 & 0{,}15 & 0{,}25 \end{pmatrix}.$$

Für den nächsten Zeitraum können in den einzelnen Betrieben Mengeneinheiten hergestellt werden, die gegeben sind durch den Produktionsvektor

$$\vec{x} = \begin{pmatrix} 50 \\ 80 \\ 100 \end{pmatrix}.$$

Welche Nachfrage kann in dem Produktionszeitraum befriedigt werden?

Beim Leontief-Modell geht man davon aus, dass sich die ökonomische Struktur auch in dem nächsten zugrunde liegenden Zeitraum nicht ändert. Dies bedeutet, dass sowohl die Input-Matrix T als auch die Matrix $(E-T)$ unverändert bleiben.

Ändert sich die externe Nachfrage $\vec{y}$, so kann der neue Gesamtbedarf $\vec{x}$ durch Lösen des Gleichungssystems $(E-T)\cdot\vec{x}=\vec{y}$ berechnet werden.

Beispiel: Im Rahmen des Leontief-Modells sind für einen industriellen Prozess die Verflechtungsmatrix $A=\begin{pmatrix}10 & 3 & 0\\ 4 & 12 & 2\\ 2 & 6 & 9\end{pmatrix}$ und $\begin{pmatrix}20\\30\\10\end{pmatrix}$ als Vektor für die Gesamtproduktion gegeben.

Aus diesen Angaben ergibt sich $T=\begin{pmatrix}0{,}5 & 0{,}1 & 0\\ 0{,}2 & 0{,}4 & 0{,}2\\ 0{,}1 & 0{,}2 & 0{,}9\end{pmatrix}$ als Input-Matrix.

Eine Planung für den nächsten Produktionsabschnitt sieht den Nachfragevektor $\vec{y}=\begin{pmatrix}6\\9\\3\end{pmatrix}$ vor. Gesucht ist der zughörige Produktionsvektor $\vec{x}$.

Diese Fragestellung führt auf das Gleichungssystem:

$$(E-T)\cdot\vec{x}=\vec{y} \Leftrightarrow \begin{pmatrix}0{,}5 & -0{,}1 & 0\\ -0{,}2 & 0{,}6 & -0{,}2\\ -0{,}1 & -0{,}2 & 0{,}1\end{pmatrix}\cdot\vec{x}=\begin{pmatrix}6\\9\\3\end{pmatrix}.$$

Der gaußsche Algorithmus liefert:

$$\left(\begin{array}{l} 0{,}5x_1-0{,}1x_2 \qquad\qquad =6\\ -0{,}2x_1+0{,}6x_2-0{,}2x_3=9\\ -0{,}1x_1-0{,}2x_2+0{,}1x_3=3\end{array}\right)\left|\begin{array}{l}10\cdot(\text{I})\\10\cdot(\text{II})\\10\cdot(\text{III})\end{array}\right. \Leftrightarrow \left(\begin{array}{l} 5x_1-x_2 \qquad\quad =60\\ -2x_1+6x_2-2x_3=90\\ -x_1-2x_2+x_3=30\end{array}\right)\left|\begin{array}{l}\\(\text{II})-2\cdot(\text{III})\\5\cdot(\text{III})+(\text{I})\end{array}\right.$$

$$\Leftrightarrow \left(\begin{array}{l} 5x_1-x_2 \qquad\quad = 60\\ \qquad 10x_2-4x_3= 30\\ \quad -11x_2+5x_3=210\end{array}\right)\left|\begin{array}{l}\\ \\10\cdot(\text{III})+11\cdot(\text{II})\end{array}\right.$$

$$\Leftrightarrow \left(\begin{array}{l} 5x_1-x_2 \qquad\quad = 60\\ \qquad 10x_2-4x_3= 30\\ \qquad\qquad 6x_3=2430\end{array}\right)$$

Es folgt: $x_3=405$, $x_2=165$ und $x_1=45$.

6. Die drei Teilbetriebe eines Industrieunternehmens sind nach dem Leontief-Modell untereinander und mit dem Markt verflochten.

   Das folgende Diagramm zeigt die gegenseitige Verflechtung der einzelnen Teilbetriebe und die Gesamtproduktion.

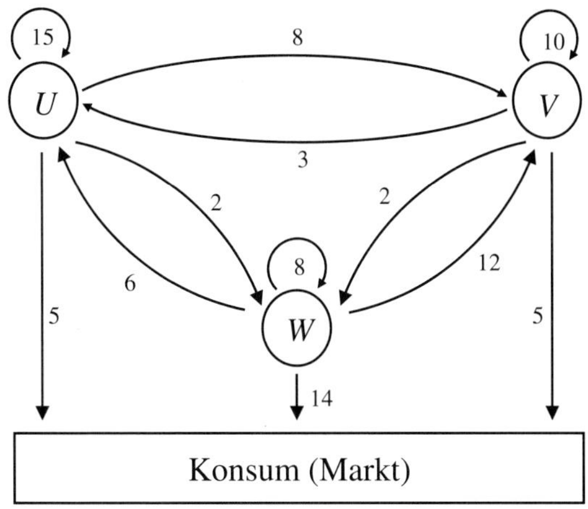

   a) Erstellen Sie eine Verflechtungstabelle. Geben Sie den Produktionsvektor $\vec{x}$ und die Verflechtungsmatrix A an.
   b) Bestimmen Sie die Input-Matrix T.
   c) Zu einem früheren Zeitpunkt betrug der Marktvektor $\vec{y} = \begin{pmatrix} 4{,}5 \\ 1{,}5 \\ 14 \end{pmatrix}$.

      Berechnen Sie den zugehörigen Produktionsvektor $\vec{x}$.

7. Drei Werke W_1, W_2 und W_3 einer Firma sind nach dem Leontief-Modell untereinander und mit dem Markt verflochten. Die gegenseitigen und für den Markt erbrachten Leistungen enthält die folgende Tabelle.

von \ an	W_1	W_2	W_3	Markt
W_1	0	50	15	335
W_2	80	0	45	125
W_3	40	25	0	85

   a) Erläutern Sie, welche besondere Form die Verflechtungstabelle besitzt.
   b) Bestimmen Sie die Input-Matrix.
   c) Berechnen Sie den Vektor $\vec{x}$ für den Nachfragevektor $\vec{y} = \begin{pmatrix} 70 \\ 82 \\ 152 \end{pmatrix}$.

8. Drei Werke U, V und W einer Firma sind nach dem Leontief-Modell untereinander und mit dem Markt verflochten.

Die gegenseitigen Verflechtungen werden durch folgende Verflechtungsmatrix beschrieben:

$$A = \begin{pmatrix} 0 & 60 & 8 \\ 100 & 0 & 54 \\ 80 & 48 & 0 \end{pmatrix}.$$

Zum gegenwärtigen Zeitpunkt wird die Abgabe an den Markt beschrieben durch den Konsumvektor:

$$\vec{y} = \begin{pmatrix} 332 \\ 146 \\ 72 \end{pmatrix}$$

a) Beschreiben Sie die Verflechtung in einer vollständigen Tabelle sowie in einem Diagramm.

b) Bestimmen Sie die Input-Matrix.

c) In einem späteren Zeitraum wird bei gleicher Input-Matrix die Marktabgabe von U um 104, gesenkt, die von V um 2 gesenkt und die von W um 120 erhöht. Berechnen Sie den zugehörigen Produktionsvektor $\vec{x}$.

9. Drei Zweigwerke eines Unternehmens sind nach dem Leontief-Modell untereinander und mit dem Markt verflochten. Das folgende Diagramm zeigt die zugrunde liegenden Verflechtungen.

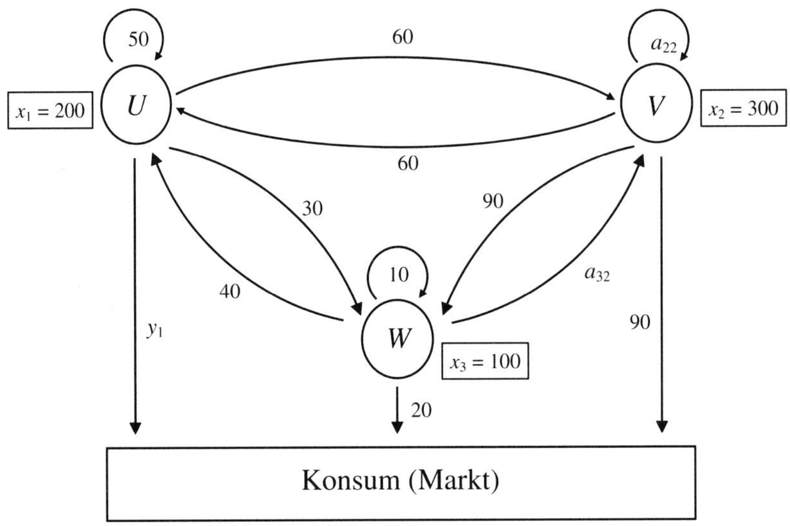

a) Übertragen Sie das Verflechtungsdiagramm in eine Tabelle und bestimmen Sie a_{22}, a_{32} und y_1.

b) Bestimmen Sie den Produktionsvektor, wenn bei unveränderter Inputmatrix die Nachfrage für den nächsten Produktionszeitraum beschrieben wird durch den Vektor mit den Koordinaten $y_1 = 31$, $y_2 = 29$ und $y_3 = 1$.

10. Die drei Teilbetriebe A, B und C eines großen Werks sind untereinander und mit dem Markt nach dem Leontief-Modell verknüpft.
Die Verflechtung wird beschrieben durch die Input-Matrix

$$T = \begin{pmatrix} 0,2 & 0,1 & 0,2 \\ 0,1 & 0,3 & 0,2 \\ 0,3 & 0,4 & 0,1 \end{pmatrix}.$$

Im betrachteten Produktionszeitraum werden 50 ME (Mengeneinheiten) im Werk A, 40 ME im Werk B und 60 ME im Werk C produziert.

a) Bestimmen Sie die zugehörige Verflechtungstabelle.

b) Bestimmen Sie den Produktionsvektor, wenn die Nachfrage für den nächsten Produktionszeitraum beschrieben wird durch den Vektor mit den Koordinaten $y_1 = 52$, $y_2 = 26$ und $y_3 = 28$.

11. Die Produktion der Teilsektoren S_1, S_2 und S_3 eines Betriebs sind nach dem Leontief-Modell untereinander und mit dem Markt verflochten.

Die Verflechtung ist durch die Input-Matrix $T = \begin{pmatrix} 0,3 & 0,3 & 0,1 \\ 0,4 & 0,2 & 0,1 \\ 0 & 0,4 & 0,4 \end{pmatrix}$ gegeben.

Für den Konsumvektor gelte $\vec{y} = \begin{pmatrix} 0 \\ 0 \\ t \end{pmatrix}$ mit $t \in \mathbb{R}^+$.

a) Erläutern Sie, welche besondere Form der Konsumvektor $\vec{y}$ besitzt.

b) Berechnen Sie in Abhängigkeit von t den Produktionsvektor $\vec{x}$.

9.2 Vermischte Aufgaben zum Leontief-Modell

12. Die Produktionsverflechtung zwischen drei Sektoren S_1, S_2 und S_3 eines Werkes wird nach dem Leontief-Modell durch folgende Tabelle beschrieben.

von \ an	S_1	S_2	S_3	Markt
S_1	120	45	45	90
S_2	30	90	15	90
S_3	0	45	105	0

a) Geben Sie den Produktionsvektor $\vec{x}$ an.

b) Bestimmen Sie die Input-Matrix T.

c) In dem folgenden Produktionsabschnitt werden vom Markt 40 Einheiten von S_1, 85 Einheiten von S_2 und 22 Einheiten von S_3 nachgefragt.

Berechnen Sie den zugehörigen Produktionsvektor $\vec{x}$.

13. Drei Betriebe A, B und C einer Fabrik sind nach dem Leontief-Modell gemäß nachstehender Tabelle miteinander verflochten.

von \ an	A	B	C	Markt
A	r	40	10	270
B	40	s	60	80
C	40	40	t	10

Im Werk B werden derzeit je Produktionseinheit 200 Mengeneinheiten hergestellt, im Werk A ist die Produktion doppelt, im Werk C nur halb so hoch.

a) Welche Bedeutung haben die Variablen r, s und t in der Verflechtungstabelle? Bestimmen Sie die Werte von r, s und t.

b) Bestimmen Sie die zugehörige Inputmatrix.

c) Eine Planung für den nächsten Produktionsabschnitt sieht vor, die Produktion in den einzelnen Betrieben so zu verändern, dass sich die Abgabe von C an den Markt versechsfacht, die von B um 10 und die von A um 130 Einheiten steigt. Wie ändern sich die Produktionen in den Teilbetrieben?

d) Ein anderer Plan sieht vor, die Gesamtproduktion in den Werken A und B unverändert zu lassen. Um wie viele Einheiten kann die Nachfrage für den Betrieb C maximal gesteigert werden?

14. In einem Wirtschaftsunternehmen sind drei Sektoren S_1, S_2 und S_3 gegenseitig und mit dem Markt nach dem Leontief-Modell miteinander verbunden.

Für die Verflechtung gilt die Input-Matrix $T = \begin{pmatrix} 0{,}2 & 0{,}3 & 0{,}1 \\ 0{,}3 & 0{,}5 & 0{,}4 \\ 0{,}1 & 0{,}2 & 0{,}3 \end{pmatrix}$.

a) Berechnen Sie zum Konsumvektor $\vec{y} = \begin{pmatrix} 12 \\ 9 \\ 7 \end{pmatrix}$ den Produktionsvektor $\vec{x}$.

b) Für den nächsten Produktionsabschnitt sind folgende Veränderungen vorgesehen:

- Die Produktion im Sektor S_1 soll verdoppelt werden.
- Die Produktion im Sektor S_2 soll unverändert bleiben.

Prüfen Sie, ob dies möglich ist.

15. Drei Teilbereiche A, B und C eines Industrieunternehmens sind nach dem Leontief-Modell miteinander verbunden.

Für die Verflechtung gilt die Input-Matrix $T = \begin{pmatrix} 0{,}3 & 0{,}2 & 0{,}3 \\ 0{,}2 & 0{,}7 & 0 \\ 0{,}2 & 0 & 0{,}4 \end{pmatrix}$.

a) Welche Nachfrage kann befriedigt werden, wenn folgende Produktionszahlen vorliegen:

A: 100 Einheiten , B: 70 Einheiten , C: 50 Einheiten ?

b) Für das Produktionsverfahren soll wie folgt geändert werden:

- Der Eigenbedarf von Teilbereich C wird halbiert, die Lieferung von C an Teilbereich A soll verändert werden.
- Die Produktionszahl von B soll gesteigert werden, die von A und C sollen unverändert bleiben.
- Die Nachfrage nach den Produkten von B ist auf 40, die nach den Produkten von C auf 10 festgelegt.

Bestimmen Sie die veränderte Inputmatrix, die Produktionszahl von B und die Nachfrage an Produkten aus Teilbereich A.

16. Drei Sektoren eines Industrieunternehmens A, B und C sind gegenseitig und mit dem Markt nach dem Leontief-Modell miteinander verknüpft.

Für die Verflechtung gilt die Input-Matrix $T = \begin{pmatrix} 0,2 & 0,1 & 0 \\ 0,1 & 0,3 & 0,4 \\ 0,3 & 0 & 0,3 \end{pmatrix}$.

Es liegen folgende Produktionszahlen vor:

A: 320 Einheiten, B: 360 Einheiten, C: 400 Einheiten.

a) Welche Nachfrage kann befriedigt werden?

b) Die Gesamtproduktion im Werk A soll erniedrigt werden, die in den Werken B und C soll unverändert bleiben. Um wie viele Einheiten kann die Produktion im Sektor A höchstens gesenkt werden.

Wie lautet in diesem Fall der Marktvektor?

c) Ein anderer Plan zur Veränderung der Produktion sieht vor, den Koeffizienten t_{11} der Inputmatrix zu reduzieren.

- Welche Bedeutung hat dieser Koeffizient?
- Wie ist der Koeffizient zu wählen, wenn 140 Einheiten von Sektor 1 an den Markt abgegeben, die obigen Produktionszahlen insgesamt aber unverändert bleiben sollen.

17. Drei Betriebe eines Industriewerkes sind gegenseitig und mit dem Markt nach dem Leontief-Modell miteinander verknüpft.

Für die Verflechtung gilt die Input-Matrix $T = \begin{pmatrix} 0,2 & 0,1 & 0,2 \\ 0,1 & 0,3 & 0,6 \\ 0,3 & 0,2 & 0,3 \end{pmatrix}$.

Für die kommende Produktionsphase ist ein Produktionsvektor der Form

$$\vec{x} = \begin{pmatrix} 100 - t^2 \\ 110 \\ 25 + t^2 \end{pmatrix} \quad (t \in \mathbb{N})$$

vorgesehen.

a) In welchem Bereich kann der Parameter t variieren?

b) Für welchen der zulässigen Werte von t wird die Summe der Abgaben an den Markt maximal. Wie lautet in diesem Fall der Konsumvektor?

Geometrische Anwendungen

10

10.1 Parametergleichungen einer Geraden

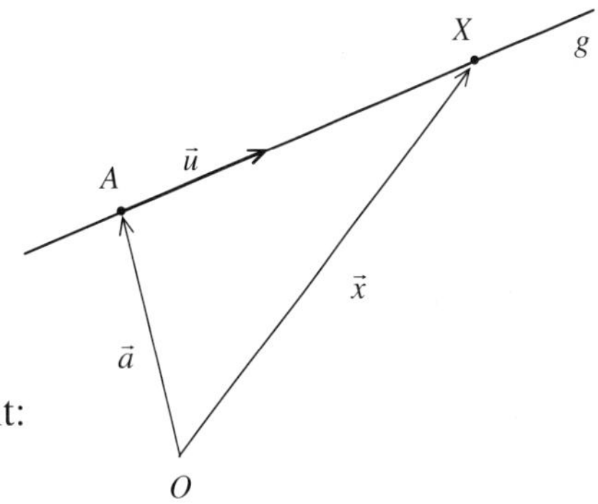

Eine Gerade g ist durch einen Punkt A und eine Richtung festgelegt.

Den Punkt A beschreibt man durch seinen Ortsvektor $\vec{a}$, die Richtung durch einen Vektor $\vec{u}$, der parallel zur Geraden g ist.

Für einen Punkt X des Anschauungsraums $\mathcal{E}$ gilt:

$$X \in g \iff \overrightarrow{AX} \text{ ist Vielfaches von } \vec{u}$$
$$\iff \text{es gibt ein } \lambda \in \mathbb{R} \text{ mit } \overrightarrow{AX} = \lambda \cdot \vec{u}$$
$$\iff \text{es gibt ein } \lambda \in \mathbb{R} \text{ mit } \vec{x} - \vec{a} = \lambda \cdot \vec{u}$$
$$\iff \text{es gibt ein } \lambda \in \mathbb{R} \text{ mit } \vec{x} = \vec{a} + \lambda \cdot \vec{u}$$

Die Gerade lässt sich in der Form

$$g = \{X \in \mathcal{E} \mid \text{Es gibt ein } \lambda \in \mathbb{R} \text{ mit } \vec{x} = \vec{a} + \lambda \cdot \vec{u}.\}$$

beschreiben. Durchläuft der **Parameter** λ alle reellen Zahlen, so durchläuft der Punkt X die gesamte Gerade g.

Parametergleichung einer Geraden

Die Gleichung $\vec{x} = \vec{a} + \lambda \cdot \vec{u}$ mit $\lambda \in \mathbb{R}$ heißt **Parametergleichung** der Geraden g. Der Punkt A mit dem Ortsvektor $\vec{a}$ heißt **Aufpunkt**, der Vektor $\vec{u}$ **Richtungsvektor** der Geraden.

Kurzschreibweise: $g: \vec{x} = \vec{a} + \lambda \cdot \vec{u}$.

Die Parametergleichung einer Geraden ist nicht eindeutig:

- Jeder Punkt der Gerade kann als Aufpunkt dienen.
- Ist $\vec{u}$ ein Richtungsvektor einer Geraden g, so kann auch jedes Vielfache von $\vec{u}$ als Richtungsvektor dienen.

Zu ein und derselben Geraden gibt es daher unendlich viele Parametergleichungen.

Eine Gerade ist auch eindeutig festgelegt durch die Angabe zweier verschiedener Punkte A und B. Mithilfe der beiden Ortsvektoren $\vec{a}$ und $\vec{b}$ kann man einen Richtungsvektor der Geraden angeben, z. B. den Vektor $\vec{b} - \vec{a}$.

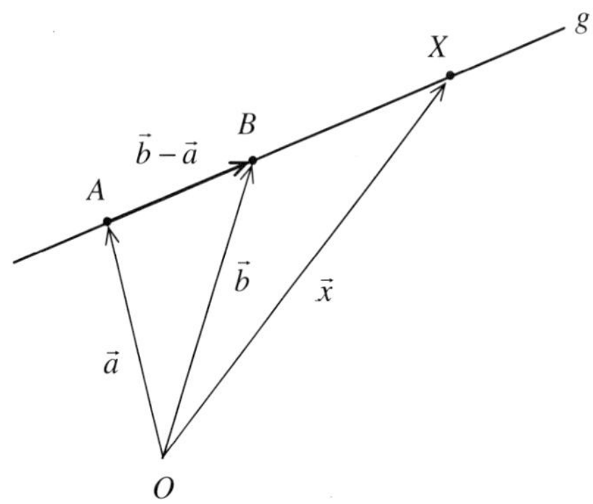

Zweipunktegleichung einer Geraden:

$$g: \vec{x} = \vec{a} + \lambda \cdot (\vec{b} - \vec{a}) .$$

Zweipunktegleichung einer Geraden
Die Gleichung $\vec{x} = \vec{a} + \lambda \cdot (\vec{b} - \vec{a})$ mit $\lambda \in \mathbb{R}$ heißt **Zweipunktegleichung** der Geraden g durch die Punkte A und B.

Kurzschreibweise: $g: \vec{x} = \vec{a} + \lambda \cdot (\vec{b} - \vec{a})$.

Beispiel: Punktprobe

Gegeben ist die Gerade mit der Gleichung $g: \vec{x} = \begin{pmatrix} 1 \\ 1 \\ 2 \end{pmatrix} + \lambda \cdot \begin{pmatrix} 2 \\ -1 \\ 3 \end{pmatrix}$.

Es soll geprüft werden, ob die Punkte $P(-5 \mid 4 \mid -7)$ und $Q(3 \mid 0 \mid 4)$ zu g gehören.

Dazu prüft man, ob es jeweils einen Parameter λ gibt, sodass die Ortvektoren von P und Q die Geradengleichung erfüllen.

$$P \in g? \quad \begin{pmatrix} -5 \\ 4 \\ -7 \end{pmatrix} = \begin{pmatrix} 1 \\ 1 \\ 2 \end{pmatrix} + \lambda \cdot \begin{pmatrix} 2 \\ -1 \\ 3 \end{pmatrix} \Leftrightarrow \begin{cases} -5 = 1 + 2\lambda \\ 4 = 1 - \lambda \\ -7 = 2 + 3\lambda \end{cases} \Leftrightarrow \begin{cases} \lambda = -3 \\ \lambda = -3 \\ \lambda = -3 \end{cases}$$

Also ist $\lambda = -3$ und damit P ein Punkt der Geraden g.

$$Q \in g? \quad \begin{pmatrix} 3 \\ 0 \\ 4 \end{pmatrix} = \begin{pmatrix} 1 \\ 1 \\ 2 \end{pmatrix} + \lambda \cdot \begin{pmatrix} 2 \\ -1 \\ 3 \end{pmatrix} \Leftrightarrow \begin{cases} 3 = 1 + 2\lambda \\ 0 = 1 - \lambda \\ 4 = 2 + 3\lambda \end{cases} \Leftrightarrow \begin{cases} \lambda = 1 \\ \lambda = 1 \\ \lambda = \frac{2}{3} \end{cases}$$

Das Gleichungssystem ist unlösbar. Der Punkt Q liegt somit nicht auf der Geraden g.

1. Gegeben ist eine Gerade g mit dem Ortsvektor $\vec{a}$ des Aufpunkts A und dem Richtungsvektor $\vec{u}$ durch die Gleichung $g: \vec{x} = \vec{a} + \lambda \vec{u}$.

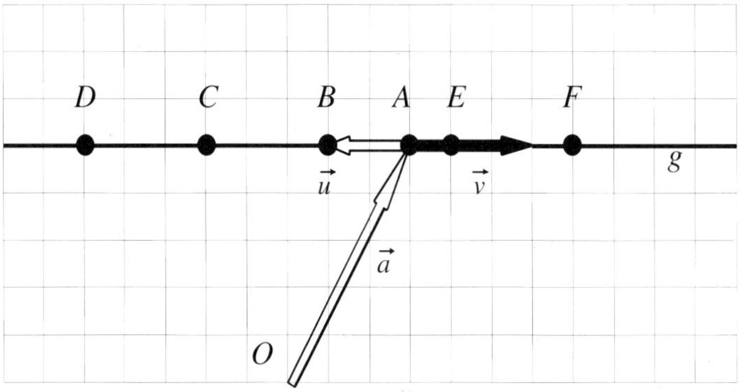

   a) Lesen Sie die λ-Werte ab, die zu den Punkten A, B, C, D, E und F gehören.

   b) Welche Werte von μ gehören zu den Punkten A, B, C, D, E und F, wenn g in der Form $g: \vec{x} = \vec{a} + \mu \vec{v}$ angegeben ist?

2. Bestimmen Sie vier Punkte, die auf folgender Geraden liegen:

$$g: \vec{x} = \begin{pmatrix} 4 \\ 5 \\ 0 \end{pmatrix} + \lambda \begin{pmatrix} -2 \\ -3 \\ 3 \end{pmatrix}.$$

3. Prüfen Sie, ob die Punkte $P(4 \mid -2 \mid 6)$ und $Q(-1 \mid 0 \mid 0)$ auf der Geraden liegen.

   a) $g: \vec{x} = \begin{pmatrix} -2 \\ 1 \\ 3 \end{pmatrix} + \lambda \begin{pmatrix} 2 \\ -1 \\ 1 \end{pmatrix}$ b) $h: \vec{x} = \begin{pmatrix} -2 \\ 0 \\ 2 \end{pmatrix} + \lambda \begin{pmatrix} -3 \\ 1 \\ -2 \end{pmatrix}$

4. Betrachten Sie das Dreieck mit den Eckpunkten $A(5 \mid 0 \mid 0)$, $B(1 \mid 5 \mid 0)$ und $C(0 \mid 1 \mid 3)$. Geben Sie Parametergleichungen für die Geraden AB, AC, BC und für die Ursprungsgerade durch den Dreiecksschwerpunkt an.

5. Überprüfen Sie, ob die Punkte A, B und C auf einer Geraden liegen.

   a) $A(4 \mid -2 \mid 6)$, $B(2 \mid 1 \mid 0)$ und $C(0 \mid 3 \mid 2)$.

   b) $A(-3 \mid -5 \mid 0)$, $B(-2 \mid 3 \mid 4)$ und $C(-1 \mid 11 \mid 8)$.

6. Prüfen Sie, ob es Zahlen $k \in \mathbb{R}$ so gibt, dass die drei Punkte auf einer Geraden liegen.
   a) $A(1\,|\,2\,|\,3)$, $B(2\,|\,k\,|\,0)$ und $C(1\,|\,1\,|\,1)$.
   b) $A(1\,|\,2\,|\,-1)$, $B(2\,|\,1\,|\,2)$ und $C(-3\,|\,6\,|\,k)$.

7. Geben Sie eine Parametergleichung für die Gerade g an.
   a) g schneidet die x_3-Achse im Punkt $A(0\,|\,0\,|\,4)$ sowie die x_1-x_2-Ebene im Punkt $B(-3\,|\,3\,|\,0)$.
   b) g geht durch den Punkt $A(4\,|\,3\,|\,0)$ und ist orthogonal zu der x_1-x_2-Ebene.
   c) g verläuft durch den Punkt $A(0\,|\,0\,|\,3)$ und ist parallel zu der Winkelhalbierenden der x_1-x_2-Ebene.

8. Folgende Geraden besitzen eine besondere Lage im Koordinatensystem. Beschreiben Sie ihre Lage im Raum.
   a) $g:\ \vec{x} = \begin{pmatrix} 1 \\ 1 \\ 0 \end{pmatrix} + \lambda \begin{pmatrix} 0 \\ 0 \\ 1 \end{pmatrix}$, b) $h:\ \vec{x} = \lambda \begin{pmatrix} 1 \\ 1 \\ 1 \end{pmatrix}$,
   c) $i:\ \vec{x} = \lambda \begin{pmatrix} 0 \\ 1 \\ 1 \end{pmatrix}$. d) $j:\ \vec{x} = \begin{pmatrix} 0 \\ 0 \\ 1 \end{pmatrix} + \lambda \begin{pmatrix} 1 \\ 1 \\ 0 \end{pmatrix}$.

9. Die Gerade h schneidet die x_1-x_3-Ebene im Punkt $A(6\,|\,0\,|\,-3)$, die x_2-x_3-Ebene im Punkt $B(0\,|\,4\,|\,3)$.
   Berechnen Sie den Schnittpunkt von h mit der x_1-x_2-Ebene.

10. Eine Gerade besitzt die Parametergleichung $g:\ \vec{x} = \vec{a} + \lambda\,\vec{u}$.

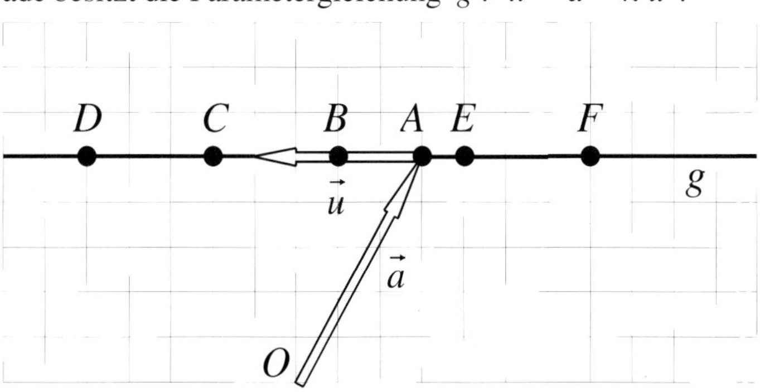

Geben Sie für die folgenden Strecken und Halbgeraden die zugehörigen λ-Werte als Teilmengen von $\mathbb{R}$ an.
   a) Strecken: $[AB]$, $[CE]$, $[FD]$, $[BE]$. b) Halbgeraden: $[FA$, $[CF$, $[EB$.

11. Von einer Geraden g sind der Richtungsvektor $\vec{u} = \begin{pmatrix} -1 \\ 4 \\ 2 \end{pmatrix}$ und der Aufpunkt $A(1 \mid -2 \mid -4)$ bekannt.

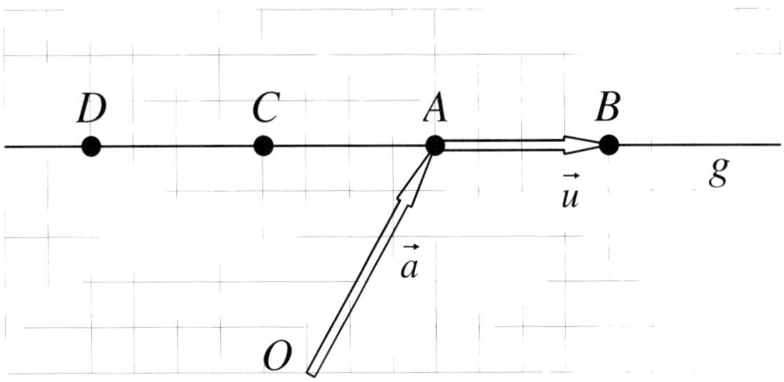

Beschreiben Sie die durch die Parametergleichungen festgelegten Punktmengen. Überprüfen Sie, ob die Punkte $P(-2 \mid 10 \mid 2)$ und $Q(2 \mid -6 \mid -6)$ jeweils zu dieser Punktmenge gehören.

a) $g_1 : \vec{x} = \vec{a} + \frac{1}{\lambda}\,\vec{u}$ mit $\lambda \in \mathbb{R}\setminus\{0\}$.

b) $g_2 : \vec{x} = \vec{a} - (\lambda^2 + 1)\,\vec{u}$ mit $\lambda \in \mathbb{R}$.

10.2 Gleichungen von Ebenen

10.2.1 Parametergleichungen einer Ebene

Eine Ebene E im Anschauungsraum ist durch einen Punkt A und zwei nicht parallele Richtungen festgelegt.

Den Punkt A beschreibt man durch seinen Ortsvektor $\vec{a}$, die beiden Richtungen durch zwei linear unabhängige Vektoren $\vec{u}$ und $\vec{v}$, die die Ebene aufspannen.

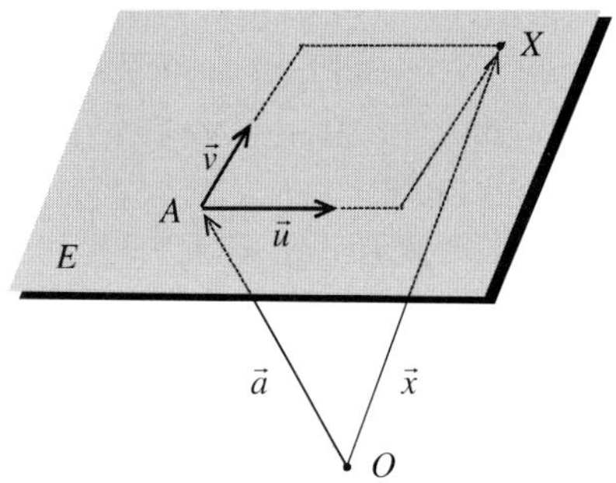

Für einen Punkt X des Anschauungsraums $\mathcal{E}$ gilt:

$$\begin{aligned} X \in E &\Leftrightarrow \overrightarrow{AX} \text{ ist Linearkombination von } \vec{u} \text{ und } \vec{v} \\ &\Leftrightarrow \text{es gibt } \lambda, \mu \in \mathbb{R} \text{ mit } \overrightarrow{AX} = \lambda \cdot \vec{u} + \mu \cdot \vec{v} \\ &\Leftrightarrow \text{es gibt } \lambda, \mu \in \mathbb{R} \text{ mit } \vec{x} - \vec{a} = \lambda \cdot \vec{u} + \mu \cdot \vec{v} \\ &\Leftrightarrow \text{es gibt } \lambda, \mu \in \mathbb{R} \text{ mit } \vec{x} = \vec{a} + \lambda \cdot \vec{u} + \mu \cdot \vec{v} \end{aligned}$$

Die Ebene lässt sich in der Form

$$E = \{X \in \mathcal{E} \mid \text{Es gibt } \lambda, \mu \in \mathbb{R} \text{ mit } \vec{x} = \vec{a} + \lambda \cdot \vec{u} + \mu \cdot \vec{v}\}$$

beschreiben. Durchlaufen die **Parameter** λ und μ alle reellen Zahlen, so erhält man für X alle Punkte der Ebene E.

Parametergleichung einer Ebene

Die Gleichung $\vec{x} = \vec{a} + \lambda \cdot \vec{u} + \mu \cdot \vec{v}$ mit $\lambda, \mu \in \mathbb{R}$ heißt Parametergleichung der Ebene E. Der Punkt A mit dem Ortsvektor $\vec{a}$ heißt **Aufpunkt**, die beiden Vektoren $\vec{u}$ und $\vec{v}$ **Richtungsvektoren der Ebene**.

Kurzschreibweise: $E: \vec{x} = \vec{a} + \lambda \cdot \vec{u} + \mu \cdot \vec{v}$.

Auch die Parametergleichung einer Ebene ist nicht eindeutig:

- Jeder Punkt der Ebene kann als Aufpunkt dienen.
- Sind $\vec{u}$ und $\vec{v}$ Richtungsvektoren einer Ebene E, so kann auch jede Linearkombination von $\vec{u}$ und $\vec{v}$ als Richtungsvektor dienen. Die verwendeten Richtungsvektoren müssen dabei linear unabhängig sein.

Zu ein und derselben Ebene gibt es daher unendlich viele Parametergleichungen.

Eine Ebene ist auch eindeutig festgelegt durch die Angabe dreier Punkte *A, B* und *C*, die nicht auf einer gemeinsamen Geraden liegen.

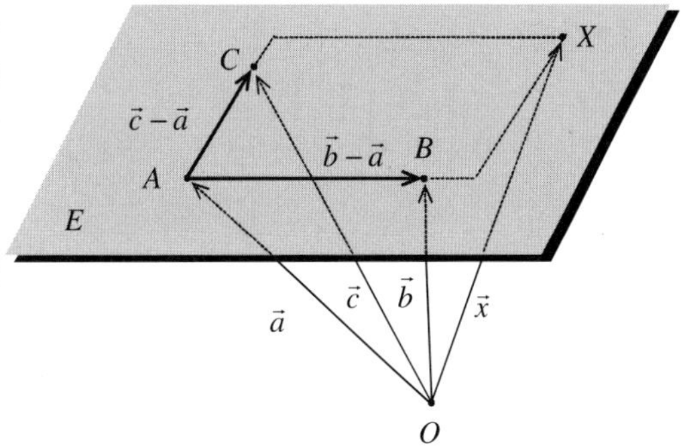

Mithilfe der Ortsvektoren $\vec{a}$, $\vec{b}$ und $\vec{c}$ kann man zwei Richtungsvektoren der Ebene angeben, z. B. die Vektoren $\vec{b} - \vec{a}$ und $\vec{c} - \vec{a}$.

Dreipunktegleichung einer Ebene:

$$E\colon \vec{x} = \vec{a} + \lambda\cdot(\vec{b} - \vec{a}) + \mu\cdot(\vec{c} - \vec{a}).$$

> **Dreipunktegleichung einer Ebene**
>
> Sind *A*, *B* und *C* drei Punkte, die nicht auf einer Geraden liegen, so bezeichnet man die Gleichung $\vec{x} = \vec{a} + \lambda\cdot(\vec{b} - \vec{a}) + \mu\cdot(\vec{c} - \vec{a})$ mit $\lambda, \mu \in \mathbb{R}$ als **Dreipunktegleichung** der durch die drei Punkte *A*, *B* und *C* festgelegten Ebene *E*.
>
> **Kurzschreibweise:** $E\colon \vec{x} = \vec{a} + \lambda\cdot(\vec{b} - \vec{a}) + \mu\cdot(\vec{c} - \vec{a})$.

Beispiel: Punktprobe

Gegeben ist die Ebene $E\colon \vec{x} = \begin{pmatrix} 2 \\ 4 \\ 1 \end{pmatrix} + \lambda\cdot\begin{pmatrix} 3 \\ 2 \\ -1 \end{pmatrix} + \mu\cdot\begin{pmatrix} 0 \\ 4 \\ -2 \end{pmatrix}$.

Es soll geprüft werden, ob die Punkte $P(-1\mid 6\mid 0)$ und $Q(5\mid 2\mid 6)$ zu *E* gehören.

Dazu prüft man, ob es Werte für die Parameter λ und μ gibt, sodass die Ortvektoren von *P* und *Q* die Ebenengleichung erfüllen.

$$P\in E\,?\quad \begin{pmatrix} -1 \\ 6 \\ 0 \end{pmatrix} = \begin{pmatrix} 2 \\ 4 \\ 1 \end{pmatrix} + \lambda\cdot\begin{pmatrix} 3 \\ 2 \\ -1 \end{pmatrix} + \mu\cdot\begin{pmatrix} 0 \\ 4 \\ -2 \end{pmatrix} \Leftrightarrow \begin{cases} -1 = 2 + 3\lambda \\ 6 = 4 + 2\lambda + 4\mu \\ 0 = 1 - \lambda - 2\mu \end{cases}$$

$$\Leftrightarrow \begin{cases} 3\lambda = -3 \\ 2\lambda + 4\mu = 2 \\ \lambda + 2\mu = 1 \end{cases} \Leftrightarrow \begin{cases} \lambda = -1 \\ \lambda + 2\mu = 1 \\ \lambda + 2\mu = 1 \end{cases} \Leftrightarrow \begin{cases} \mu = 1 \\ \lambda = -1 \end{cases}$$

Der Punkt $P(-1\mid 6\mid 0)$ liegt also in der Ebene *E*.

$$Q \in E\,? \quad \begin{pmatrix} 5 \\ 2 \\ 6 \end{pmatrix} = \begin{pmatrix} 2 \\ 4 \\ 1 \end{pmatrix} + \lambda \cdot \begin{pmatrix} 3 \\ 2 \\ -1 \end{pmatrix} + \mu \cdot \begin{pmatrix} 0 \\ 4 \\ -2 \end{pmatrix} \Leftrightarrow \begin{cases} 5 = 2 + 3\lambda \\ 2 = 4 + 2\lambda + 4\mu \\ 6 = 1 - \lambda - 2\mu \end{cases}$$

$$\Leftrightarrow \begin{cases} 3\lambda = 3 \\ 2\lambda + 4\mu = -2 \\ \lambda + 2\mu = -5 \end{cases} \Leftrightarrow \begin{cases} \lambda = 1 \\ \lambda + 2\mu = -1 \\ \lambda + 2\mu = -5 \end{cases}$$

Das Gleichungssystem ist unlösbar. Der Punkt $Q(5 \mid 2 \mid 6)$ gehört nicht zur Ebene E.

12. Gegeben ist eine Ebene E mit dem Aufpunkt A und den Richtungsvektoren $\vec{u}$ und $\vec{v}$ durch die Gleichung $E: \vec{x} = \vec{a} + \lambda\vec{u} + \mu\,\vec{v}$.

Lesen Sie die λ- und μ-Werte ab, die zu den Punkten A, B, C, D, E und F gehören.

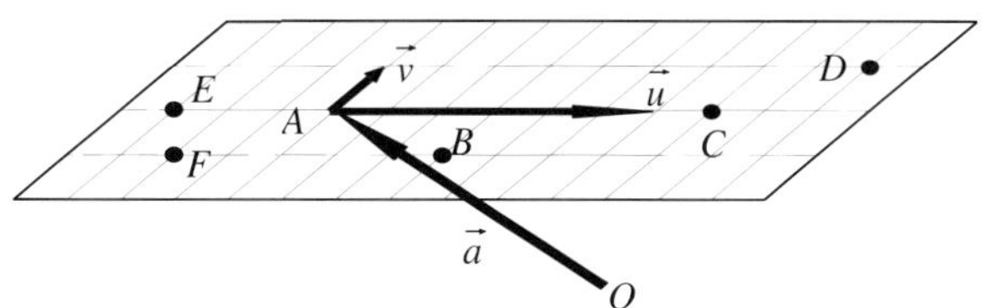

13. Gegeben ist die Ebene E durch die Gleichung

$$E: \vec{x} = \begin{pmatrix} 0 \\ 0{,}5 \\ 1 \end{pmatrix} + \lambda \begin{pmatrix} 0 \\ 3 \\ 0 \end{pmatrix} + \mu \begin{pmatrix} 2 \\ 4 \\ 0 \end{pmatrix}.$$

Geben Sie die Punkte auf der Ebene E an, die zu den folgenden Parameterpaaren $(\lambda\,,\,\mu)$ gehören: $(0,0)$, $(\frac{1}{2},0)$, $(1,-\frac{1}{2})$ und $(1,1)$.

14. Geben Sie eine Gleichung der Ebene durch die Punkte A, B und C an.

a) $A(2 \mid -4 \mid 0)$, $B(-3 \mid 1 \mid 4)$ und $C(5 \mid 0 \mid 1)$.

b) $A(1 \mid -1 \mid 5)$, $B(-5 \mid 4 \mid 3)$ und $C(0 \mid 0 \mid 1)$.

15. a) Stellen Sie eine Punktrichtungsgleichung der Ebene auf, die durch den Punkt $A(2 \mid 4 \mid 1)$ verläuft und die Richtungsvektoren besitzt:

$$\vec{u} = \begin{pmatrix} 3 \\ 2 \\ -1 \end{pmatrix} \text{ und } \vec{v} = \begin{pmatrix} 0 \\ 4 \\ -2 \end{pmatrix}.$$

b) Untersuchen Sie, ob die Punkte $P(5 \mid 2 \mid 2)$ und $Q(5 \mid 3 \mid 3)$ in dieser Ebene liegen.

16. Prüfen Sie, ob die Punkte $P(11 \mid 0 \mid 0)$ und $Q(-2 \mid 2 \mid 7)$ in der Ebene E liegen:

$$E: \vec{x} = \begin{pmatrix} 1 \\ 2 \\ 6 \end{pmatrix} + \lambda \begin{pmatrix} -5 \\ 1 \\ 3 \end{pmatrix} + \mu \begin{pmatrix} 2 \\ -1 \\ -2 \end{pmatrix}.$$

17. Prüfen Sie, ob es eine Ebene E gibt, die durch den Punkt $B(4 \mid 2 \mid 1)$ verläuft und die Gerade g enthält. Geben Sie gegebenenfalls eine Parametergleichung dieser Ebene an.

a) $g: \vec{x} = \begin{pmatrix} 1 \\ 2 \\ 3 \end{pmatrix} + \lambda \begin{pmatrix} 1 \\ 0 \\ 5 \end{pmatrix}$ b) $g: \vec{x} = \begin{pmatrix} 1 \\ 2 \\ 3 \end{pmatrix} + \lambda \begin{pmatrix} -3 \\ 0 \\ 2 \end{pmatrix}$

18. a) Stellen Sie eine Punktrichtungsgleichung der x_1-x_2-Ebene auf.
b) Geben Sie eine Punktrichtungsgleichung der Ebene E an, die durch den Punkt $A(4 \mid 2 \mid -1)$ verläuft und parallel zur x_1-x_2-Ebene ist.

19. a) Überprüfen Sie, ob die Punkte $A(4 \mid 5 \mid 2)$, $B(1 \mid 1 \mid -2)$, $C(5 \mid 0 \mid 1)$ und $D(-2 \mid 0 \mid 3)$ in einer Ebene liegen.
b) Überprüfen Sie, ob das Viereck $ABCD$ mit den Eckpunkten $A(2 \mid 0 \mid 3)$, $B(3 \mid 4 \mid -5)$, $C(5 \mid 1 \mid 8)$ und $D(6 \mid 5 \mid 0)$ eben ist.

20. Beschreiben Sie die besondere Lage der Ebenen im Raum.

a) $E: \vec{x} = \begin{pmatrix} 1 \\ 1 \\ 0 \end{pmatrix} + \lambda \begin{pmatrix} -4 \\ 2 \\ 0 \end{pmatrix} + \mu \begin{pmatrix} 4 \\ -5 \\ 0 \end{pmatrix}$

b) $E: \vec{x} = \begin{pmatrix} 3 \\ 1 \\ 2 \end{pmatrix} + \lambda \begin{pmatrix} 0 \\ -1 \\ 2 \end{pmatrix} + \mu \begin{pmatrix} 0 \\ -3 \\ -4 \end{pmatrix}$

21. Geben Sie eine Gleichung für die Ebene E an.
a) E ist die x_1-x_3-Ebene.
b) E geht durch den Punkt $A(0 \mid 4 \mid 0)$ und ist senkrecht zur x_2-Achse.
c) E ist Symmetrieebene zur x_1-x_2-Ebene und zur x_1-x_3-Ebene.
d) E geht durch $A(3 \mid 0 \mid 4)$ und enthält die Gerade

$$g: \vec{x} = \begin{pmatrix} 3 \\ 1 \\ 0 \end{pmatrix} + \lambda \begin{pmatrix} 0 \\ 4 \\ 0 \end{pmatrix}.$$

22. Gegeben sind ein Punkt A und zwei linear unabhängige Vektoren $\vec{u}$ und $\vec{v}$. Skizzieren und beschreiben Sie die Punktmenge, die durch die Parametergleichung $\vec{x} = \vec{a} + \lambda\,\vec{u} + \mu\,\vec{v}$ beschrieben wird, wenn für die Parameter gilt:

    a) $\lambda = 1$ und $\mu \in \mathbb{R}$.

    b) $\mu = \frac{1}{2}$ und $0 \le \lambda$.

    c) $0 \le \lambda$ und $0 \le \mu$.

    d) $0 \le \lambda \le 2$ und $0 \le \mu \le \frac{1}{2}$.

    e) $0 \le \lambda, \mu$ mit $\lambda + \mu \le 1$.

23. Gegeben ist die Ebene E mit der Gleichung

$$E:\ \vec{x} = \begin{pmatrix} 1 \\ 2 \\ 6 \end{pmatrix} + \lambda \begin{pmatrix} -5 \\ 1 \\ 3 \end{pmatrix} + \mu \begin{pmatrix} 2 \\ -1 \\ -2 \end{pmatrix}.$$

    a) Ermitteln Sie drei Punkte, die in der Ebene E liegen.

    b) Prüfen Sie, ob $A(5 \mid 1 \mid 0)$ und $B(-2 \mid 2 \mid 7)$ in der Ebene E liegen.

    c) Ermitteln Sie einen Punkt in der Ebene E, für den $\lambda - 2\mu = -1$ ist.

    d) Geben Sie alle Punkte der Ebene E an, für deren Parameter $\lambda - 2\mu = -1$ gilt.

24. a) Betrachtet wird ein Dreieck mit den Eckpunkten $A(2 \mid -4 \mid 0)$, $B(-3 \mid 1 \mid 4)$ und $C(-1 \mid 2 \mid 0)$. Liegt der Ursprung im Innern des Dreiecks?

    b) Liegt der Punkt $D(6 \mid 4{,}5 \mid 3{,}5)$ innerhalb des Dreiecks mit den Eckpunkten $A(4 \mid 5 \mid 2)$, $B(1 \mid 1 \mid -2)$ und $C(5 \mid 0 \mid 1)$?

25. Ein Parallelogramm, von dem eine Ecke im Ursprung liegt, wird von den Vektoren $\vec{u} = \begin{pmatrix} 1 \\ 2 \\ 6 \end{pmatrix}$ und $\vec{v} = \begin{pmatrix} 5 \\ 4 \\ 2 \end{pmatrix}$ aufgespannt.

    a) Geben Sie die restlichen Eckpunkte des Parallelogramms an.

    b) Liegen die beiden Punkte $P(4{,}6 \mid 4{,}4 \mid 5{,}2)$ und $Q(4 \mid 5 \mid 10)$ im Innern dieser Parallelogrammfläche?

10.2.2 Koordinatengleichung einer Ebene

Wir betrachten eine Ebene E mit der Parametergleichung

$$E\colon \vec{x} = \begin{pmatrix} 1 \\ -1 \\ 3 \end{pmatrix} + \lambda \cdot \begin{pmatrix} -1 \\ 1 \\ 2 \end{pmatrix} + \mu \cdot \begin{pmatrix} 1 \\ -2 \\ 3 \end{pmatrix}.$$

Geht man von dieser vektoriellen Form zu den Koordinaten über, so ergibt sich das lineare Gleichungssystem:

$$\begin{pmatrix} x_1 = 1 - \lambda + \mu \\ x_2 = -1 + \lambda + 2\mu \\ x_3 = 3 + 2\lambda + 3\mu \end{pmatrix} \Leftrightarrow \begin{pmatrix} -\lambda + \mu = x_1 - 1 \\ \lambda - 2\mu = x_2 + 1 \\ 2\lambda + 3\mu = x_3 - 3 \end{pmatrix} \quad \begin{matrix} (1) \\ (2) \\ (3) \end{matrix}$$

Aus den Gleichungen (1) und (2) dieses Gleichungssystems lassen sich die Parameter λ und μ berechnen:

$$\begin{aligned} (1) + (2): \quad & -\mu = x_1 + x_2 \quad \Leftrightarrow \quad \mu = -x_1 - x_2 \\ \text{in } (2): \quad & \lambda + 2x_1 + 2x_2 = x_2 + 1 \quad \Leftrightarrow \quad \lambda = -2x_1 - x_2 + 1 \end{aligned}$$

Setzt man diese Werte für die Parameter in die Gleichung (3) ein, so ergibt sich eine parameterfreie Darstellung der Ebene E:

$$\begin{aligned} & 2 \cdot (-2x_1 - x_2 + 1) + 3 \cdot (-x_1 - x_2) &= x_3 - 3 \\ \Leftrightarrow \quad & -4x_1 - 2x_2 + 2 - 3x_1 - 3x_2 &= x_3 - 3 \\ \Leftrightarrow \quad & -7x_1 - 5x_2 + 2 - x_3 + 3 &= 0 \\ \Leftrightarrow \quad & 7x_1 + 5x_2 + x_3 - 5 &= 0 \end{aligned}$$

Die Gleichung $7x_1 + 5x_2 + x_3 - 5 = 0$ ist eine Koordinatengleichung der Ebene E ohne Parameter:

- Jeder beliebige Punkt der Ebene E erfüllt mit seinen Koordinaten diese Gleichung.
- Umgekehrt entspricht jede Lösung der Gleichung den Koordinaten eines Punktes von E.

Die Vorgehensweise im obigen Beispiel ist allgemein durchführbar. Aufgrund der Voraussetzung, dass die Richtungsvektoren einer Ebene linear unabhängig sind, lassen sich die Parameter λ und μ stets aus zwei Gleichungen berechnen. Nach Einsetzen in die dritte Gleichung erhält man stets eine Koordinatengleichung der Form

$$a\,x_1 + b\,x_2 + c\,x_3 + d = 0 \quad (a, b, c, d \in \mathbb{R}),$$

in der mindestens einer der Koeffizienten a, b oder c verschieden von Null ist.

Allgemein gilt:

Koordinatengleichung einer Ebene

Jede Ebene E lässt sich durch eine Koordinatengleichung

$$a\,x_1 + b\,x_2 + c\,x_3 + d = 0 \quad (a, b, c, d \in \mathbb{R}),$$

beschreiben, in der mindestens einer der Koeffizienten a, b oder c verschieden von Null ist.

Das Arbeiten mit der Koordinatengleichung einer Ebene erweist sich im Vergleich zur Parametergleichung in vielen Fällen als einfacher. Dies zeigt sich besonders deutlich bei der Punktprobe.

Beispiel: Punktprobe

Gegeben ist die Ebene E mit der Gleichung $7x_1 + 5x_2 + x_3 - 5 = 0$.

Es soll überprüft werden, ob die Punkte $P(-1 \mid 2 \mid 1)$ und $Q(-1 \mid 3 \mid -3)$ in der Ebene E liegen.

Die Punktprobe erfolgt durch Einsetzen der Punktkoordinaten in die Ebenengleichung:

- Punktprobe für P:
  $7 \cdot (-1) + 5 \cdot 2 + 1 - 5 = -7 + 10 + 1 - 5 = -1 \neq 0$, also $P \notin E$.
- Punktprobe für Q:
  $7 \cdot (-1) + 5 \cdot 3 - 3 - 5 = -7 + 15 - 3 - 5 = 0$, also $Q \in E$.

26. Gegeben sind zwei Ebenen mit den Gleichungen $E_1: x_1 + 2x_2 + 6x_3 + 9 = 0$ und $E_2: x_1 + 2x_2 + 3x_3 - 8 = 0$.
    a) Liegen die beiden Punkte $A(0 \mid 1 \mid 3)$ und $B(-1 \mid -1 \mid -1)$ in der Ebene E_1?
    b) Liegen $P(3 \mid 0 \mid 1)$, $Q(3 \mid -2 \mid -1)$ und $R(-3 \mid 0 \mid 0)$ in der Ebene E_2?

27. Gegeben ist eine Ebene mit der Gleichung $E: -5x_1 + 7x_2 + 3x_3 - 2 = 0$.
    a) Welche der Punkte $P(1 \mid 1 \mid 0)$, $Q(2 \mid 3 \mid -3)$ und $R(5 \mid -1 \mid 11)$ liegen in dieser Ebene E?
    b) Bestimmen Sie $k \in \mathbb{R}$ so, dass der Punkt $S(-5 \mid 1 \mid k)$ in der Ebene E liegt.

Umwandlung einer Parametergleichung in eine Koordinatengleichung unter Verwendung des gaußschen Algorithmus

In der Eingangsbetrachtung wurde die Parametergleichung

$$E\colon \vec{x} = \begin{pmatrix} 1 \\ -1 \\ 3 \end{pmatrix} + \lambda \cdot \begin{pmatrix} -1 \\ 1 \\ 2 \end{pmatrix} + \mu \cdot \begin{pmatrix} 1 \\ -2 \\ 3 \end{pmatrix}$$

einer Ebene E in die Koordinatengleichung

$$7x_1 + 5x_2 + x_3 - 5 = 0$$

umgewandelt. Dabei konnten die Parameter λ und μ aus zwei Gleichungen berechnet werden. Einsetzen der Ergebnisse in die dritte Gleichung lieferte die Koordinatenform.

Die einzelnen Rechenschritte lassen sich auch unter Verwendung des gaußschen Algorithmus durchführen. Aus

$$\vec{x} = \begin{pmatrix} x_1 \\ x_2 \\ x_3 \end{pmatrix} = \begin{pmatrix} 1 \\ -1 \\ 3 \end{pmatrix} + \lambda \cdot \begin{pmatrix} -1 \\ 1 \\ 2 \end{pmatrix} + \mu \cdot \begin{pmatrix} 1 \\ -2 \\ 3 \end{pmatrix} \Leftrightarrow \lambda \cdot \begin{pmatrix} -1 \\ 1 \\ 2 \end{pmatrix} + \mu \cdot \begin{pmatrix} 1 \\ -2 \\ 3 \end{pmatrix} = \begin{pmatrix} x_1 - 1 \\ x_2 + 1 \\ x_3 - 3 \end{pmatrix}$$

ergibt sich in der Koeffizientenschreibweise:

$$\begin{array}{c} \text{(I)} \\ \text{(II)} \\ \text{(III)} \end{array} \left(\begin{array}{cc|c} -1 & 1 & x_1 - 1 \\ 1 & -2 & x_2 + 1 \\ 2 & 3 & x_3 - 3 \end{array}\right) \quad \begin{array}{|l} \\ \text{(II)+(I)} \\ \text{(III)}+2\cdot\text{(I)} \end{array}$$

$$\Leftrightarrow \begin{array}{c} \text{(I}'\text{)} \\ \text{(II}'\text{)} \\ \text{(III}'\text{)} \end{array} \left(\begin{array}{cc|c} -1 & 1 & x_1 - 1 \\ 0 & -1 & x_1 + x_2 \\ 0 & 5 & 2x_1 + x_3 - 5 \end{array}\right) \quad \begin{array}{|l} \\ \\ \text{(III}'\text{)}+5\cdot\text{(II}'\text{)} \end{array}$$

$$\Leftrightarrow \begin{array}{c} \text{(I}''\text{)} \\ \text{(II}''\text{)} \\ \text{(III}''\text{)} \end{array} \left(\begin{array}{cc|c} -1 & 1 & x_1 - 1 \\ 0 & -1 & x_1 + x_2 \\ 0 & 0 & 7x_1 + 5x_2 + x_3 - 5 \end{array}\right)$$

In (III″) kann man die linke Seite der bereits bekannten Koordinatengleichung $7x_1 + 5x_2 + x_3 - 5 = 0$ ablesen.

Mit dem gaußschen Algorithmus steht damit ein einheitliches Rechenschema zur Verfügung, das sich zur Bestimmung der Koordinatengleichung einer Ebene stets anwenden lässt.

Beispiel: Koordinatengleichung einer durch drei Punkte gegebenen Ebene

Gegeben sind die Punkte $A(2 \mid -1 \mid 4)$, $B(3 \mid 1 \mid 2)$ und $C(1 \mid 5 \mid 3)$. Gesucht ist eine Koordinatengleichung der Ebene durch diese Punkte.

Richtungsvektoren der gesuchten Ebene E sind:

$$\vec{u} = \vec{b} - \vec{a} = \begin{pmatrix} 3 \\ 1 \\ 2 \end{pmatrix} - \begin{pmatrix} 2 \\ -1 \\ 4 \end{pmatrix} = \begin{pmatrix} 1 \\ 2 \\ -2 \end{pmatrix}$$

$$\vec{v} = \vec{c} - \vec{a} = \begin{pmatrix} 1 \\ 5 \\ 3 \end{pmatrix} - \begin{pmatrix} 2 \\ -1 \\ 4 \end{pmatrix} = \begin{pmatrix} -1 \\ 6 \\ -1 \end{pmatrix}$$

Eine Parametergleichung der Ebene ist daher gegeben durch:

$$E: \begin{pmatrix} x_1 \\ x_2 \\ x_3 \end{pmatrix} = \begin{pmatrix} 2 \\ -1 \\ 4 \end{pmatrix} + \lambda \begin{pmatrix} 1 \\ 2 \\ -2 \end{pmatrix} + \mu \begin{pmatrix} -1 \\ 6 \\ -1 \end{pmatrix} \Leftrightarrow \lambda \begin{pmatrix} 1 \\ 2 \\ -2 \end{pmatrix} + \mu \begin{pmatrix} -1 \\ 6 \\ -1 \end{pmatrix} = \begin{pmatrix} x_1 - 2 \\ x_2 + 1 \\ x_3 - 4 \end{pmatrix}$$

Gaußscher Algorithmus:

$$\begin{array}{c} (\text{I}) \\ (\text{II}) \\ (\text{III}) \end{array} \left(\begin{array}{cc|c} 1 & -1 & x_1 - 2 \\ 2 & 6 & x_2 + 1 \\ -2 & -1 & x_3 - 4 \end{array}\right) \quad \left|\begin{array}{l} \\ (\text{II}) - 2(\text{I}) \\ (\text{III}) + (\text{II}) \end{array}\right.$$

$$\Leftrightarrow \begin{array}{c} (\text{I}') \\ (\text{II}') \\ (\text{III}') \end{array} \left(\begin{array}{cc|c} -1 & 1 & x_1 - 1 \\ 0 & 8 & -2x_1 + x_2 + 5 \\ 0 & 5 & x_2 + x_3 - 3 \end{array}\right) \quad \left|\begin{array}{l} \\ \\ 8 \cdot (\text{III}') - 5 \cdot (\text{II}') \end{array}\right.$$

$$\Leftrightarrow \begin{array}{c} (\text{I}'') \\ (\text{II}'') \\ (\text{III}'') \end{array} \left(\begin{array}{cc|c} -1 & 1 & x_1 - 1 \\ 0 & 7 & -2x_1 + x_2 + 5 \\ 0 & 0 & 10x_1 + 3x_2 + 8x_3 - 49 \end{array}\right)$$

Damit lautet die Koordinatengleichung: $10 \cdot x_1 + 3 \cdot x_2 + 8 \cdot x_3 - 49 = 0$.

28. Bestimmen Sie eine Koordinatengleichung.

a) $E: \vec{x} = \begin{pmatrix} 0 \\ 1 \\ 0 \end{pmatrix} + \lambda \begin{pmatrix} 1 \\ 1 \\ 0 \end{pmatrix} + \mu \begin{pmatrix} 0 \\ 4 \\ 1 \end{pmatrix}$ b) $E: \vec{x} = \begin{pmatrix} 1 \\ 0 \\ 0 \end{pmatrix} + \lambda \begin{pmatrix} 1 \\ 0 \\ 0 \end{pmatrix} + \mu \begin{pmatrix} 0 \\ 1 \\ 0 \end{pmatrix}$

c) $E: \vec{x} = \begin{pmatrix} 2 \\ 1 \\ 4 \end{pmatrix} + \lambda \begin{pmatrix} 3 \\ 2 \\ -1 \end{pmatrix} + \mu \begin{pmatrix} 0 \\ 4 \\ -2 \end{pmatrix}$ d) $E: \vec{x} = \lambda \begin{pmatrix} 5 \\ 0 \\ 1 \end{pmatrix} + \mu \begin{pmatrix} -3 \\ 1 \\ 0 \end{pmatrix}$

29. Bestimmen Sie eine Gleichung der Ebene durch die Punkte A, B und C in der Koordinatenform.
   a) $A(-1 \mid 3 \mid 1)$, $B(3 \mid -4 \mid 1)$ und $C(0 \mid 0 \mid -1)$.
   b) $A(6 \mid -2 \mid 1)$, $B(-1 \mid 0 \mid 2)$ und $C(0 \mid 0 \mid 1)$.

30. Eine Ebene enthält die Punkte $A(4 \mid -1 \mid 1)$, $B(6 \mid 1 \mid 3)$ und $C(0 \mid -3 \mid 3)$.
   a) Bestimmen Sie eine Koordinatengleichung der Ebene.
   b) Prüfen Sie, ob $R(1 \mid -2 \mid 3)$ und $S(9 \mid 1 \mid -3)$ in der Ebene liegen.

31. Prüfen Sie, ob die Punkte in einer gemeinsamen Ebene liegen.
   a) $A(1 \mid -2 \mid 1)$, $B(2 \mid 0 \mid 3)$, $C(0 \mid -1 \mid 3)$ und $D(5 \mid -2 \mid 1)$.
   b) $R(2 \mid 2 \mid -1)$, $S(1 \mid 1 \mid -2)$, $T(3 \mid 0 \mid 0)$, $U(2 \mid 2 \mid 1)$ und $V(5 \mid -2 \mid 2)$.

32. Gegeben ist die Gerade $g : \vec{x} = \begin{pmatrix} 2 \\ -1 \\ 4 \end{pmatrix} + \lambda \begin{pmatrix} 1 \\ 2 \\ -2 \end{pmatrix}$ und der Punkt $P(1 \mid -1 \mid 0)$.
   a) Weisen Sie nach, dass der Punkt P nicht auf der Geraden g liegt.
   b) Bestimmen Sie eine Koordinatengleichung der Ebene E, die den Punkt P und die Gerade g enthält.
   c) Untersuchen Sie, ob der Punkt $Q(-2 \mid -1 \mid 1)$ in der Ebene E liegt.

33. Die Gerade g besitzt den Richtungsvektor $\vec{u} = \begin{pmatrix} -1 \\ 0 \\ 2 \end{pmatrix}$ und verläuft durch den Punkt $P(1 \mid -2 \mid 6)$, die Gerade h enthält die Punkte P und $R(3 \mid -2 \mid 7)$.
   a) Begründen Sie, dass die Geraden g und h eine Ebene festlegen.
   b) Bestimmen Sie eine Koordinatengleichung dieser Ebene.
   c) Entscheiden Sie, ob der Ursprung in dieser Ebene liegt.

34. Eine Ebene E enthält die x_2-Achse und den Punkt $P(-2 \mid 0 \mid 1)$.
   a) Begründen Sie, dass hierdurch eindeutig eine Ebene festgelegt ist.
   b) Bestimmen Sie eine Koordinatengleichung der Ebene E.

35. Gegeben ist für $t \in \mathbb{R}^*$ die Ebenenschar $E_t : t\,x_1 - t\,x_2 + x_3 - 8 = 0$. Prüfen Sie, ob die Punkte $P(1 \mid -7 \mid 9)$ und $Q(12 \mid 12 \mid 8)$ zu Ebenen der Schar E_t gehören.

Umwandlung einer Koordinatengleichung in eine Parametergleichung

Zur Umwandlung einer Koordinatengleichung einer Ebene in eine Parametergleichung gibt es mehrere Möglichkeiten.

Eine erste mögliche Vorgehensweise besteht darin, drei Punkte der Ebene zu bestimmen.

Beispiel: Umwandlung in die Parameterform durch Bestimmung von drei Punkten

Gegeben ist eine Ebene E mit der Gleichung $3 \cdot x_1 - 2 \cdot x_2 + x_3 - 6 = 0$.

Ein Punkt der Ebene lässt sehr einfach bestimmen, wenn man zwei Koordinaten zu Null wählt und die Dritte berechnet:

$$\text{Wählt man} \begin{cases} x_2 = x_3 = 0, \\ x_1 = x_3 = 0, \\ x_1 = x_2 = 0, \end{cases} \text{so folgt} \begin{cases} x_1 = 2. \\ x_2 = -3 \\ x_3 = 6 \end{cases} \quad \text{Punkt:} \begin{cases} A(2 \mid 0 \mid 0) \\ B(0 \mid -3 \mid 0) \\ C(0 \mid 0 \mid 6) \end{cases}$$

Durch diese Wahl der Koordinaten ist zusätzlich gewährleistet, dass die drei Punkte nicht auf einer gemeinsamen Geraden liegen.

Richtungsvektoren der gesuchten Ebene E:

$$\vec{u} = \vec{b} - \vec{a} = \begin{pmatrix} 0 \\ -3 \\ 0 \end{pmatrix} - \begin{pmatrix} 2 \\ 0 \\ 0 \end{pmatrix} = \begin{pmatrix} -2 \\ -3 \\ 0 \end{pmatrix}$$

$$\vec{v} = \vec{c} - \vec{a} = \begin{pmatrix} 0 \\ 0 \\ 6 \end{pmatrix} - \begin{pmatrix} 2 \\ 0 \\ 0 \end{pmatrix} = \begin{pmatrix} -2 \\ 0 \\ 6 \end{pmatrix} = 2 \cdot \begin{pmatrix} -1 \\ 0 \\ 3 \end{pmatrix}$$

Eine Parametergleichung der Ebene ist daher gegeben durch:

$$E: \vec{x} = \begin{pmatrix} 2 \\ 0 \\ 0 \end{pmatrix} + \lambda \begin{pmatrix} -2 \\ -3 \\ 0 \end{pmatrix} + \mu \begin{pmatrix} -1 \\ 0 \\ 3 \end{pmatrix}.$$

Eine zweite mögliche Vorgehensweise besteht darin, die gegebene Koordinatengleichung als ein unterbestimmtes Gleichungssystem aufzufassen.

Beispiel: Parameterform als Lösung eines unterbestimmten Gleichungssystems

Gegeben ist die Ebene E mit der Gleichung $2 \cdot x_1 - 3 \cdot x_2 + x_3 - 5 = 0$.

Diese Koordinatengleichung kann als ein unterbestimmtes Gleichungssystem interpretiert werden. Dabei sind zwei Variablen frei wählbar.

Wählt man z. B. $x_1 = \lambda$ und $x_2 = \mu$, so erhält man:

$$2 \cdot \lambda - 3 \cdot \mu + x_3 - 5 = 0.$$

Diese Gleichung lässt sich nach x_3 auflösen: $x_3 = 5 - 2 \cdot \lambda + 3 \cdot \mu = 0$.

Damit folgt:

$$\vec{x} = \begin{pmatrix} x_1 \\ x_2 \\ x_3 \end{pmatrix} = \begin{pmatrix} \lambda \\ \mu \\ 5 - 2 \cdot \lambda + 3 \cdot \mu \end{pmatrix} = \begin{pmatrix} 0 \\ 0 \\ 5 \end{pmatrix} + \lambda \begin{pmatrix} 1 \\ 0 \\ -2 \end{pmatrix} + \mu \begin{pmatrix} 0 \\ 1 \\ 3 \end{pmatrix}.$$

36. Wie lautet eine Parametergleichung der Ebene?

a) $E: \ 2x_1 + x_2 + x_3 = 3$

b) $E: \ 4x_1 + 5x_2 = 8$

c) $E: \ 2x_1 - 3x_2 + x_3 = 5$

d) $E: \ 4x_1 - 2x_2 + 6x_3 - 6 = 0$

e) $E: \ x_2 - 2x_3 = 0$

f) $E: \ x_1 - 9 = 0$

Parameterfreie Darstellung der Koordinatenebenen

Eine parameterfreie Darstellung der Koordinatenebenen gelingt durch sehr einfache Gleichungen.

x_1-x_2-Ebene	x_1-x_3-Ebene	x_2-x_3-Ebene

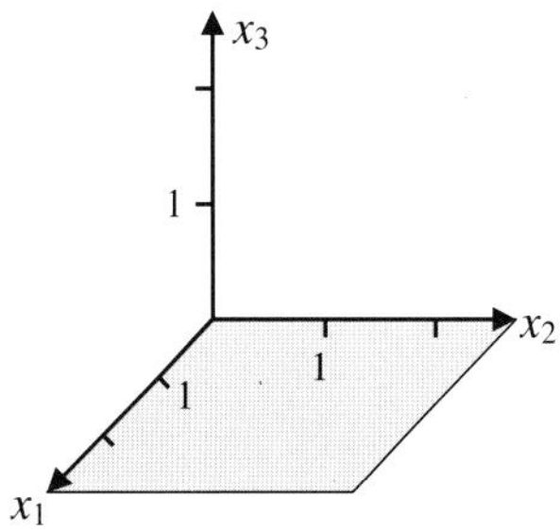

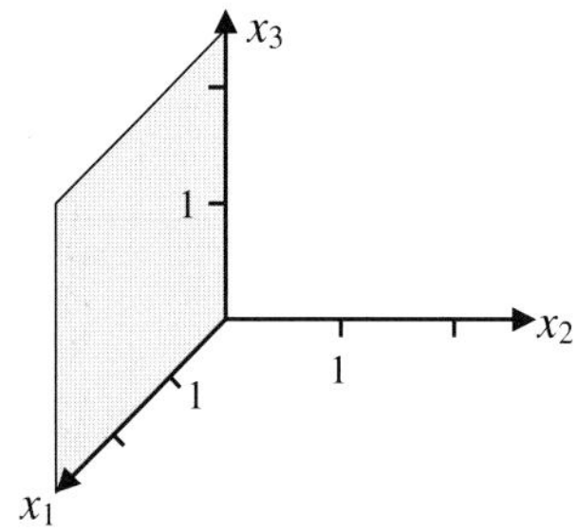

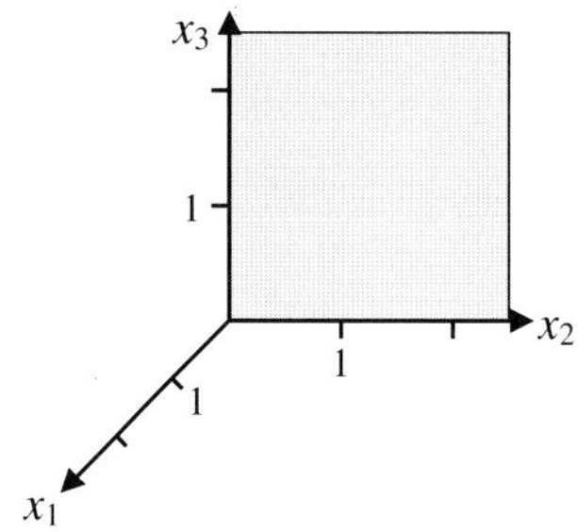

Alle Punkte der dargestellten Koordinatenebene besitzen die Koordinate

$x_3 = 0$	$x_2 = 0$	$x_1 = 0$

Damit sind bereits Koordinatengleichungen der Koordinatenebenen gegeben.

Koordinatengleichungen der Koordinatenebenen

Die Koordinatenebenen besitzen die Gleichungen

x_1-x_2-Ebene : $x_3 = 0$	x_1-x_3-Ebene : $x_2 = 0$	x_2-x_3-Ebene : $x_1 = 0$

Parallelebenen zu den Koordinatenebenen lassen sich ebenfalls sehr einfach durch eine Koordinatengleichung beschreiben.

Im Bild rechts ist eine Parallelebene zur x_1-x_3-Ebene durch den Punkt $P(0 \mid 2 \mid 0)$ dargestellt. Alle Punkte dieser Ebene besitzen wie P die x_2-Koordinate 2.

Die Ebene kann daher beschrieben werden durch die Gleichung:

$$x_2 = 2 \quad \Leftrightarrow \quad x_2 - 2 = 0\,.$$

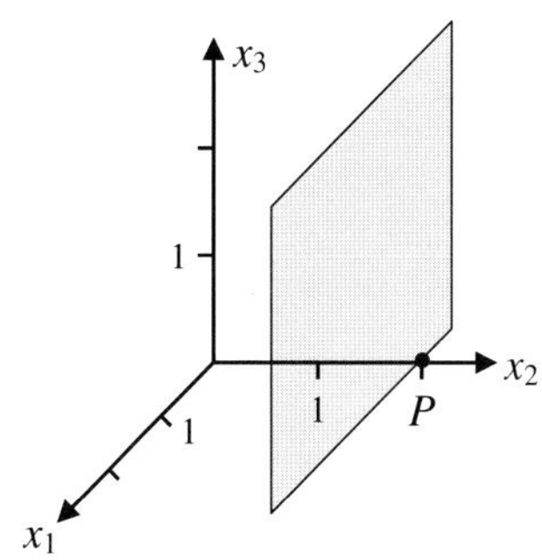

37. Geben Sie eine Gleichung der beschriebenen Ebene in Koordinatenform an.
   a) E_1 ist eine Parallelebene zur x_1-x_2-Ebene durch den Punkt $P(1 \mid 2 \mid 3)$.
   b) E_2 ist eine Parallelebene zur x_2-x_3-Ebene durch den Punkt $Q(5 \mid -2 \mid -1)$.
   c) E_3 ist eine Parallelebene zur x_1-x_3-Ebene durch den Punkt $R(-1 \mid -3 \mid -2)$.

38. Geben Sie eine Koordinatengleichung der Ebenen in den folgenden Abbildungen an.

a)

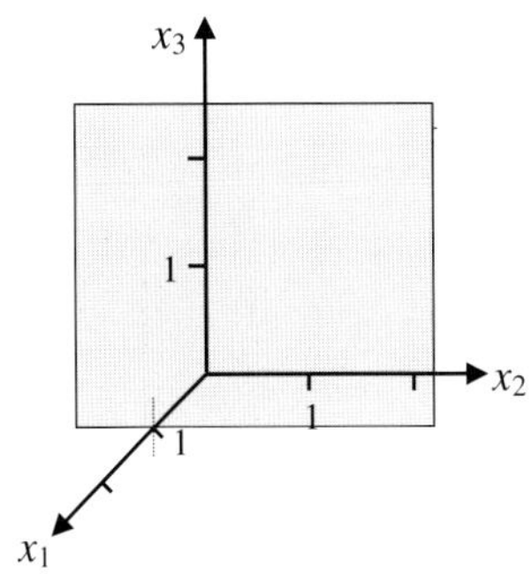

b)

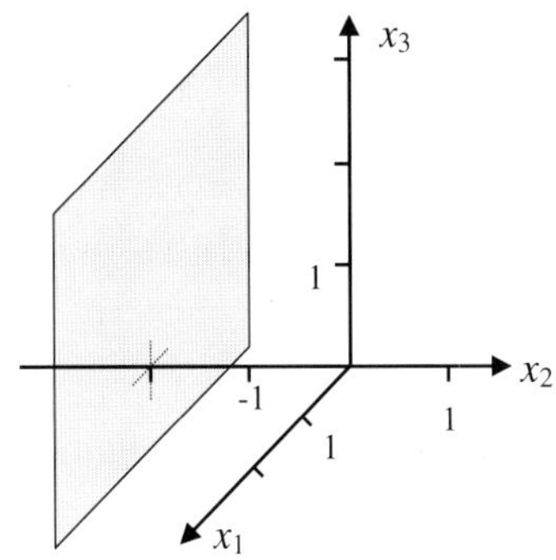

c)

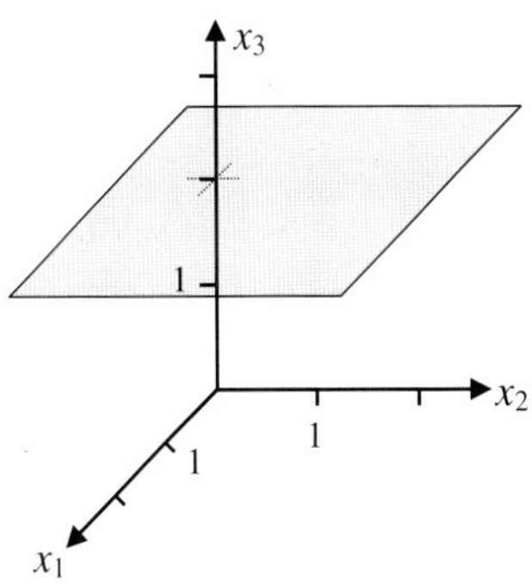

10.2.3 Achsenabschnittsgleichung einer Ebene

Wir betrachten eine Ebene mit der Koordinatengleichung

$$E: 2 \cdot x_1 + 3 \cdot x_2 + 3 \cdot x_3 - 6 = 0.$$

Diese Gleichung lässt sich so umformen, dass auf der linken Seite nur noch die Variablen und auf der rechten Seite die Zahl 1 steht:

$$E:\ 2 \cdot x_1 + 3 \cdot x_2 + 3 \cdot x_3 = 6 \quad \Leftrightarrow \quad \frac{1}{3} \cdot x_1 + \frac{1}{2} \cdot x_2 + \frac{1}{2} \cdot x_3 = 1.$$

Die letzte Gleichung lässt sich auch schreiben in der Form:

$$E: \quad \frac{x_1}{3} + \frac{x_2}{2} + \frac{x_3}{2} = 1.$$

Der Vorteil dieser Gleichung besteht darin, dass man aus ihr prägnante Punkte der Ebene unmittelbar ablesen kann:

- Für $x_2 = 0$ und $x_3 = 0$ ergibt sich $x_1 = 3$ und damit $S_1(3 \mid 0 \mid 0)$.
- Für $x_1 = 0$ und $x_3 = 0$ ergibt sich $x_2 = 2$ und damit $S_2(0 \mid 2 \mid 0)$.
- Für $x_1 = 0$ und $x_2 = 0$ ergibt sich $x_3 = 2$ und damit $S_3(0 \mid 0 \mid 2)$.

S_1, S_2 und S_3 sind die Schnittpunkte der Ebene mit den Koordinatenachsen. Sie werden als **Spurpunkte** der Ebene mit den Koordinatenachsen bezeichnet.

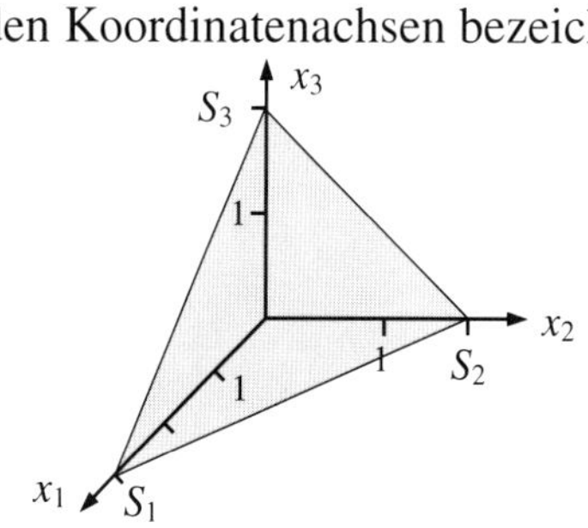

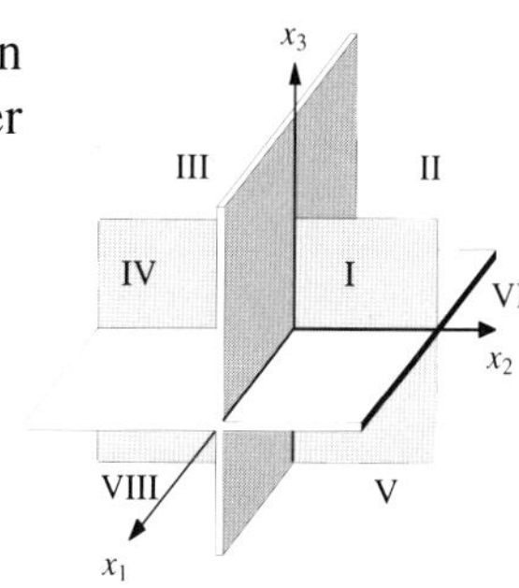

Aufteilung des Raums in 8 Oktanten

Kennt man die Spurpunkte einer Ebene mit den Koordinatenachsen, so lässt sich ihre Lage sehr anschaulich durch den in einem **Oktanten** des Koordinatensystems liegenden Teil darstellen.

Achsenabschnittsgleichung einer Ebene

Sind in einer Ebene mit der Koordinatengleichung $a \cdot x_1 + b \cdot x_2 + c \cdot x_3 - d = 0$ alle Koeffizienten a, b, c und d verschieden von Null, so lässt sich diese Gleichung umwandeln in die Form:

$$\frac{x_1}{u} + \frac{x_2}{v} + \frac{x_3}{w} = 1 \quad \textbf{(Achsenabschnittsgleichung)}.$$

Aus der Achsenabschnittsgleichung lassen sich unmittelbar die **Spurpunkte** $S_1(u \mid 0 \mid 0)$, $S_2(0 \mid v \mid 0)$ und $S_3(0 \mid 0 \mid w)$ mit den Koordinatenachsen ablesen.

Die Verbindungsgerade zweier Spurpunkte bezeichnet man als **Spurgerade** der Ebene mit der entsprechenden Koordinatenebene.
Tritt in der Koordinatengleichung einer Ebene eine Variable nicht auf, so lässt sich ebenfalls eine Achsenabschnittsgleichung angeben.

Beispiel: Gegeben ist eine Ebene mit der Koordinatengleichung

$$E:\ 2 \cdot x_2 - 6 \cdot x_3 - 12 = 0.$$

Dividiert man diese Gleichung durch 12, so ergibt sich:

$$E:\ \frac{x_2}{6} - \frac{x_3}{2} = 1.$$

Man erhält

- $S_2(0 \mid 6 \mid 0)$ als Spurpunkt mit der x_2-Achse und
- $S_3(0 \mid 0 \mid 2)$ als Spurpunkt mit der x_3-Achse.

Einen Spurpunkt mit der x_1-Achse gibt es nicht.

Als Verbindungsgerade von S_2 und S_3 ergibt sich:

$$g_{23}:\ \vec{x} = \vec{s}_1 + \lambda \cdot \overrightarrow{S_2S_3} = \begin{pmatrix} 0 \\ 6 \\ 0 \end{pmatrix} + \lambda \cdot \begin{pmatrix} 2 \\ -6 \\ 0 \end{pmatrix}.$$

Die Ebene aus dem obigen Beispiel hat eine besondere Lage im Raum. Hierauf wird im Abschnitt 10.4.4 ausführlich eingegangen.

39. Bestimmen Sie jeweils eine Koordinatengleichung der Ebene E.

a)

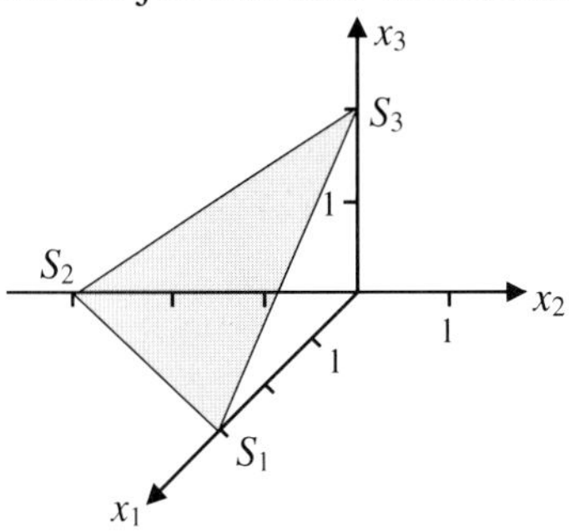

b)

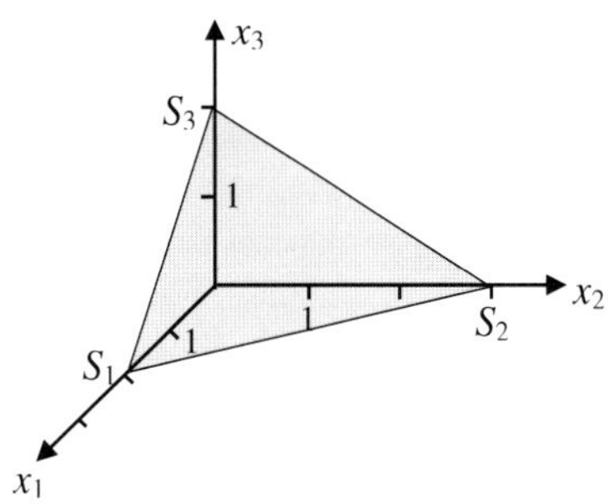

40. Gegeben ist die Ebene E mit der Gleichung $3 \cdot x_1 - 6 \cdot x_2 + 4 \cdot x_3 - 12 = 0$.
    a) Ermitteln Sie die Spurpunkte der Ebene mit den Koordinatenachsen.
    b) Berechnen Sie jeweils eine Gleichung der Spurgeraden der Ebene.
    c) Zeichnen Sie mithilfe der Spurpunkte ein Bild der Ebene.

41. Gegeben ist die Ebene E mit der Gleichung $\vec{x} = \begin{pmatrix} 3 \\ -1 \\ 0 \end{pmatrix} + \lambda \begin{pmatrix} 1 \\ 0 \\ -2 \end{pmatrix} + \mu \begin{pmatrix} 2 \\ 1 \\ 0 \end{pmatrix}$.

a) Ermitteln Sie die Spurpunkte der Ebene mit den Koordinatenachsen.

b) Berechnen Sie jeweils eine Gleichung der Spurgeraden der Ebenen mit den Koordinatenebenen.

c) Zeichnen Sie mithilfe der Spurpunkte ein Bild der Ebene.

42. Die Punkte $A(2 \mid 1 \mid 1)$, $B(1 \mid 2 \mid 1)$ und $C(2 \mid -1 \mid 2)$ legen eine Ebene fest.

a) Ermitteln Sie eine Koordinatengleichung der Ebene.

b) Bestimmen Sie die Spurpunkte der Ebene mit den Koordinatenachsen.

c) Geben Sie für jede Spurgerade der Ebene eine Parametergleichung an.

d) Zeichnen Sie mithilfe der Spurpunkte ein Bild der Ebene.

43. Berechnen Sie die Spurpunkte S_1, S_2 und S_3 mit den Koordinatenachsen.

a) $E: \vec{x} = \begin{pmatrix} 4 \\ 6 \\ 0 \end{pmatrix} + \lambda \begin{pmatrix} 1 \\ 1 \\ 1 \end{pmatrix} + \mu \begin{pmatrix} 1 \\ 0 \\ 3 \end{pmatrix}$

b) $E: \vec{x} = \begin{pmatrix} 1 \\ 2 \\ 0 \end{pmatrix} + \lambda \begin{pmatrix} 1 \\ 1 \\ 1 \end{pmatrix} + \mu \begin{pmatrix} 1 \\ 0 \\ 1 \end{pmatrix}$

c) $E: \vec{x} = \begin{pmatrix} 0 \\ 5 \\ 0 \end{pmatrix} + \lambda \begin{pmatrix} 0 \\ 10 \\ -6 \end{pmatrix} + \mu \begin{pmatrix} 2 \\ 0 \\ -1 \end{pmatrix}$

d) $E: 2x_1 - 3x_2 + 5x_3 = 30$

e) $E: 4x_2 + 3x_3 = 6$

f) $E: 5x_1 - 7x_2 = -70$

10.3 Lagebeziehung zweier Geraden

10.3.1 Parallele Geraden

Zwei Geraden

$$g_1 : \vec{x} = \vec{a}_1 + \lambda \cdot \vec{u}_1 \quad \text{und} \quad g_2 : \vec{x} = \vec{a}_2 + \mu \cdot \vec{u}_2$$

sind parallel, wenn sie die gleiche Richtung haben. Dies ist immer dann der Fall, wenn die Richtungsvektoren $\vec{u}_1$ und $\vec{u}_2$ linear abhängig sind.

Für zwei Vektoren bedeutet lineare Abhängigkeit, dass einer ein Vielfaches des anderen ist.

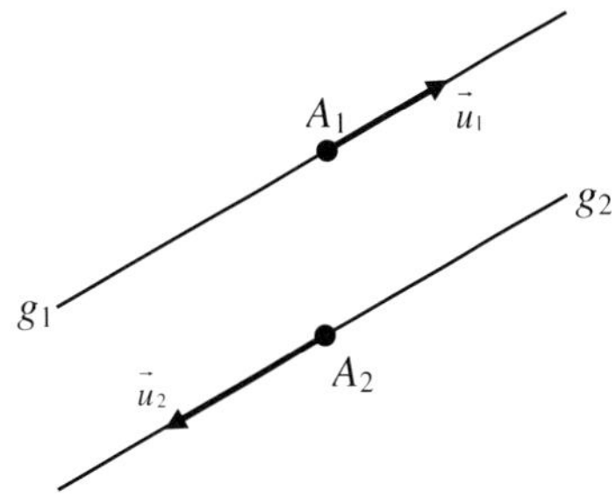

Parallelität von Geraden

Zwei Geraden $g_1 : \vec{x} = \vec{a}_1 + \lambda \cdot \vec{u}_1$ und $g_2 : \vec{x} = \vec{a}_2 + \mu \cdot \vec{u}_2$ sind parallel, wenn ihre Richtungsvektoren $\vec{u}_1$ und $\vec{u}_2$ linear abhängig sind.

Für parallele Geraden können folgende Fälle unterschieden werden.

1. Die Geraden sind identisch.

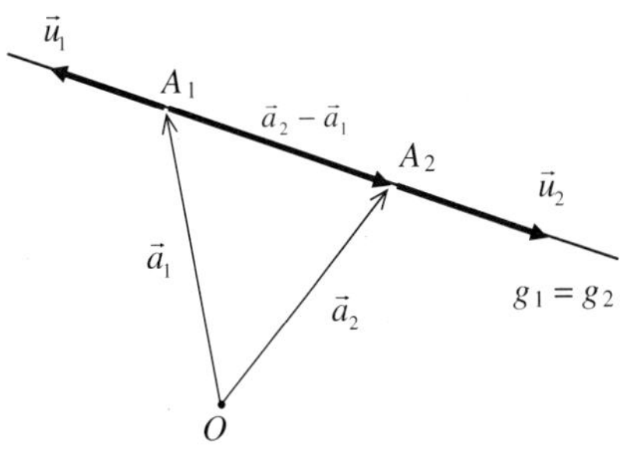

2. Die Geraden sind echt parallel.

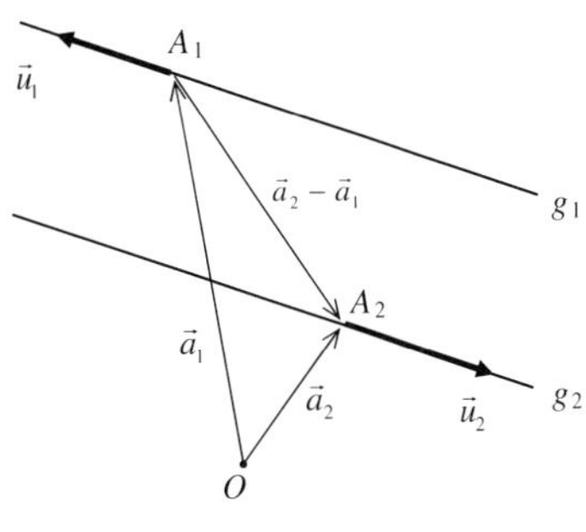

Die Frage, welcher der beiden Fälle vorliegt, kann auf ein **Schnittproblem** zurückgeführt werden. Das Gleichsetzungsverfahren führt zu der Vektorgleichung

$$\vec{a}_1 + \lambda \cdot \vec{u}_1 = \vec{a}_2 + \mu \cdot \vec{u}_2 \Leftrightarrow \lambda \cdot \vec{u}_1 - \mu \cdot \vec{u}_2 = \vec{a}_2 - \vec{a}_1 \,.$$

Das zugehörige Gleichungssystem besteht aus drei Gleichungen für die beiden Lösungsvariablen λ und μ:

- im Fall echt paralleler Geraden ist das Gleichungssystem unlösbar,
- im Fall identischer Geraden dagegen nicht eindeutig lösbar.

Rechnerisch einfacher lässt sich die Entscheidung, ob parallele Geraden identisch oder verschieden sind, auch mithilfe einer anderen Überlegung durchführen.

Man führt z. B. für den Stützpunkt A_2 von g_2 die Punktprobe bezüglich der Geraden g_1 durch:

- Gilt $A_2 \in g_1$, so sind die parallelen Geraden identisch,
- Gilt $A_2 \notin g_1$, so sind die parallelen Geraden verschieden.

Die Punktprobe von A_2 bezüglich g_1 führt zu der Frage, ob die Vektorgleichung

$$\vec{a}_2 = \vec{a}_1 + \lambda \cdot \vec{u}_1 \quad \Leftrightarrow \quad \vec{a}_2 - \vec{a}_1 = \lambda \cdot \vec{u}_1$$

für ein $\lambda \in \mathbb{R}$ erfüllbar ist.

Dies ist gleichbedeutend mit der Frage, ob die Vektoren $\vec{a}_2 - \vec{a}_1$ und $\vec{u}_1$ linear abhängig und damit Vielfache sind.

Der Vorteil dieser Vorgehensweise liegt darin, dass in der zu lösenden Gleichung nur eine Lösungsvariable auftritt oder die lineare Abhängigkeit von nur zwei Vektoren zu untersuchen ist.

Beispiel 1: Betrachtet werden die Geraden

$$g: \vec{x} = \begin{pmatrix} 0 \\ 1 \\ 2 \end{pmatrix} + \lambda \begin{pmatrix} 4 \\ -1 \\ 2 \end{pmatrix} \text{ und } h: \vec{x} = \begin{pmatrix} 2 \\ 1 \\ 1 \end{pmatrix} + \mu \begin{pmatrix} -2 \\ 0{,}5 \\ -1 \end{pmatrix}.$$

Für die Richtungsvektoren gilt $\begin{pmatrix} 4 \\ -1 \\ 2 \end{pmatrix} = (-2) \cdot \begin{pmatrix} -2 \\ 0{,}5 \\ -1 \end{pmatrix}$.

Sie sind linear abhängig und die Geraden daher parallel.

Die Punktprobe für den Stützpunkt von h bezüglich der Geraden g ergibt:

$$\begin{pmatrix} 2 \\ 1 \\ 1 \end{pmatrix} = \begin{pmatrix} 0 \\ 1 \\ 0 \end{pmatrix} + \lambda \begin{pmatrix} 4 \\ -1 \\ 2 \end{pmatrix} \Leftrightarrow \begin{pmatrix} 2 \\ 0 \\ 1 \end{pmatrix} = \lambda \begin{pmatrix} 4 \\ -1 \\ 2 \end{pmatrix} \Leftrightarrow \begin{pmatrix} 2 = 4\lambda \\ 0 = -\lambda \\ 1 = 2\lambda \end{pmatrix}$$

Dieses Gleichungssystem ist unlösbar.

Die Geraden g und h sind daher parallel und verschieden (echt parallel).

Beispiel 2: Betrachtet werden die Geraden

$$g:\ \vec{x} = \begin{pmatrix} 0 \\ 1 \\ 2 \end{pmatrix} + \lambda \begin{pmatrix} 4 \\ -1 \\ 2 \end{pmatrix} \text{ und } h:\ \vec{x} = \begin{pmatrix} 2 \\ 0{,}5 \\ 3 \end{pmatrix} + \mu \begin{pmatrix} -2 \\ 0{,}5 \\ -1 \end{pmatrix}.$$

Die Geraden sind wie in Beispiel 1 parallel. Die Punktprobe für den Stützpunkt von h bezüglich der Geraden g ergibt in diesem Fall:

$$\begin{pmatrix} 2 \\ 0{,}5 \\ 3 \end{pmatrix} = \begin{pmatrix} 0 \\ 1 \\ 2 \end{pmatrix} + \lambda \begin{pmatrix} 4 \\ -1 \\ 2 \end{pmatrix} \Leftrightarrow \begin{pmatrix} 2 \\ -0{,}5 \\ 1 \end{pmatrix} = \lambda \begin{pmatrix} 4 \\ -1 \\ 2 \end{pmatrix} \Leftrightarrow \begin{pmatrix} 2 & = & 4\lambda \\ -0{,}5 & = & -\lambda \\ 1 & = & 2\lambda \end{pmatrix}$$

Dieses Gleichungssystem wird durch $\lambda = 0{,}5$ erfüllt.

Die Geraden g und h sind daher identisch.

44. Begründen Sie, dass die Geraden parallel sind. Untersuchen Sie zusätzlich, ob sie echt parallel oder identisch sind.

a) $g:\ \vec{x} = \begin{pmatrix} 1 \\ 0 \\ 1 \end{pmatrix} + \lambda \begin{pmatrix} -2 \\ 1 \\ 6 \end{pmatrix}$ $\qquad h:\ \vec{x} = \begin{pmatrix} -1 \\ 3 \\ 2 \end{pmatrix} + \mu \begin{pmatrix} 1 \\ -0{,}5 \\ -3 \end{pmatrix}$

b) $g:\ \vec{x} = \begin{pmatrix} 5 \\ 5 \\ 1 \end{pmatrix} + \lambda \begin{pmatrix} -6 \\ 0 \\ 3 \end{pmatrix}$ $\qquad h:\ \vec{x} = \begin{pmatrix} -1 \\ 5 \\ 4 \end{pmatrix} + \mu \begin{pmatrix} 4 \\ 0 \\ -2 \end{pmatrix}$

45. Betrachtet werden die Gerade g durch die Punkte $A(2 \mid 0 \mid 1)$ und $B(-1 \mid 6 \mid 1)$ sowie die Gerade h durch die Punkte $P(0 \mid 4 \mid 1)$ und $Q(3 \mid -2 \mid 1)$.

Zeigen Sie, dass die Geraden g und h parallel sind, und stellen Sie fest, ob sie echt parallel oder identisch sind.

10.3.2 Nichtparallele Geraden

Wir betrachten im dreidimensionalen Raum zwei Geraden

$$g_1 : \vec{x} = \vec{a_1} + \lambda \cdot \vec{u_1} \quad \text{und} \quad g_2 : \vec{x} = \vec{a_2} + \mu \cdot \vec{u_2} \,,$$

die nicht parallel sind. Dies bedeutet, dass die beiden Richtungsvektoren $\vec{u_1}$ und $\vec{u_2}$ linear unabhängig sind.

Für nichtparallele Geraden im Raum sind zwei Fälle möglich.

1. Die Geraden schneiden sich in einem Punkt.

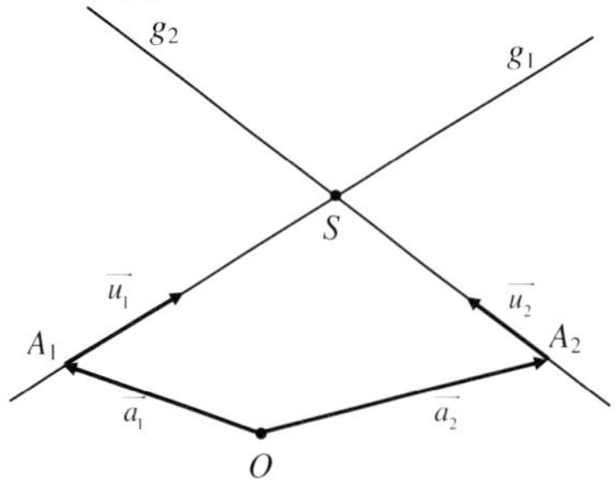

2. Die Geraden besitzen keinen Punkt gemeinsam.

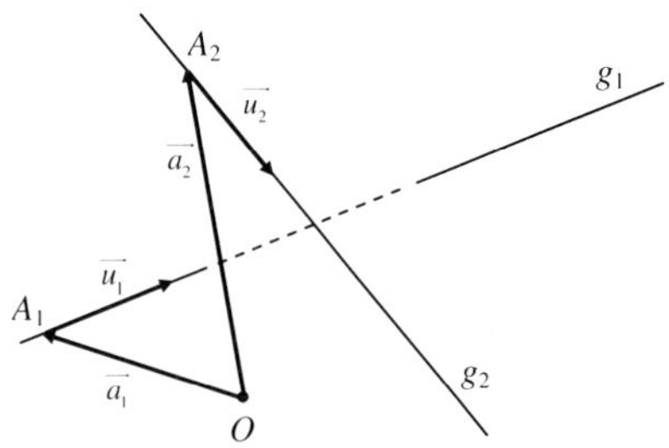

Zwei Geraden, die nicht parallel sind und keinen gemeinsamen Punkt besitzen, bezeichnet man als **windschief**.

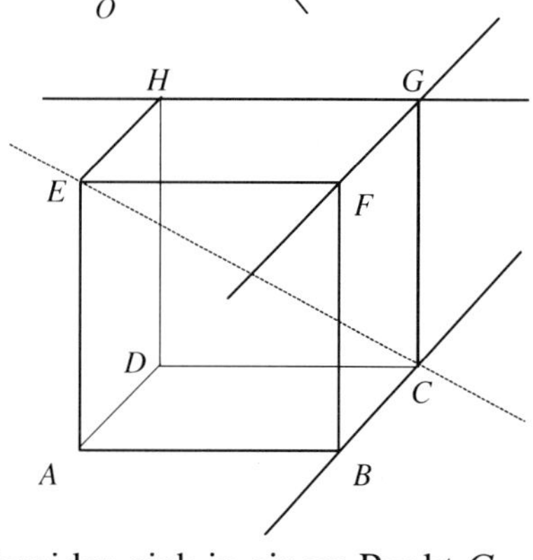

So sind z. B. in der Abbildung rechts

- die Geraden BC und FG parallel,
- die Geraden BC und HG windschief,
- die Geraden EC und FG windschief,
- die Geraden EC und HG windschief,
- die Geraden FG und HG nicht parallel und schneiden sich in einem Punkt G,
- die Geraden BC und EC nicht parallel und schneiden sich in einem Punkt C.

Die Frage, welcher der möglichen Fälle für zwei nichtparallele Geraden vorliegt, kann auf ein **Schnittproblem** zurückgeführt werden. Das Gleichsetzungsverfahren führt zu der Vektorgleichung

$$\vec{a_1} + \lambda \cdot \vec{u_1} = \vec{a_2} + \mu \cdot \vec{u_2} \Leftrightarrow \lambda \cdot \vec{u_1} - \mu \cdot \vec{u_2} = \vec{a_2} - \vec{a_1} \,.$$

- Ist das zugehörige Gleichungssystem mit Zahlen λ, $\mu \in \mathbb{R}$ eindeutig lösbar, so gibt es einen Schnittpunkt.
  In diesem Fall sind die Vektoren $\vec{a_2} - \vec{a_1}$, $\vec{u_1}$ und $\vec{u_2}$ linear abhängig.
- Ist das Gleichungssystem unlösbar, so sind die Geraden windschief.
  Die Vektoren $\vec{a_2} - \vec{a_1}$, $\vec{u_1}$ und $\vec{u_2}$ sind dann linear unabhängig.

Beispiel: Betrachtet werden die Geraden

$$g:\ \vec{x}=\begin{pmatrix}-11\\9\\1\end{pmatrix}+\lambda\begin{pmatrix}-4\\3\\-2\end{pmatrix}\ \text{und}\ h:\ \vec{x}=\begin{pmatrix}-4\\11\\4\end{pmatrix}+\mu\begin{pmatrix}3\\5\\1\end{pmatrix}.$$

Die Richtungsvektoren sind linear unabhängig, die Geraden daher nicht parallel. Man prüft durch eine Schnittpunktsberechnung, ob sich die Geraden schneiden oder ob sie windschief sind.

$$\begin{pmatrix}-11\\9\\1\end{pmatrix}+\lambda\begin{pmatrix}-4\\3\\-2\end{pmatrix}=\begin{pmatrix}-4\\11\\4\end{pmatrix}+\mu\begin{pmatrix}3\\5\\1\end{pmatrix}\Leftrightarrow\begin{pmatrix}-4\lambda-3\mu=7\\3\lambda-5\mu=2\\-2\lambda-\mu=3\end{pmatrix}\begin{matrix}\\(2\cdot\text{II}+3\cdot\text{III})\\(2\cdot\text{III}-\text{I})\end{matrix}$$

$$\Leftrightarrow\begin{pmatrix}-4\lambda-3\mu=7\\-13\mu=13\\\mu=-1\end{pmatrix}\Leftrightarrow\begin{pmatrix}\lambda=-1\\\mu=-1\end{pmatrix}$$

Setzt man z. B. $\lambda=-1$ in die Gleichung von g ein, so ergibt sich:

$$\vec{s}=\begin{pmatrix}-11\\9\\1\end{pmatrix}-\begin{pmatrix}-4\\3\\-2\end{pmatrix}=\begin{pmatrix}-7\\6\\3\end{pmatrix}.$$

Die Geraden g und h schneiden sich somit im Punkt $S(-7\,|\,6\,|\,3)$.

Wäre das obige Gleichungssystem dagegen unlösbar gewesen, so hätte es keinen Schnittpunkt gegeben. Die Geraden wären dann windschief gewesen.

46. Begründen Sie, dass die Geraden

$$g:\ \vec{x}=\begin{pmatrix}1\\3\\-2\end{pmatrix}+\lambda\begin{pmatrix}-2\\0\\3\end{pmatrix}\ \text{und}\ h:\ \vec{x}=\begin{pmatrix}1\\2\\3\end{pmatrix}+\mu\begin{pmatrix}0\\2\\1\end{pmatrix}$$

windschief sind.

47. Begründen Sie, dass sich die Geraden

$$g:\ \vec{x}=\begin{pmatrix}1\\3\\-2\end{pmatrix}+\lambda\begin{pmatrix}-1\\1\\3\end{pmatrix}\ \text{und}\ h:\ \vec{x}=\begin{pmatrix}1\\1\\0\end{pmatrix}+\mu\begin{pmatrix}-1\\2\\2\end{pmatrix}$$

schneiden. Berechnen Sie den Schnittpunkt.

10.3.3 Lageuntersuchung für Geraden

In dem folgenden Diagramm ist Vorgehensweise zur Untersuchung der Lagebeziehung zwischen zwei Geraden

$$g_1 : \vec{x} = \vec{a}_1 + \lambda \cdot \vec{u}_1 \quad \text{und} \quad g_2 : \vec{x} = \vec{a}_2 + \mu \cdot \vec{u}_2$$

noch einmal in einer Übersicht dargestellt.

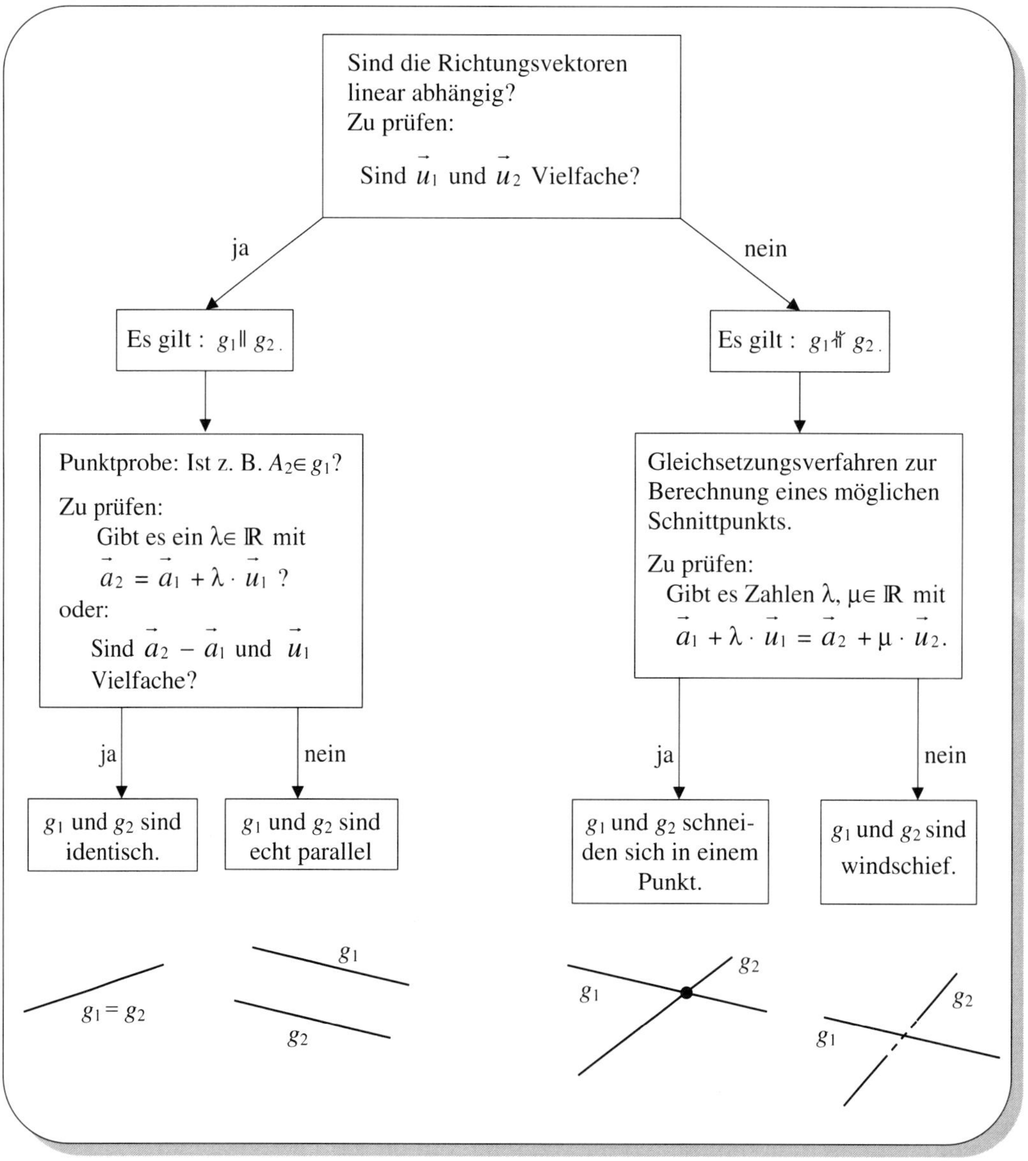

48. Untersuchen Sie die Geraden g und h auf ihre gegenseitige Lage. Berechnen Sie gegebenenfalls den Schnittpunkt.

a) $g: \vec{x} = \begin{pmatrix} -11 \\ 9 \\ 1 \end{pmatrix} + \lambda \begin{pmatrix} -4 \\ 3 \\ -2 \end{pmatrix}$ $\quad h: \vec{x} = \begin{pmatrix} -4 \\ 11 \\ 4 \end{pmatrix} + \mu \begin{pmatrix} 3 \\ 5 \\ 1 \end{pmatrix}$

b) $g: \vec{x} = \begin{pmatrix} 5 \\ 5 \\ 1 \end{pmatrix} + \lambda \begin{pmatrix} 2 \\ 1 \\ 0 \end{pmatrix}$ $\quad h: \vec{x} = \begin{pmatrix} 1 \\ 3 \\ 1 \end{pmatrix} + \mu \begin{pmatrix} 2 \\ 1 \\ 1 \end{pmatrix}$

c) $g: \vec{x} = \begin{pmatrix} 3 \\ 5 \\ 4 \end{pmatrix} + \lambda \begin{pmatrix} 4 \\ 6 \\ 4 \end{pmatrix}$ $\quad h: \vec{x} = \begin{pmatrix} 8 \\ 2 \\ 7 \end{pmatrix} + \mu \begin{pmatrix} 3 \\ 1 \\ 5 \end{pmatrix}$

49. Untersuchen Sie die Lagebeziehung der Geraden g und h.

a) $g: \vec{x} = \begin{pmatrix} 3 \\ 5{,}5 \\ -1 \end{pmatrix} + \lambda \begin{pmatrix} 4 \\ -3 \\ 6 \end{pmatrix}$ $\quad h: \vec{x} = \begin{pmatrix} 13 \\ -2 \\ 14 \end{pmatrix} + \mu \begin{pmatrix} -6 \\ 4{,}5 \\ -9 \end{pmatrix}$

b) $g: \vec{x} = \lambda \begin{pmatrix} 2 \\ 0 \\ -3 \end{pmatrix}$ $\quad h: \vec{x} = \mu \begin{pmatrix} 4 \\ 0 \\ -5 \end{pmatrix}$

c) $g: \vec{x} = \begin{pmatrix} 5 \\ 2 \\ 0 \end{pmatrix} + \lambda \begin{pmatrix} 1 \\ 0 \\ -3 \end{pmatrix}$ $\quad h: \vec{x} = \begin{pmatrix} 8 \\ 4 \\ -1 \end{pmatrix} + \mu \begin{pmatrix} 2 \\ 1 \\ -2 \end{pmatrix}$

50. Prüfen Sie, ob sich die Geraden g_1 und g_2 schneiden.

a)

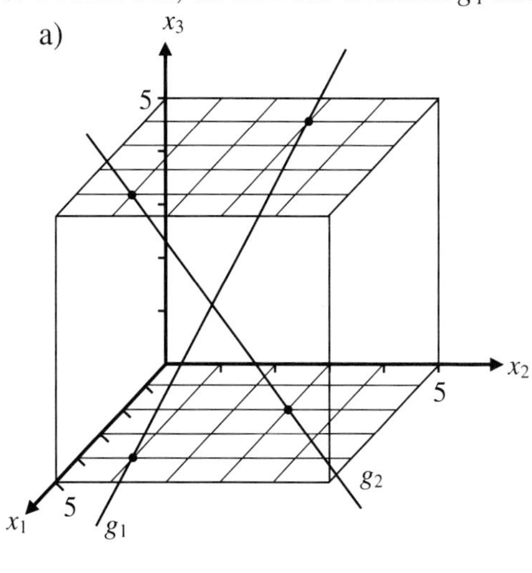

b)

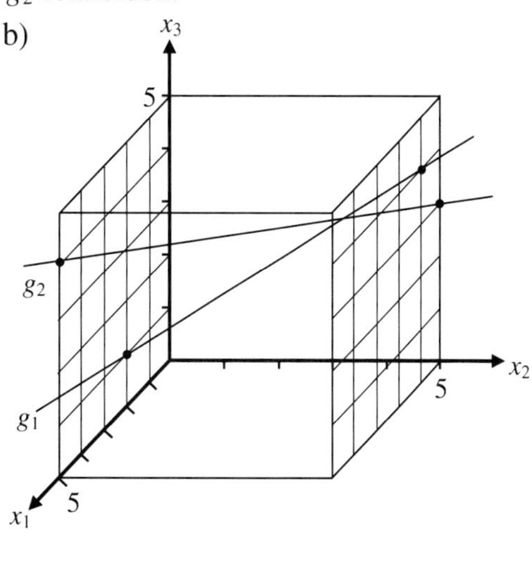

51. Gegeben sind $g: \vec{x} = \begin{pmatrix} 0 \\ 4 \\ 1 \end{pmatrix} + \lambda \begin{pmatrix} 2 \\ -1 \\ 0 \end{pmatrix}$ und $h: \vec{x} = \begin{pmatrix} -2 \\ 5 \\ 2 \end{pmatrix} + \mu \begin{pmatrix} -4 \\ 2 \\ 1 \end{pmatrix}$.

Bestimmen Sie den Schnittpunkt der beiden Geraden. Geben Sie eine Koordinatengleichung der Ebene an, in der die beiden Geraden liegen.

52. Die Koordinatenachsen verlaufen durch den Ursprung des Koordinatensystems.

a) Begründen Sie, dass sich die Koordinatenachsen durch folgende Gleichungen darstellen lassen.

x_1-Achse: $\vec{x} = \lambda \cdot \vec{e}_1 = \lambda \cdot \begin{pmatrix} 1 \\ 0 \\ 0 \end{pmatrix}$ x_2-Achse: $\vec{x} = \lambda \cdot \vec{e}_2 = \lambda \cdot \begin{pmatrix} 0 \\ 1 \\ 0 \end{pmatrix}$

x_3-Achse: $\vec{x} = \lambda \cdot \vec{e}_3 = \lambda \cdot \begin{pmatrix} 0 \\ 0 \\ 1 \end{pmatrix}$

b) Untersuchen Sie, welche von folgenden Geraden geschnitten werden.

$g: \vec{x} = \begin{pmatrix} 4 \\ -7 \\ 8 \end{pmatrix} + \lambda \begin{pmatrix} -2 \\ 5 \\ -4 \end{pmatrix}$ $h: \vec{x} = \begin{pmatrix} 3 \\ 2 \\ 1 \end{pmatrix} + \mu \begin{pmatrix} -1 \\ -3 \\ 0 \end{pmatrix}$

53. Gegeben ist die Gerade g und für $k \in \mathbb{R}$ die Geradenschar h_k:

$$g: \vec{x} = \begin{pmatrix} 3 \\ 1 \\ 1 \end{pmatrix} + \lambda \begin{pmatrix} 2 \\ 1 \\ 1 \end{pmatrix} \text{ und } h_k: \vec{x} = \begin{pmatrix} 0 \\ 1 \\ 2 \end{pmatrix} + \mu \begin{pmatrix} k \\ 4 \\ 1 \end{pmatrix}.$$

Welche Gerade der Schar h_k schneidet die Gerade g?
Geben Sie für diesen Fall die Koordinaten des Schnittpunkts an.

54. Seien $\vec{u}$ und $\vec{v}$ linear unabhängig. Zeigen Sie, dass sich die Geraden

$$g: \vec{x} = \vec{a} + \vec{v} + \lambda \vec{u} \text{ und } h: \vec{x} = \vec{a} - \vec{u} + \mu \vec{v}$$

schneiden.

10.4 Lagebeziehung von Gerade und Ebene

10.4.1 Parallele Geraden und Ebenen

Betrachtet wird eine Ebene

$$E: \vec{x} = \vec{a} + \lambda \cdot \vec{v_1} + \mu \cdot \vec{v_2}$$

und eine Gerade

$$g: \vec{x} = \vec{b} + \nu \cdot \vec{u} \,.$$

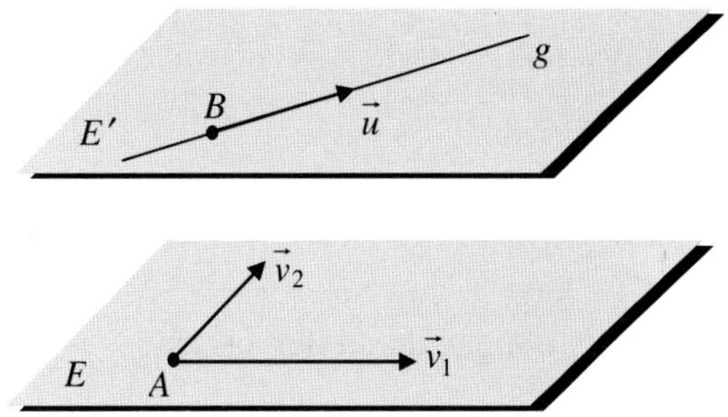

Man nennt die Gerade g parallel zu der Ebene E, wenn sie in einer zu E parallelen Ebene E' verläuft.

Dies ist dann der Fall, wenn der Richtungsvektor $\vec{u}$ von g eine Linearkombination der Richtungsvektoren $\vec{v_1}$ und $\vec{v_2}$ von E ist.

In diesem Fall sind die Vektoren $\vec{u}$, $\vec{v_1}$ und $\vec{v_2}$ linear abhängig.

> **Parallelität von Gerade und Ebene**
> Eine Ebene E: $\vec{x} = \vec{a} + \lambda \cdot \vec{v_1} + \mu \cdot \vec{v_2}$ und eine Gerade g: $\vec{x} = \vec{b} + \nu \cdot \vec{u}$ sind parallel, wenn die Richtungsvektoren $\vec{v_1}$, $\vec{v_2}$ und $\vec{u}$ linear abhängig sind.

55. Prüfen Sie, ob die Ebene E und die Gerade g parallel sind.

a) $E: \vec{x} = \begin{pmatrix} 1 \\ 2 \\ -1 \end{pmatrix} + \lambda \begin{pmatrix} 1 \\ 1 \\ -1 \end{pmatrix} + \mu \begin{pmatrix} 2 \\ -2 \\ 1 \end{pmatrix}$ $\qquad g: \vec{x} = \begin{pmatrix} 1 \\ 0 \\ 1 \end{pmatrix} + \rho \begin{pmatrix} 1 \\ 0 \\ -2 \end{pmatrix}$

a) $E: \vec{x} = \begin{pmatrix} 2 \\ -2 \\ 1 \end{pmatrix} + \lambda \begin{pmatrix} 1 \\ 0 \\ -2 \end{pmatrix} + \mu \begin{pmatrix} 3 \\ -1 \\ 1 \end{pmatrix}$ $\qquad g: \vec{x} = \begin{pmatrix} 1 \\ 4 \\ 1 \end{pmatrix} + \rho \begin{pmatrix} -1 \\ 1 \\ -5 \end{pmatrix}$

56. Prüfen Sie, ob die Gerade g durch die Punkte $P(1 \mid 3 \mid 1)$ und $Q(2 \mid 4 \mid 1)$ und die Ebene E durch die Punkte $A(1 \mid 2 \mid 1)$, $B(2 \mid 3 \mid 0)$ und $C(3 \mid 4 \mid 2)$ parallel sind.

10.4.2 Lageuntersuchung für Geraden und Ebenen

Betrachtet wird

eine Ebene $E: \vec{x} = \vec{a} + \lambda \cdot \vec{v_1} + \mu \cdot \vec{v_2}$ und

eine Gerade $g: \vec{x} = \vec{b} + \nu \cdot \vec{u}$.

Sind g und E parallel, so sind folgende Fälle zu unterschieden.

1.a Die Gerade g verläuft vollständig in der Ebene E.

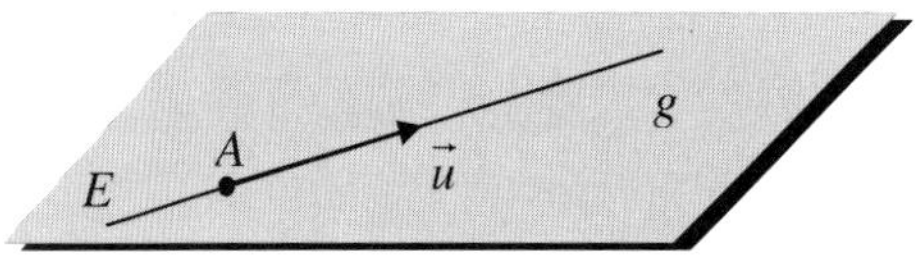

Die Schnittmenge von g und E besteht aus allen Punkten von g.

1.b Die Gerade g und die Ebene E besitzen keinen Punkt gemeinsam.

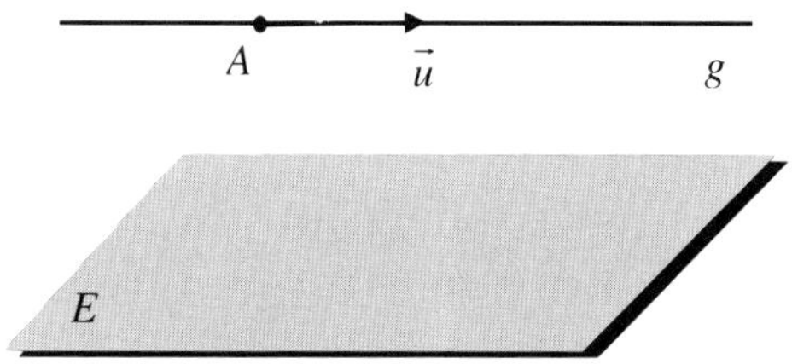

Die Schnittmenge von g und E ist die leere Menge.

Sind g und E nicht parallel, so schneiden sie sich in einem Punkt.

2. Die Gerade g und die Ebene E schneiden sich in einem Punkt S.

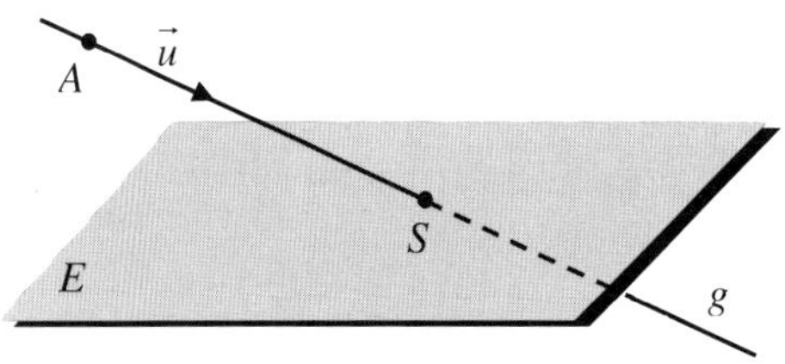

Die Schnittmenge von g und E besteht aus einem Punkt.

Die Frage, welcher dieser Fälle vorliegt, kann auf ein **Schnittproblem** zurückgeführt werden. Das Gleichsetzungsverfahren führt zu der Gleichung

$$\vec{a} + \lambda \cdot \vec{v_1} + \mu \cdot \vec{v_2} = \vec{b} + \nu \cdot \vec{u} \quad \Leftrightarrow \lambda \cdot \vec{v_1} + \mu \cdot \vec{v_2} - \nu \cdot \vec{u} = \vec{b} - \vec{a} \, .$$

Ist das zugehörige Gleichungssystem

- nicht eindeutig lösbar, so sind g und E parallel und g verläuft in E,
- nicht lösbar, so sind g und E parallel und g verläuft nicht in E (echt parallel),
- eindeutig lösbar, so schneiden g und E sich in einem Punkt.

Rechnerisch einfacher ist die Schnittpunktsberechnung, wenn die Ebene in der Koordinatenform gegeben ist:

$$g:\vec{x}=\begin{pmatrix}x_1\\x_2\\x_3\end{pmatrix}=\begin{pmatrix}b_1\\b_2\\b_3\end{pmatrix}+\nu\cdot\begin{pmatrix}u_1\\u_2\\u_3\end{pmatrix}\quad\text{und}\quad E: a\,x_1+b\,x_2+c\,x_3+d=0\ .$$

Setzt man $x_1 = b_1 + \nu u_1$, $x_2 = b_2 + \nu u_2$ und $x_3 = b_3 + \nu u_3$ in die Gleichung von E ein, so ergibt sich eine Gleichung, welche nur noch die Lösungsvariable ν enthält. Die Lösbarkeit dieser Gleichung entscheidet über die Lagebeziehung.

In dem folgenden Diagramm ist die Vorgehensweise zur Untersuchung der Lagebeziehung zwischen einer Geraden und einer Ebene noch einmal in einer Übersicht dargestellt.

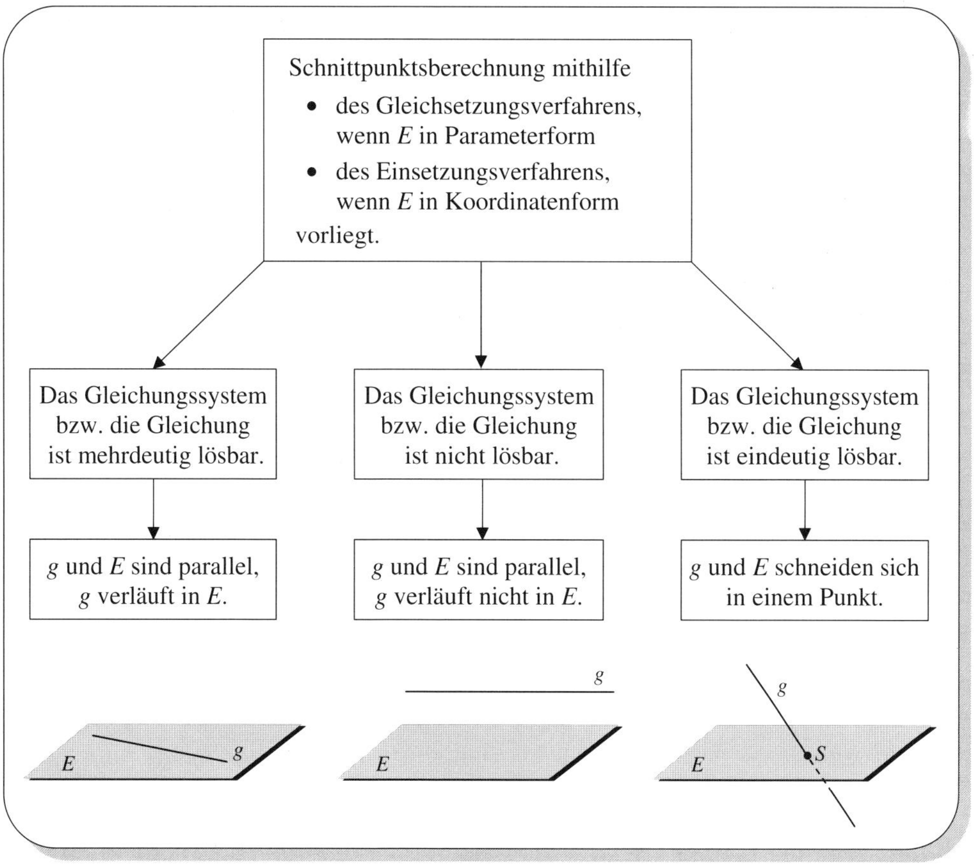

Die beiden folgenden Beispiele zeigen die Lageuntersuchung einer Gerade und einer Ebene für den Fall, dass die Ebene in der Parameterform vorliegt.

Beispiel 1: Gegeben sind eine Ebene E und eine Gerade g:

$$E:\ \vec{x} = \begin{pmatrix} 1 \\ -3 \\ 1 \end{pmatrix} + \lambda \begin{pmatrix} 1 \\ 4 \\ -2 \end{pmatrix} + \mu \begin{pmatrix} 0 \\ 1 \\ 3 \end{pmatrix} \text{ und } g:\ \vec{x} = \begin{pmatrix} 5 \\ 17 \\ 5 \end{pmatrix} + \nu \begin{pmatrix} 1 \\ 5 \\ 1 \end{pmatrix}.$$

Das Gleichsetzungsverfahren zur Schnittpunktsberechnung ergibt:

$$\lambda \begin{pmatrix} 1 \\ 4 \\ -2 \end{pmatrix} + \mu \begin{pmatrix} 0 \\ 1 \\ 3 \end{pmatrix} - \nu \begin{pmatrix} 1 \\ 5 \\ 1 \end{pmatrix} = \begin{pmatrix} 5 \\ 17 \\ 5 \end{pmatrix} - \begin{pmatrix} 1 \\ -3 \\ 1 \end{pmatrix} = \begin{pmatrix} 4 \\ 20 \\ 4 \end{pmatrix}.$$

Diese Vektorgleichung führt zu dem Gleichungssystem:

$$\left(\begin{array}{rcrcrcr} \lambda & & & - & \nu & = & 4 \\ 4\lambda & + & \mu & - & 5\nu & = & 20 \\ -2\lambda & + & 3\mu & - & \nu & = & 4 \end{array}\right) \begin{array}{|l} \\ (\text{II}) - 4\cdot(\text{I}) \\ (\text{III}) + 2\cdot(\text{I}) \end{array} \Leftrightarrow \left(\begin{array}{rcrcrcr} \lambda & & & - & \nu & = & 4 \\ & & \mu & - & \nu & = & 4 \\ & & 3\mu & - & 3\nu & = & 12 \end{array}\right) \begin{array}{|l} \\ \\ (\text{III}) - 3\cdot(\text{II}) \end{array}$$

$$\Leftrightarrow \left(\begin{array}{rcrcrcr} \lambda & & & - & \nu & = & 4 \\ & & \mu & - & \nu & = & 4 \\ & & & & 0\cdot\nu & = & 0 \end{array}\right)$$

Das Gleichungssystem ist nicht eindeutig lösbar. Die Gleichung $0 \cdot \nu = 0$ ist allgemeingültig. Alle Punkte von g liegen in E, d. h. g verläuft ganz in E. Hätte man statt $0 \cdot \nu = 0$ eine unerfüllbare Gleichung erhalten, so wäre kein Punkt der Geraden g in der Ebene E enthalten gewesen (g echt parallel zu E).

Beispiel 2: Gegeben sind eine Ebene E und eine Gerade g:

$$E:\ \vec{x} = \begin{pmatrix} 0 \\ 1 \\ 0 \end{pmatrix} + \lambda \begin{pmatrix} 2 \\ -1 \\ 1 \end{pmatrix} + \mu \begin{pmatrix} 2 \\ 0 \\ 3 \end{pmatrix} \text{ und } g:\ \vec{x} = \begin{pmatrix} 2 \\ 3 \\ -1 \end{pmatrix} + \nu \begin{pmatrix} 2 \\ -3 \\ 1 \end{pmatrix}.$$

Das Gleichsetzungsverfahren zur Schnittpunktsberechnung ergibt:

$$\lambda \begin{pmatrix} 2 \\ -1 \\ 1 \end{pmatrix} + \mu \begin{pmatrix} 2 \\ 0 \\ 3 \end{pmatrix} - \nu \begin{pmatrix} 2 \\ -3 \\ 1 \end{pmatrix} = \begin{pmatrix} 2 \\ 3 \\ -1 \end{pmatrix} - \begin{pmatrix} 0 \\ 1 \\ 0 \end{pmatrix} = \begin{pmatrix} 2 \\ 2 \\ -1 \end{pmatrix}.$$

Diese Vektorgleichung führt zu dem Gleichungssystem:

$$\left(\begin{array}{rcrcrcr} 2\lambda & + & 2\mu & - & 2\nu & = & 2 \\ -\lambda & & & + & 3\nu & = & 2 \\ \lambda & + & 3\mu & - & \nu & = & -1 \end{array}\right) \begin{array}{|l} \\ 2\cdot(\text{II}) + (\text{I}) \\ (\text{III}) + (\text{II}) \end{array} \Leftrightarrow \left(\begin{array}{rcrcrcr} 2\lambda & + & 2\mu & - & 2\nu & = & 2 \\ & & 2\mu & + & 4\nu & = & 6 \\ & & 3\mu & + & 2\nu & = & 1 \end{array}\right) \begin{array}{|l} \\ \\ 2\cdot(\text{III}) - 3\cdot(\text{II}) \end{array}$$

$$\Leftrightarrow \left(\begin{array}{rcrcrcr} 2\lambda & + & 2\mu & - & 2\nu & = & 2 \\ & & 2\mu & + & 4\nu & = & 6 \\ & & & - & 8\nu & = & -16 \end{array}\right)$$

Das Gleichungssystem ist eindeutig lösbar mit $\nu = 2$, $\mu = -1$ und $\lambda = 4$. Die Gerade g und die Ebene E schneiden sich also in einem Punkt.
Einsetzen von $\nu = 2$ in die Gleichung von g liefert:

$$\vec{s} = \begin{pmatrix} 2 \\ 3 \\ -1 \end{pmatrix} + 2 \cdot \begin{pmatrix} 2 \\ -3 \\ 1 \end{pmatrix} = \begin{pmatrix} 6 \\ -3 \\ 1 \end{pmatrix}.$$

Die Gerade g und die Ebene E schneiden sich im Punkt $S(6 \mid -3 \mid 1)$.

Es folgen zwei Beispiele für den Fall, dass die Ebene in der Koordinatenform gegeben ist. Die Vorgehensweise erscheint in diesem Fall einfacher. Es bleibt dabei aber zu bedenken, dass die Ebenengleichung zuvor eventuell noch in die Koordinatenform umgewandelt werden muss.

Beispiel 3: Gegeben sind eine Ebene E und eine Gerade g:

$$E\colon x_1 - x_2 - 2x_3 + 3 = 0 \text{ und } g\colon \vec{x} = \begin{pmatrix} x_1 \\ x_2 \\ x_3 \end{pmatrix} = \begin{pmatrix} 1 \\ 0 \\ -1 \end{pmatrix} + \lambda \begin{pmatrix} 1 \\ 3 \\ -1 \end{pmatrix}.$$

Setzt man $x_1 = 1 + \lambda$, $x_2 = 3\lambda$ und $x_3 = -1 - \lambda$ in die Gleichung von E ein, so ergibt:

$$(1 + \lambda) - 3\lambda - 2(-1 - \lambda) + 3 = 0 \Leftrightarrow 0 \cdot \lambda = -6\,.$$

Diese Gleichung ist unerfüllbar. g und E besitzen keinen Punkt gemeinsam. Dies bedeutet, dass g und E parallel sind, g aber nicht in E verläuft.

Beispiel 4: Gegeben sind eine Ebene E und eine Gerade g:

$$E\colon 3x_1 - 2x_2 - x_3 - 4 = 0 \text{ und } g\colon \vec{x} = \begin{pmatrix} x_1 \\ x_2 \\ x_3 \end{pmatrix} = \begin{pmatrix} 1 \\ 1 \\ 2 \end{pmatrix} + \lambda \begin{pmatrix} 1 \\ 0 \\ -2 \end{pmatrix}.$$

Setzt man $x_1 = 1 + \lambda$, $x_2 = 1$ und $x_3 = 2 - 2\lambda$ in die Gleichung von E ein, so ergibt:

$$3 \cdot (1 + \lambda) - 2 \cdot 1 - (2 - 2\lambda) - 4 = 0 \Leftrightarrow 5 \cdot \lambda = 5 \Leftrightarrow \lambda = 1.$$

Einsetzen von $\lambda = 1$ in die Gleichung von g liefert:

$$\vec{s} = \begin{pmatrix} 1 \\ 1 \\ 2 \end{pmatrix} + \begin{pmatrix} 1 \\ 0 \\ -2 \end{pmatrix} = \begin{pmatrix} 2 \\ 1 \\ 0 \end{pmatrix}.$$

Die Gerade g und die Ebene E schneiden sich im Punkt $S(2 \mid 1 \mid 0)$.

57. Untersuchen Sie die Lagebeziehung zwischen der Ebene E und der Geraden g. Berechnen Sie gegebenenfalls den Schnittpunkt.

a) $E: 3x_1 + 4x_2 - 2x_3 - 4 = 0$ $\qquad g: \vec{x} = \begin{pmatrix} 2 \\ 3 \\ -1 \end{pmatrix} + \lambda \begin{pmatrix} 2 \\ -3 \\ 1 \end{pmatrix}$

b) $E: x_1 - x_2 + x_3 + 3 = 0$ $\qquad g: \vec{x} = \begin{pmatrix} 3 \\ 0 \\ 2 \end{pmatrix} + \lambda \begin{pmatrix} -1 \\ 2 \\ 3 \end{pmatrix}$

c) $E: x_1 + 2x_2 + x_3 - 11 = 0$ $\qquad g: \vec{x} = \begin{pmatrix} 1 \\ 3 \\ 2 \end{pmatrix} + \lambda \begin{pmatrix} 2 \\ 1 \\ 0 \end{pmatrix}$

d) $E: 13x_1 - 6x_2 + 2x_3 - 33 = 0$ $\qquad g: \vec{x} = \begin{pmatrix} 5 \\ 7 \\ 5 \end{pmatrix} + \lambda \begin{pmatrix} 0 \\ 2 \\ 6 \end{pmatrix}$

58. Untersuchen Sie die Lagebeziehung zwischen der Ebene E und der Geraden g.

a) $E: \vec{x} = \begin{pmatrix} 3 \\ 2 \\ 1 \end{pmatrix} + \lambda \begin{pmatrix} 4 \\ -1 \\ 6 \end{pmatrix} + \mu \begin{pmatrix} -3 \\ -4 \\ 1 \end{pmatrix}$ $\qquad g: \vec{x} = \begin{pmatrix} -1 \\ 3 \\ 1 \end{pmatrix} + \nu \begin{pmatrix} 1 \\ -5 \\ 7 \end{pmatrix}$

b) $E: \vec{x} = \begin{pmatrix} 1 \\ 1 \\ 2 \end{pmatrix} + \lambda \begin{pmatrix} 2 \\ -1 \\ 3 \end{pmatrix} + \mu \begin{pmatrix} 3 \\ 3 \\ 1 \end{pmatrix}$ $\qquad g: \vec{x} = \begin{pmatrix} 2 \\ 5 \\ 0 \end{pmatrix} + \nu \begin{pmatrix} 5 \\ 2 \\ 4 \end{pmatrix}$

c) $E: \vec{x} = \begin{pmatrix} 3 \\ 2 \\ 1 \end{pmatrix} + \lambda \begin{pmatrix} 1 \\ 0 \\ 1 \end{pmatrix} + \mu \begin{pmatrix} 0 \\ 1 \\ 1 \end{pmatrix}$ $\qquad g: \vec{x} = \begin{pmatrix} 1 \\ 2 \\ 3 \end{pmatrix} + \nu \begin{pmatrix} 1 \\ 1 \\ 1 \end{pmatrix}$

59. Wo durchstößt die Gerade $g: \vec{x} = \begin{pmatrix} -4{,}5 \\ 0 \\ 0 \end{pmatrix} + \lambda \begin{pmatrix} 4 \\ -1 \\ 4 \end{pmatrix}$ die durch die Punkte $A(0 \mid 0 \mid -1)$, $B(1 \mid 0 \mid 1)$ und $C(0 \mid 1 \mid 0)$ gegebene Ebene?

60. a) Berechnen Sie den Schnittpunkt der Geraden g, die durch die beiden Punkte $P(3 \mid 1 \mid 0)$ und $Q(6 \mid 3 \mid 0)$ festgelegt ist, mit der Ebene E durch die drei Punkte $A(3 \mid 5 \mid 2)$, $B(3 \mid 11 \mid 4)$ und $C(4 \mid 6 \mid 2)$.

b) Trifft die Gerade g die Dreiecksfläche mit den Eckpunkten A, B und C?

61. Prüfen Sie, ob sich die Gerade g und die Ebene E schneiden.

a)

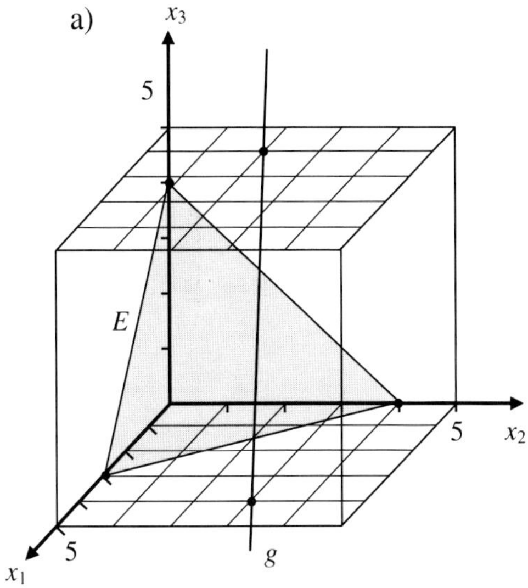

b)

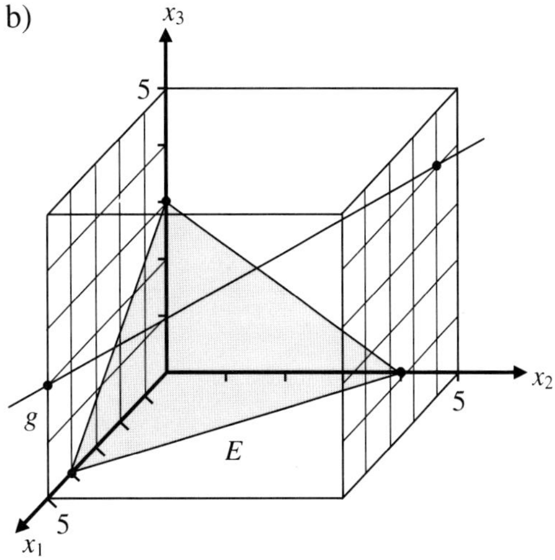

10.4.3 Spurpunkte einer Geraden

Die Schnittpunkte S_{12}, S_{13} und S_{23} einer Geraden mit den Koordinatenebenen bezeichnet man als **Spurpunkte** dieser Geraden mit den Koordinatenebenen.

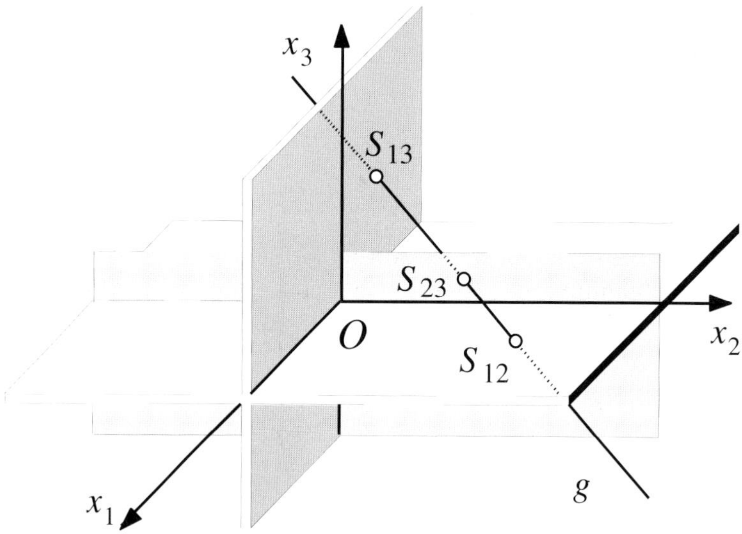

Beispiel: Gegeben ist eine Gerade g:

$$g:\ \vec{x} = \begin{pmatrix} x_1 \\ x_2 \\ x_3 \end{pmatrix} = \begin{pmatrix} 1 \\ 2 \\ 1 \end{pmatrix} + \lambda \begin{pmatrix} 1 \\ 3 \\ -1 \end{pmatrix}.$$

Die x_1-x_2-Ebene besitzt die Koordinatengleichung $x_3 = 0$.
Für den Schnittpunkt von g mit der x_1-x_2-Ebene muss daher $x_3 = 0$ gelten.
Es folgt: $x_3 = 1 - \lambda = 0 \Leftrightarrow \lambda = 1$.

Es folgt $\vec{s}_{12} = \begin{pmatrix} 1 \\ 2 \\ 1 \end{pmatrix} + 1 \cdot \begin{pmatrix} 1 \\ 3 \\ -1 \end{pmatrix} = \begin{pmatrix} 2 \\ 5 \\ 0 \end{pmatrix}$ und somit $S_{12}(2 \mid 5 \mid 0)$.

62. a) Bestimmen Sie die Spurpunkte der Geraden

$$g:\vec{x} = \begin{pmatrix} 2 \\ 1 \\ 7 \end{pmatrix} + \lambda \begin{pmatrix} 0 \\ 6 \\ 4 \end{pmatrix} \quad \text{und} \quad h:\vec{x} = \begin{pmatrix} -3 \\ 0 \\ -5 \end{pmatrix} + \lambda \begin{pmatrix} 1 \\ 3 \\ 2 \end{pmatrix}.$$

b) Von einer Geraden sind der x_1-x_2-Spurpunkt $A(2 \mid 3 \mid 0)$ und der x_2-x_3-Spurpunkt $B(0 \mid -1 \mid 1)$ bekannt. Bestimmen Sie den x_1-x_3-Spurpunkt.

10.4.4 Ebenen in spezieller Lage

In der Koordinatengleichung der Ebene

$$E:\ x_2 + x_3 - 2 = 0$$

tritt die Variable x_1 nicht auf. Die besondere Lage dieser Ebene kann man sich wie folgt klar machen.

Die Punkte der x_1-Achse sind von der Form $P(u \mid 0 \mid 0)$ $(u \in \mathbb{R})$. Keiner dieser Punkte erfüllt die Ebenengleichung.

Dies bedeutet, dass die Ebene E und die x_1-Achse keinen Schnittpunkt besitzen. Sie sind echt parallel.

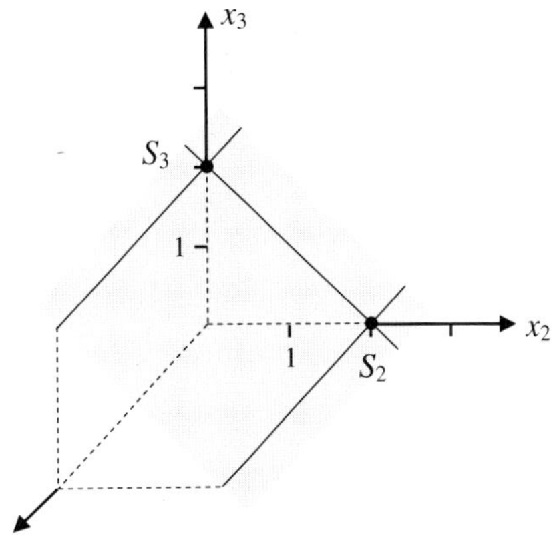

Für die Ebene E ergibt sich die Achsenabschnittsgleichung:

$$E:\ \frac{x_2}{2} + \frac{x_3}{2} = 1\,.$$

Als Schnittpunkte mit den Koordinatenachsen lassen sich die Punkte $S_2(0 \mid 2 \mid 0)$ und $S_3(0 \mid 0 \mid 2)$ ablesen. Einen Schnittpunkt mit der x_1-Achse gibt es nicht.

63. Bestimmen Sie eine Koordinatengleichung der Ebenen in den Abbildungen.

a)

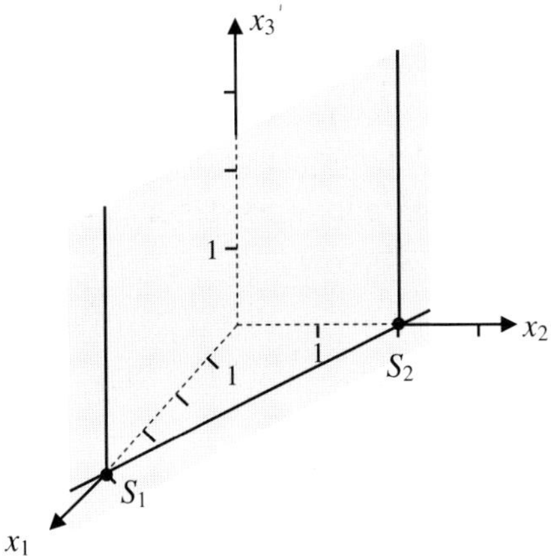

b)

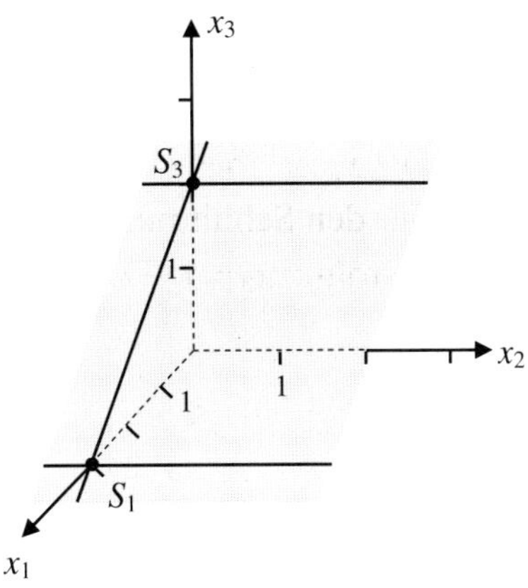

64. Bestimmen Sie eine Koordinatengleichung der Ebene mit folgenden Eigenschaften.
    a) E ist parallel zur x_2-Achse und besitzt die Schnittpunkte $S_1(1 \mid 0 \mid 0)$ sowie $S_3(0 \mid 0 \mid -2)$ mit den Koordinatenachsen.
    b) E ist parallel zur x_3-Achse und besitzt die Schnittpunkte $S_1(-3 \mid 0 \mid 0)$ sowie $S_2(0 \mid 2 \mid 0)$ mit den Koordinatenachsen.

10.5 Lagebeziehung von Ebenen

10.5.1 Parallelität von zwei Ebenen

Betrachtet werden zwei Ebenen

$E_1: \vec{x} = \vec{a} + \lambda \cdot \vec{u}_1 + \mu \cdot \vec{u}_2$

und

$E_2: \vec{x} = \vec{b} + \nu \cdot \vec{v}_1 + \rho \cdot \vec{v}_2$.

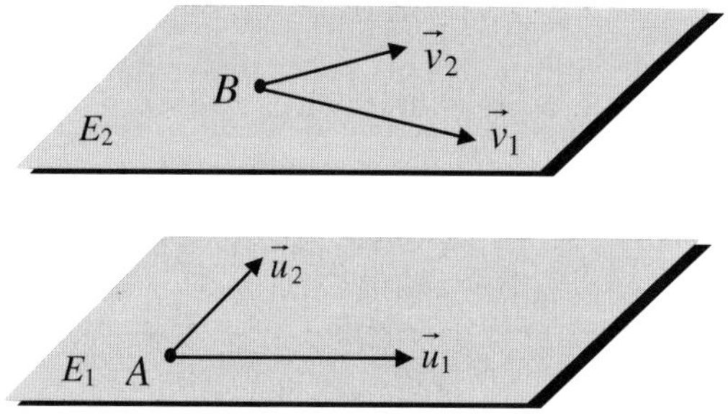

Die beiden Ebenen E_1 und E_2 sind parallel, wenn sich z. B. jeder Richtungsvektor von E_2 als Linearkombination der beiden Richtungsvektoren $\vec{u}_1$ und $\vec{u}_2$ von E_1 darstellen lässt. Dies bedeutet, dass sowohl die Vektoren $\vec{u}_1$, $\vec{u}_2$ und $\vec{v}_1$ als auch die Vektoren $\vec{u}_1$, $\vec{u}_2$ und $\vec{v}_2$ linear abhängig sind.

Parallelität von zwei Ebenen

Zwei Ebenen $E_1: \vec{x} = \vec{a} + \lambda \cdot \vec{u}_1 + \mu \cdot \vec{u}_2$ und $E_2: \vec{x} = \vec{b} + \nu \cdot \vec{v}_1 + \rho \cdot \vec{v}_2$ sind parallel, wenn sowohl die Vektoren $\vec{u}_1$, $\vec{u}_2$ und $\vec{v}_1$ als auch die Vektoren $\vec{u}_1$, $\vec{u}_2$ und $\vec{v}_2$ linear abhängig sind.

65. Untersuchen Sie, ob die Ebenen E_1 und E_2 parallel sind.

a) $E_1: \vec{x} = \begin{pmatrix} 1 \\ 2 \\ -1 \end{pmatrix} + \lambda \begin{pmatrix} 1 \\ 1 \\ -1 \end{pmatrix} + \mu \begin{pmatrix} 2 \\ -2 \\ 1 \end{pmatrix}$ $\quad E_2: \vec{x} = \begin{pmatrix} 1 \\ 0 \\ 1 \end{pmatrix} - \rho \begin{pmatrix} 1 \\ 0 \\ -2 \end{pmatrix} + \upsilon \begin{pmatrix} 1 \\ 3 \\ 1 \end{pmatrix}$

b) $E_1: \vec{x} = \begin{pmatrix} 1 \\ -2 \\ 0 \end{pmatrix} + \lambda \begin{pmatrix} 2 \\ 1 \\ 3 \end{pmatrix} + \mu \begin{pmatrix} 5 \\ 4 \\ 0 \end{pmatrix}$ $\quad E_2: \vec{x} = \begin{pmatrix} 3 \\ 1 \\ 1 \end{pmatrix} + \nu \begin{pmatrix} 7 \\ 5 \\ 3 \end{pmatrix} + \rho \begin{pmatrix} 1 \\ 1 \\ -1 \end{pmatrix}$

66. Untersuchen Sie, ob die Ebene E_1 durch die Punkte $A(2 \mid -1 \mid 1)$, $B(3 \mid -1 \mid 3)$ und $C(3 \mid 0 \mid 4)$ sowie die Ebene E_2 durch die Punkte $P(3 \mid 0 \mid 2)$, $Q(4 \mid 2 \mid 6)$ und $R(3 \mid 2 \mid -1)$ parallel sind.

10.5.2 Lageuntersuchung von zwei Ebenen

Für die Lageuntersuchung zweier Ebenen E_1 und E_2 ist zu unterscheiden, ob sie parallel sind oder nicht.

Sind E_1 und E_2 parallel, so gibt es folgende Möglichkeiten.

1.a E_1 und E_2 sind echt parallel.

Die Schnittmenge von E_1 und E_2 ist die leere Menge.

1.b E_1 und E_2 sind identisch.

Die Schnittmenge besteht aus allen Punkten von E_1 und E_2.

Sind E_1 und E_2 nicht parallel, so schneiden sie sich in einer Geraden.

2. E_1 und E_2 sind nicht parallel

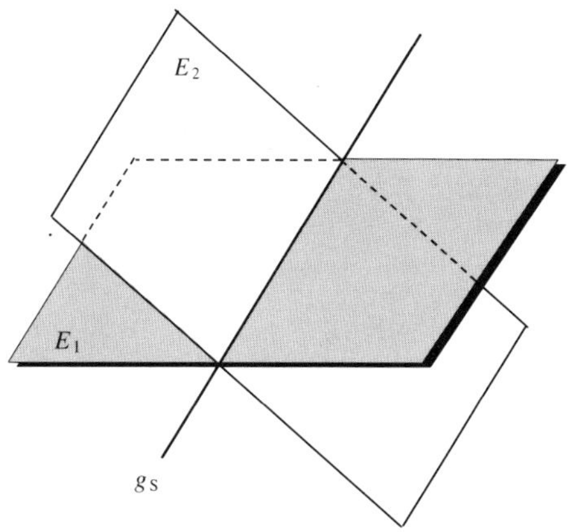

Die Schnittmenge von E_1 und E_2 ist eine Gerade.

Die Frage, welcher dieser Fälle vorliegt, kann auf ein **Schnittproblem** zurückgeführt werden. Sind die Ebenen in Parameterform gegeben, so führt das Gleichsetzungsverfahren zu der Vektorgleichung

$$\vec{a} + \lambda \cdot \vec{u_1} + \mu \cdot \vec{u_2} = \vec{b} + \nu \cdot \vec{v_1} + \rho \cdot \vec{v_2} \ .$$

Diese Gleichung enthält allerdings die vier Lösungsvariablen λ, μ, ν und ρ.

Rechnerisch einfacher kann die Lageuntersuchung erfolgen, wenn die Ebenen in der Koordinatenform gegeben sind:

$$E_1\colon\ a_1 \cdot x_1 + b_1 \cdot x_2 + c_1 \cdot x_3 - d_1 = 0 \ \text{ und } \ E_2\colon\ a_2 \cdot x_1 + b_2 \cdot x_2 + c_2 \cdot x_3 - d_2 = 0\,.$$

Die Lageuntersuchung führt auf das Gleichungssystem

$$\begin{pmatrix} a_1 x_1 + b_1 x_2 + c_1 x_3 = d_1 \\ a_2 x_1 + b_2 x_2 + c_2 x_3 = d_2 \end{pmatrix}.$$

Das Gleichungssystem ist unterbestimmt: es besteht aus 2 Gleichungen mit den drei Lösungsvariablen x_1, x_2 und x_3.

Bezüglich der Lösbarkeit dieses Gleichungssystems ergeben sich folgende Fälle.

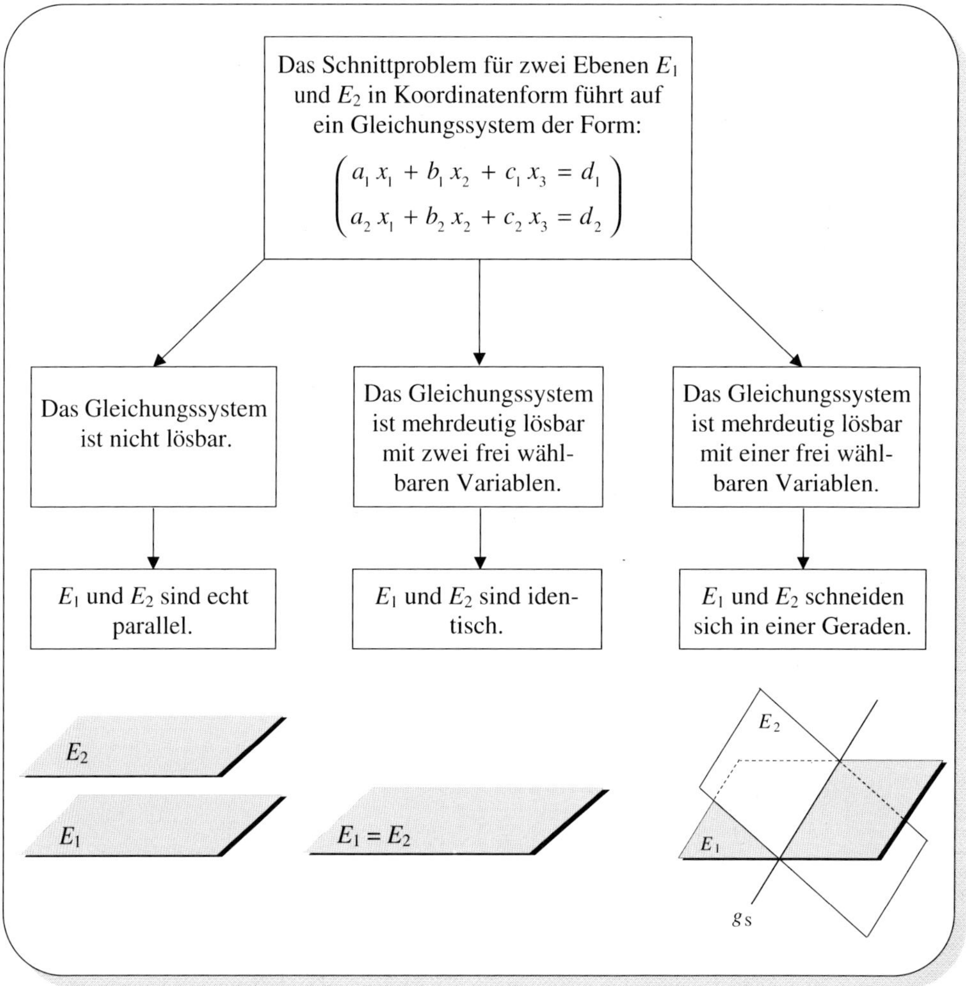

Beispiel 1: Zu untersuchen ist die Lagebeziehung der Ebenen
E_1: $-2x_1 + 4x_2 - 2x_3 - 3 = 0$ und E_2: $x_1 - 2x_2 + x_3 + 1 = 0$.

Der gaußsche Algorithmus ergibt:

$$\left(\begin{array}{l} -2x_1 + 4x_2 - 2x_3 = 3 \\ x_1 - 2x_2 + x_3 = -1 \end{array}\right) \Bigg| \; 2 \cdot (\text{II}) + (\text{I}) \quad \Leftrightarrow \quad \left(\begin{array}{l} -2x_1 + 4x_2 - 2x_3 = 3 \\ 0 \cdot x_1 + 0 \cdot x_2 + 0 \cdot x_3 = 1 \end{array}\right)$$

Die zweite Gleichung ist unerfüllbar. Das System ist daher unlösbar.
E_1 und E_2 besitzen keinen Punkt gemeinsam. Sie sind echt parallel.

Beispiel 2: Betrachtet werden die Ebenen
E_1: $-2x_1 + 2x_2 - 4x_3 - 4 = 0$ und E_2: $3x_1 - 3x_2 + 6x_3 + 6 = 0$.

Der gaußsche Algorithmus ergibt:

$$\left(\begin{array}{l} -2x_1 + 2x_2 - 4x_3 = 4 \\ 3x_1 - 3x_2 + 6x_3 = -6 \end{array}\right) \Bigg| \; 2 \cdot (\text{II}) + 3 \cdot (\text{I}) \quad \Leftrightarrow \quad \left(\begin{array}{l} -2x_1 + 2x_2 - 4x_3 = 4 \\ 0 \cdot x_1 + 0 \cdot x_2 + 0 \cdot x_3 = 0 \end{array}\right)$$

Die zweite Gleichung ist allgemeingültig. In der verbleibenden Gleichung sind zwei der Variablen frei wählbar. Die Schnittmenge ist eine Ebene.
Die Ebenen E_1 und E_2 sind identisch.

Man kommt zu diesem Ergebnis auch durch genaues Betrachten der Koordinatengleichungen von E_1 und E_2.
Dividiert man die Gleichung von E_1 durch (–2) und die von E_2 durch 3, so erhält man übereinstimmend $x_1 - x_2 + 2x_3 + 2 = 0$.

Beispiel 3: Zu untersuchen ist die Lagebeziehung der Ebenen
E_1: $-x_1 + x_2 - x_3 - 1 = 0$ und E_2: $x_1 - x_3 - 2 = 0$.

Der gaußsche Algorithmus ergibt:

$$\left(\begin{array}{l} -x_1 + x_2 - x_3 = 1 \\ x_1 - x_3 = 2 \end{array}\right) \Bigg| \; (\text{II}) + (\text{I}) \quad \Leftrightarrow \quad \left(\begin{array}{l} -x_1 + x_2 - x_3 = 1 \\ x_2 - 2x_3 = 3 \end{array}\right)$$

Es handelt sich um ein unterbestimmtes Gleichungssystem. Eine Variable ist frei wählbar.

Wählt man z. B. $x_3 = \lambda$,
so folgt $x_2 = 3 + 2\lambda$
und $x_1 = -1 + x_2 - x_3 = 2 + \lambda$.

Eine Gleichung der gesuchten Schnittgeraden lautet dann:

$$\vec{x} = \begin{pmatrix} x_1 \\ x_2 \\ x_3 \end{pmatrix} = \begin{pmatrix} 2+\lambda \\ 3+2\lambda \\ \lambda \end{pmatrix} = \begin{pmatrix} 2 \\ 3 \\ 0 \end{pmatrix} + \lambda \cdot \begin{pmatrix} 1 \\ 2 \\ 1 \end{pmatrix} .$$

Eine andere Möglichkeit zur Berechnung einer Gleichung der Schnittgeraden ergibt sich, wenn eine der Ebenen in Parameterform, die andere in Koordinatenform gegeben ist.

Beispiel 4: Zu untersuchen ist die Lagebeziehung der Ebenen

$$E_1\colon\ 2x_1 - x_2 - x_3 + 1 = 0 \text{ und}$$

$$E_2\colon\ \vec{x} = \begin{pmatrix}1\\2\\0\end{pmatrix} + \lambda\begin{pmatrix}1\\1\\0\end{pmatrix} + \mu\begin{pmatrix}1\\2\\3\end{pmatrix}.$$

Setzt man die Koordinaten $x_1 = 1 + \lambda + \mu$, $x_2 = 2 + \lambda + 2\mu$ und $x_3 = 3\mu$ von E_2 in die Gleichung von E_1 ein, so ergibt sich:

$$2\cdot(1+\lambda+\mu) - (2+\lambda+2\mu) - (3\mu) + 1 = 0$$
$$\lambda - 3\mu + 1 = 0$$
$$\lambda = 3\mu - 1$$

Einsetzen in die Gleichung von E_2 ergibt:

$$\vec{x} = \begin{pmatrix}1\\2\\0\end{pmatrix} + (3\mu-1)\begin{pmatrix}1\\1\\0\end{pmatrix} + \mu\begin{pmatrix}1\\2\\3\end{pmatrix} = \begin{pmatrix}1\\2\\0\end{pmatrix} - \begin{pmatrix}1\\1\\0\end{pmatrix} + 3\mu\begin{pmatrix}1\\1\\0\end{pmatrix} + \mu\begin{pmatrix}1\\2\\3\end{pmatrix}$$

Gleichung der Schnittgeraden: $\vec{x} = \begin{pmatrix}0\\1\\0\end{pmatrix} + \mu\begin{pmatrix}4\\5\\3\end{pmatrix}$

Sind beide Ebenen in der Parameterform gegeben, so ist es empfehlenswert, zumindest eine der Ebenengleichung in die Koordinatenform umzuwandeln.

67. Berechnen Sie eine Gleichung der Schnittgeraden von E_1 und E_2.
    a) $E_1: x_1 + 2x_2 + 3x_3 = 3$ $\qquad E_2: x_1 + x_2 - x_3 = 0$
    b) $E_1: 2x_1 - x_2 + x_3 = 2$ $\qquad E_2: x_1 + 2x_2 - x_3 = 1$

68. Berechnen Sie eine Gleichung der Schnittgeraden von E_1 und E_2.
    a) $E_1:\ 4x_1 + 3x_2 + 2x_3 = 0$ $\qquad E_2\colon\ \vec{x} = \begin{pmatrix}1\\0\\-1\end{pmatrix} + \lambda\begin{pmatrix}-5\\6\\2\end{pmatrix} + \mu\begin{pmatrix}3\\2\\-8\end{pmatrix}$
    b) $E_1:\ x_1 - x_2 - 2x_3 - 1 = 0$ $\qquad E_2\colon\ \vec{x} = \begin{pmatrix}1\\1\\0\end{pmatrix} + \lambda\begin{pmatrix}1\\2\\2\end{pmatrix} + \mu\begin{pmatrix}1\\2\\-3\end{pmatrix}$

69. Berechnen Sie eine Gleichung der Schnittgeraden von E_1 und E_2.

$$E_1: \vec{x} = \begin{pmatrix} 2 \\ 0 \\ 0 \end{pmatrix} + \lambda \begin{pmatrix} -2 \\ 1 \\ 0 \end{pmatrix} + \mu \begin{pmatrix} -2 \\ 0 \\ 3 \end{pmatrix} \qquad E_2: \vec{x} = \begin{pmatrix} 1 \\ 0 \\ 0 \end{pmatrix} + \nu \begin{pmatrix} -1 \\ 3 \\ 0 \end{pmatrix} + \rho \begin{pmatrix} -1 \\ 0 \\ 2 \end{pmatrix}$$

70. Prüfen Sie, ob sich die Ebenen E_1 und E_2 schneiden.

a)

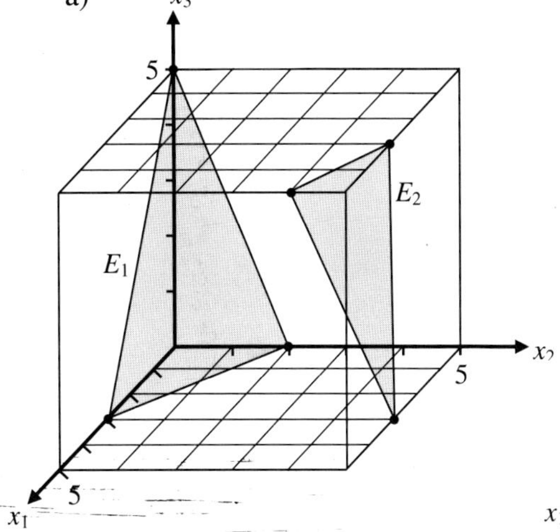

b)

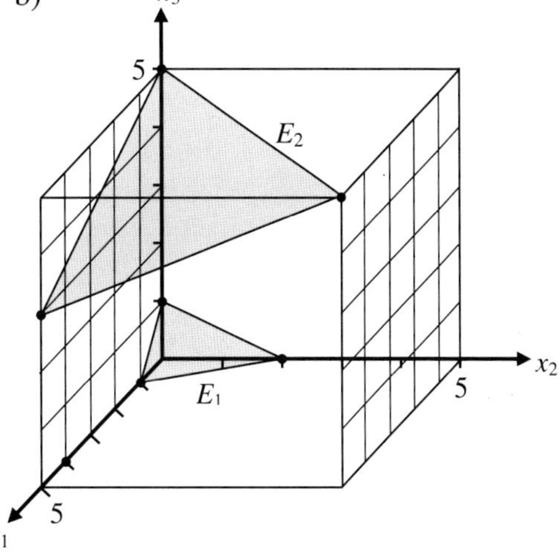

71. Untersuchen Sie paarweise die gegenseitige Lage von E_1, E_2 und E_3 und berechnen Sie gegebenenfalls die Schnittgerade.

$$E_1: 4x_1 - 5x_2 - x_3 - 14 = 0 \qquad E_2: \vec{x} = \begin{pmatrix} 5 \\ 3 \\ 2 \end{pmatrix} + \lambda \begin{pmatrix} 2 \\ 1 \\ 3 \end{pmatrix} + \mu \begin{pmatrix} 5 \\ 4 \\ 0 \end{pmatrix}$$

$$E_3: \vec{x} = \begin{pmatrix} 2 \\ 0 \\ 3 \end{pmatrix} + \nu \begin{pmatrix} 4 \\ -5 \\ -4 \end{pmatrix} + \rho \begin{pmatrix} 1 \\ 1 \\ -1 \end{pmatrix}$$

10.5.3 Spurgeraden einer Ebene

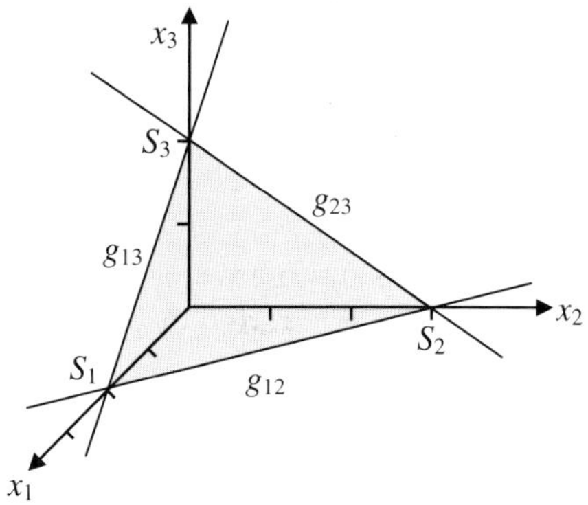

Die Schnittpunkte einer Ebene mit den Koordinatenachsen kann man unmittelbar angeben, wenn die Ebene in der Achsenabschnittsform vorliegt.

Die Spurgeraden der Ebene mit den Koordinatenebenen erhält man als Verbindungsgeraden der jeweiligen Spurpunkte S_1, S_2 oder S_3.

Ist die Ebene in der Parameterform gegeben, so könnte man die Ebenengleichung in die Achsenabschnittsform umwandeln und dann wie beschrieben vorgehen.

Rechnerisch einfacher gestaltet sich die Suche nach den Spurgeraden, wenn man die Fragestellung als ein Schnittproblem der Ebene mit der jeweiligen Koordinatenebene interpretiert.

Beispiel: Gegeben ist eine Ebene

$$E:\ \vec{x} = \begin{pmatrix} 1 \\ 9 \\ 1 \end{pmatrix} + \lambda \begin{pmatrix} 1 \\ 3 \\ -2 \end{pmatrix} + \mu \begin{pmatrix} -1 \\ 3 \\ 1 \end{pmatrix}.$$

Die x_2-x_3-Ebene besitzt die Koordinatengleichung $x_1 = 0$.

Das Einsetzen der Koordinaten von E in die Koordinatengleichung $x_1 = 0$ der x_2-x_3-Ebene reduziert sich in diesem Fall zu:

$$x_1 = 1 + \lambda - \mu = 0 \Leftrightarrow \mu = 1 + \lambda.$$

Einsetzen in die Gleichung von E liefert die Schnittgerade:

$$g_{23}:\ \vec{x} = \begin{pmatrix} 1 \\ 9 \\ 1 \end{pmatrix} + \lambda \begin{pmatrix} 1 \\ 3 \\ -2 \end{pmatrix} + (1+\lambda) \begin{pmatrix} -1 \\ 3 \\ 1 \end{pmatrix} = \begin{pmatrix} 0 \\ 12 \\ 2 \end{pmatrix} + \lambda \begin{pmatrix} 0 \\ 6 \\ -1 \end{pmatrix}.$$

Den Spurpunkt S_3 kann man als Schnittpunkt der Gerade g_{23} mit der x_3-Achse bestimmen. Alle Punkte der x_3-Achse haben x_2-Koordinate $x_2 = 0$.

Aus der Gleichung von g_{23} folgt:

$$x_2 = 12 + 6\lambda = 0 \Leftrightarrow \lambda = -2\,.$$

Damit ergibt sich der Spurpunkt $S_3(\,0 \mid 0 \mid 4)$.

Auf die gleiche Art lässt sich auch der Spurpunkt S_2 bestimmen. Für $x_3 = 0$ ergibt sich aus der Gleichung von g_{23} folgt:

$$x_3 = 2 - \lambda = 0 \Leftrightarrow \lambda = 2\,.$$

Damit ergibt sich der Spurpunkt $S_2(\,0 \mid 18 \mid 0)$.

72. Bestimmen Sie die Spurgeraden der Ebene E: $\vec{x} = \begin{pmatrix} 2 \\ 2 \\ 1 \end{pmatrix} + \lambda \begin{pmatrix} 1 \\ -2 \\ 3 \end{pmatrix} + \mu \begin{pmatrix} -1 \\ 2 \\ 1 \end{pmatrix}$ sowie die Schnittpunkte S_1, S_2 oder S_3 der Spurgeraden mit den Koordinatenachsen.

73. Die Schnittgeraden einer Ebene mit den Koordinatenebenen bezeichnet man als **Spurgeraden** der Ebene.

a) Bestimmen Sie die Spurgeraden der Ebene E_1, die durch folgende Punkte bestimmt ist: $A(6 \mid -2 \mid 0)$, $B(6 \mid -1 \mid 2)$ und $C(-2 \mid 1 \mid 4)$.

b) Von einer Ebene E_2 sind die x_1-x_2-Spurgerade g und die x_2-x_3-Spurgerade h bekannt. Gesucht ist die x_1-x_3-Spurgerade.

$$g: \vec{x} = \begin{pmatrix} 0 \\ 3 \\ 0 \end{pmatrix} + \lambda \begin{pmatrix} 2 \\ -1 \\ 0 \end{pmatrix} \text{ und } h: \vec{x} = \begin{pmatrix} 0 \\ 3 \\ 0 \end{pmatrix} + \mu \begin{pmatrix} 0 \\ -1 \\ 1 \end{pmatrix}.$$

10.5.4 Schnittmenge von drei Ebenen

Wir betrachten drei verschiedene Ebenen E_1, E_2 und E_3, die durch ihre Koordinatengleichungen gegeben sind.
Für die drei Ebenen sind folgende Lagen möglich.

1. Die drei Ebenen besitzen keinen gemeinsamen Punkt.

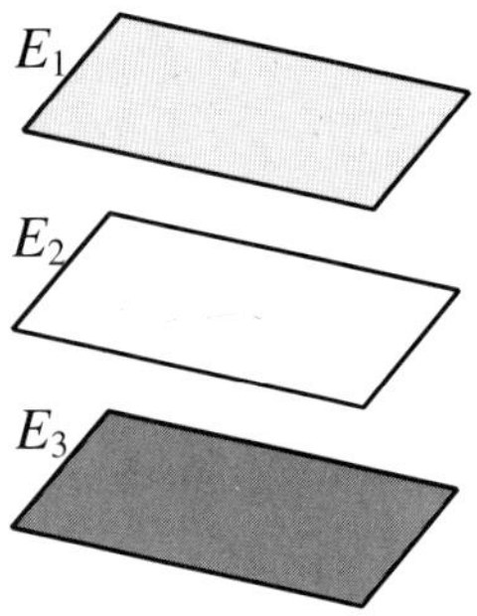

Die drei Ebenen sind parallel und verschieden.

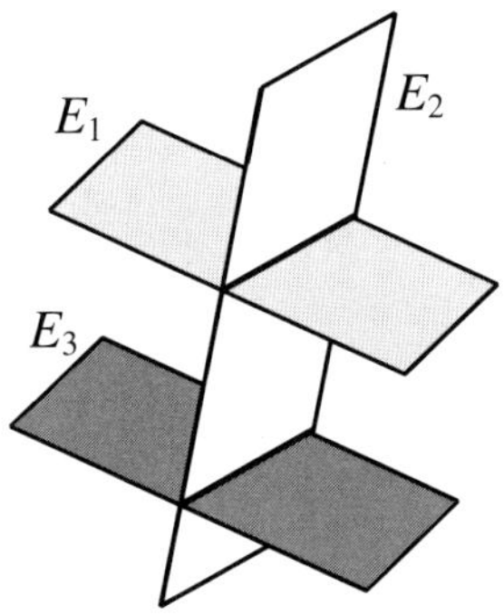

Zwei der Ebenen sind parallel und verschieden.

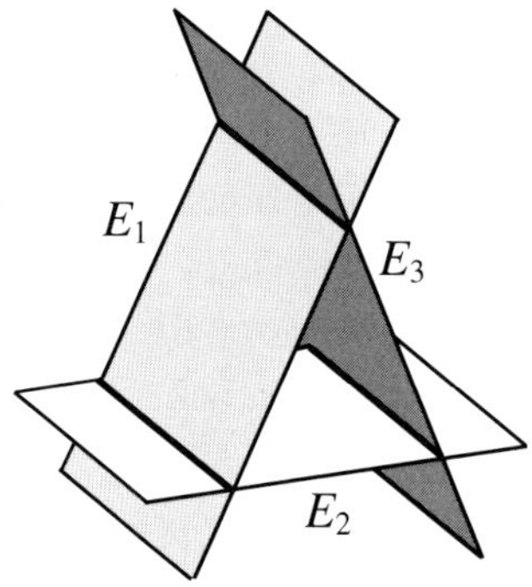

Kein Ebenenpaar ist parallel. Je zwei der Ebenen schneiden sich in einer Geraden.

In den oben dargestellten Fällen ist das Gleichungssystem, das sich aus den drei Koordinatengleichungen ergibt, nicht lösbar. Welche der einzelnen Fälle vorliegt, muss durch die Betrachtung je zweier Ebenen entschieden werden.

2. Die drei Ebenen besitzen eine gemeinsame Schnittmenge.

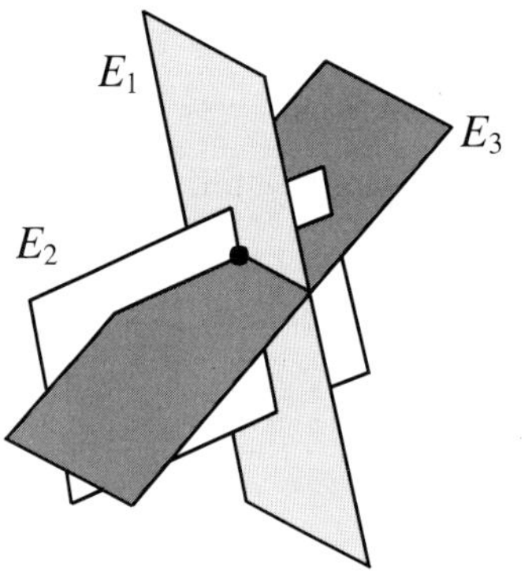

Die drei Ebenen schneiden sich in einem Punkt.

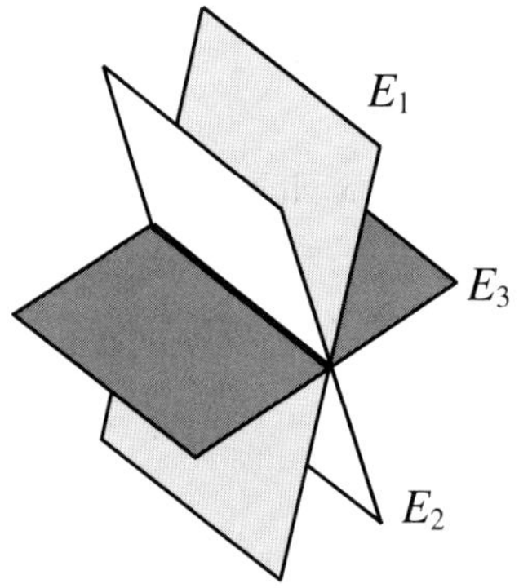

Die drei Ebenen besitzen eine gemeinsame Schnittgerade.

Im ersten Fall ist das aus den drei Koordinatengleichungen gebildete Gleichungssystem eindeutig, im zweiten Fall mehrdeutig lösbar.

Beispiel 1: Gesucht ist die Schnittmenge der Ebenen mit den Gleichungen

$$E_1: \ 2x_1 + 3x_2 - x_3 = 0\,,$$
$$E_2: \ 3x_1 + x_2 - 2x_3 + 1 = 0\,,$$
$$E_3: \ x_1 + x_2 + x_3 - 3 = 0\,.$$

Der gaußsche Algorithmus liefert:

$$\left(\begin{array}{rcl} 2x_1 + 3x_2 - x_3 &=& 0 \\ 3x_1 + x_2 - 2x_3 &=& -1 \\ x_1 + x_2 + x_3 &=& 3 \end{array}\right) \begin{array}{|l} \\ (\mathrm{II}) - 3\cdot(\mathrm{III}) \\ 2\cdot(\mathrm{III}) - (\mathrm{I}) \end{array} \Leftrightarrow \left(\begin{array}{rcl} 2x_1 + 3x_2 - x_3 &=& 0 \\ -2x_2 - 5x_3 &=& -10 \\ -x_2 + 3x_3 &=& 6 \end{array}\right) \begin{array}{|l} \\ \\ 2\cdot(\mathrm{III}) - (\mathrm{II}) \end{array}$$

$$\Leftrightarrow \left(\begin{array}{rcl} 2x_1 + 3x_2 - x_3 &=& 0 \\ 2x_2 - 5x_3 &=& -10 \\ 11x_3 &=& 22 \end{array}\right)$$

Es folgt $x_3 = 2$, $x_2 = 0$ und $x_1 = 1$. Die Ebenen schneiden sich im Punkt $S(1 \mid 0 \mid 2)$.

Beispiel 2: Gesucht ist die Schnittmenge der Ebenen mit den Gleichungen

$$E_1: \ x_1 - x_2 + 2x_3 - 1 = 0\,,$$
$$E_2: \ 2x_1 - 3x_2 + 3x_3 - 2 = 0\,,$$
$$E_3: \ x_1 - 2x_2 + x_3 - 1 = 0\,.$$

Der gaußsche Algorithmus liefert:

$$\left(\begin{array}{rcl} x_1 - x_2 + 2x_3 &=& 1 \\ 2x_1 - 3x_2 + 3x_3 &=& 2 \\ x_1 - 2x_2 + x_3 &=& 1 \end{array}\right) \begin{array}{|l} \\ (\mathrm{II}) - 2\cdot(\mathrm{I}) \\ (\mathrm{III}) - (\mathrm{I}) \end{array} \Leftrightarrow \left(\begin{array}{rcl} x_1 - x_2 + 2x_3 &=& 1 \\ -x_2 - x_3 &=& 0 \\ -x_2 - x_3 &=& 0 \end{array}\right) \begin{array}{|l} \\ \\ (\mathrm{III}) - (\mathrm{II}) \end{array}$$

$$\Leftrightarrow \left(\begin{array}{rcl} x_1 - x_2 + 2x_3 &=& 1 \\ -x_2 - x_3 &=& 0 \\ 0\cdot x_3 &=& 0 \end{array}\right)$$

Es handelt sich um ein unterbestimmtes Gleichungssystem. Wählt man $x_3 = \lambda$, so folgt $x_2 = -\lambda$ sowie $x_1 = 1 - 3\lambda$.

Die drei Ebenen schneiden sich in einer Geraden mit der Gleichung

$$\vec{x} = \begin{pmatrix} x_1 \\ x_2 \\ x_3 \end{pmatrix} = \begin{pmatrix} 1 - 3\lambda \\ -\lambda \\ \lambda \end{pmatrix} = \begin{pmatrix} 1 \\ 0 \\ 0 \end{pmatrix} + \lambda \cdot \begin{pmatrix} -3 \\ -1 \\ 1 \end{pmatrix}.$$

Beispiel 3: Gesucht ist die Schnittmenge der Ebenen mit den Gleichungen

$$E_1: \; 2x_1 - x_2 + 3x_3 - 6 = 0\,,$$
$$E_2: \; -x_1 + 4x_2 - x_3 + 6 = 0\,,$$
$$E_3: \; x_1 + 10x_2 + 3x_3 - 1 = 0\,.$$

Der gaußsche Algorithmus liefert:

$$\begin{pmatrix} 2x_1 - x_2 + 3x_3 = 6 \\ -x_1 + 4x_2 - x_3 = -6 \\ x_1 + 10x_2 + 3x_3 = 1 \end{pmatrix} \begin{matrix} \\ 2\cdot(\text{II})+(\text{I}) \\ (\text{III})+(\text{II}) \end{matrix} \Leftrightarrow \begin{pmatrix} 2x_1 - x_2 + 3x_3 = 6 \\ 7x_2 + x_3 = -6 \\ 14x_2 + 2x_3 = -5 \end{pmatrix} \begin{matrix} \\ \\ (\text{III})-2(\text{II}) \end{matrix}$$

$$\Leftrightarrow \begin{pmatrix} 2x_1 - x_2 + 3x_3 = 6 \\ 7x_2 + x_3 = -6 \\ 0\cdot x_3 = 7 \end{pmatrix}$$

Es handelt sich um ein unlösbares Gleichungssystem. Die drei Ebenen besitzen keinen gemeinsamen Punkt.

Betrachtet man nur die umgeformten Gleichungen von E_1 und E_2, so kann z. B. $x_2 = \lambda$ frei gewählt werden. Es folgt $x_3 = -6 - 7\lambda$ und $x_1 = 12 + 11\lambda$.
Es ergibt sich für E_1 und E_2 die Schnittgerade:

$$s_{12}: \; \vec{x} = \begin{pmatrix} 12+11\lambda \\ \lambda \\ -6-7\lambda \end{pmatrix} = \begin{pmatrix} 12 \\ 0 \\ -6 \end{pmatrix} + \lambda \cdot \begin{pmatrix} 11 \\ 1 \\ -7 \end{pmatrix}.$$

Durch Betrachtung der entsprechenden Gleichungen kann man nachweisen, dass auch die Ebenen E_1 und E_3 sowie E_2 und E_3 eine gemeinsame Schnittgerade besitzen.

74. Zeigen Sie, dass sich die drei folgenden Ebenen in einem Punkt schneiden. Bestimmen Sie die Koordinaten des Schnittpunkts.

a) $E_1: 2x_1 - x_2 + x_3 - 6 = 0$, $E_2: 3x_1 + 2x_2 - x_3 + 3 = 0$ und
$E_3: -x_1 + x_2 + 2x_3 - 1 = 0$

b) $E_1: x_1 - 3x_2 - 4x_3 = 63$, $E_1: 2x_1 + 3x_2 + x_3 = 0$ und

$$E_3: \; \vec{x} = \begin{pmatrix} 2 \\ 0 \\ 0 \end{pmatrix} + \lambda \begin{pmatrix} -2 \\ 1 \\ 0 \end{pmatrix} + \mu \begin{pmatrix} 5 \\ 0 \\ 4 \end{pmatrix}.$$

75. Untersuchen Sie die folgenden Ebenen auf gemeinsame Punkte.

$E_1 : 2x_1 - x_2 + x_3 - 6 = 0$,

$$E_2 : \vec{x} = \begin{pmatrix} 2 \\ -1 \\ 1 \end{pmatrix} + \lambda \begin{pmatrix} -2 \\ 1 \\ 3 \end{pmatrix} + \mu \begin{pmatrix} 2 \\ 1 \\ 1 \end{pmatrix},$$

E_3 : Ebene durch die Punkte $A(2 \mid 1 \mid 1)$, $B(0 \mid -1 \mid 0)$ und $C(-1 \mid 0 \mid 2)$.

76. Gegeben sind die Ebenen

$$\begin{aligned} E_1 &: x_1 - 2x_2 + x_3 - 3 = 0 , \\ E_2 &: 4x_2 + 3x_3 + 2 = 0 , \\ E_3 &: x_1 + 2x_2 + 4x_3 - 5 = 0 . \end{aligned}$$

a) Zeigen Sie, dass die drei Ebenen keinen Punkt gemeinsam haben.

b) Prüfen Sie, welche der in diesem Fall möglichen Lage die drei Ebenen besitzen.

77. Gegeben sind die Ebenen

$$\begin{aligned} E_1 &: 2x_1 - 2x_2 - x_3 - 2 = 0 , \\ E_2 &: -x_1 - 2x_2 + x_3 - 2 = 0 , \end{aligned}$$

und die Ebenenschar

$$E_t : x_1 - x_2 + (t - 11)x_3 - 10 = 0 .$$

Untersuchen Sie mithilfe des gaußschen Algorithmus die Lagebeziehung der Ebenen E_1 , E_2 und E_t in Abhängigkeit von t.

78. Gegeben ist die Ebenenschar $E_t : t x_1 + 2x_2 + t x_3 + (t + 4) = 0$.

Zeigen Sie, dass alle Ebenen der Schar eine gemeinsame Schnittgerade g besitzen. Bestimmen Sie eine Gleichung dieser Geraden g.

Interpretieren Sie das Ergebnis geometrisch.

10.6 Komplexe Aufgaben

79. Gegeben sind die Punkte $A(2 \mid -1 \mid 0)$, $B(4 \mid 3 \mid 2)$ und $C(1 \mid 1 \mid -1)$ und die Gerade

$$g: \vec{x} = \begin{pmatrix} 1 \\ -2 \\ -1 \end{pmatrix} + \lambda \cdot \begin{pmatrix} 1 \\ 2 \\ 2 \end{pmatrix}.$$

a) Zeigen Sie, dass der Punkt C nicht auf der Geraden h durch A und B liegt.

b) Begründen Sie, dass durch die Punkte A, B und C eindeutig eine Ebene E festgelegt ist.

Bestimmen Sie eine Gleichung von E in Parameter-, Koordinaten und Achsenabschnittsform.

Welche besondere Lage besitzt die Ebene E im Koordinatensystem? Fertigen Sie eine Skizze an.

c) Bestimmen Sie eine Gleichung der Schnittgeraden der Ebene E und der x_1-x_3-Ebene.

d) Untersuchen Sie die Lagebeziehung der Geraden g mit der Geraden h sowie der Ebene E.

80. Gegeben ist der Punkt $P(4{,}5 \mid 2 \mid 6)$ und die Geradenschar

$$g_k: \vec{x} = \begin{pmatrix} -1 \\ 3 \\ 2 \end{pmatrix} + \lambda \cdot \begin{pmatrix} 3k \\ 1 \\ k-1 \end{pmatrix} \quad (k \in \mathbb{R}).$$

a) Bestimmen Sie den Wert von k, für den die Parallele zur x_1-Achse durch den Punkt $Q(6 \mid 0 \mid 8)$ von der Geraden g_k geschnitten wird. Geben Sie den zugehörigen Schnittpunkt an.

b) Bestimmen Sie eine Koordinatengleichung der Ebene, die durch P verläuft und die Gerade g_{-1} enthält.

c) Für welche Werte von k schneidet g_k die Ebene

$$E: 4x_1 + 2x_2 - 5x_3 + 8 = 0\ ?$$

Berechnen Sie für diesen Fall die Koordinaten des Schnittpunkts.

d) Berechnen Sie eine Gleichung der Schnittgeraden, den die x_2-x_3-Ebene mit der Ebene E bildet.

e) Die Gerade h verläuft parallel zur x_1-Achse durch den Punkt $H(-1 \mid t \mid 0)$. Bestimmen Sie den Parameter $t \in \mathbb{R}$ so, dass sich die Geraden h und g_{-1} schneiden. Geben Sie die Koordinaten des Schnittpunkt S an.

81. Gegeben ist eine gerade Pyramide mit quadratischer Grundfläche. Die Seitenlänge des in der x_1-x_2-Ebene liegenden Quadrates *ABCD* beträgt 80 m, die Pyramide hat eine Höhe von 60 m.

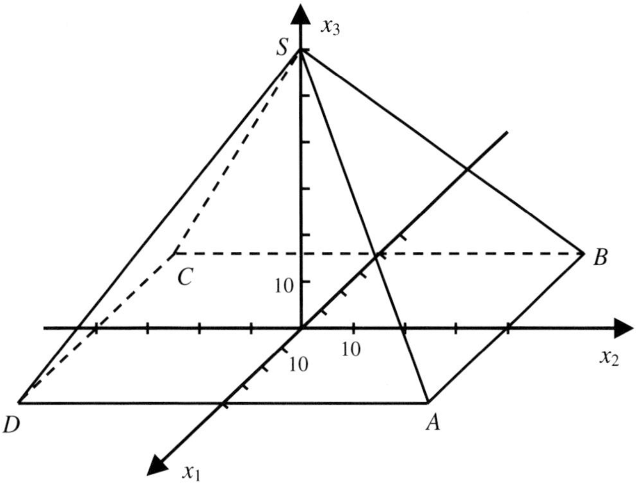

a) Stellen Sie eine Koordinatengleichung der Ebene *E* auf, in der die Seitenfläche *ABS* liegt.

b) Im angegebenen Koordinatensystem der Pyramide ist ein Richtungsvektor der Sonnenstrahlen $\vec{u} = \begin{pmatrix} 2 \\ 4 \\ -3 \end{pmatrix}$. Der Schattenpunkt *S* ' der Pyramidenspitze *S* liegt in der x_1-x_2-Ebene. Berechnen Sie die Koordinaten von *S*'.

82. Gegeben sind die Punkte $A(3 \mid 2 \mid 0)$ und $B(6 \mid 3 \mid 0)$ und die Gerade

$$h\colon \vec{x} = \begin{pmatrix} -3 \\ 0 \\ 0 \end{pmatrix} + \mu \cdot \begin{pmatrix} 1 \\ 2 \\ 3 \end{pmatrix}.$$

a) Geben Sie eine Parametergleichung der Geraden *g* durch die Punkte *A* und *B* an. Welche besondere Lage hat diese Gerade *g* im Koordinatensystem?

b) Berechnen Sie den Spurpunkt der Geraden *g* mit der x_2-x_3-Ebene.

c) Untersuchen Sie, ob die Geraden *g* und *h* in einer Ebene verlaufen. Geben Sie gegebenenfalls eine Koordinatengleichung dieser Ebene an.

83. Untersuchen Sie die Lagebeziehung zwischen der Ebene

$$E: x_1 - 2x_2 + 3x_3 - 7 = 0$$

und den Geraden der Schar

$$g_k: \vec{x} = \begin{pmatrix} 2 \\ -4 \\ -1 \end{pmatrix} + \lambda \cdot \begin{pmatrix} 4 \\ k \\ -2 \end{pmatrix} \quad (k \in \mathbb{R}).$$

84. Gegeben ist die Geradenschar $g_k: \vec{x} = \begin{pmatrix} 3 \\ 1 \\ 2 \end{pmatrix} + \lambda \cdot \begin{pmatrix} 2k+1 \\ 1 \\ k \end{pmatrix} \quad (k \in \mathbb{R}).$

Zeigen Sie, dass alle Geraden der Schar in einer Ebene verlaufen. Bestimmen Sie eine Koordinatengleichung dieser Ebene.

85. Gegeben ist die Ebene

$$E: \vec{x} = \begin{pmatrix} 0 \\ 2 \\ 4 \end{pmatrix} + \lambda \cdot \begin{pmatrix} 1 \\ 4 \\ 1 \end{pmatrix} + \mu \cdot \begin{pmatrix} 0 \\ 2 \\ 1 \end{pmatrix}$$

und die Schar von Geraden

$$g_k: \vec{x} = \begin{pmatrix} 5 \\ -4 \\ 5 \end{pmatrix} + \rho \cdot \begin{pmatrix} 1 \\ 2 \\ k \end{pmatrix} \quad (k \in \mathbb{R}).$$

Bestimmen Sie k so, dass $g_k \| E$ ist.

86. Gegeben ist die Menge der Punkte $P_k(3k \mid 3 + 5k \mid 9{,}5 + 4k)$ mit $k \in \mathbb{R}$.

a) Weisen Sie nach, dass die Punkte P_k auf einer Geraden liegen.

b) Zeigen Sie, dass diese Gerade parallel zur Ebene $E: 4x_1 - 3x_3 - 9 = 0$ verläuft.

87. Gegeben sind die Ebenenschar $E_t: 2x_1 - tx_1 + tx_1 - 8 = 0$, $t \in \mathbb{R}$

und die Gerade $g: \vec{x} = \begin{pmatrix} 4 \\ 1 \\ 1 \end{pmatrix} + \lambda \cdot \begin{pmatrix} 0 \\ 1 \\ 1 \end{pmatrix}.$

Zeigen Sie: Alle Ebenen der Schar schneiden sich in g.

88. Gegeben sind die Ebenenschar $E_t:\ tx_1 + 2x_2 - 2tx_3 + 6t = 0\ ,\ t \in \mathbb{R}$

und die Gerade $g:\ \vec{x} = \begin{pmatrix} 10 \\ -7 \\ -9 \end{pmatrix} + \lambda \cdot \begin{pmatrix} -2 \\ -3 \\ 2 \end{pmatrix}$.

a) Bestimmen Sie diejenige Ebene der Schar, die zur Geraden g parallel ist.

b) Entscheiden Sie, ob die Gerade g in dieser Ebene verläuft.

89. Gegeben sind die Gerade g und die Geradenschar h_k:

$$g:\ \vec{x} = \begin{pmatrix} 0 \\ 1 \\ 1 \end{pmatrix} + \lambda \begin{pmatrix} 1 \\ 0 \\ 1 \end{pmatrix} \quad \text{und} \quad h_k:\ \vec{x} = \begin{pmatrix} 0 \\ 1 \\ 2 \end{pmatrix} + \mu \begin{pmatrix} k \\ 1 \\ 0 \end{pmatrix} \quad (k \in \mathbb{R}).$$

a) Prüfen Sie, ob der Punkt $P(1 \mid 0 \mid 2)$ auf einer der Geraden der Schar h_k liegt.

b) Untersuchen Sie, ob eine Gerade der Schar h_k zu g parallel ist.

c) Zeigen Sie: Keine Gerade der Schar h_k schneidet g.

90. Gegeben ist der Punkt $P(4{,}5 \mid 2 \mid 6)$ und die Geradenschar

$$g_k:\ \vec{x} = \begin{pmatrix} -1 \\ 3 \\ 2 \end{pmatrix} + \lambda \begin{pmatrix} 3k \\ 1 \\ k-1 \end{pmatrix} \quad \text{mit } k \in \mathbb{R}.$$

a) Bestimmen Sie eine Koordinatengleichung der Ebene, die durch P verläuft und die Gerade g_{-1} enthält.

b) Für welche Werte von k schneidet g_k die Ebene E: $4x_1 + 2x_2 - 5x_3 + 8 = 0$ in genau einem Punkt?
Berechnen Sie für diesen Fall die Koordinaten des Schnittpunkts.

91. Gegeben sind die Ebene $E:\ 2x_1 - x_2 - 2x_3 + 15 = 0$

sowie die Geradenschar $g_t:\ \vec{x} = \begin{pmatrix} 2 \\ 5 \\ 5 \end{pmatrix} + \lambda \begin{pmatrix} t \\ 2 \\ 1 \end{pmatrix}$ mit $\lambda \in \mathbb{R}$, $t \in \mathbb{R}$.

a) Bestimmen Sie eine Koordinatengleichung der Ebene, in der alle Geraden der Schar g_t liegen.

b) Untersuchen Sie die Lagenbeziehung zwischen der Ebene E und den Geraden der Schar g_t in Abhängigkeit von t.

c) Eine Gerade der Schar g_t schneidet die Ebene E in $S(4 \mid y \mid z)$. Bestimmen Sie t und die Koordinaten y und z des Punktes S.

92. Gegeben sind zwei Geraden

$$g_1: \vec{x} = \vec{a} + \vec{b} + \lambda \cdot (\vec{a} - \vec{b}) \text{ und } g_2: \vec{x} = 2\vec{a} + \mu \cdot (\vec{a} + 2\vec{b})$$

mit $\vec{a}, \vec{b} \in \mathbb{R}^3 \setminus \{\vec{0}\}$, $\vec{a} \neq \vec{b}$ und $\vec{a} \neq -2\vec{b}$.

Zeigen Sie: Wenn $\vec{a}$ und $\vec{b}$ linear unabhängig sind, dann haben g_1 und g_2 genau einen Schnittpunkt.

93. Gegeben sind die Punkte $A(5 \mid 1 \mid 1)$, $B(3 \mid 3 \mid 0)$, $C(0 \mid 9 \mid 0)$ und $D(4 \mid 5 \mid 2)$.

a) Zeigen Sie, dass die Punkte A, B, C und D nicht auf einer Geraden, aber in einer Ebene liegen.

b) Begründen Sie, dass das Viereck $ABCD$ ein Trapez ist.

c) Begründen Sie ohne Rechnung, dass sich die Gerade durch A und C und die Gerade durch B und D schneiden.

Berechnen Sie anschließend den Schnittpunkt.

94. Gegeben sind die Ebene E^*: $4x_1 + 3x_2 + 6x_3 = 24$ und der Punkt P(2 | 2 | 5).

a) Bestimmen Sie die Schnittpunkte der Ebene E^* mit den drei Koordinatenachsen.

b) Vom Punkt P aus fällt ein Kügelchen parallel zur x_3-Achse auf die Ebene E^*. Bestimmen Sie die Koordinaten des Auftreffpunktes R des Kügelchens auf die Ebene E^*.

c) Berechnen Sie eine Gleichung der Spurgeraden der Ebene E^* in der x_1-x_2-Ebene.

95. Gegeben sind Punkte $A(1 \mid 1 \mid 0)$ und $B(4 \mid 1 \mid 2)$ sowie die Schar von Punkten $C_r(3-r \mid -1+r \mid -2+r)$ mit $r \in \mathbb{R}$.

a) Untersuchen Sie für welches $r \in \mathbb{R}$ die Punkte A, B und C_r eine Ebene festlegen.

b) Bestimmen Sie eine Gleichung der Ebene E durch die Punkte A, B und $C_{2,4}$ in Koordinatenform. Welche besondere Lage hat die Ebene E?

c) Bestimmen Sie den Schnittpunkt der Ebene E mit der x_1-Achse.

96. Gegeben ist der Punkt $P(1 \mid -3 \mid 2)$ und die Gerade $g\colon \vec{x} = \begin{pmatrix} -1 \\ 2 \\ 3 \end{pmatrix} + \lambda \cdot \begin{pmatrix} 2 \\ 1 \\ 1 \end{pmatrix}$.

a) Begründen Sie, dass durch P und g eindeutig eine Ebene E festgelegt ist.

b) Bestimmen Sie eine Gleichung der Ebene E in Koordinatenform.

c) Fertigen Sie eine Skizze der Ebene E an, die auch den Punkt P und die Gerade g enthält.

Ergänzen Sie ihre Skizze durch drei Geraden h_1, h_2 und h_3, die alle durch P verlaufen und die Gerade g schneiden.

d) Beschreiben Sie die zugehörige Geradenschar h_k durch eine Parametergleichung.

e) Gibt es Punkte der Ebene E, die nicht zu der Geradenschar h_k gehören?

97. Gegeben sind die Punkte $A(2 \mid 3 \mid 1)$, $B(2 \mid 9 \mid 4)$ und $C(8 \mid 5 \mid 2)$ sowie die Punkteschar $D_r(3 \mid 3+r \mid 6-2r)$ mit $r \in \mathbb{R}$.

a) Stellen Sie eine Koordinatengleichung der Ebene durch A, B und C auf.

b) Bestimmen Sie diejenige Zahl $r \in \mathbb{R}$, für die D_r ein Punkt der Ebene mit der Gleichung $x_2 - 2x_3 - 1 = 0$ ist.

Stichwortverzeichnis

K

L

M

N

O

P

Q

R